MEMOIRS

OF THE

ASIATIC SOCIETY OF BENGAL

VOL. XII, No. 1, pp. 1—213

THREE ARABIC TREATISES ON ALCHEMY BY MUḤAMMAD BIN UMAIL (10th CENTURY A.D.).

Edition of the texts

By M. TURĀB 'ALĪ, M.A.

Excursus on the Writings and Date of Ibn Umail with Edition of the Latin Rendering of the *Mā' al-Waraqī*

By H. E. STAPLETON, I.E.S., and M. HIDĀYAT ḤUSAIN, *Shams al-'Ulamā'*, Ph.D.

Printed at the Baptist Mission Press
Published by the Asiatic Society of Bengal, 1, Park Street,
CALCUTTA
1933

Price Rs. 9-0-0.

16 UNITS

13-12-33

NOTICE

The *Memoirs of the Asiatic Society of Bengal* are published at irregular intervals in separate numbers, which are usually complete in themselves and all of which may be obtained separately. The numbers are combined into volumes, of which two or more may run concurrently according to circumstances. Some volumes are devoted to a single subject by a single author or edited by a single editor; others contain miscellaneous matter by different authors. Volumes are as a rule completed in a period of from 3 to 5 years. Each 'miscellaneous' volume is calculated to contain an average of 560 pages of text and 12 plates, each extra plate being equivalent to 16 pages text. Volumes devoted to single subjects have no standard number of pages or plates.

Subscriptions for complete volumes are not accepted, but standing orders may be placed for the supply of all new numbers published. Completed volumes are obtainable at a flat rate of Rs. 24, postage extra.

Single numbers are charged for at the rate of 9 annas for each 16 pages or part of 16 pages of text, and for each plate, map, table, etc., not in the text; postage extra.

Members of the Asiatic Society of Bengal receive the current numbers of the "Memoirs" gratis, by virtue of their membership, and, if ordering back issues directly from the Society, have a right to a discount of 25%.

Revised prices of loose numbers of the "Memoirs"

All previous prices as printed on the issues of back numbers of the "Memoirs" of the Asiatic Society of Bengal were cancelled in 1923.

Loose numbers will in future, until further notice, be sold at the fixed rate of 9 annas per unit.

Units are calculated on the basis of one for each 16 pages or part of 16 pages of text, and one for each plate, table, or map not in the text, contained in any number.

All old sterling equivalents are cancelled. Postage extra.

Obtainable from the Asiatic Society of Bengal, No. 1, Park Street, Calcutta, or from the Society's Agents :—

MESSRS. LUZAC & Co., 46, Great Russell Street, London, W.C.
M. PAUL GEUTHNER, 13, Rue Jacob, Paris, VIe.
BUCHHANDLUNG OTTO HARRASSOWITZ, 14, Querstrasse, Leipzig.
MESSRS. THACKER, SPINK & Co., 3, Esplanade, East, Calcutta.

Residents in Europe should order from the local Agents.

When ordering direct from the Society the following rules should be observed :—

Orders should be addressed to the Asiatic Society of Bengal and not to any official by name or title.

All Cheques, Money Orders, etc., should be made payable to "The Treasurer, Asiatic Society of Bengal."

Orders for books should be accompanied by a full name and address, legibly written, and should be sent on a separate sheet of paper containing no other communication.

In India, books are supplied by V.-P.P.

Memoirs of the Asiatic Society of Bengal

Progress Statement, revised to June, 1930

Vol. I

(Miscellaneous)

Volume Complete in 19 numbers (1905-1907). Title and Index issued (dated 1907).
[No complete volume available. Loose numbers : all available except No. 9.]

Vol. II

(Miscellaneous)

No.	Title	Price Rs. A. P.
I.	*Cirrhipèdes operculés de l'Indian Museum de Calcutta.—Par* M. A. GRUVEL	1 11 0
II.	*The Coinage of Tibet.—By* E. H. C. WALSH	1 11 0
III.	*The Exact Determination of the Fastness of the more Common Indigenous Dyes of Bengal, and comparison with typical synthetic Dye-stuffs. Part I. Dyeing on Cotton.—By* E. R. WATSON	0 9 0
IV.	*The Saorias of the Rajmahal Hills.—By* R. B. BAINBRIDGE	2 13 0
* V.	*Mundari Poetry, Music, and Dances.—By* J. HOFFMANN	1 11 0
VI.	*Tarikh-i-Nuṣratjangi.—By* HARINATH DE	1 11 0
VII.	*The Exact Determination of the Fastness of the more Common Indigenous Dyes of Bengal, and comparison with typical Synthetic Dye-stuffs. Part II. Dyeing on Silk.—By* E. R. WATSON	0 9 0
*VIII.	*Monograph on Sea-Snakes.—By* F. WALL	5 10 0
* IX.	*A Polyglot List of Birds in Turki, Manchu, and Chinese.—By* E. DENISON ROSS	3 15 0
X.	*Notes on some Monuments in Afghanistan.—By* H. H. HAYDEN	4 8 0
XI.	*On the Correlations of Areas of Matured Crops and the Rainfall, and certain allied problems in Agriculture and Meteorology.—By* S. M. JACOB	3 15 0

Volume Complete (1907-1910). Title and Index issued (dated 1911).
[Complete volumes available. Loose numbers : all available except Nos. 5, 8, and 9.]

Mem. Asiat. Soc. Bengal, Vol. XII, No. 1.

THREE ARABIC TREATISES ON ALCHEMY

By MUḤAMMAD BIN UMAIL (10TH CENTURY A.D.)

KITĀB AL-MĀ' AL-WARAQĪ WA'L ARḌ AN-NAJMĪYAH
(BOOK OF THE SILVERY WATER AND STARRY EARTH);

RISĀLAT ASH-SHAMS ILA'L HILĀL
(EPISTLE OF THE SUN TO THE CRESCENT MOON);

AL-QAṢĪDAT AN-NŪNĪYAH (POEM RHYMING IN *Nūn*).

EDITION of the TEXTS

By MUḤAMMAD TURĀB 'ALĪ, M.A.,
(*Late Research Scholar, Education Department, Government of Bengal.*)

An EXCURSUS (with relevant Appendices) on the Date, Writings, and Place in Alchemical History of Ibn Umail: an EDITION (with Glossary) of an early mediæval Latin rendering of the first half of the *Mā' al-Waraqī*: and a Descriptive Index—chiefly of the alchemical authorities quoted by Ibn Umail,

By H. E. STAPLETON, I.E.S., *Director of Public Instruction, Bengal*, and
M. HIDĀYAT ḤUSAIN, *Shams al-'Ulamā'*, Ph.D., *Principal, Calcutta Madrasah.*

		Pages
1.	COLLATED ARABIC TEXT OF *AL-MĀ' AL-WARAQĪ WA'L ARḌ AN-NAJMĪYAH*	1–104
	(including that of *RISĀLAT ASH-SHAMS ILA'L-HILĀL*) ..	3–14
2.	COLLATED BUT INCOMPLETE ARABIC TEXT OF *AL-QAṢĪDAT AN-NŪNĪYAH* (OR *MANẒŪMAH*)	105–113
3.	*ERRATA ET CORRIGENDA* TO ARABIC TEXTS	114–116
4.	EXCURSUS ON MUḤAMMAD BIN UMAIL: HIS DATE, WRITINGS, AND PLACE IN ALCHEMICAL HISTORY	117–143
	Part I. The importance of Muḥammad bin Umail in Alchemical Tradition	117–119
	Part II. Translation of the Preface to Ibn Umail's Commentary *Kitāb al-Mā' al-Waraqī wa'l Arḍ an-Najmīyah* ..	119–121
	Part III. (*a*) Account of Hermes, the Babylonian (An-Nadim's *Fihrist*—Flügel's ed., p. 352)	121
	(*b*) Account of the Two Pyramids—*Hurmain*. (Do. Do., pp. 352-3)	121–122
	Part IV. Date of Muḥammad bin Umail, and Names of his Writings	123–127
	A. The period covered by Ibn Umail's life	123–126
	B. List of Ibn Umail's Writings	126–127
	Part V. Five passages from the *Turba Philosophorum*, showing, by comparison with translations from Ibn Umail's *Mā' al-Waraqī*, the relationship between the two texts ..	128–133
	(i) Initial passage of the *Turba*, contrasted with the saying of Aksimīdūs al-Jur'ānī in the *Mā' al-Waraqī* ..	128–129
	(ii) Extract from Balgus in the *Turba*, compared with that of Thālghas in the *Mā' al-Waraqī*	129–130
	(iii) Extract from the address of Florus in the *Turba* with parallel passages by Socrates in the *Mā' al-Waraqī* ..	130–132
	(iv) Similar passages from the *Turba* (Pandolfus) and from the sayings of Aras in the *Mā' al-Waraqī* ..	132
	(v) Ditto (Horfachol—? Heraclius) in the *Turba* and Aras in the *Mā' al-Waraqī* ..	132–133
	Part VI. Passages from the *Mā' al-Waraqī* or *Turba* that appear to be connected with either Ar-Rāzī's *Shawāhid*, or the Treatise of Mahrārīs ..	134–143
	(i) Saying of Māriyah regarding the Alchemists' 'Water' ('Spirit' and 'Soul'), contrasted with a quotation by Ostanes of the same saying of Māriyah, found in the *Shawāhid*	134
	(ii) Ditto Ditto, contrasted with another passage in the *Shawāhid*	134–135
	(iii) (*a*) and (*b*). Two passages from the *Mā' al-Waraqī* (the first containing a saying of Plato, with commentary), compared with two from the *Shawāhid* (of which the first is a commentary on a saying of Apollonius and the second a quotation from a Treatise by Sālim al-Ḥarrānī)	135–137
	(iv) (*a*) and (*b*). Parallel passages of Ibn Umail and Ar-Rāzī (with note showing the derivation of both—as well as similar passages in the *Turba*—from a Treatise of Zosimos)	137–139
	(v) A passage from the *Mā' al-Waraqī* (in which the *Tetractys* of the Pythagoreans is shown to be the basis of Alchemy) compared with three passages from the *Shawāhid*	139–141
	(vi) An extract from the *Mā' al-Waraqī*, explaining a saying of Asfīdūs (or Sāfīdas), and showing also the use made by Ibn Umail of the alchemical writings of Mahrārīs—including a tradition of 'Alī bin Abī Ṭālib's opinion on Alchemy	141–142
	(vii) Another extract from the *Mā' al-Waraqī*, commenting on a saying of Mahrārīs ..	142–143
5.	EDITION OF THE *TABULA CHEMICA*—a mediæval Latin rendering of the first half of Ibn Umail's *Mā' al-Waraqī*	145–197
6.	GLOSSARY OF THE PRINCIPAL WORDS AND PHRASES OF ALCHEMICAL INTEREST that occur in the *TABULA CHEMICA* ..	199–206
7	DESCRIPTIVE INDEX OF THE NAMES OF PEOPLE, COUNTRIES, PLACES AND BOOKS mentioned in the *Mā' al-Waraqī* (with its Latin rendering—the *Tabula Chemica*), and in the *Qaṣīdat an-Nūnīyah*	207–213

AL-MĀ' AL-WARAQĪ WA'L ARḌ AN-NAJMĪYAH

Being a Commentary in Prose

By ABŪ 'ABDALLĀH MUḤAMMAD BIN UMAIL AT-TAMĪMĪ

on his own Qaṣīdah *in* Mukhammasah *verse rhyming in* Lām,

entitled

RISĀLAT ASH-SHAMS ILA'L HILĀL.

Collated and Edited

By MUḤAMMAD TURĀB 'ALĪ, M.A.

To this is appended a further Poem by the same Author rhyming in *Nūn*, entitled

AL-QAṢĪDAT AN-NŪNĪYAH

(Originally of 199 verses: but only 175 survive in the three Indian MSS. from which the collation of this *Qaṣīdah* has been made)

MANUSCRIPT AUTHORITIES CONSULTED BY THE EDITOR.

(1) R. MS. 73 of the collection of Arabic MSS. formerly in the Institute of Oriental Languages, Petersburg (*vide* No. 198—pp. 130 to 137—of Baron Victor Rosen's 1877 Catalogue). Rotographs of this MS. were obtained by the courtesy of Prof. F. Rosenberg, Chief Keeper of the Arabic Museum, Russian Academy of Sciences, Leningrad, where the MS. now is.

(2) P. MS. 2610 (formerly 4988) of the collection of Arabic MSS. in the Bibliothèque Nationale, Paris (*vide* Baron De Slane's 1883–1895 Catalogue). Rotographs of this were obtained by the courtesy of M. Blochet.

(3) I. A Manuscript of 145 folios (size 7.9″×5.7″: 5.5″×3.9″: 17 lines to the page), written in *Naskh* character in 1089 A.H./1678 A.D. This Manuscript, which belongs to Mr. H. E. Stapleton, was purchased nearly 30 years ago in Lucknow and includes three treatises. The first—*Al-Mā' al-Waraqī*—covers folios 1–116 and the second, which is the *Qaṣīdat an-Nūnīyah* by the same author, occupies folios 117 *r*–122 *r*. The MS. ends with a third treatise called *Mir'at al-'Ajā'ib wa Ghāyat kull ṭālib fī fann aṣ-Ṣan'ah* (Mirror of Wonders and Goal of every Seeker in the Art of Alchemy) by some unknown author. Its date cannot be earlier, however, than 1200 A.D. as, in addition to numerous other earlier authors (including Muḥammad bin Umail), the author quotes the *Shudhūr adh-Dhahab*.

(4) L. In addition to the above three MSS., some assistance was also obtained from a rotograph reproduction of al-Jildakī's commentary on the *Risālat ash-Shams ila'l Hilāl* called *Lawāmi' al-Afkār al-Muḍīyah*, which was kindly lent to Mr. Stapleton by Dr. E. J. Holmyard, as on ff. 171-2 a transcript of the introductory passage of the *Mā' al-Waraqī* is found.

(5) H, and H[1]. Finally, enquiry showed the identity with the *Qaṣīdat an-Nūnīyah* of two MSS. entitled *Risālah Manẓūmah* by Muḥammad bin Umail at-Tamīmī which are both included in Hyderābād Ar. MS. Volume No. 31 (Handlist, Vol. II, p. 1414: lithographed in A.H. 1333/1915 A.D.).

M. T. A.

بسم الله الرحمن الرحيم

الحمد لله رب العالمين والصلوة على سيدنا محمد افضل الانبياء و آله اجمعين[1] *

قال ابو عبد الله[2] محمد بن أُمَيّل التميمي رضي الله عنه اني دخلت انا و ابو القاسم[3] عبد الرحمن اخو ابى الفضل جعفر النحوي و من بعد ذلك دخلت انا و ابو الحسين[4] علي بن احمد بن عبد الواحد[5] المعروف بالعدوي مرة اخرى في بوصير[6] سجن يوسف المعروف[7] بالسدر بوصير[8] فتروحنا[9] الى برباء فتحها[10] المطالبيون فنظرت في سقف دهليزها[11] صورة[12] تسعة عقبان منشورة الاجنحة كانها طائرة و هي ممدودة الارجل مفتوحة[13] في رجل كل طائر[14] منها شبه المستوفي العريض الذي يكون بايدي الجند[15] و في حائط[16] الدهليز من جانبيه عن يمين من يدخل البرباء و عن يساره صور اناس[17] قيام على اتم ما يكون من الصور و احسنها[18] مكسوة بانواع الاصباغ و ايديهم[19] ممدودة الى داخل البرباء يشيرون بها الى صنم جالس في[20] داخل البرباء فى الجنب[21] مع ركن باب المجلس و هو على يسار من يريد الدخول الي المجلس[22] مستقبلا بوجهه من دخل من الدهليز[23] اليه و هو على كرسي مثل كراسي الاطباء مستخرج من الصنم و في حجره[24] على ساعديه و يداه ممدودتان و على ركبتيه بلاطة مستخرجة منه يكون طولها قدر عظم الذراع و عرضها شبر و[25] اصابع يديه من تحت البلاطة معطوفة على البلاطة كانه ماسك لها و هي شبيهة بالمصحف المفتوح لكل من يدخل كانه يؤمي بها الى الداخل اي انظر فيها

---

[1] The whole of this line is missing in R. and P.

[2] R. begins thus بسم الله الرحمن الرحيم كتاب الماء الورقي والارض النجمية تصنيف محمد بن أُمَيّل بن عبد الله بن اميل التميمي رحمه الله قال انى دخلت الخ.

[3] L. ابو القاسم و عبد الرحمن.

[4] L. ابو الحسن.

[5] بن عمر العدوي as given at the end of this introduction both in R. and I. but in L. it is عبد الواحد العدوى.

[6] R. ابو سير.

[7] R. المعروفة.

[8] R. بالسدر و بيوسير.

[9] R. تورحت.

[10] R. فتحه.

[11] R. دهليزه.

[12] Omitted in I. and L.

[13] L. و هي ممدودة الارجل كل طائر منها شبيه بالمشرفى العريض.

[14] R. في كل رجل لكل طائر منها.

[15] P. and I. بايدي الخيل.

[16] L. و هي في حائطي الدهليز عن جانبيه عن يمين من يدخل اليه.

[17] R. and L. ناس.

[18] L. من التصوير و احسنه.

[19] L. omits و ايديهم.

[20] في omitted in R.

[21] R. فى المجنب; P. and I. omit.

[22] R. يدخل المجلس; L. يريد ادخول فقط.

[23] P. and I. من دخل اليه.

[24] L. و يداه ممدودتان على ركبتيه بلاطة; P. and I. و في حجره و على ساعديه و يداه ممدودتان و على ركبتيه بلاطة; R. و به اوفى حجره على ساعديه و يداه ممدودتان على ركبتيه بلاطة.

[25] P. and I. و اربع اصابع و يداه من تحت لبلاطة معطوفتان الخ.

و فى الجنب الذي هو جالس فيه اعنى [1] الرواق صور اشياء كثيرة و خطوط بالقلم البرباوي [2] و كان فى البلاطة التي في حجره مقسومة نصفين بخط في وسطها و فى النصف الواحد منها صورة طائرين في اسفلها [3] و هي مما يلي [4] صدره و للواحد منهما جناحان مقصوصان والآخر بجناحين و كل واحد منهما قد اخذ بمنقاره ذنب الاخر ماسكا له كان الطائر [5] يريد ان يطير بالمقصوص و المقصوص يريد اقعاده معه فكان هذين الطائرين المتعاقدين المتحابسين قد صارا دائرة واحدة صورة اثنين في واحد و عند رأس الطائر منهما دائرة [6] و من فوق هذين الطائرين عند رأس البلاطة التي تلي [7] اصابع الصنم صورة هلال و الي جانب الهلال دائرة نظيرة الدائرة التي عند الطائرين اسفل فكان الجميع خمسة ثلاثة اسفل [8] و هي الطائران و الدائرة و فوقها [9] صورة الهلال و الدائرة الاخرى و فى النصف الآخر في رأس البلاطة مما يلى اصابع يديه [10] صورة شمس لها شعاعان فكانهما صورة اثنين فى واحد و الى جانبهما شمس اخرى بشعاع واحد نازل فتلك ثلثة اشياء اعنى ثلثة انوار و شعاع الاثنين فى الواحد [11] و شعاع الواحد نازل ممدود[12] الي اسفل البلاطة قد احاط[13] يعنى الشعاع بدائرة سوداء مقسومة من ثلثها فقد صارت ثلثا و ثلثين [14] فالثلث منها على صورة الهلال لان داخلها ابيض غير محشو بسواد و الدائرة السوداء حائطة به لان صورتها صورة اثنين [15] في واحد و الذي اسفل واحد من اثنين [16] و هما الدائرة السوداء و الهلال الذي هي حائطة به لان صورتها اثنين [17] في واحد و الشمسان الفوقانيتان اعني صورة الاثنين فى الواحد [18] و الشمس المفردة و هي صورة الواحد فى الواحد فتلك ايضاً خمسة اشياء فصار الجميع عشرة اشياء على عدد تلك العقبان و الارض[19] السوداء *

قال و قد فسرت لك ادام الله عزك جميع ذلك و اوضحته في هذه القصيدة و ذلك من فضل الله عز و جل عليّ لتقف عليه و تفكر فيه و صورت لك صورة تلك البلاطة و ما فيها من الصور و الاشكال في موضعها[20] من هذه القصيدة تحت[21] ما يقتضيها من الابيات التي تدل على هذه الاشكال [22] و شرحت امر هذه الاشكال العشرة و فسرته و بينته بعد انصرام[23] قصيدتى هذه و انقضائها منثورا اذ لايمكن ذلك فى الشعر ليتبين

[1] P. و فى الرواق الذى هو جالس فيه.

[2] R. و خطوط القلم البرباوى ; L. صورة شتى كثيرة بخطوط بالقلم البربادى.

[3] R. و في النصف الواحد منها لانها مقسومة بخط في وسطها صورة طائرين في اسفلها

[4] R. و هو مما يلي صدره ; L. و هما مما يلي صدره.

[5] R. and I. الطيار.

[6] P. has دائرة في هذين الطائرين .

[7] R. and I. التي يلي.

[8] P. في اسفل الطائرين. I. من اسفل الطائرين;

[9] P. and I. فوق.

[10] P. and I. اصابع الصنم.

[11] P. و شعاع الاثنين فى الواحد نازل الى اسفل البلاطة

[12] L. ممدود نازل الى اسفل .

[13] R. and P. قد احاط به دائرة سوداء ; I. قد احاط بها دائرة سوداء. The text follows L.

[14] P., I. and L. فقد صار ثلثين و ثلثا.

[15] P. and I. لان صورتها اثنين في واحد.

[16] R. and P. واحد من اثنين ; I. واحد في اثنين ; L. omits.

[17] لان to واحد found in P. and I.; not in R. and L.

[18] P. and I. في واحد. | N.B. After غير محشو بسواد L. runs thus و الدائرة السوداء و الهلال الذي هي حائطة به و الشمسان الفوقانيتان اعنى صورة الاثنين فى الواحد و الشمس المفردة و هي صورة الواحد فى الواحد فتلك ايضاً خمسة اشياء فصار الجميع عشرة اشياء على عدد تلك العقبان].

[19] In L. only given under explanation.

[20] P. and I. مواضعها.

[21] Found only in R.

[22] I. inserts here الاشكال العشرة وقد فسرت لک ايضا .

[23] P. and I. انصراف.

لك خفى ما اضمره [1] ذلك الحكيم الذي جعل ذلك الصنم في بربائه الذي رسم فيه جميع علومه على صورته و عمل [2] حكمته في حجر [3] قد اظهره للعالمين لانى علمت ان ذلك هو على صورة الحكيم و ما في البلاطة التي على ساعديه و ركبتيه في حجره هو علمه المكتوم قد شخصه (شخصا [4]) و اشخاصا ليهتدى الى ذلك من عرفه و فهم ما اراد به الحكيم لان [5] ذلك اقرب الى فهم الناظر اللبيب العارف بحدود الحكمة من الكلام الغامض المرموز فاذا قرن [6] ذلك الكلام الى هذه الصور و الاشكال فتح كل واحد منهما الاخر [7] و لم يلتبس على ذى حجى و هذا ابتداء القصيدة بمعونة الله تعالى جعلتها رسالة لابى الحسين على بن احمد بن عمر العدوى رحمهما الله و هي مخمسة ترجع الي اللام *

رسالة الشمس الى الهلال   لما بدا في دقة الخلال
انى ساعطيك من الجمال   نورا به تحصل في كمال [8]
تعلو بهذا كل كعب عال

قال لها انك لى محتاجة   كحاجة الديك الى الدجاجة
و اننى مفتقر ذو حاجة   اليك يا شمس بلا لجاجة
اذ كنت انت الكامل الخصال

ابو المنيرات [9] فانت النور   السيد المعظم الكبير
انا الهلال الليں المقرور   و الشمس انت اليابس المحرور
اذا التقينا باستواء الحال

في منزل ليس له [10] دخيل   الا خفيفا [11] معه ثقيل
فنختلى فيه فما نزول [12]   كما خلا [13] النسوة و البعول
هذا هو الحق من المقال

و انني يا شمس سوف انتقى [14]   اذا خلونا جوف بيت مطبق
لطيف نفس منك بالتملق   و ان ازلت بهجتى و رونقي
و صرت من يبسك [15] في هزال

و سوف ترقى [16] مرتقى الارواح   اذا علوت [17] رتبة الاشباح
مصباح [18] نور حل في مصباح   منك و مني كامتزاج الراح
بماء مزن واكف سيال

---

[1] I. لينفتح لك خفى ما ارتمزه.   [2] R. و علم حكمته.   [3] I. حجرة.   [4] Not in R.

[5] P. and I. ليكون.   [6] I. قربتا.

[7] P. بالاخر. [N.B. In P. and I. after ذى حجى comes the introduction to the forms and figures as follows. و هذه صورة البلاطة و ما فيها من الصور و الاشكال حسب ما شاهدتها موضوعة و هي هذه الصورة المذكورة فافهم ذلك و فى النسخة الهندية و هذا ابتداء القصيدة بمعونة الله جعلتها رسالة الي ابى الحسين علي بن احمد بن عمر العدوى و هي مخمسة ترجع الى اللام الخ.]

[8] P. and I. الكمال.   [9] R. انا المنيرات.   [10] I. ليس به.   [11] R., P. and I. الاخفيف.

[12] I. فلم نزول.   [13] P. and I. اختلى   [14] P. and I. ارتقى   [15] L. قوبك ; I. ينبك في مهزال.

[16] P. and I. فوتقي.   [17] I. علونا.   [18] In R. first comes منك و منى الخ.

من بعد[1] ما تلبس من سوادى   لونا به تحصل[2] كالمداد
من بعد تحليلك و انعقادى   اذا دخلنا هيكل الولاد[3]
بعقد[4] جسمى صرت فى انحلال[5]

قالت[6] اذا انت فعلت هذا   و لم اجد يا بدر لى ملاذا
و عاد جسمي بعد ذا جذاذا   اعطيتك القوة و النفاذا
تقوى بهذين على القتال

فقال نار السبك و الخلاص[7]   تخرج[8] منها غير ذي انتقاص
منسبكا كالمس بالرصاص[9]   لم تعصني اذ كنت غير عاص
طوبى لمن فَكَّرَ[10] في مقال

و ليس يا قصدير فضلي يجحد[11]   هل ذل للكلب الحقير الاسد
فانما[12] اورثني ما اجد   عند زيادات الرصاص الاسود
فزال نوري و انطفى جمالى

كيف لمن ياخذ من نحاس[13]   الطاهر الجسم من الادناس
و من رصاص صَحَّ فى القياس[14]   وزناهما[15] من غير التباس
و ميز الحق من الابطال[16]

انا الحديد اليابس الشديد   انا القوى الصائد المصيد[17]
و كل خير فهو بى[18] موجود   و الغور[19] سر السر بى مولود
فليس[20] شي فاعل[21] فعال

فصار ذاك الغور ذا اقسام[22]   تعدها التسعة للتمام
تبرى[23] من الاعلال و الاسقام   فيها[24] حياة الاسد الضرغام[25]
و نشر تلك الاعظم البوال

---

[1] In P. and I. the 2nd couplet comes first; P. and I. و بعد ما تلبس; R. بعد ان.

[2] P., I. and L. يحصل.

[3] I. الفولاد.

[4] P. and I. و عقد.

[5] L. هزال.

[6] R. فقال ان ; I. فقالت ان :

[7] L. فى الخلاص.

[8] I. and L. يخرج.

[9] R., P. and I. والرصاص.

[10] L. يفكَّرَ.

[11] I. تجحد.

[12] R. و انما.

[13] R. بالنحاس.

[14] R. بالقياس.

[15] R. وزنسما. I. و زنيسما.

[16] L. الضلال.

[17] L. المصيود.

[18] I. لى

[19] L. و نور سر السر.

[20] R. و ليس.

[21] L. فاعلا.

[22] I. and L. انقسام

[23] P. and I. يبرى.

[24] P. and I. فيه.

[25] R. and L. القمقام.

للرأس و العقدة حصتان　　و سبعة تبقي من الاوزان
فخمسة[1] منها بلا كتمان　　للخمسة المضية الحسان
فشرحها يغنيك عن سؤال

و حصة الشمس من الحساب　　فالشمس مفتاح لكل باب
وما تبقي فبلا[2] كذاب　　للفلك الادنى من[3] التراب
هذا بيان التسعة الاوصال

فهذه القسمة للطباخ　　و نزع ما فى الشي من الاوساخ
ترجع[4] عند الطبخ و التراخ　　في برجها[5] تراجع الفراخ[6]
فهذا هو العقد بلا انفصال

من بعد ان تجعل تلك التسعة　　اذا[7] قسمت للنجوم السبعة
ثم اعطه سبع[8] النجوم السبعة　　و ذاك ثلث تسعة في دفعة
حتى يرى كالدر فى المثال

هذا هو التبييض[9] كشاف الكرب　　لارضك العطشى الى ماء السحب
في هذه تريك ازهار الذهب　　طرايقا من كل لون منقلب
كحلية[10] الطاؤوس فى المثال[11]

عند دخول ما بقي من العدد　　من النجوم الباقيات فى الجسد
تطبخه[12] لكل نجم منفرد　　هذا تمام العقد من غير اود
فصار سَمًّا[13] كامل الاحوال

ابوه نار و نشا فى النار　　فليس[14] يخشى حدث الدمار[15]
و هو مقيم ليس بالفَرَّار　　يغوص فى الجسم الى القرار
هذا[16] الرخيص ابن الرخيص الغالي

تدبيره صعب خفي مهلك　　ليس عليه للظنون مسلك
والناس فى الباطل طُرًّا سلكوا　　و ذاك شي مثله لا يملك[17]
اذ ليس يجري ابدا ببال[18]

---

[1] P. and I. و خمسة.
[2] P. بلا.; I. فهو بلا;
[3] R. and L. الى التراب.
[4] I. يرجع.
[5] L. عشها.
[6] L. الافراخ.
[7] R. مما.
[8] P. and I. ثلث.
[9] P. and I. التبيض.
[10] R. and I. كحلة.
[11] R. الامثال.
[12] P. and I. بطبخه
[13] P. and I. شمسا.
[14] P. and I. و ليس.
[15] I. الديار.
[16] I. فهو.
[17] R. لا يدرك.
[18] I. بالبال.

مستصعب مستظرف عجيب   سهل يسير هين قريب
يخرجه ذوالفطنة اللبيب   حدسا اذاما صفت القلوب
من كتب من[1] باد من الاجيال

ما كتموا شيئا سوى التدبير   لانه من اعظم الامور
و هو الذي يقدح في الاكسير   ما فيه من صبغ و من تاثير
يبدو من القوة للفعال

و كل[2] تدبير سوي[3] ذا متلف   لذلك الشي الذي قد الفوا
يمنعه من فعله فيضعف   فصار مجهولا بذا لا يعرف
وكل[4] قلب من هواه[5] خال

كم قائل يقول قد دبرت   بكل تدبير فما ظفرت
و انني للعلم قد[6] اتقنت   للتدابير فقد احكمت
و هو بها من اجهل الجهال

دبر ما لا فيه صبغ يجتني   من كل شيء صائر الى الفنا
و عنده بانه قد احسنا   فصار في ذل شقاء و عنا
و هو بذا منتفخ السبال

له اصحاب عن الحق عموا   قالوا هو العلامة المقدم
وكان تيسا و هو ليس يعلم   يصلح عند من يري[7] و يفهم
للحرث او يرعى مع الجمال

يشمخ ان قيل حكيم عالم[8]   و انه بكل علم قائم
كم قرعة قد غطت العمائم   و فاتح عينيه و هو نائم
لحيته تصلح[9] للمخال

ان ظفروا بالشيء لم يُصيبوا[10]   تدبيره و الشيء لا يخيب
الا بتدبير هو المطلوب   و كل ظن لهم كذوب
فاصبحوا للجهل[11] في خبال

يزرع ذوالجهل بجهل حنظلا   يأمل ان يأكل منه عسلا
حتى اذا لم ير ما قد املا   عاد الى فكرته و طوّلا
و قال ذا من قلة الاقبال

---

[1] Not in L.
[2] I. فكل.
[3] P. and I. سواه.
[4] I. فكل.
[5] I. سواه.
[6] R. بالعلم قد علمت.
[7] L. قرأ.
[8] P. فقيه.
[9] L. تشبه بالمخال.
[10] L. لا يصيبوا.
[11] P. and I. بالجهل.

اليس هذا عالم معكوس   و كل عقل[1] فيهم منكوس
هياكل يزينها الملبوس   لو نطقوا[2] قلنا هم التيوس[3]
باعوا الهدي و الحق بالضلال

باى عقل قيل فى الاقحاف[4]   و البيض مع محابر[5] الاصداف
الذهب الحق بلا خلاف   اليس ذا من قلة الانصاف
قول الرعاع الغاغة الارذال

لو قيل[6] شاة ولدت انسانا   او حب بُرٍ انبت[7] جلبانا
او نخلة قد حملت رمانا   او طائرات افرخت حيتانا
سبوا و قالوا فُهْتَ بالمحال

هل تلد الاشياء غير شكلها   او تحمل الاشجار غير حملها
فبينت ترددا[8] عن حملها   مع فتية[9] السوء و قبح فعلها
و هم أتوا من قبل بالمحال[10]

قالوا ابوالفضة والنضار[11]   في[12] حيوان البر و البحار
و قال قوم[13] هو فى[14] الاشجار   و فرقة قالت من الاحجار
و اقتصروا منها على الرذال

من اعتقاداتهم المذكورة[15]   اعتزلوا[16] المحمودة المشكورة[17]
لكل[18] ذي عين ترى مشهورة   اعني اناث العلم والذكوره
من اعين النسوة والرجال

تالله لو القيت النجوم   ما بيننا و قيل ما تروم
فيها و منها دبر الحكيم   بايها تدبيرنا[19] يقوم
بالقفل او بفاتح الاقفال

و الله لو مدت اليها كفه   ما رجعت الا و فيها حتفه
من كل نحس[20] زاد فيها خلفه   منظره مستقبح و وصفه
فهو بما يغتر[21] ذو اشتغال[22]

---

1 R. عقل فيهم ; P. شيء فيهم ; I. شيء منهم ;
2 R., P. and I. سكتوا.
3 R., P. and L. تيوس.
4 R. قال فى الاقحاف. P. بالاقحاف ;
5 P. and I. والشعر مع الاصداف.
6 P. and I. لو قلت.
7 R. and I. منبت مثمر.
8 P. and I. ترددن كم فئة ترددت في جهلها.
9 R. فرقة ايهام بقبح فعلها ; P. and I. رعية السوء ;
10 P. and I. بالنكال.
11 R., P. and I. النظار.
12 R. من.
13 P., I. and L. صنف.
14 P. من.
15 R. من اختياراتهم المشهورة ; P. المنكورة ;
16 R. و اعتزلوا.
17 R., P. and I. المخبورة.
18 In R., P. and I. the 2nd line comes first.
19 R. تدبيرها.
20 R. نفس
21 R. يقصد
22 P. باشتعال ; I. باشتغال.

وليس يدري ما هي الاوصال   ولا المفاتيح [1] ولا الاقفال
وما هو العاقد والحلال   بغيره [2] الصنعة ما تنال
فهو كريم [3] الفعل ذوالجلال

وكلما [4] بينت عن اثنين   من واحد كانا بغير مين
جزى بالعلم [5] على جزئين   فصوروا الكل [6] لكل عين
ليؤخذ العلم من الاشكال

فانظر الى الاصل مع الفروع   مفترقا يغني [7] عن المجموع
وعقدة الطيرين فى الوقوع   اذ منع الفرد من الطلوع
فهو [8] بلا ريش لذى [9] استقلال

هذا هو الكبريتة الحمراء   ما آن لها في فعلها [10] انتهاء
لهذه [11] الالقاب والاسماء   قد عميت عن كنهها الاراء [12]
فانتخبوا [13] مذاهب الضلال

هذا هو المصبوغ وهو الصابغ   وهو الذي عن كل نار زائغ
جاور نارا فهو سم دامغ   فكل [14] سم فهو فيه والغ
فصار كالنيران ذا اشتعال

قد قص منه [15] الريش والجناح   فهو مقيم ما له براح
الى العلو نفسه ترتاح   فهي اذا ما رقت [16] مصباح
بذى الجناح [17] ارتفعا فى الحال

تطلع عنه نفسه وترفع   الى السماء فهي شمس تطلع
فى البدر حينا واليه ترجع   تذل من عشق له وتخضع
فازدوج النوران فى التعال [18]

فصار [19] ذاك [20] الماء ذا نورين   كما ترى الشمس مشعشعين
على رماد الميت ممطرين   فعاش ما قد كان بعد ذين
كالميت من تحت السماء [21] المنهال

---

[1] R. وما.   [2] P. and I. بغيرها.   [3] R. and P. الكريم الفعل.   [4] R. فكلها.

[5] P. and I. جزء من العلم.   [6] P. ذاك لكل   [7] R. and I. يبني ; P. بين.

[8] In the Russian MS. the line فهو بلاريش لذى استقلال is followed by - فالطيران و الثلثة الاول اذا انتهى تدبيرها نصف العمل - والشمس والشمسان معما قد سفل - هذا هو النصف الاخير ذوالدول - فالصبغ فيه للبياض تالى of 12 verses later. After the last-named verse the figures of the *Balāṭah* are drawn, and these are followed by the verses beginning with فواحد مع واحد علوي and ending with اذ ليس عنه احد يسأل and then come the verses beginning with هذا هو الكبريتة الحمراء as in the other MSS.   [9] I. كذا.

[10] L. فضلها.   [11] R. بهذه.   [12] R. الابناء.

[13] P. فانتهلوا ; I. فانتحلو.   [14] R. وكل ; P. and I. بكل   [15] P. I. منها.   [16] R., P. and I. رقيت.

[17] P. كذى الجناح طار فى الجبال.   [18] I. البعال.   [19] P. وصار.

[20] P. and I. هذا.   [21] R., P. and I. السقا.

فهذه الاخت وذا اخوها   به وقد قصوه زوجوها
بالوفق في التدبير ثبتوها   فحين صح الحمل طيروها
بحملها في قلل الجبال

دل على البدر المنير القمر   فالبدر و الطيران منه فانظروا
تدبيرها الاول هذا فافكروا   و الشمس[1] و الشمسان فهو الاخر
تركيبها الاحمر ذو التلال

هن ثلاث و الثلاث اربع   بل هن خمس ما لهذا مدفع
فالارض[2] من اثنين حين توضع[3]   و الشمس و الشمسان ماء مطلع
مثلث بالشمس[4] ذو انهمال

فقوة الاسفل و الاعلى كما   قال لنا هرمس تاج[5] الحكماء
قد صارتا في ذلك الماء   فما يترك شي[6] حل فيه مظلما
يحيي الثرى كالعارض الهطال

فالارض ثلثان بثلث[7] محرق   قد جمعت في ذلك الماء النقي
كما ترى صورتها في المحرق   و لست بالمفصح عما قد بقي
كي لاتراها في يد الاطفال

قفل و قفل جوف قفل محكم   مفتاحها الواحد منها فاعلم[8]
رخيصة الاصل بدون الدرهم   به الي ذاك هذا يرتمى[9]
جهلا بما فيه من الاعمال

فقايسوا[10] الاشكال بالتفسير   و ما لنا[11] شُخِّصَ بالتصوير
يراه ذوالفكرة و التقدير[12]   اضوا من الشمس لذى السطور[13]
بالعدل لا بالجور في الجدال

فالطيران و الثلثة الاول   اذا انتهى تدبيرها نصف العمل
و الشمس و الشمسان معما قد سفل   هذا هو النصف الاخير ذو الدول
فالصبغ فيه للبياض[14] تالى

---

[1] R. فالشمس. [2] L. و الارض. [3] P. يوضع ; I. يوضع. [4] R., P., and I. بالنفس.

[5] (a) R. فقوت ; [5] (b) P. and I. رأس. [6] R. شيئا. [7] L. ثلث.

[8] P. and I. فافهم. [9] P. ينتمى ; I. ينمى ; [10] P. and I. فقايس.

[11] P. and I. و هذه الاشخاص بالتصوير. [12] P. and I. و التدبير. [13] I. and L. المنظور.

[14] P. and I. و الصبغ منه للبياض التالى. [N.B. In the Russian MS. the verses beginning with فالطيران و الثلاثة الاول and ending with اذ ليس عنه احد يسأل of 7 verses later (as well as the figures of the *Balāṭah* inserted after the present verse) come after line فهو بلا ريش لذي استقلال of 12 verses earlier. Then come the verses beginning with هذا هو الكبريتة الحمراء as in the other MSS.]

فواحد مع واحد علوي   و ثالث من شكله نوري
و اخر في[1] اخر ارضي   اصل الجميع واحد بحري
ذاك نحاس غير ذي توبال[2]

كم قائل يقول قل بلا حسد   ما الحجر الفرد الخفي المتحد
و كلما قلت له زورا شهد   بصدق ما قد قلته من الفند
و ان اقمت الشي بالاستدلال

كذبني و قال لي هجوا لغا[3]   جهلا به و قال ماذا المبتغى
يا ويحه من فارغ تفرغا   بل ويله لما به تدمغا
ويل مقيم غير ذي زوال

انفق ما يعلم[4] فيما جهله   من انعم الله[5] التي قد خوله
على علوم ما تساوي بصله   يامل ان يحصد[6] منها سنبله
و ذاك شي متلف للمال

فاستهلك المال[7] الذي كان معه   و كل[8] ما كان له و ضيعه
و باع ثوبى[9] عرسه و المقنعه   لانها صناعة مطمعة
فحين زاد الفقر[10] فى العيال

عاد الي ضرب الزيوف و الحيل[11]   و حسن الفقر له ذاك[12] العمل
فعاد[13] بعد الكيميا[14] قد حصل   منها على بيع[15] الزيوف و الرغل
يحتال مع كل فتى محتال

لو انه ينظر من قريب   اوقعه السعد على المطلوب
او كان ذا عقل و ذا تاديب   لم يخل من[16] معرفة المحبوب
اذ ليس عنه احد يسال

هو الحقير الهين المالوف[17]   هو العزيز الطيب الشريف
في كل سوق ظاهر مكشوف   يحيى به الفاسق و العفيف
قد خص بالصنعة[18] بالاعقال[19]

---

[1] P. and I. مع اخر.   [2] R. بغير توبال ; I. غيرذي وبال.   [3] R. هجرا اللغا.   [4] P. ما قد كان

[5] R. من نعم الله الذي قد خوله ; P. من انعم الله الذى قد خوله ; I. من انعم الله التى قد خولا.

[6] R. and I. يزرع منها مبقله .   [7] I. الشي.   [8] R., P., and L. جل - حل .

[9] P. and I. ثوب.   [10] R., P., and I. بالعيال.   [11] I. و الرغل.

[12] R., P., and I. هذا.   [13] R. and I. فذاك.   [14] I. الكتمان.

[15] I. ضرب.   [16] I. عن.   [17] P. and I. المتلوف.

[18] R., P., and I. فى.   [19] R. and P. الاغفال.

A. Facsimile of the page of the Indian MS. containing the Symbolical Picture (with translation of texts given below).

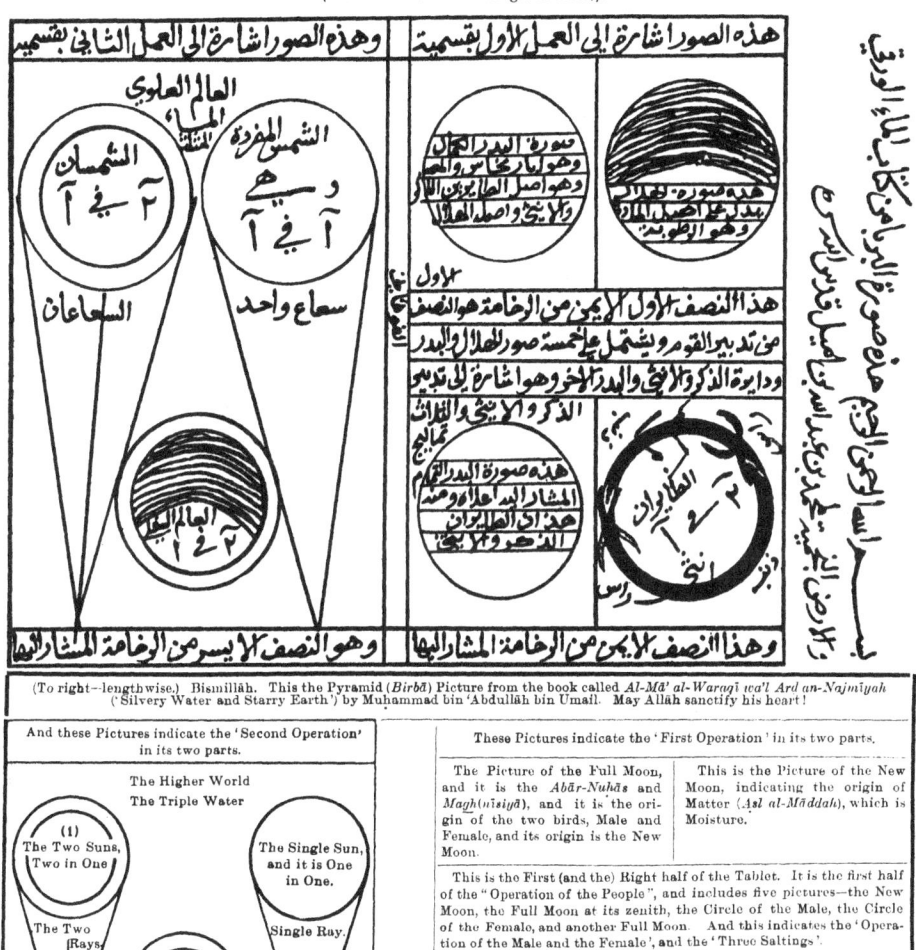

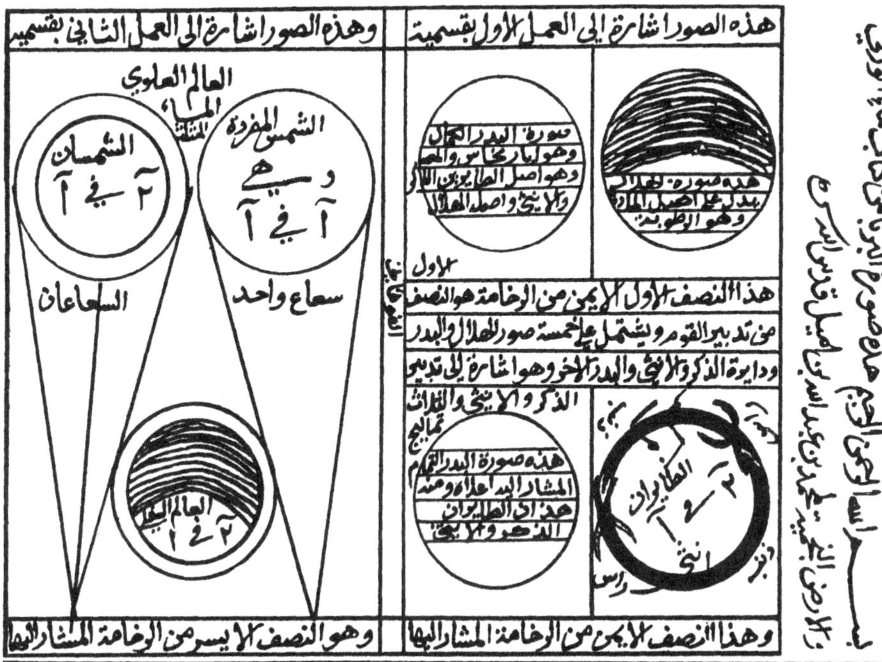

(To right—lengthwise.) Bismillāh. This the Pyramid (*Birbā*) Picture from the book called *Al-Mā' al-Waraqī wa'l Ard an-Najmīyah* ('Silvery Water and Starry Earth') by Muhammad bin 'Abdullāh bin Umail. May Allāh sanctify his heart!

And these Pictures indicate the 'Second Operation' in its two parts.

The Higher World

The Triple Water

(1) The Two Suns, Two in One

The Single Sun, and it is One in One.

The Two Rays

Single Ray.

The Lower World, Two in One

and this is the Left half of the Marble Tablet referred to above.

These Pictures indicate the 'First Operation' in its two parts.

This is the Picture of the New Moon, indicating the origin of Matter (*Asl al-Māddah*), which is Moisture.

The Picture of the Full Moon, and it is the *Abār-Nuhās* and *Magh(nīsiyā*), and it is the origin of the two birds, Male and Female, and its origin is the New Moon.

This is the First (and the) Right half of the Tablet. It is the first half of the "Operation of the People", and includes five pictures—the New Moon, the Full Moon at its zenith, the Circle of the Male, the Circle of the Female, and another Full Moon. And this indicates the 'Operation of the Male and the Female', and the 'Three Saltings'.

Tail — Male — Head

The Two Birds Two in One

Head — Female — Tail

This is the Picture of the Perfect Full Moon, referred to above, and from this come these Two Birds, the Male and the Female.

And this is the Right half of the Marble Tablet referred to above.

B. Facsimile of the Symbolical Picture from the Paris MS.
(The text is identical with that of the Indian MS.)

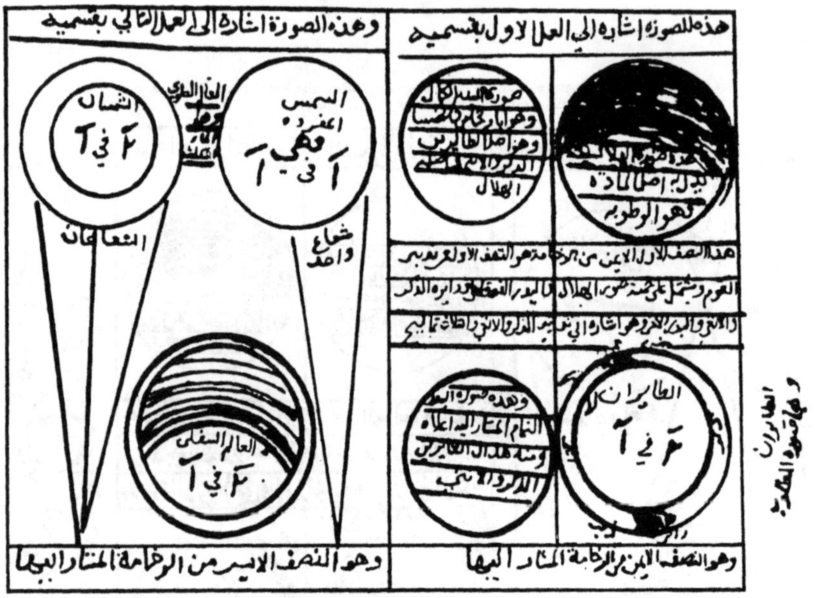

C. Facsimile of Symbolical Picture from the Russian MS. (details of text given below.)

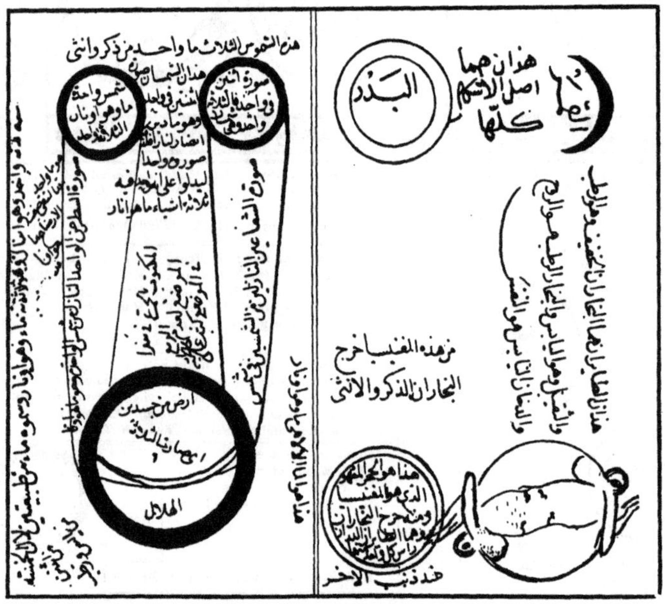

In the left sector of the Russian picture, the Single Sun is shown to the left and the Double Sun to the right (i.e. the reverse of what is found in the other two pictures).

Gist of Texts.

Left sector. The Sun is said to be Water, Air, and Fire—the Three are One. The Three Suns are One Water from the Male and the Female. The Two Suns are a Picture of Two in One. In the large circle at the bottom is written 'Earth from Two Bodies which become Three' and (below) 'The New Moon.'

Right sector. (Top). The Full Moon and New Moon are the origin of all Figures (*ashkāl*).

(Below left) 'From this *Maghnīsiyā* come out the Two Vapours—Male and Female.'

(To right—lengthwise) 'These Two Birds are the Two Vapours—the Light is Moist: the Heavy is Dry. The Moist Vapour is the Spirit, and the Dry Smoke is the Soul.'

(In circle—bottom left), 'This is the Promised Stone which is *Maghnīsiyā*, and from that come out Two Vapours; and they are Two Birds, the head of each one of them being near the tail of the other.'

ماء عظيم ثابت الاركان   مربع كالبيت ذي الحيطان

ركب في طبيعة الانسان   طبائع تصح في الميزان

ليس كمثل الناقص المثقال

قفلان في الصنعة لست افصح   باسمهما لانه[1] مستقبح

كلاهما هذا لهذا[2] يصلح   فمن رأى قفلا بقفل يفتح

هما جميعا مفتح[3] الاقفال[4]

اذا هما صارا جميعا واحدا   و اجتمعا جمعا به تسافدا

و قد ازالا عنهما التحاسدا   على حرارات بها[5] تعاضدا

مثل حضان الطير بالزبال

و اتصلت بذينك الاشياء   بمجلس[6] سماؤه عمياء[7]

فكان[8] منها الداء و الدواء   و نارها و الماء و الهواء

من بعد تسبيل[9] اللطيف العالى

ان احسن الفلاسف التدبيرا   رأيت ماء منهما[10] منيرا

من بعد ما اسلته[11] تقطيرا   ان كنت طبا[12] عالما خبيرا

ترفع ما انحل من الاثقال

قوله ان احسن الفلاسف التدبير عنى بالفلاسفة الثلاثة الاجزاء الداخلة على الذكر و الانثي فصارا مع جزئين من الثلاثة اربعة و هذا هو الحجر الذي اجتمعت فيه الاربعة فهو آبار النحاس و المغنيسيا البيضاء و هي الاربعة التي فيها العشرة و بدخول الثلاثة صار الجميع من خمسة و هذا هو الذي قالت فيه الحكماء ان نقصت الكف اصبعا نقصت القوة فهذه الثلاثة الداخلة علي الذكر و الانثي هي التي بيضتهما و نشفا رطوبة هذه الثلاثة[13] و يسمون هذه الثلاثة الداخلة علي الذكر و الانثي التمليح[14] و هي الصابغة للحجر المنصبغة به و يسمون هذه الثلاثة مع باقي التسقيات المحللة للحجر المدبرة له المستخرجة نفسه و بها تدبر النفس الفلاسفة و انما سمتها الحكماء الفلاسفة لان هذه التي هى الغذاء وهي التساقي مدبرة للحجر في سجنه و سماها بعضهم الحكماء و واحدها الحكيم و هم عنوا بهذا الاسم تلك التساقي و ايضاً مخمس *

ثم اغسل الارض برد الماء   من بعد احكام فم الاناء

حتى ترى ماءك في الضياء   كالدر او كالفضة البيضاء

وقد تخلصت من الاهوال

---

[1] L. لانها مستقبح.   [2] I. لهذى   [3] I. يفتح.   [4] R. الاعمال.

[5] P. and I. به.   [6] R. في.   [7] I. العمياء.

[8] P. and I. و كان.   [9] I. تسهيل.   [10] P. منهم.

[11] P. استقللته ; I. اسللته ; L. اسلبته.

[12] L. قوله طبا عالما خبيرا بالطب و الطب صفة للطبيب و الطبيب هو الماء و معرفة طب الماء هو معرفة كيفية ازدواجه بالارض.

[13] P. تبيضها و تسقى الرطوبة ; I. تبيضها.   [14] P. and I. التماليح.

فتلك سبع بعد سبع ثانيه   من غير اتفال [1] لتلك العاليه [2]
حتى تصير [3] النفس روحا صافيه   و الروح شمسا [4] مثل شمس باديه
هذا الالهي بلا اشكال

هذا هو الماء النقي المحرق   و هو الاثال فاعلمن [5] و الزئبق
للجسد الثاني به تعلق   هذا هو الاكليل [6] و هو الملصق
مع الرماد بالرماد البالى

و النفس [7] من كبرية ذات علل   لو علم الناس بها كيف العمل
حتى ترى نقية بلا دغل   تسود [8] الزئبق في لون زحل
و الجسد الابيض ذا التلال [9]

و كيف وجه الجمع و الازدواج [10]   و اللطف في التدبير كالسراج [11]
حتى تراها [12] حجرا كالعاج   مجتمعا ابيض ذا ابتلاج
من بعد ما كانت [13] كلون خال

و كيف منه ماؤه يعتصر   فترتقي انواره [14] و تقطر
فتشرق [15] الارض به و تزهر   اذا همى الغيم [16] عليها الممطر
و ذاك من زئبقها السيال

فعاد بعد العقد و التحجير   ادخل [17] في التعفين والتقطير [18]
ماء نقيا زائدا في النور   ترجع منه النفس في السرور [19]
هذا الكثير الخير ذوالفعال [20]

هذا هو الزئبق في قول الاول   زئبقنا الجاري به كل مثل
اسماؤه كثيرة ليست بالقلل   كعدد قطر المزن [21] او رمل الجبل
من دون احصاها فنى الاجل

به يكون الحرق للاجساد   حتى تراها و هي كالرماد
ثابتة للنار فى الايقاد   فتظهر الالوان في الترداد
حتى [22] ترى الصبغ بلون عال

---

[1] I. اثقال.
[2] R. الباقية.
[3] R. تعود الكل.
[4] R., P., and I. نفسا.
[5] I. هذا هو الاثال و هو الزئبق.
[6] P. and I. اللاصق.
[7] P. and I. فالنفس.
[8] R. يعود بالزئبق في لون الزحل ; I. تعود بالزئبق في لون زحل ; P. تعود و الزئبق في لون زحل.
[9] P. and I. ذوالكمال.
[10] R., P., and L. الازواج.
[11] R. بالسراج.
[12] P. and I. تراه.
[13] R. من بعد ماكان كلون الحال ; P. and I. من بعد ماكان بلون الخال.
[14] R., P., and I. انداؤه.
[15] P. and I. و تشرق.
[16] R. الغيث.
[17] R. and P. اذ حلّ.
[18] R., P., and I. و التغيير.
[19] R. and L. في سرور.
[20] R. and P. ذو الافعال.
[21] R., P., and I. البحر.
[22] R. حتى يرى ; L. حتى تجيء.

فتلكم المغنيسيا بلا كذب   جوهرة و ما سواها مختلب
في ارضك العطشى ترى منها العجب   اذا شبهت ازهارها زهر العشب
بعد سواد الوجه و القذال

فحمر الان[1] بلا توانى   حتى ترى[2] كالجلنار القاني
و الورد و النارنج فى الاغصان   فى الصبغ او شقايق النعمانى
بغير تقصير و لا املال

حتى تنال رتبة الاوال   و غاية الغايات فى الآمال
ليس[3] الملوك انفس الاحوال[4]   و الصبغ من نفس دم الغزال
ابالحسين هاك[5] كاللآلي

منظوم لفظ للقلوب جالى   كما جلى البدر دجى الليالى
مفصلا[6] بالعلم و الامثال   فابن أميل قاتل الرسال[7]
و فاتح الاقفال بالاقفال

محمد كاشف كل بال   و مضمرات[8] كل قلب بالى
عن كل مصفود[9] من التقوال[10]   و سرنا[11] يبدو من السؤال
عسى به يظفر ذو احتيال[12]

اقمته بالنظم[13] فى اعتدال   منا على ذى الفضل و الاقلال[14]
و اعلم بان الله خير والى[15]   في حفظه من غاغة[16] الارذال

*   *   *   *[17]

---

[1] I. فحمرت.   [2] I. يصير ; L. يرى.   [3] I. لبس.

[4] I. انقص.   [5] I. بالحسن هاجاك كاءلالى.   [6] R. مفضلا.

[7] R. الى الهلال فقتله لها ليس هو الا بالهلال و هذا يد على انه دبر قائل الوسال ; I. قائل الزيبال ; P. قاتل الزيبال ; L. قوله قاتل الرسال و هو الاسد و الاسد له من الكواكب الشمس و هي التي قال عنها رسالة الشمس ; [N.B. The lines beginning from محمد كاشف كل بال up to the end of the *Qaṣīdah* are not put in usual verse form, *i.e.*, five lines forming a distinct verse, except in MS. R. which, however, contains only 442 lines and not all the 448 lines that constitute the complete *Qaṣīdah*. None of the other MSS. contains the *Qaṣīdah* in full. MS. P. supplies some of the lines missing in the others, but still one line cannot be traced. The verses found in the different MSS. are not in regular order, and the verse beginning with محمد كاشف, as well as the following one which lacks the concluding line, has been formed by changing the order in MS. R. and adding some lines from other MSS.] The total of 448 lines (*maṣāri‘*; not *abyūt* of the text) is the sum of the number of lines in 89 *mukhammas* verses *plus* the 3 lines of the terminal *muthallath* verse, which also rhymes in *lām*.

[8] R. and L. wherein the second and the fourth lines of this verse are missing run thus - محمد كاشف كل بال عن كل مصفود من التقوال - اقمته بالنظم في اعتدال منا على ذي الفضل و الا قلال - عسى به يظفر ذو احتيال.

[9] and [10] R. and P. عن كل مقصود من التقوال ; L. عن كل مصفود من الاقوال.

[11] P. سرها.   [12] R. and P. ذو اختلال.   [13] P. لكنه في النظم ; I. اقمته فى النظم باعتدال.

[14] P. الاقبال.   [15] R. غيرءآل ; L. خيرال.   [16] P. عن عامة.   [17] Line missing.

قصيدة جاءت بلا اعتدال [1]   في سبع ليلات على استعجال
من غير اعياء و لا كلال   فيها [2] حياة لذوى الامحال
من الكرام [3] السادة الاقيال

ارخصت فيها كل لفظ غالي   لم احشها [4] بالوصف للاطلال
و ذم يوم البين و الترحال   و لا بذم الشحم [5] و الاثال
و لا بمدح ليلة الوصال

و مص ريق طاب كالجريال [6]   من ذات دل حسن الدلال
تضنى [7] بعينى بقر الرمال   وجيد ديم [8] ليس بالمعطال
فيالة [9] كالغصن الميال

باحسن [10] الاعطاف و الاكفال [11]   تزيد فى الحسن على التمثال
من شعر الرأس الى الخلخال   تحكم الايام فى [12] الاجال
دعوت اشعارى بلا امهال [13]

فاقبلت كالعارض الهطال   قصدة تعد فى الطوال
و هى بلا كذب و لا انتحال [14]   من حسنها عند الاديب التالى [15]
قصيدة محمودة الخلال

سميتها فى مبتدا الارسال   رسالة الشمس الى الهلال
الفاظها كالماء و السلسال [16]   عند ذوى الفهم كاللال [17]
عند الرعاع الغاغة [18] الارذال

تبرى من الاوجاع و الاعلال   اعلال [19] ذل الفقر و السؤال
بديعة غريبة الاشكال   من جُل ما اشكله الاوالى
ابدأت فيها كلما بدا لى

و الحمد لله الكريم العالي   ذى المجد و الآلاء و الافضال
المنعم المجزل ذى الجلال [20]

---

[1] P. بلا اضلال .
[2] and [3] Lines found only in the MS. P.
[4] R. لم اخشها ; L. لم احشها.
[5] P. السجم.
[6] R. طيب الجريال.
[7] P. يصبى ; L. تسمى .
[8] R. رتم.
[9] R. مثالة ; P. خيالة.
[10] P. ماحسن.
[11] L. الاكحال.
[12] R. يحكم كالايام في الاجال ; L. تحكم فى الايام كالاجال
[13] R. اهمال.
[14] R. محال.
[15] P. البالى.
[16] R. and P. كالبارد السلسال ; I. كالماء فى السلسال.
[17] R. and I. و مثل الالى
[18] I. الفاقة.
[19] R. اوجام ذي الفقر و ذي السؤال ; P. and I. اوجاع.
[20] Line missing in R.

[تفسير القصيدة]

و نتبع هذه القصيدة بتفسير اشكالها و صورها منثورا بتبيان من القول و ايضاح من الشرح و ان طال لمراجعة الكلام [1] * الماءان [2] احدهما ماء جامد و تلك خلقته و الآخر ماء جار و تلك خلقته و قالت مارية ايضا و اما الماء الذي ذكرت انه ملك و من السماء نزل و الارض بنداوتها تقبله و يمسك ماء السماء بماء الارض و ماء الارض لخدمته [3] و رملها لتكرمته و يجمع الماء و الماء [4] فيمسك الماء الماء [5] و الكيان يمسك الكيان و يبيض الكيان من الكيان ارادت طبخ النفس بالروح حتى اختلطا و اصطحبا و صارا شيئا واحدا كالرخام - و اعلمك ايضاً ان قولها فى الماء الذي ذكرته انه ملك و من السماء نزل والارض بنداوتها تقبله فيمسك ماء السماء بماء الارض فانها ارادت بذلك الماء الالهي الذي هو النفس فسمته ملكا لانه روحاني و انه من الارض عرج الى سماء البربا - و قولها و من السماء ينزل ارادت بذلك رجوعه الى ارضه - و هذا الملك الذي سمته افسره لك من الوجه الاخر لتقف على المعنيين انشاء الله تعالى فانها عنت به المولود الذي ذكروا انه يولد لهم فى الهوى و كان الحبل به اسفل و هي القوة العلوية السماوية التي استفادها الماء باستنشاقه الهواء الذي قال فيه هرمس فيحصل فيه قوة الاعلى والاسفل *

و فيه قال مرقونس ما يعرفه الا من حملت به امه في رأسها وقال فيه حكيم اخر هى البيضة المولودة فى الهواء من لطيف هيولى الارض و قال فيه خالد بن يزيد شعر -

خذ البيضة الشقراء من خير معدن تصادفها لا فى السماء ولا فى الارض

سماها بيضة شقراء لما ارتفعت و صارت هواء و لون الهواء اشقر يريد النفس التي فى الماء و سماها بعضهم الهواء المتجسد الغريب و قول مارية والارض بنداوتها تقبله ارادت ان الارض تقبل (النفس التي فى الماء بما فيها) [6] من النفس و الروح لانها شكل النفس التي فى الماء و هذا هو ما فسرته لك بعينه فقد ترى اختلافهم فى الالفاظ مع ان المعني واحد فكلامهم كله واحد [7] غير مختلف و لكنهم قد تفننوا فى الامثال و قولهم في بعض المواضع الهواء الغريب المتجسد يعنون به الملح الذي يخرج من المركب بعد الانحلال و التقطير و هو اخو النفس التي تظهر [8] الالوان و هو الرماد المستخرج من الرماد و هذا هو الرماد الذي قال فيه ارميانوس البنداري [9] * * شعر *

يا ويح من يخدم بيضا ريحا هل يجدون فيه يوما ملحا

اى ليس يخرج لهم من رماد بيضهم رماد يطيب تدبيرهم و يحسنه و يعقد ماؤهم مثل هذا ثم قالت مارية و يمسك ماء السماء بماء الارض و هو المعني بعينه ثم قالت و يجمع الماء و الماء [10] فيمسك الماء الماء [11] و الكيان يمسك الكيان و يبيض الكيان الكيان [12] فهذا هو ذاك بعينه و ليس فيهم من يخرج عنه و ربما [13] قال الحكيم

---

[1] P. المكان الاخر .
[2] Not in R.
[3] Not in P. and I.
[4] Not in I.
[5] R. للماء.
[6] Omitted in P.
[7] P. حق.
[8] R. الذي يظهر.
[9] R. المزاربندي ; P. الهواريدي.
[10] R. و يجتمع الماء بالماء ; I. الماء فقط.
[11] R. للماء.
[12] R. يبياض الكيان من الكيان .
[13] R. و لىما.

لقى القرين قرينه و وجه اخر في قولها الماء يمسك الماء [1] فهما ايضاً الروح و النفس لما اصطحبا [2] وانضجا [3] بتكرير التقطير و اختلط كل واحد منهما بالاخر اختلاطا كليا و امسك كل واحد منهما الاخر لانهما صارا شيئا واحدا في اللطافة و الروحانية و هذا كله هو ذلك الماء الذي رأيته مصورا و هو الشمسان اللتان هما اثنان في واحد و الشمس المفردة و الارض هي ماتحت هذا الماء النوراني و اصل هذا الماء ذانك الطايران المرتبطان اللذان كل واحد منهما قد يمسك بمنقاره ذنب الآخر و اصل هذين الطايرين البدر عند تمامه و كماله و هو المغنيسيا و ابار نحاس التام فكلما يمر بك من الامثال والتشبيهات والاسماء والصفات [4] والازهار و الالوان [5] والكبريت و الزرنيخ و زئبق القنبار و كل اسود و ابيض و احمر و كل الرطوبات من الخلول و الالبان و المياه و الدماء اوالبول والمني و المرار وما شاكل ذلك [6] فانهم يؤمؤن به الى هذا الماء الالهى و قد شبهوه [7] و سموه بكل رفيع من الرطوبات و غيرها [8] و بكل وضيع من الاشياء يعنى اجمع الحكماء على ان [9] مائهم بكل رطب و يابس *

قال [10] محمد بن اميل قد اتيت في هذه القصيدة بهذه الاشكال و الصور التي ذكرت لكم انها كانت مرسومة في البلاطة في حجر الحكيم و هو جالس على باب مجلسه في بربائه الذي ابتناه لنفسه و اودعه علم حكمته على ما شرحته قبل ابتداء القصيدة و هو على اولها - ثم اني رأيت ان اشرح تفسير تلك الصور و الاشكال منثورا و اكمل ذلك باوضح البيان و أُبَرِّهِنَ على صحة ذلك بالاستشهاد من كلام الحكماء الاولين و ابسط الكلام على جميع ما يحتاج اليه تلك الصور والاشكال و على الاصل الذي هي منه و على ما سهل من التدبير و الالوان و غير ذلك فهذه الاشكال هي على ما رسمه الحكيم اصل الحكمة و التدبير و هو علم الحكمة و لكنه جملة نحتاج ان نبين بالشرح الكثير من التفسير والاوصاف والتمثيل و الالوان و الاسماء لها في مراتب التدبير و ها انا قد اتيت بذلك عند منتهى القصيدة بشرح بيّن و بسطته حتى جاء في اوراق عُدَّة و رددت الكلام حسب ما جرى به رسم الحكماء الاولين ليزداد ذوالفهم بذلك فهما و يقينا و يتضح له من ذلك ما استتر عن غيره من ذوى البلاغة والافهام و ينبت فيه الماء الورقى و لونه و هو الذي سمته الحكماء بذلك و سمته ايضاً الماء الالهي و الارض النجمية فعلت ذلك بكثرة ما ذكرتهما و اكثرت من صفتهما فيه و لما بينته من اسمائهما و الوانهما و بالله التوفيق و هو حسبى - ◎ -

ابتداء ذكر الماء الورقي النقى و الارض النجمية

قال محمد بن اميل و هذا الشرح و البيان فهو شرح بلا حسد ولا رمز فيه فسرته ههنا منثورا كما بينته منظوما - اعلم يا اخى اطال الله بقك و ايدك بمعونته ان هذه الاشكال و الصور التي اثبتها لك على ما [11]

---

[1] R. الماء للماء يمسك. [2] Omitted in R. [3] Omitted in P.

[4] R. و الصمغات. [5] Omitted in R. and P.

[6] Omitted in R. and P. [7] R. فطير الماء و كل طير و ما شاكل ذلك فقد شبهوه الاخر.

[8] I. غيره. [9] I. adds ذلك و طير الماء و كل طير.

[10] From this, *i.e.* قال محمد بن اميل up to the heading ابتداء ذكر الماء الورقي و الارض النجمية is missing in P. and I.

[11] P. and I. ابينها لك على ما رسمها الحكيم في موضعها في قصيدتي هذه على ما و جدتها.

وجدتها فى البلاطة المقدم ذكرها لم انقص منها شيئًا و اما الزيادة عليها فلا يمكن و هي على ما رسمها الحكيم عشر صور *

خمسة من يمين البلاطة الى وسطها و هي القمر الذي هو نصف البدر و البدر الى جانبه من فوق حاشية البلاطة و الثلاثة الاخرى هي التي تحت هذا القمر والبدر و هي [1] الطايران والبدر فتلك خمسة و هي النصف الاول من العمل الذي ليس قبله تدبير و اخر هذا النصف من ابتداء العمل التقطير و التهذيب و استخراج النفس من الجسد فى الماء الروحاني و هذا الجسد هو حجرهم المركب ثم تقطير الماء وحده و هذا اخر العمل الاول [2] الذي هو الماء النقي و من نصف البلاطة الثاني الى اخرها مما يلي يسار الحكيم خمسة اشكال على ما قد رأيتها ممثلة فى القصيدة و هي الثلاثة الفوقانية الواحد الفرد والواحد من اثنين و هو صورة اثنين في واحد و هي صورة الشمس ذات الشعاعين النازلين والشمس المفردة ذات الشعاع الواحد [3] و هي صورة واحد في واحد و من تحتها في اسفل البلاطة صورة اثنين ايضا في واحد و هو الذي يسمونه العالم السفلي فالثلاثة الفوقانية هي صورة الماء الالهي الروحاني الذي فيه النفس محمولة و هي التي يسمونها الذهب و يسمون هذا الماء الالهي باسم كل رطب من الخلولات و الابوال و الالبان و الادهان و الدماء و المني لان فيه حياة و يسمونه بجميع الاصباغ والازهار يريدون بذلك نفس الحجر التي اطلعوها في مائهم هذا و ذلك لتلونها فى التدبير الثاني و يسمون هذا الماء ايضا الغيث المحيي للعالم السفلي و كل هذا فهو الماء الورقي النقي الذي هو ذهب الحكماء الذي سماه السيد المفضل هرمس الحكيم الخير الكثير الاسماء و اما العالم السفلي فهو جسدهم الثاني [4] و الرماد المحرق الذي يسمونه اليه آرس الذي يردون [5] النفس الكريمة و ذلك [6] هو الجسد المبيض و رماد النفس المحرق والنفس التي هي ذهبهم الذي يزرعون في ارضهم البيضاء النجمية الورقية المقدسة العطشي و هي الجسد الثاني و يسمونها ارض الورق و ارض الفضة و ارض اللؤلؤ و ارض الذهب يريدون بهذا كله جسدهم المكلس المبيض فهذا [7] الماء المثلث و هو الشمس المرموزة [8] بالشعاعين و هي صورة اثنين في واحد و الشمس المفردة ذات الشعاع الواحد صورة واحد في واحد فتلك ثلاثة اشياء و هو [9] ماء من طبيعتين و سموه الماء المثلث لانه واحد فيه ثلاثة ماء و هواء و نار و الارض السوداء تحتهم [10] وهي العالم السفلي من اثنين مختلطين هما الجسد الثاني [11] و الرماد ممتزجين و هي صورة اثنين في واحد و هي الارض من جسدين فتلك ايضاً خمسة وهي الدائرة التي هي كالبدر و في جوفها و منها و بها صورة القمر و الشعاعان و الشعاع الثالث النازل من السماء الى اسفل اعني من حاشية البلاطة العليا الى حاشيتها السفلي حائطة بالارض فهي الثلاثة الاجزاء الاولى التي تدخل علي جسدهم الثاني الذي هو ارضهم من العمل القمري الذي هو اول العمل الثاني الذي بعده التحمير الذي يسمونه العمل الثاني الشمسي [12] فهي ثلث الماء المقسوم على تسعة اقسام و هذا الثلث هو التبييض الثاني الذي هو اول العمل الثاني بعد التسويد الثاني الذي هو

---

[1] P. وهم ; I. وهما.
[2] Omitted in I.
[3] Omitted in P. and I.
[4] Not in R.
[5] R. اللذين يردون اليهما.
[6] R. هما.
[7] R. وهذا.
[8] R. الموسومة.
[9] P. and I. وهى.
[10] R. تحتهما.
[11] R. من اثنين مختلطين ممتزجين.
[12] R. الشمس وهى.

التسويد الاول من العمل الثاني لانه يسود ارضهم البيضاء عند دخوله [1] عليها ثم يبيضها بعد ذلك و هذا التبييض هو الثاني تسميه الحكماء التبييض الاول لانه اول العمل الثاني الذي بعده يكون التحمير ببقية التسعة [2] الاقسام من الماء التى هي ستة اقسام [3] لانهم يطرحون التدبير الاول كله الذي هو التحليل و التقطير و استخراج [4] النفس من حجرهم بعد الازدواج و المزاج الاول الذي ما قبله تدبير و يسمون البياض الثاني الذي هو اول العمل الثاني العمل الاول و يسمون التحمير العمل الثاني و يسمون التبييض القمري و التحمير الشمس [5] فافهم مواضع هذه المكايد و المغالطات من الحكماء في الفاظهم و ذلك انه اذا نزلت هذه الاقسام الثلاثة من مائهم هذا المدبر على ارضهم البيضاء الورقية انحل [6] الكل و صارت الارض و الماء الذي نزل عليها في سواد القير الذائب فيلزم التدبير الاول مثل العادة وهذا [7] التعفين للجسد بنار الحضانة اللطيفة اللينة مائة و خمسون يوما و منهم من قال مائة و عشرون يوما و ربما جاء البياض في ثمانين يوما و ليس هو بمحمود عندهم و ذلك يدل على حمى النار و الاولى عندهم خير الثلاث النيران لانه يدل على اعتدال النار و جودة التدبير و ما جاء قبل ذلك فهو يدل على شدة حمو النار و الباقي من الماء وهي الستة الاقسام يسمونها الاصباغ و الماء الاحمر و الدم و الشبوب و بكل احمر وهي بيض في الظاهر من اللون و لكنها [8] تفعل الحمرة و العمل الثاني الذي هو التبيض و التحمير اشبه الاشياء بالعمل الاول سواء فلذلك ربما جمع الحكيم منهم العملين جميعا في كلمة واحدة فتكون الكلمة على العمل الواحد و هي على العملين جميعا فيشتبه ذلك على من قرأ ذلك المعنى فاذا بطن السواد و عاد البياض فعند ذلك سقوا ارضهم بتلك الستة الاقسام المعزولة في ستة قوارير و هي العشرة الالوان التي تظهر من المركب على عدد تلك النسور و العقبان و العاشر الثفل الذي منه خرجت الذي ذكرت لك في الكلام الذي هو على اول القصيدة التي رأيتها مصورة في سقف دهليز البربا و ما في ارجلها من القوي التي ذكرناها هناك فهذا جميع ماكان في البلاطة و نسخته على ما وجدته و قايسته بالعام مما هو في رسائلهم فعرفت المعنى الذي اشار اليه الحكيم بما جعله من علمه لنا مسطورا و شخصه اشخاصا فعل ذلك ليكون اقرب الي فهم طالبة هذا العلم و اصل هذه العشرة التي هي تمام العدد الاربعة [9] التي هي الذكر و الانثي مع اخواتهما [10] الثلاث اعني الداخلات عليهما [11] منهن التمليحتان الاوليان من الثلاث التمليحات الداخلتات [12] على الذكر و الانثي و التمليحة الاولي هي ايضاً عندهم [13] ذكر ثانٍ و يسمونه ههنا الهوى لانه قد حصل [14] في تدبيرهم [15] تقدم به على التمليحة الثانية فذكر [16] بهذا التدبير فكانا [17] ذكرين على انثي [18] ثم دخلت التمليحة الثانية و هي نية طرية وهي انثى اخرى فصار الكل اربعة اشياء وهي [19] ذكران و انثيان منها خرجت العشرة [20] الالوان و هذه العشرة فهي عدد مغالطة [21] فافهمه *

---

[1] I. الدخول.
[2] P. ببقية الماء الذي هو تسعة اقسام.
[3] Not in R.
[4] R. استخراج الارواح و المزاج الاول.
[5] R. and I. الشمس.
[6] I. اكل.
[7] R. و هو.
[8] I لكنها كالماء في اللون و لكنها تفعل.
[9] I. و الاربعة.
[10] P. اخونها الثلاثته ; I. اخوانها.
[11] P. and I. عليها.
[12] P. التمليحتان الاوليان من الثلاث الداخلات ; I. وهى التمليحات الاوليات من الثلاث تمليحات الداخلات.
[13] P. and I. هى عند هم ذكر ايضاً ثاني.
[14] P. and I. جعل.
[15] هم omitted in R. and P.
[16] P. فيتذكر ; I. فتذكر.
[17] P. and I. فكان.
[18] P. على الانثى.
[19] R. اربعة ذكرين و انثيين.
[20] P. منهما خرجت العشرة الاولى ; I. الثالث منها خرجت العشرة الاولى.
[21] R. و هذه العشرة هي عدد فافهمه ; I. و هذه العشرة فهى عدد فافهم.

فاول العدد واحد و الثاني تقول اثنان [1] فتلك ثلاثة اعداد ثم [2] تقول ثلاثة فصارت [3] في العدد ستة ثم تقول اربعة فصارت عشرة اعداد ظاهرة و باطنها اربعة فبهذا [4] العدد كملت المغنيسيا التي هي ابار نحاس التي هي من اربعة و العشرة هي [5] الاربعة و منها تخرج و الاربعة منها العشرة فهذه اربع طبائع ارض و ماء و هواء و نار فكان منها جميع المخلوقات فافهم ذلك فالهواء ينبت الزرع و يرقي به الي العلو [6] و فلذلك [7] يمتد و يطول و لذلك قالوا اذا كان الهواء مصلحا بين الماء و النار لحرارته [8] و رطوبته فهو قريب النار بحرارته و هو قريب الماء برطوبته فقيل لذلك الماء و النار و المصلح بينهما عنوا بالمصلح الهواء فالارواح [9] كلها من لطيف بخار الهواء تكون [10] ولذلك قلنا لك ان المولود الذي للحكماء في الهواء يولد عند صعوده الي الانبيق و كذلك [11] جعل هذا الماء محيا لارضهم و لجنينهم [12] الذي في ارضهم الذي هو النفس التي [13] في جسدهم الثاني عند رجوعه اليه في اخر العمل *

و اعلم ان الهواء القائم بين السماء و الارض الذي منه حياة كل شي انه يجري على كل شي و جميع الطبائع [14] الثلث ما ظهر منها و ما بطن التي هي الاض و الماء و النار و الهواء يجري عليها في حال استقامة و صلاح و هو حار رطب و كذلك النفس الخارجة من حجرهم التي بها حياته بعد موته و كما ان الهواء حياة كل شي فكذلك مائهم هو رأس عملهم و مفتاحه و حياة جسدهم الميت الذي هو ارضهم المقدسة العطشي و كما ان الهواء حار رطب فكذلك مائهم الذي هو النفس حار رطب وهي نار الحجر وهي النار الحائلة و رطوبة مائهم انه ماء و حرارته للنفس التي فيه و لما اكتسبه من طول مجاورته للنار من النارية فصار و ان لم يكن هواء بالحقيقة بمنزلة الهواء في الحرارة و الرطوبة و في الفعل مثله و انهم زادوه بعد ان صار هواء بالتدبير لما كرروا عليه [15] الحرارة فصار شديد الحرارة فيه يحرقون اشيائهم و به يسودن و به [16] يبيضون اذ صار يفعل فيها فعل النار من الاحراق فلذلك سموه نارا بفعله لا انه نار بالحقيقة و لكن على التشبيه لفعله لان فعله فعل النار و لذلك قال هرقلس [17] ملك الروم في ذلك الهواء الذي لهم هو هواء و ليس بهواء و قال ايضاً في نارهم التي بينتها هي نار و ليست بنار و الناس [18] كما قالت الحكماء انما استنشاقهم الروح من الهواء فهو بقدرة [19] الله تعالى حياتهم و كذلك نحاس [20] الحكماء يستنشق الروح من الرطوبة التي لهم فيقبل [21] القوة منها فيكثر و يربو ذلك النحاس مثل سائر الاشياء التي تقبل النمو و الزيادة و اعلم ان باستنشاق الهواء تقوى الروح و منه حياتها اعني بهذا النفس

---

[1] R. و الثاني يقول اثنين ; I. و الثاني نقول اثنتان.

[2] P. و تقول ; I. و نقول. [3] R. and P. صارت. [4] R. فبهذا ; I. فهذه.

[5] R. و العشرة من الاربعة ومن هذه الاربعة الاعداد الباطنة تخرج الاعداد الظاهرة و هي المغنيسيا ; I. فالعشرة في الاربعة و ابار النحاس.

[6] R. الهواء. [7] P. and I. و كذلك. [8] P. and I. بحرارته.

[9] I. و الارواح. [10] I. المصلح يكون. [11] R. و لذلك.

[12] I. و لجنيهم. [13] R. الذي.

[14] R. انه يجرى على جميع الطبائع الثلاث فيما ظهر منها و بطن التي هى الارض الخ.

[15] R. لما كرروه عليه حرارة. [16] R. فتسود و به تبيض. [17] P. هرقك.

[18] P. و انما بين كما.

[19] R. الهواء فهو التشبيه يعيد الله عز وجل حياتهم ; I. الهوا فهو بعد الله حياتهم.

[20] P. and I. نحاسهم. [21] I. فتستفيد.

الحجرى التي صارت من اللطافة و الرقة [1] و الانبساط (في مثابة الروح و صارت بما اكتسبته من الدقة [2] و اللطافة) و كثرة الحرارة في مثابة النار اعني في قوة النار و احراقها - فلما [3] اخذت الحياة من الهواء الذي هو حياة كل شي من الحيوان و النبات و به النمو صارت هواء فصارت حياة لما دخلت فيه فاحيت ذلك الشي الميت بعد موته - و لذلك قالت الحكماء اجعل الماء هواء ليصير مع الحياة التي فيه حياة و روحا لما دخل فيه اذ كان من الماء حياة كل شي و الهواء هو ايضا المحي لكل شي و الهواء هو من الماء و هو لا يفارقه و بهما حياة كل شي فاعرف هذا التدبير و هذا المعني و دع ما سواه - فما للحوانيين و لا لمن قال بالنبات و الاحجار الموات المحترقات الفانيات مثل هذا الحجر ولا تدبير مثل هذا التدبير لقد خسر المبطلون فهذا هو الماء الجامد و الهواء الراكد و الارض السائلة و النار الحائلة و قد اعطيتك علمها و عملها و الله المعطي المنان و ذلك انهم جعلوا مائهم جسدا ثم انهم حلوه بعد ثباته بالنار [4] فاخذ منها القوى و الحرارة ثم حللوه [5] فصار ماء ثم صيروه بتدبير النار و ارتفاعه الى العلو [6] هواء ثم زيد في تدبير [7] ذلك فصار حارا ناريا [8] محرقا قويا سموه نارا بفعله فكانت [9] هذه الاربع طبائع منه و فيه [10] و به تكونت و تولدت و اصطلحت المتعاديات في هذا الماء الواحد و لذلك صارت هذه النفس حياة لما دخلت فيه و الروح باستنشاقها [11] الهواء بكثرة التصعيد لها [12] و هو التقطير و بتكراره عليهما [13] صارتا نارا [14] بل اشد حرا و احراقا [15] من النار و هذا هو التدبير الذي عمي عنه العالم فضلوا ضلالا بعيدا اذ لم [16] يعرفوا الحجر المدبر [17] بهذا التدبير و لا التدبير فحصل في هذا الماء قوة الاعلى و الاسفل فصارت كما قال الحكيم [18] هرمس سلطه على الاعلى و الاسفل تعمل العجائب الشي و ضده اذ كانت تسود [19] و تبيض و تحمر و تشد الرطب و تلين اليابس و اخوها الرماد المستخرج من الرماد مع جسدهم الابيض الثاني الذي سموه الارض المقدسة العطشي و سموا الرماد الذي [20] هو الخمير خمير الذهب فالذهب مائهم الالهى و الماء الالهي خمير الاجساد و الاجساد ارضهم [21] و خمير الماء الالهى الذى هو خمير الاجساد الرماد فهو خمير الخمير و سمته مارية الحكيمة الا نفحة اذ هو العاقد لمائهم في ارضهم الثانية [22] التي هي جسدهم الثاني و هو اكليل الغلبة و قد سموه الذهب على شدة بياضه و مائهم [23] الورقي عنوا بقولهم اخلط الذهب بالذهب عنوا خلط الماء و الرماد و لمائهم [24] و جسدهم المبيض الثاني قال هرمس لابنه يا بني ازرع الذهب في ارض بيضاء ورقية سمى ههنا هرمس مائهم الابيض ذهبا من اجل ان النفس الصابغة مستجنة في مائهم اذ غاب عليها الروح بلونه و بياضه [25] و سمى جسدهم الابيض ارضا بيضاء ورقية *

---

[1] I. الدقة.
[2] The bracketed portion is omitted in P., while I. reads في مثابة الروح and من الرقة.
[3] P. فكلما.
[4] R. للنار.
[5] Omitted in I.
[6] Omitted in R.
[7] P. في تدبيره ذلك.
[8] R. نارا قويا محرقا.
[9] I. و كانت.
[10] R. فيه و منه و به تولدت.
[11] R. و باستنشاقها ; P. and I. باستنشاقه.
[12] P. لهما.
[13] P. و تكراره عليهما ; I. و تكراره عليها.
[14] P. and I. صار.
[15] I. احراقا للهوى.
[16] P. ولم يعرفوا.
[17] Omitted in I.
[18] R. الحكيم الفاضل الذي هو بحر الحكمة هرمس.
[19] P. and I. كان يسود الخ.
[20] R. و الرماد الذي هو خمير الذهب ; P. و الرماد الذي الخ.
[21] R. و خمير الماء الالهي و الرماد الخ ; P. و خمير هذا الماء الالهي فهو الخ.
[22] Not in R. and P.
[23] I. و قد سموه الذهب على شدة بياضه معطوف على قوله لمائهم في ارضهم الثانيه و لمائهم الورقي الخ.
[24] R. و مائهم و جسدهم الخ ; P. و لهذا الرماد وجسدهم الثاني المبيض الخ.
[25] I. ببياضه فقط.

و اعلمك اني استدللت على معرفة البدر بصورة القمر لما رسمه الحكيم الى جانب البدر اذ هو معه في مجراه و جعله دليلا عليه فلولا القمر لكانت تلك الدائرة التي هى صورة البدر لا تعرف ما هي فدل عليها بالقمر و ان هذه الدائرة هى القمر عند تمامه و كماله و امتلائه من نوره و بكل ذلك اراد الحكيم ان يقرب العلم من الفهم لمن نظر في ذلك و البدر المغنيسيا التي هي ابار نحاس التام و هو الحجر المدور و هي البحر فبذلك علمت انه اصل عمله المكتوم واعلم[1] ان اصل الطايرين من البدر اذ صوره الحكيم الى جانبهما كما رسمته لك في موضعه من القصيدة مع الطيرين فلما صورهما الى جانبه علمت[2] انهما منه و انهما فرعه و انه اصلهما الذي منه كانا و انه هو الكل و انه منه يخرج البخاران و هما الطائران الذان رأس كل واحد منهما عند ذنب الاخر كما قد رأيت ذلك و ذلك ان الحكيم جعله دليلا عليهما كما جعل القمر دليلا على البدر لتعرف الدائرة انها هي البدر و ان الطائرين المرتبطين هما من البدر و علمت الشي الذي اشار اليه الحكيم بتصويره البدر ما هو لان القمر صاحب الرطوبة - و اعلم ان هذين الطيرين هما الذكر و الانثى الذان يشير اليهما الحكماء انهما[3] حجر الحكماء اذا ازدوجا[4] وانعقدا على ما رأيت من صورتهما قد اختلطا و ارتبطا و صارا شيئًا واحدا و انما صورهما[5] اثنين على صورة الجمع و انعقادهما فجعلهما عقدة واحدة صورة واحدة[6] و بين انهما اثنان لتعلم ان هذا الواحد من اثنين قد التزما فصارا واحدا و انهما شيء واحد من شيء واحد و ذلك الواحد الذي هما منه هو البدر الذي هو هذا القمر في حال النقصان و في حال امتلائه بنوره هو البدر و كل واحد منهما قد امسك الاخر فالقاعد الخالد الذي هو الذكر قد امسك الطيار و الطيار هي الانثى التى جناحاها صحيحان فالطيار قد همّ ان يطير بذلك معه و الطائر الذي بلا جناحين قد امسك الطيار كما شرحته فى هذة القصيدة *

الطيـــر و الطيـــران و الطـــاير   الرابـع و الاشقـــر ذو الحـــر
فهـــذه المغنيسيـــــا التـــي   قـد حار فيهـــا كـل ذي فكـــر
بالمشتـــرى تسمى و قصـــديرهم   و الخلط في التركيب ذى القدر
و بيضـــة الديک التـي تجمـــع   المـــاء مع المخـــة و القشـــر
و ليـــس من بيـــض دجاج و لا   بيـــض عقـــاب لا و لانـــسر
و قشـــرها ذلك الـرماد الـذي   يمكث لا و لا يطلـــع فى القـــدر
و المخـــة النفس التـــي ولدت   فى المـــاء بالنار على الجمـــر
هـذا هـــو الحـــق و اكليلهـــم   سمـــوه قـد فضـــل[7] بالشـــذر[8]
صـــوره كلبـــا بـه بلقـــة[9]   مـــرقونس فى غـــرة الدهـــر
و فيـــه كلـــب ابيـــض بارز   يقتـــل[10] ذاك الكلب ذو الشقـــر

---

[1] R. و علمت ايضاً ان الطيرين من البدر هما الخ.

[2] R. من قصيدتى تلك لتعلم ذلك و تقف عليه مع الطيرين فلما صورهما و صوره الى جانبهما.

[3] R. و انهما حجر الحكماء. [4] I. اذا زوجتهما. [5] R. و انما شخصهما ; I. و انهما صورهما.

[6] R. (فقط) عقدة واحدة ; P. (فقط) صورة واحدة. [7] P. فصل. [8] P. and I. بالنشدر.

[9] P. صورة كلب و به بلقة ; I. صوره كلب و به بلقت. [10] I. يقبل.

و حية سماه مندوسة　　تندس في الرمل مع القفر[1]
هذا هو الواحد فيما رووا　　يغلب عشوا كالدماء تجرى
اذ قسم الماء على تسعة　　فتم منه عدد العشر
و سيفه النارى و هو الذي　　يبلغ في انبوبة الخمر[2]
و ليس بالخمر[3] و لكنها　　تأتى بالوان لها كثر
هذا هو الخالد ترتيبه[4]　　تراه[5] يحكي جسد النمر
من بعد ما ابطن في ارضهم　　سوادها الظاهر فى الطهر[6]
جواهر الماء كثير لما　　يظهر فى الارض من الزهر
و الارض فيها جوهر واحد　　يخرجه منها ذو الخبر
يبدو و فى ظاهره بلقة　　و فيه مثل الكوكب الدرى
فذاك بدر الارض و الشمس قد　　تطلعها النار مع الحر[7]
فتخطب الشمس على بدرها　　و تزوج الشمس مع البدر
و الشمس نفس البدر و الماء　　اذ يوجد[8] في مبتدأ الامر
و البدر يحكي[9] جسد النفس　　من ذينك قد قام من القبر
و امها بيضاء رومية　　و الاب ذو النور من الصغر[10]
ابوهما الشمس و بدر[11] الدجى　　امهما من غير ما نكر[12]
و الروح و النفس اذا حالا　　تبادرا[13] فى القطر كالقطر
اطسيس[14] يسمى و هو طاوُوسهم　　مائهم النيلى من مصر
اذا جرى الماء على ارضهم　　و زينت بالانجم الزهر
فتكتسى الارض بازهارها　　من لبن الجارية البكر
امهما المغنيسيا التي　　بالبحر سموها و بالصخر
فهذه البحر و لكنها　　بلا سفن لا و لا دسر
بل هى بحر العلم بالفكر　　غص[15] و غص اذا فيه الى قعر[16]
لتخرج المرجان من قعره　　و اللؤلؤ الرطب مع الدر
بالله هل تعرف صابونهم　　صابون اهل الفضل و الفخر
كلا و انى بك ذو خبرة　　انك لا تدرى ولا تدر

---

[1] R. فى الزبل مع العقر.
[2] R. يقلع في انبوبة الجمر.
[3] R. الجمر.
[4] R. ذو بلقة.
[5] P. تراه تحكي ; I. يراه يحكي.
[6] I. الظهر.
[7] R. من الحر.
[8] P. اذ توجده ; I. زوجته.
[9] R. و يحكم.
[10] R. and P. الصفر.
[11] R. and P. و هذا الدجي.
[12] I. فى نكر.
[13] I. يبادرا.
[14] R. اطيبيوس ; P. اطنينس both not quite legible.
[15] I. من الغوص.
[16] P. الى القعر.

والله ما يعرف صابونهم — خلق اراهم من بني عصر
الا امرؤ عني يروى الذي — يقرأه من كتبي و من شعري
فها كتموه انني مظهر — ذاك لعين العبد و الحر
لتعرفوه باسمه ظاهرا — و الشكر لله ولي اجري
فالنفس سموها بصابونهم — و النفس نار الحجر المر
و النفس و الماء ولا ثالث — يدبران العمل[1] البر
كذلك قال الحكماء الاولى — في بين القول بلا ستر
فالنار[2] و الصابون اسمان — للنفس و من اسمائها الكبر
فهذه النار التي تغسل — الاوساخ و الماء بها يجري
فكل من يطلب هذا الذي — ينبت في القسطل و القطر[3]
من الحجارات و من كلما — تحرقه النار اخو عسر
و من شعور او من البيض — او من غيره و هو اخو كبر
فذاك محروم اخو غرة — و ليس ذو الفطنة كالغر
و ليس من بيض دجاج لهم — و ليس قولي قول ذي مكر
و لا نعام لا و لا حية — ولا دجاج الحبش الغبر
و ليس من طير هواء ولا — طيور بر لا ولا بحر
و ليس من طير نشأ بينكم — و لا حمام لا و لا قمري
و لا غراب لا ولا ما سوى — ذاك ولا بيض القطا الكدر[4]
و ليس بالجملة من طائر — يطير في سهل ولا وعر
فما قد اطفيت السراج الذي — يوقع في الشر اخا[5] الشر
اذ كان هذا السر في واحد — و ليس في الكل ولا يجري
الى ذوات النفس مع كلما — يطلب من[6] محرق نزر
فتطلب الاصباغ من كلما — ليس بذي صبغ ولا اثر
و تترك الخالد ماذا العمي — و صبغه يبقى على الدهر
هذا هو العلم الذي يجتنى — ثماره من جودة الفكر
محمد بن اميل اله — جواهر النظم مع النثر[7]

---

[1] R. مدبرات العمل المرى ; I. مدبوات العمل البر.
[2] R. فالقار.
[3] R. بالقطر.
[4] R. العذرى.
[5] R. ذوى الشر.
[6] R. تطلب من محترق بذر.
[7] Another poem of the author rhyming in *ra*, but with a different metre is quoted later in the text.

و هذا حين ابتداء العمل الاول

و قد منع الطيار من الطيران و اقعده معه فهما قد ارتبطا معا و تماسكا و تحابسا و الذكر هو الذي بلا جناحين وهو الذي فوق الانثى والانثى ذات الجناحين و لذلك قالوا اجعلوا الانثى فوق الذكر حتى يصعد الذكر فوق[1] الانثى فاذا دخلت عليهما الثلاثة الاجزاء[2] اعني البدرين و الهلال صار الكل خمسة و انما يدخل عليهما كل جزء من الثلاثة في اوانه[3] و على مرتبته في التدبير و ليس يدخل ههنا جملة فاذا كمل الاثنان الاولان و الثلثة فقد انعقد الكل و صار واحدا الاثنان الاولان ابار نحاس الغير تام فلما دخلت عليهما الثلاثة و ابيض بها الحجر بعد سواده الذي كان قد ظهر عليه الذي هو من الذكر و الانثى سموه عند ذلك ابار نحاس التام [و يسمونه ايضاً المغنيسيا و كل خاط يخاط بها بعد تلك الثلاثة في التعفين فهو منها و بها و على ذلك تدل رسائل الحكماء و ان هذين الطيرين اذا اجتمعا مع الثلاثة المذكورة فبعضهم سماها تساقي و بعضهم سماها اخوات لانها منه فصارت خمسة و هذه الثلاث تساقي يسمونها ايضا التماليح لانها المصلحات المبيضات للحجر وهي تصلحه و تطيبه و تصبغه و يصبغها فيسمونها عند ذلك الحجر الابيض و المغنيسيا الشهباء البيضاء و الطلق و الزجاج و ابار نحاس التام و حجر النسطريس و البسطريطس[4] و رصاص ابشميث و هذا كله من الاسماء سميت بها لشدة بياضه و باسم كل ابيض و منهم من سماها الرماد و الحطب الابيض لتشققه و يبسه و هذه الخمسة التي يقول فيها ارس الحكيم للملك تيودرس ان نقصت الكف اصبعا نقصت القوة و قال ايضاً في ذلك مرقونس لملك في مخاطبته لسنقجايا[5] سنقجا ان نقصت اصبعا تبين الوهن في الكف يشيرون بذلك الى الذكر و الانثى و عقدهما مع هذه الثلاثة تساقي التي ذكرت لك و قالوا لاينبغي ان تنقصوا هذا المركب في العقد شيئًا من الخمسة في التعفين و فيها ايضا قال ارس للملك ان نقصت منها شيئًا كان دم الغزال ناقصا اراد بدم الغزال الصبغ و هو على التشبيه و في هذه الثلاثة الداخلة على الاثنين قال ارميانوس الهزاربندى[6] ملح ثلاثا لا تزدها رابعا و قال ذو النون المصرى رحمه الله * شعر *

حتـــى اذا اكملتهـــا ثـلاثـــا لم تخش من افعالهـــا البثاثـــا[7]

فاذا كملت[8] من خمسة كانت قوة الكف تامة يعنون بذلك قوة الصبغ و انما اتوا بهذه الاشياء امثالا فهذا حجر الحكماء الكامل من خمسة منه تخرج الالوان و الازهار و الاصباغ و منه تمطر الامطار و هذا هو] البيضة التي فيها جميع ما يحتاجون اليه و هو بحرهم ابو الذهب و امّ الالوان فلذلك سموا هذا الحجر بعد بياضه الثاني الذهب و ذلك انه عند ما ابيض سموه ذهبا فقالوا ذهبنا لا ذهب العامة و انما عنوا بقولهم قبل التمليح الذي هو التبييض بعد ما اسود اعنى الذكر و الانثى بيضوا الذهب وهى كلمة لها ثلاثة اوجه فالوجه الاول من قولهم بيضوا الذهب فالذهب هو المركب الاول الذي هو الذكر و الانثى لانه اسود بعد ان بيضته الانثى و غلبت عليه بلونها

---

[1] R. قبل.
[2] R. فاذا ادخلت عليهما الاخرى اعني البدر و الهلال.
[3] R. في انايه ; P. ابانه.
[4] I. حجر النطريس.
[5] I. اسفنجيا.
[6] P. الهواربدى.
[7] R. التباثا.
[8] R. اكمل and P. كمل.

ثم انهما اسودا بعد ذلك سودتهما النار فى التدبير و يسمون هذا السواد الاول لقاحا لان الذكر قد لقح الانثى و غلبت عليه بلونها [1] و هو الدليل على صحة المزاج و قبول لونها الواحد منهما الاخر و عند ذلك سموها بكل اسود كما سموها فى السواد الثاني فحم الحطب [2] و القير و الكحل و القلي و غير ذلك والملح و ملح القلي والمرتك [3] هو الزئبق المستخرج من القنبار بلا رمز ولا شبيه و هو اخو النفس المستخرج من الرماد و الرماد الذي يبقي بعد ذلك فهو الثفل الذي لا يحتاج اليه و قد سموا رمادهم ذلك الطلق ايضاً و الزجاج و سموه الماء النقي لانه قد نقي من ظلمة النفس و هو اخر السواد [4] و اذهبوا عنه خبثه الذي هو ارضهم [5] و هو الورق و اخته اعني النفس و الروح التي فيه و سموها الماء المصفى من الاثفال و الوجه الثاني من قولهم بيضوا الذهب فهو تدبير النفس بالماء الروحاني حتى يبيض و يغلب عليها بلونه فيصير ابيضين نورانيين لهما تشعشع و بريق و تصفو النفس فاذا بلغت الى هذا الحد من البياض و التدبير فقد صارت الطف ما كانت [6] و صارت روحا مثل الروح الذي دبرت به و تهذبت فسميت عند ذلك هي [7] و الروح التي هي مستبطنة فيه الماء النقي و الماء الالهي و بكل الرطوبات و الخير الكثير الاسماء و الوجه الثالث من قولهم بيضوا الذهب عنوا به تبييض جسدهم الثاني الذي هو ارضهم البيضاء بعد دخول الثلاثة الاجزاء الاول عليها من التسعة الاقسام و ظهور السواد عليها فقالوا بيضوا الذهب عنوا بهذه الكلمة هذه الوجوه الثلاثة فاذا قالوا بيضوا الذهب فقد جمعوا هذه الوجوه الثلاثة في هذه الكلمة الواحدة فهم يسمون هذه الثلاثة من المركب الاول الذهب و يسمون النفس المستخرجة منه بعد كمال الحجر باخلاطه الذهب و هي اي النفس ذهب الحكماء بالحقيقة التي قال فيها هرمس ازرعوا الذهب في ارض بيضاء ورقية فالارض البيضاء الورقية هي اكاليل الغلبة الذي هو الرماد المستخرج من الرماد و جسدهم الثاني و يسمون [8] ايضاً جسدهم الذي يزرعون فيه ذهبهم هذا الذهب اذا ابيض بعد سواده كما قد شرحته لك في هذه القصيدة و بينته لاهله *   * شعر *

ماء الفلاسفة ذوالتثليث مسموم   ثلاثة واحد والحق معلوم

ماء و نار و هواء في تقلبه   ذا رأس تنينهم بالفضل موسوم

من المحيط و بحر العام يرفعه   ملائك فيه تسبيح و تعظيم

فالبحر بحرهم المغنسيا و هي   البحر فيها و منها الخير مركوم

و النفس منها هي التنين يا كله   رمادهم فيه سر الله مكتوم

هذا الرماد و سيف الله متصل   مالك عظيم له شان و تفخيم

هذا هو القاي و الشب الذي كتموا   والجبس[9] و الملح في ابداه تحريم

هذا الخمير خمير الماء لا كذب   فيه به الجسد البيض مهدوم

اذا جرى الماء فيه بالخمير جري[10]   كجرى السم فهو بباقي السقي مختوم[11]

---

[1] Not in R.   [2] R. فحم الجبل.   [3] I. و المرتك والزئبق.

[4] R. و مواد السواد.   [5] R. ارضيته الخبيثة.   [6] R. ابيض مما كانت.

[7] P. فسميت حنيئذ هي الروح و الروح التي هي مستجنة فيه الماء النقي الخ ; I. و سميت حينئذ عند ذلك بالروح مع التميز و هي الروح التي هي متجنة فيه الماء النقي الخ.

[8] P. و يسمونه ايضاً جسدهم الذي يزرعون فيه ذهبهم و هذا الذهب الخ.   [9] P. and I. و الجبص.

[10] Not in R. and P.   [11] P. فيه بباقي السقي موسوم ; I. فيه السعي مهموم

فانعمه سحقـا و سقيا من رطوبته   ترى سوادا به للجسم [1] ملـــزوم
فللبيـــاض نفوس يقطرون [2] بها   فهن للجســد العطشـــان تنعيم
مولى له عبيد [3] سود بهـم عالل   داواهم فاذا ســـوداتهـم [4] روم
و كل ابيـــض ذي برد تكنفه [5]   فان علاه احمـــرار فهو محموم [6]
فعلة [7] الدم و الحمي تفرفره [8]   فلونه [9] من دم الفرفير مخضوم [10]
هذا يدل على شب المياه به [11]   بعد الثلاث كذلك الماء مقسوم
تسع و عاشرها الجبصين [12] يقلبها   بالعقد للكل و التيبيس [13] تجسيم
هـــذا هو الواحـــد الممــدوح   يعرفه ذوالفهم من رمزهم والحق مفهوم
هذا الذي قيل في الاكوام [14] مطرح   و في المــزابل و الاوساخ مضموم
ذا عاشر التسع ساعات التي قسمت   له و عـــاقدها و العقــد مختوم
مشبــه برمـــاد في مــزابلهـــم   وما كنوا عنه في الاكوام معدوم
و الروح فيه جميـع الصبغ مستتر   و الماء و الصبغ و الازهار مسموم [15]
هـذا الالهي ذو الالوان يظهــرها   في الجسم فهو بهذا اللون مختوم
حتى ترى كدم في اللون محترقا   و تقول ذا من دم الفصاد مضموم [16]

و اذا قالوا في كتبهم على التشبيه و التمثيل استخرجوا ماء القلي فانما عنوا بذلك حجرهم هذا في سواده و ملحه عنوا به (ذلك السواد و النفس في بعض المواضع [17] التي يستخرجونها منه) فيذهب الناس لما يقرؤن في كتب المحدثين و غيرهم فيستخرجون ماء القلي الذي للصباغين فيعملون به فلا ينجحون في شئ و بهذا و امثاله اشغل الناس عن معرفة حجرهم و اعلم ان هذا السواد هو صبغ كله يعود بعد ما يستبطن و يغطي عليه البياض صبغا و ذلك في اخر التدبير و بعد الفراغ من التقطير و رجوع الماء الى ارضهم لانهم يربون هذا الصبغ بالرطوبات التي هي غذاؤه التي كانت منه في الاول و في الاخر و بالنار كما تربى حبة العصفر التي في منبتها بالماء و بالنار الطبيعية حتى تنمو و تربى و يتكون منها الصبغ فيجي [18] ذلك العصفر الذي فيه الصبغ من اعاليها و لذلك قالوا اجعلوا الذهب ورقا اي اجعلوا له لون الورق ليكون ورقي اللون ارادوا تبييضه ثم قالوا بعد تبييضه الاول الذي سموه التمليح و انعقد الكل ابيض [19] رققوا الورق اي حلوه حتى يعود ماء بعد ما كان جسدا ابيض ليستخرجوا منه النفس التي هي كبايته التي هي صبغه التي يسمونها الصمغة و يسمونها غبي الذهب فتخرج بعد التعفين و بعد التحليل في مائهم الروحاني بالتصعيد و التقطير و هذا يسمونه المنخل فقالوا انخلوه [20] بمناخل الاكرة عنوا القرعة كما بينته بقولي -

* شعر *

---

1 P. في السقي.
2 R. مياه يعطرن بها.
3 R. and P. اعبد.
4 P. سوداً بهم.
5 R. تكيفه ; I. يكيفه.
6 P. مختوم ; I. محتوم.
7 R. فعله.
8 I. يفرفره.
9 I. بلونه.
10 P. محصوم ; I. مخصوم.
11 P. and I. هذا اذا نزلت الست الاناث به.
12 R. الخمسين
13 R. و التلبيس.
14 I. الاكوان.
15 R. مشموم.
16 P. مذموم ; I. معدوم.
17 Not in R. : in I. it is عنوا بذلك.
18 I. فيجيء ذلك الذي فيه الصبغ.
19 I. التمليح و العقد و الحل.
20 R. انحلوه بمناحل الاكرة.

و ترى الماء صاعدا بنفوس جاريا في الاناء[1] جريا عجولا
قد انحل عن الكثيف[2] و قد صار رمادا مهبيا[3] منخولا

فاذا استخرجوا تلك النفس منه و كملت في مائهم الروحاني و هو الروح الرطب دبروها وحدها بمائها بالتصعيد حتى تتهذب بالترديد في التقطير[4] و تصفو و ترجع روحا مع الروح الرطب الذي به رطبوها و به حللوها بعد ان كانت جسدا يابسا ثابتا اعادوه نفسا بالتعفين[5] و التحليل ثم احتالوا في استخراجها من جسدها الضابط لها بالهدم و الحل للجسد فمكثت في الماء الذي هو من شكلها و هذبوها بالتدبير حتى اعادوها روحا فعند ذلك نفذت و انبسطت في الاجساد مع الروح الرطب الذي يسمونه الحكيم و يسمونه هرمس لانه المدبر لها المحيل[6] لجسدها المستخرج نفسها و هو رادها الى جسدها و محييه بعد موته[7] حياة لا موت بعدها فلذلك انبسطت كانبساط الروح في الجسد فكانت بالعقد و الثبات للنار جسدا بعد ان كانت روحا هاربا ثم جعلوا هذا الجسد و قد سموه الجسد الناري[8] بالتحايل نفسا لما ابدلوه من اليبس[9] بالرطوبة فصار حارا رطبا فسموه عند ذلك نفسا و دما و هواء و دهنا و صبغا و بكل ما شاكلها و حدثت فيه قوة لم تكن فسموها جنينا و ولدا و انما حدث هذا الجنين بكثرة الطلوع الى الهواء و الهبوط فحدث في هذا الماء المدبر بطول التدبير شي لم يكن فيه *

و لذلك قالت الحكماء اجعلوا لا شي شيئاً و كذلك صار حجرهم يفعل لا شي شيئا و جميع ما في ايدي الناس باطل لان هذه القوة الصابغة التي سموها الجنين و الولد لا يحدث الا في حجرهم هذا الصابغ دون سائر الاحجار كلها رطبها و يابسها بالتعفين و الحضان كما حدث الفروخ في البيضة و لم يكن فيها فروخا و كما حدثت صورة الانسان من النطفة و سائر الحيوانات فعند ذلك صار بالتعفين و الحضان لا شي شيئا ثم جعلوا هذه النفس بالتهذيب و التلطيف في التقليب روحا لتصبغ و تنبسط في الاجساد و لذلك قالت الحكماء نحاسنا كالانسان الذي له روح و نفس و جسد فلذلك امكنهم ان قالوا ثلاثة و الثلاثة واحد ثم قالوا الواحد فيه الثلاثة فان الروح و النفس و الجسد واحد و انها كلها من واحد و هذا التدبير الذي يسمونه التقليب و التفصيل لانقلابه في التدبير لنفسه من حال الى حال و من ضعف الى قوة و من غلظ الى دقة و لطافة كانقلاب النطفة وحدها في الرحم بالتدبير الواحد الطبيعي من شئ الى شئ ثم ترجع انسانا كاملا كالذي كان عليه اصلها و اولها لا ينتقل عن ذلك و لا تخرج عن اصلها و انفصالها من شئ الى شي بغير دخيل عليها غير دم الحيض الذي منه كانت النطفة اى من دم مثله و منه كان غذائها و كذلك البيضة من غير دخيل غريب يدخل عليها تنقلب من حال الى حال و تنفصل من شئ الى شي ثم تعود فروخا طائرا كالذي كان عليه اولها و اصلها و كذلك نصف جميع الحيوان و جميع حب النبات يتعفن و يتغير و يدخل عليه البلا و الفساد ثم يعود حيا و يتم كالذي كان عليه اصله و كذلك المعدنيات لا يتعدى شئ بالخروج عن اصله بل يعود مثل ما كان عليه اصله لا يحول عن ذلك الى غيره و من قال غير هذا فهو باطل فهذا هو التقليب و التفصيل الذي تسمع به في كتب الحكماء لا تفصيل

---

[1] R. الانبيق.
[2] R. قد نحلى عن الكشف.
[3] R. مهبا.
[4] I. تهذب بالتزويد في التعفين.
[5] R. المبلي.
[6] R. and I. المبلى.
[7] P. محييه بعد موتها.
[8] P. الثاني.
[9] P. and I. النفس.

مياه[1] كثيرة ذوات الوان كما ذهب اليه كثير من الناس فى الشعر و المرار و البيض اذ لم يفهموا كلام الحكماء و سموا اصحاب المعدنيات الكبريت اليابس المحترق نفسا و كذلك سموا الزرنيخ نفسا فقالوا فى الظاهر من كلامهم الكباريت و النفس[2] و لم ترد الحكماء الا تلك النفس التي وصفنها لك من حجرهم المنقلب فى التدبير من حال الى حال بنفسه و سموا هذه النفس كباريت و اجسادا و كذلك سموا جسدهم ايضا كبريتا و كباريتَ و الكبريت الاحمر فهو هذه النفس فشغلوا الناس بتلك الكباريت التي تعرفها العامة عن معرفة النفس التي لهم التي سموها الكبريت الاحمر المحمولة في مائهم الذي سموه الكبريت الابيض و ليس بكبريت و لكنه يفعل فعل الكبريت فقد نصحت الحكماء الاولون الناس بقولهم كباريتنا لا كباريت العامة لان كبريت العامة يحرق احراق السواد و الفساد و هي تحرق و تحترق ايضاً و كبريت الحكماء البيضاء تحرق احراق صلاح و بياض و احراق الحكماء كله بياض [و قد مر لى في هذا من الكلام ما قد وقفت عليه في كتابى المسمى المفتاح الحكمة العظمى[3]] و يسمون هذه الثلاثة الزوابق الداخلة على الذكر و الانثى الشب و النطرون و القلقنت و لذلك قالوا الشبية و النطرونية و القلقنتية و هي التي تبيض المركب و تصبغه و يصبغها *

و كذلك اذا قالت الحكماء حجرنا من خمسة فقد صدقوا لانهم يردون بذلك الذكر و الانثى و هذه الثلاثة التي هي الزوابق و ان قالوا انها من واحد[4] فقد صدقوا لانها كلها من شئ واحد و كذلك ان قالوا سبعة فما زادوا و ذلك لما يدخل عليها من الزيادات التي هى منها و بها في مراتب التدبير في التعفين و التقليب و التحليل و باكثر من ذلك و هم صادقون و لما فيها من الالوان و القوى و الطبائع و الطعوم كما وصف خالد بن يزيد بقوله[5] - * شعر *

يستخرج النفس منه من له فطن   بالسحق و الدفن اسباعا على سنن
كمحضن الطيـــر لا نار مسعـــرة   فيها يغيب مثل الميت في الكفن

و لذلك قالوا العشرة من الواحد و الواحد فيه العشرة و تلك الاقسام العلوية السماويه اعنى الشمسين اللتين لهما شعاعان و الشمس المفردة هي الازهار التي لقبوها على التشبيه بزهر الاعشاب اعني ازهار الحجر التي هى النفس و هي الصبغ و الاصباغ و ما شاكل ذلك و انما سميت هذه النفس نفوسا و انفسا و صبغا و اصباغا و كبريتا و كباريت لخروجها من هذا الخلط الذي هو المغنيسيا ابار نحاس بعد التعفين و بعد الانحلال شيئًا بعد شئ قليلا قليلا و ليست تخرج هذه النفس من الحجر في مرة واحدة و انما خروجها في مرات فسميت هذه النفس لتبعيضها انفسا و نفوسا و زهرا و ازهارا و صبغا و اصباغا و دما و دماء و دهنا و ادهاناً لخروجها مع الروح قليلا قليلا شيئًا بعد شئ على تدريج طلوعها الى الهوا فقالوا لذلك النفوس و سموها روحا و ارواحا لما لطفت و صارت في دقته و لطافته بعد ان كانت نفسا و قالوا لذلك الروح الذي به استخرجوها من جسدها و به دبروها ارواحا و هي روح واحد و نفس واحدة فلخروج النفس[6] بالروح من الجسد الذي هو ابار نحاس التام سموه بحرا كما بينته بقولى هذا - * شعـــر *

---

[1] P. الاشيا و تفصيل ذوات الالوان.

[2] R. الكباريت هي النفس, which, grammatically, is more correct.

[3] Not in P. and I.

[4] P. بني آدم.

[5] Not in R.

[5] R. الروح بالنفس.

موج يغشى بحرا فوقه سحب   و الليل معتكر[1] و البحر مسجور
ليل و ليس بليل للناس كلهم   كانه المسك ضمته القوارير
و ربما رمز الاقوام لؤلؤة   بحرية جمعت فيها العقاقير
من زئبق ثم كبريت الى ذهب   ثم النشادر ابيض اللون كافور
فالارض من سبج و الدهن من ذهب   و النار ياقوتة و الماء بلور
تلك التي سار نحو الهند يطلبها   موسي و دك له من اجلها الطور

و سموه المغنيسيا لخروج الروح بالنفس من الجسد شيئا بعد شئ قليلا قليلا كدخوله[2] فيها شيئا بعد شئ في مرات التدبير فسميت ارواحا و هي روح واحدة و كذلك سموا الجسد اجسادا على هذا المعنى لان الاجساد هما الذكر و الانثى المرتبطان المنعقدان و الثلاث التسقيات الاولى التى سموها الغذاء و سموها التماليح و سموها النطرون و الشب و القلقنت و الرماد و الحطب الابيض و الرمل و بكل يابس و ما اشبه ذلك لما انعقدت مع الذكر و الانثى و هي منها و من اصلها واحد هذه الثلث ذكر سموه هواء لانه تذكر فصار الذكران بينهما انثى ثم دخلت على هذين الذكرين و الانثى الواحدة انثى اخرى فصار الكل اربعة ذكران و انثيان فكمل البيت باربع حيطان و دخلت على الجملة الثالثة من التمليح[3] فكمل البيت باربع حيطانه و سقفه و هذا هو الحجر الكامل من خمسة فصارت عند ذلك خمسة اجساد و هي الواحد لانها منه و هو منها[4] *

و لذلك قال الحكيم هي من ثلاثة تراكيب فكل تركيب منها عقدة فهي ثلث عقد عني بقوله هذا هذه الثلاثة الاجزاء التي انعقدت مع الذكر الاول و الانثى فكان هذه كلها الصبغ المطلوب و الشئ المامول و منهم من سماها ثلاث اراضي فالاولى ارض اللؤلؤ و الثانية ارض الورق و الثالثة ارض الذهب و سموا ايضا النفس و الروح الخارجين من هذا الخلط الزرنيخ الاحمر و الزرنيخ الاصفر يريدون بالزرنيخ الاحمر النفس الصابغة و كذلك يسمون هذه النفس بالكبريت الاحمر و يسمون الروح اباالزرنيخ الاصفر لان الروح يبيض النفس و يغلب عليها بلونه و النفس يسمونها النحاس و هي الدخان الثقيل فلذلك سموا الروح زرنيخا لتبييضه لنحاسهم الذي هو جسدهم و لغلبة الروح ايضا بلونه على هذه النفس و تبييضه لها كما يبيض زرنيخ العامة لنحاسهم فلذلك امكن الحكماء ان قالوا جسد و اجساد و نفس و انفس و روح و ارواح و لو خرجت هذه النفس من حجرهم مع الروح في مرة وحدة لقالوا روح و نفس و لزموا ذلك و لم يمكنهم ان يقولوا نفس و انفس و روح وارواح و جسد و اجساد و لا قالوا ذلك الا على ما بينته لك من التبعيض لخروجها قليلا قليلا و الا كانوا كاذبين و لانهما خرجا من اجزاء و لكل جزء من الاجزاء روح و نفس و جسد فلذلك امكنهم ان قالوا روح و ارواح و نفس و نفوس و جسد و اجساد فافهم هذه المعاني لتعلم ان القوم صادقين غير كاذبين و ان كانوا قد سموا الواحد بالكثير و الكثير بالواحد وغير ذلك على ما علموا و عملوا فكذلك هم عندنا في كل ما يقولونه صادقين فهذا الشئ واحد و الاجزاء التي جزئت منه كثيرة يدخلونها عليه في درجاتها من مراتب التدبير فقيل روح و ارواح نفس

[1] R. معتكف.
[2] R. كدخوله فيه ; P. لدخولها على النفس ; I. و دخولها فيه على النفس شيئا بعد شئ.
[3] I. التماليح.
[4] R. لانها من هما و هما منها.

و انفس و جسد و اجساد على ما رتبته لك و بينته الى قولهم من كثير و قليل و اشياء شتى و ذلك اذا جمع الاصول [1] و ما يدخل عليه من الاجزاء التي جزئت منه في التدبير الواحد الذي يخرجه من شئ الى شي و من لون الى لون و من طعم الى طعم و من طبع الى طبع فلذلك كثرت اسمائه و اوصافه و امكنهم ان قالوا من قليل و كثير و اشياء شتى و الكثير فهو الواحد و ليس من اخر و اخر و قولهم على ما شرحته لك فهو كذلك و هو واحد لاثاني له و ان قالوا هو كثير فقد صدقوا لدخول ما جزوه منه عليه [2] من زوجاته [3] التي هي منه و هو منها و لما فيه و فيها من الطبائع و الالوان لانه ما جزئ من هذه الاجزاء [4] الا و فيه اربع طبائع فاعداد الاجزاء و ما فيها من الطبائع و الالوان و الطعوم و الاحوال التي ينتقل اليها في التدبير اشياء شتى و عدد ايامه [5] و لياليه في التدبير الطويل فما يكمل هذا الدواء الذي هو اكسيرهم الا من اشياء شتى على هذا الحساب الطويل و كثرة الايام و يريدون بذلك ايضاً ما رمزوا به من ذكر الكواكب السبعة و الاثنا عشر برجا و طبائعها ايضا و الوانها و جميع ما فيها *

و مثال ذلك حبة القمح لم تصر حبة في منبتها الا من اشياء شتى و هى شى واحد و الاشياء الشتى هو تدبيرها من كثرة الايام و الليالى و الندى و الشمس و الحرث و الحصاد و الدرس و التذرية و عدد من عمل فيها من الناس و البهائم و التنقية و الطحن و النخل فلم تخرج هذه الحبة الى ان طحنت و صارت عجينا و خمرت الى ان صارت خبزا مخبوزا الا من اشياء شتى على ما بينته لك من هذا الحساب و كذلك حجرهم لم يصر اكسيرا الا من اشياء شتى من كثرة ايامه و لياليه و ساعاتها و ما يلحق في هذه مما وصفناه اولا من تغيراته فى التقليب و التدبير مما لا يحصى كثرة و من مغالطاتهم ايضاً قولهم اذا قلنا ان شيئنا من شئ واحد فلا يظن الظان انه من واحد بل هو من اشياء شتى دبرت فصارت واحدا و قولهم قد بينته لك و معناهم فيه فاذا جمعت هذه الاشياء من المشتبهات بالحجر و اسمائها و طبائعها و طعومها و روايحها و افعالها و عددها وجدت الاشياء الكثيرة و اذا رجعت الى الاصل الذي هي منه وجدته واحدا فى الحقيقة ليكونوا في جميع ما قالوا صادقين و هم كذلك و لكنكم لم تفطنوا كلامهم و لم تفهموا معاني ما ارادوا فكذبتم الصادقين و صدقتم الكاذبين بسوء ظنونكم فلوموا انفسكم و لا تلوموا الحكماء اذ قصر فهمكم عن معرفة الفاظهم اذ سمعتم كلاما مختلفا الفاظه في ظاهرها و هم فى المعنى المكتوم الذي عليه رمزوا متفقون و اليه يشيرون بتلك الاسماء و الصفات و هو مدفون في باطن ما ظاهروكم به فمن قال من الحكماء الصبغ اراد النفس بجملتها من غير تبعيض لها و من قال منهم اصباغا و ازهارا و ادهانا و انفسا و ما شاكل ذلك على التكثير من دم و دماء و خل و خلول فانما اراد الابعاض من النفس التي قد بينتها لك آنفا و على هذا المعني و التدبير يقال الارواح فمن قال روح اراد جميع الروح اى جملة الروح و من قال منهم ارواحا اراد الابعاض ايضاً الداخلة على الجسد في درج التدبير قليلا قليلا جزؤا بعد جزء و الصبغ هو جملة الماء الصابغ و الاصباغ هى الستة المعزولة في ست قوارير التي اذا دخلت على جسدهم الابيض الذي سموه ارضهم تظهر الاصباغ و الالوان (بعد الثلثة الاجزاء التي بها سودوا

[1] P. and I. الاصل.

[2] Not in P. and I.

[3] I. تزويجاته.

[4] P. لانهم جزوءا من هذه الاجزاء الاولية.

[5] P. ايامه فقط ; I. ايامها و لياليها.

و بيضوا ارضهم[1]) و هى التي سموها ازهار الاعشاب[2] و سموها الشبوب و سموها الماء الاحمر و هي غير حمر بل سموها لاجل فعلها و كذلك خروج النفس من الجسد بالروح المستخرج لها اذا تعفن الجسد و حلله التدبير قليلا قليلا شيئا بعد شئ لانها ليس تخرج في مرة واحدة و هذه الابعاض فهي من الروح الواحد الذي ليس لهم روح غيره و النفس فهي منه و انما خالفت النفس لهذا الروح الذي هو اصلها لما افادته من حرارة النار فصارت حارة رطبة في طبيعة الدم و الهواء لانهما حاران[3] رطبان (بعد ان كانت جسدا يابسا حارا ريا و ذلك ايضاً بعد ان كانت باردة رطبة[4]) فافهم هذا المعني اذا عكسته من باردة رطبة الى حارة رطبة و كذلك قولهم ماء و مياه فانهم يريدون بقولهم الماء الواحد الذي هو الروح الذي تبعضت منه المياه فافهم ذلك و قف عليه وقوفا صحيحا تجده حقا *

و وجه آخر في هذه الارواح و الانفس ان الذكر و الانثى و كل جزء دخل عليهما يتضمن روحا و نفسا و جسدا فلذلك قالوا الارواح و الانفس و الاجساد هذا بيّن غير خفي و هم صادقون و لكثرة التقليب و الاحوال من التغيرات من الموت و الحياة و الولادة و الحميم و الرضاع و الانصباغ و التربية سميت حكمة لان هذا الحجر مخالف لساير الاحجار في طبائعها لكماله و قبوله التربية و زيادته و نموه فيها و تدابيره التي لايشبهها شئ من تدابيركم لانه نطفة طاهرة كثيرة البركة و لوكانت عما تزعمون من احجاركم الترابية او النباتية او الحيوانية لم تسم حكمة اذ لا موت فيها و لا حياة و لا تزويج و لا حبل و لا ولادة ولدٍ و لا تربية اذ كان تدابيركم التي قد عرفناها من حيواناتكم و احجاركم التي رأيناها و وقفنا عليها و على بطلانها و على تدابيركم اياها *

فاكثر يا اخي الشكر لله عز و جل و الحمد له و استوحش من الانس و استأنس بالوحدة مثل معلمك و اطل الفكر فى جميع ما مثلته لك و فسرته فانت بتفسير ما فسرته لك في هذه الثلثة الكتب ستقدر على تلخيص كلام الحكماء و تفسير جميع رموزهم و اشكالهم و تصاويرهم و امثالهم فتعرف حججهم و تعرف تدابيرهم الامن اظلم كتابه[5] و تعسف القول منهم و قال خذوا كذا و كذا بخلا و حسدا و ظلما فلا تنظر في كتاب من هو بهذه الصفة و لا تشك فيما وصل اليك من عندنا و ان خالفك الجاهلون او غالطوك[6] بجدل فلا تخرج اليهم بشئ مما معك و لا تشكك باطلهم بالشبهات فى الحق الذي قد صار اليك و كن مع الحق حيث كان و دعهم وما ينتحلون فلم ار[7] احدا في عصرى ممن يشار اليه الا وجدته منهمكا في باطله شاردا في تيه لايستحق ان ينظر اليه لعظم جهله و قلة فهمه فاني قد جعلتك بتفسيرى لك هذه المعاني فقيه الفقهاء في هذه الحكمة فترى كل الناس من طالبى هذه الصنعة لجهلهم بها شبيها بالبهائم لما هم عليه من الجهل مما علمته انت فاذا انت فهمت هذه الكتب الثلاثة اعني كتاب مفتاح الحكمة العظمى و كتاب المغنيسيا الذي شرحت لك فيه المغنيسيا ماهي و كتابي هذا مع ما حصل عندك من اشعارى و قصائدى فى الصنعة و برابيها اعني اشكالها البرباوية و تماثيلها و صورها و اشارات تلك الصور فقد صرت اعلم اهل زمانك بعلم البرابى فان العاقل الثابت

---

[1] Not in R. [2] P. ازهار الاعشاب .I نار الاعشاب. [3] P. لانها حارة رطبة.
[4] I. حارة رطبة : the bracketed portion is missing in P. [5] I. كناية.
[6] R و ان غاصوک. [7] P. فلم الق.

الرأى العزيز الفهم يستدل بقايل الشئ على كثيرة فينفتح لك من هذا العلم كثير فترى كلامهم ظاهر مكشوفا غير مستور على ذوى الباب الاصيل من اهل الرأى و التحصيل و لو قلت انك اعلم اهل زمانك و كل زمان يأتي بعدك لكنت صادقا الا ممن فهم كتبى و عرف معانيها و ما اشتملت عليه قصائدى و اشعارى على انذى قد قربت المعني في كل شئ يحتاج اليه من الافهام [1] جهدى لانه بعيد ان ينتج [2] الزمان اخر يستخرج من كتاب واحد من كتب الحكماء او من جميعها ما استخرجته و كيف يكون ذلك و هم لا يفهمون عني ما سهرت فيه و في دراسته ليلا و نهارا و تعبت في جمعه السنين الكثيرة ثم اني فسرته لهم و ذاكرت به [3] و حيا و مغلقا و غير ذلك و رتوت اهل هذا العلم و شيوخهم المشار اليهم فما فهموا عني حرفا واحدا من تفسيري لهم ذلك و تقريبي ذلك من افهامهم بل هم مكبون على تدبير بيضهم من دجاجهم و شعور رؤسهم و احجارهم الناشفة اليابسة المحترقة البالية الفانية المنتنة الخبيثة يطلبون منها ما ليس فيها صبغا يصبغون به الفضة ذهبا فقد ظلموا انفسهم و ضلوا و خسروا خسرانا مبينا *

و لنعد الى ما كنا فيه من استخراج النفس من جسدها قليلا قليلا قال الملك مرقونس و هو رمز و ضرب فيه المثل بصيده الاسد على ما بينته [4] لانهم تفننوا فى التشبيه و وجوه الرمز و ضربهم الامثال ليحيروا بذلك من بعدهم اعلامهم بما فى الناس من الخبث و ارتكاب المعاصي فبعدوها من افهامهم بالرموز و هي قريبة من افهام ذوى الرأى قال مرقونس لامه كيف يصيد الاسد و اعجب [5] يا امه ما اقتل به الاسد اني انظر اليه اذا اراد ان يأخذ في طريقه الذي اعلمتك خرجت و سبقته و قعدت له على الطريق و حفرت له جبا في وسط الطريق يريد القرعة و بنيت على ذلك الجب قبة من زجاج لكيما [6] اذا دخلها ابصرته حين يموت و كيف يحول لونه بعد موته من لون الى لون فاذا هو دنى من القبة اوقدت في اسفل ذلك الجب بنار ليس لها دخان ولا لها لهب [7] تمشي كمشي الخنافس السود مشى الام الشفيقة على بطن الولد عنى بقوله الخنافس السود الفحم و شبه لطافة حمو النار [8] و مشيها فى الفحم بمشى الام الشفيقه على بطن ولدها و ذلك لضعف مشى لهب النار فى الفحم *

فقالت له امه يا مرقونس ينبغي لهذه النار ان تكون الين من حرارة الحمى فقال لها يا امه انما جعلت بمنزلة الحمى ثم اعدد يا اماه اذا انا اوقدت تلك النار على ما وصفت لك وضعت عليها حجرا من عرفه وضعه على عينيه و من لم يعرفه رمى به فاذا و ضعته على تلك النار ظهرت له رائحة يحبها الاسد فاذا شم الاسد ريح ذلك الحجر جاء مسرعا حتى يدخل ذلك البيت الزجاج فيقع في ذلك الجب فيبتلعه [9] ذلك الحجر الذي يحبه الاسد فلا ارى [10] منه شيئا و هذ الحجر الذي يحبه الاسد هي الانثى لانها تغطى عليه بلونها فلذلك قال فلا ارى [10] منه شيئا فاذا ثوى اياما "يريد بذلك الاقامة فى التدبير و دخول ما يدخل عليها من الغذاء" اخرج يده اليمنى فاذا هو اخرجها قصدت الى يده فقطعتها ثم يلبث اياما فيخرج يده اليسرى فاذا هو اخرجها قمت اليه فقطعتها ثم يلبث اياما فيخرج رجله اليمنى فاذا

---

[1] P. فى الافهام.
[2] P. and I. يفتح.
[3] P. فيه.
[4] R. رتبه.
[5] P. فاعجب يا امه ; I. يا اماه.
[6] I. زجاج كيما.
[7] I. ولا لهيب.
[8] R. حموة ; I. جمرة حمو النار.
[9] I. فيبلع.
[10] P. and I. فلا يري.

هو اخرجها قمت اليه فقطعتها ثم يلبث اياما فيخرج رجله اليسرى فاذا هو اخرجها قمت اليه فقطعتها ثم يلبث اياما فيخرج رأسه فاذا هو اخرجه قمت اليه فقطعته فعند ذلك يستحكم قتله ثم اعمد الى يديه و رجليه و رأسه فاسخن لها ماء استخرج من قلوب اصنام من حجارة بيض و صفر تقع من السماء في اوان المطر فنلقطها [1] و نحفظها عندنا لطبخ يدي الاسد و رجليه و رأسه فاذا طبخناها اخذنا مرقها [2] فجعلناها في اناء من زجاج ثم عمدنا الى جسد ذلك الاسد فطبخناه بذلك المرق [3] يريد بذلك طبخ الاخلاط و ترديدها حتى تخلص النفس على ما حكي شيئا بعد شي فيرد الكل على الاسد و يطبخ به و يقطر عنه حتى لا يبقي في ذلك الجسد طوبة الا خرجت مع الماء اعنى النفس و قوله حتى اذا انضج ذلك الاسد صفينا مرقته و طرحنا لحمه يريد بقوله لحمه ثفل الحجر و قوله اسخن لها ماء استخرج من قلوب اصنام من حجارة بيض و صفر يريد بالقلوب نفوس الاحجار المجموعة فى المغنيسيا التي هي الذكر و الانثى و اخواتهما و هن البيض و الصفر عني به الذكور التي احدها الذكر الاول و لونه اصهب و الثاني الذي قلنا انه قد تذكر و هو في طبيعة الهواء و لون الهواء عندهم احمر و قوله تقع من السماء في اوان المطر فالمطر هو التقطير لمائهم ثم عمدنا الى تلك المرقة و طبخناها في اناء من زجاج طبخا رقيقا حتى تحمر و تنعقد و تكون حجرا فاذا كان حجرا كانه الياقوت وضعناه فى البربا فاذا وضعنا ذلك الحجر فيه يسرج و قوله و طبخناه في اناء من زجاج طبخا رقيقا حتى يحمر و ينعقد و يصير حجرا كانه الياقوت يريد بهذا طبخ الماء مع النفس بعد استخراجهما من اثفالهما حتى ينضجا و يختلطا اختلاطا جيدا كليا فهذا اختلاطهما يسمى انعقادا و قوله كانه الياقوت اراد النفس الصابغة لاقتباسها القوة من النار و هي و ان كانت بيضاء لغلبة الروح بلونه عليها فقد علم انها كالياقوت الاحمر و ان كانت مستبطنة فى الماء لا ترى و لكنه لما بلغ بها الى هذا التدبير من الطبخ علم بالعلم انها قد بلغت الحد به [4] و صارت صابغة نافذة فاطلق القول فيها انها مثل الياقوت فى اللون و قد عرفتك قبل هذا انهم سموا مائهم هذا حجارة فلذلك قال فيه حجر و ليس هو بحجر و لكنه مائهم المقسوم و قوله وضعناه فى البربا عني بقوله ههنا البربا الجسد الثاني الذي هو ارضهم البيضاء التي يزرعون فيها ذهبهم و ذهبهم النفس و ذلك الجسد موضع العلم والجامع له و محل الاصباغ شبه ببربا علومهم الجامع لعلوم الفلسفة فهذا هو جسدهم الذي يعقدون ذلك الماء فيه و قوله يسرج يريد ظهور نور الصبغ فيه [5] و في ذلك قلت [6] *

اذا ضرب الحكيم الصخــــرا   بدت عصاه من صخور عيونا
باسرار الحجارة حيـــن ترقي   رطوبتها بنخل الناخلينـــا
و كان القـــول للانبيق بـــاد   بمنخــره و كان القابلينـــا

و البربا في غير هذا الموضع القرعة و الانبيق الجامعة لجميع علومهم و الحكماء قد تفننوا فى التشبيه و اختلفوا في ذلك و في الاسماء والمعني الذي اليه يشيرون بتلك الاسماء كلها [7] واحد *

---

[1] R. فتلقطها.

[2] P. مرقها.

[3] P. بذلك الماء والمرق.

[4] R. الحد الذي به صارت.

[5] I. عليه.

[6] The verses are omitted in P. and I.

[7] R. بتلك كله ; P. بتلك كلها.

و من قول مرقونس ايضاً في اخراج هذه النفس من الحجر قوله و اما الغسل بالماء والنار فان ذلک ليس برطب حار من ذات نفسه و کل من اراد ان يغسل به شيئًا غسل و لکني اصفه لک حتى تعرفه هو ماء جارٍ هو ماء جامد و ذلک و تلک [1] خلقته فاذا ادخل في شي دخل و غاص و جمد فيه و اذا اريد استخراجه من ذلک الشي اسخنوه بنار لهم قد قدروها له و کتموها فاذا اصابته سخونة تلک النار انحل وصار ماء جاريا و اذا برد عاد الى شکله الاول فجمد و اشتد بياضه فاذا انحل لم ينحل کله و انما ينحل منه قليل فيستخرج منه في کل يوم ذلک القليل و يديمون عليه الصبر والترديد له في تدابيره و هذا القليل الذي يستخرج منه في کل يوم هو قوله لامه في صيده الاسد و اخراجه يده اليمني فقطعها ثم يخرج يده اليسرى و کذلک الى ان ينتهي فيه الى ما سمعته اتي به هناك على معني وصفة له و اتى به ههنا على هذه الصفة الاخرى و قوله فيجمد و ينحل و يغسل کل نتن و يذهب بکل سواد و يصبغ کل اسود فيجعله ابيض و يصبغ کل ابيض فيجعله احمر فلذلک عُظِّمَ و شُرِّفَ و رفع و جعل سيد کل شي لانه لا يوجد شي يعمل عمله و قد حرصوا على طلب شي غيره يعمل عمله فلم يقدروا عليه فهذا قول هذا الحكيم[2] ايضا في حجرهم انهم لم يجدوا شيئًا يعمل عمله على شدة الطلب والحرص منهم في قوله و لقد حرصوا على طلب شي غيره فلم يقدروا عليه و هم يطلبون هذا الشي الصابغ الذي يحيل لهم الفضة ذهبا من غير هذا الحجر الذي لم يقدر الحكماء على استخراج هذا الصبغ من شي غيره ولا قدروا عليه الا من [3] هذا الحجر الفرد و هم يقولون ان العلم في کل شي من المخلوقات من الاحجار البرانية الترابية و ما سواها فهم ابدا يدبرون ولا ينجحون وعن الجهل فلا ينتهون و انما اوتوا [4] من جهالتهم بالعلم اعوذ بالله من سوء الرأى -

قال مرقونس ايضا يصف حجر الحكماء باسنقجا [5] هو حجر اصفر يذوب في النار [6] ذوب الرصاص و يحمر حمرة لا تعود اصفر ابدا و له دهن احمر يضيء ضوء الياقوت الاحمر و دهنه بطيء الخروج في النار سريع الخروج في الماء لانه من جنس الماء و ان کان حجرا يريد بالدهن النفس التي تقدم ذكرها و انها لا تخرج بالنار و انما يخرجها الماء في التدبير کما بينا ذلک و لذلک قال مرقونس في ذلک الدهن و انه سريع الخروج في الماء لانه من جنس الماء يريد انه من جنس الروح الذي هو الماء *

و کذلک قال ارس للملک تيوذرس [7] ليعلمک الله انه يخرج من الوضيع الرفيع الذي هو رأس الدنيا الا ترى الماء فانه لا شي ارخص منه و منه يخرج اللؤلؤ الرفيع او لا ترى الى خلقتنا انما خلقنا من نبات [8] الارض و ذلک تدبير الله عز و جل و هذا کله انما يدلون به على حجرهم مما هو و من اي شي هو مما عملوه و هو من الماء الحي الذي يحيي الاشياء و هو حي لا يموت ولا تقدر النار على احراقه و لذلک خرج منه الصبغ الحي الخالد الغير محرق و لا بالٍ اذ کان اصله حيا غير محترق و لا فان و کلما کان من شي يدخل عليه البلاء و الاحتراق و الفنا فلا صبغ فيه و لو کان في کل محترق بالٍ صبغ لکان صبغه غير ثابت بل کان محترقا بالياً

---

[1] R. هو ماء جامد و تلك خلعته ; P. هو ماء جارٍ و ذلك خلقته.

[2] P. and I. قول الحكيم.

[3] R. ولا وجدوه الا في.

[4] I. ابو.

[5] I. يا سفنجا.

[6] P. الماء.

[7] P. بودرس ; I. تودرس.

[8] All three MSS. read بنات ; corrected from the Latin *limo*.

مثل اصله الذي كان منه و في ذلك قالت الحكماء ان الخالد يجعل الاشياء خالدة و قال هرمس ان سر كل شئ و حياة كل شي الماء الماء قابل للتربية من الناس و غير ذلك[1] و فى الماء سر عظيم و هذا الماء يصير فى الحنطة خميرا و فى الكرم خمرا و فى الزيتون زيتا و فى البطم صمغا و فى السمسمة دهنا و المولود انما يكون بدنه من الماء *

و قال الله عز و جل و جعلنا من الماء كل شي حيٍّ فهو الذي يصبغ هذه الاشياء كلها فصار فيها خميرا و زيتا و صمغا و دهنا و هو حياة كل شي يغفل امره و لا يُطَلَب و تطلب الحياة و الاصباغ من الموات المحترقات التي لا صبغ فيها و لا حياة و الماء قابل للتربية فافهم لقد عمت القلوب و البصائر و صمت الآذان عن هذه الامثال و الاشارات من جميع الناس فهم يقرؤون و لا يعلمون و يدرسون و لا يفهمون جهلوا الحق فرفضوه و من زاغ عن الحق وقع فى الباطل و وصف ايضا مرقونس مائهم اذ قال له سنقجا[2] ايها الملك لقد اخبرتني باعجب العجب قلت يحييها بعد موتها و يصبغها لونا بعد لون يريد ارضهم المصبوغة بمائهم الحي المحي قال مرقونس لسنقجا[2] يا سنقجا كذلك عادة ذلك الماء و لذلك فضله اصحاب البرابي على الاشياء كلها و جعلوه رأس الدنيا فالدنيا هي المغنيسيا سماها بذلك هرمس فقال هي الدنيا الصغيرة و ذلك انه حيٌّ لا يموت الى يوم القيامة ما كانت الدنيا و هو يحي كل ميت و يظهر الالوان المغيبة الخفية و يذهب بالالوان الظاهرة قال سنقجا و كيف ذلك ايها الملك فقال مرقونس ان في ذلك عجبا انك اذا صببته على تلك الثلثة الاشياء المخلوطة ثم تركتها اعان الابيض على الاصفر و الاحمر فيبيضهما حتى يجعلهما على بياض الفضة البيضاء ثم يعين الاصفر على الابيض و الاحمر فيصفرهما حتى يجعلهما على لون الذهب ثم يعين الاحمر على الابيض و الاصفر فيحمرهما حتى يجعلهما على حمرة الاقزل البحري فاذا رأيتهما كذلك فاهرق ذلك الماء فانه ان بقي فيها سودها بعد الحمرة و ان فعلت ذلك بها فقد اخطأت التدبير و افسدت كل شي اصلحته حتى تموت من اوجاع الفقر و الخطا و همّ الغنا و ها انا قد ذكرت لك تفسيره في كتابى كتاب مفتاح الحكمة العظمى بذكر الماء الذي يخرج من المرأة قبل خروج الجنين الذي تسميه النساء الهادي لخروجه قبل الولد فهو ثم تام و سال سنقجا[3] الملك عن معرفة الحجر فقال او كل احد يعرفه فقال مرقونس نعم و ما من احد الا و هو يعرفه و عند كل احد من معرفته منافع ليست عند غيره فاما المنفعة التي تريد فلا يعرفها الا اصحاب البرابي قال سنقجا ايها الملك أ موجود هو اذا طلب قال مرقونس نعم ما فى الدنيا بضاعة تباع اكثر منه و هو عند كل احد و كل احد يحتاج اليه و يكون عنده و لا بد له منه يريد بقوله هذا الماء لان الماء موجود في كل مكان فى السهول و الجبال و عند الغني و الفقير و القوي و الضعيف و هذا مثل يضربه جميع الحكماء لحجرهم هو الماء[4] الروح الرطب *

و قال هرمس اعلم ان الحرارة لا تلائم البرودة و لا الرطوبة اليبوسة الا بعد الانبساط و لا تلائم دواب البر دواب البحر لان حياة دواب البحر متصلة بالماء فان حجب عنها[5] لم تعش فلذلك لا تلائم دواب البر و لا يكون من

[1] R. و في غيرهم.
[2] I. سفنجا.
[3] I. سقفنجا.
[4] هوالماء omitted in P.
[5] P. حجبت عنها.

بينهما مولود و لا نسل فيجب ان تعلم ان هرمس انما يدل بهذه الامثال و غيره من الحكماء على حجرهم المنسوب الى الرطوبة و انما تمازيجه [1] و فروعه و اوصاله و زوجاته و غذائه و كلما يحتاج اليه و يوآلفه [2] و لا ينافر عنه و منه و به و اليه لا من غيره و انه لو كان منسوبا الى الرطوبة و الرطوبة منسوبة الى الماء و الماء منسوب الى البحر و ان احجاركم متكونة من تراب و هي منسوبة الى البر لانها معدنية ترابية [3] فاذن يجب عليكم ان تفهموا كلام هذا الحكيم و غيره من كلام الحكماء فتعلموا يا ذوى العقول و الافهام ان احجاركم البرية الترابية [4] لا تلائم حجر الحكماء و لا يخرج من بينهما نسل ابدا اذا كان حجر الحكماء مائيا و تلك ترابية و انما يريد بقوله نسل الصبغ *

و لذلك قالت الحكماء كلهم لا يدخل عليه غريب ليس منه فان دخل عليه غريب ليس منه افسده و ابطله و ليس ينتج من احجاركم و لا من اجسادكم نتيجة ابدا و قال هرمس انما يلائم الشي اقرب ما يكون اليه من طبيعته فيخرج من بينهما مولود من شكلهما و اعلم ان الرطوبة من سلطان القمر و الدهانة من سلطان الشمس فلذلك يعلو الدهن فوق الماء فكل حرارة عنصرها الدهانة و كل برودة عنصرها الرطوبة و انما يكون الشي من لطيف عنصره ثم يغلظ و يشتد و يصلب بقدر اعتدال طبيعته و قوته التي جعلها الله عز و جل اليه السبيل و منه ساكن و منه متحرك و منه متحجر و منه سيال و هذا نظير قول الحكيم ارس للملك ان الماء لا يلصق الا بما فيه مثل كبريته و ليس يوجد شي فيه مثل كبريته الا ما كان منه كقول هرمس و انما يلائم الشي ما كان اقرب منه اليه ثم اتبع ذلك بقوله من طبيعته و لم يقل من غير طبيعته و هذا بين ظاهر من كلام هرمس فحجر الحكماء منه و به يتم و هو الاصل و فروعه و اغصانه و اثماره و ازهاره فهو كالشجرة اغصانها و اوراقها و ازهارها و ثمارها منها و بها و اليها فهو الكل و منه الكل و كذلك اقول لكم ان جميع الحيوان لا يتولد منه الشي الا مع ما هو منه من نوعه الذي هو من جنسه و كذلك ابونا ادم عليه السلام من طينة حواء و حوى من طينة ابينا آدم عليه السلام و كل شي لا يلائم الا ما كان من شكله و قريبا منه من نوعه و كذلك قال ابو الفيض ذوالنون المصري رحمه الله تعالى - * و قوله *

من الحمار ينتج الحمار و الخيل بدي فضلها المضمار [5]
فابدأ على اسم الله فاعرف ماهيه [6] فانها من سنخها [7] كما هيه

يريد [8] انها منها و بها ليس يدخلها شي من غيرها لان سنخ الشي منه و هو اصله و كذلك سنخ السيف منه و به و هو سيلانه الذي هو مقبضه المستخرج له منه و به - هذا كله يدلون به على حجرهم انه واحد و اخلاطه منه لا من غيره و قد قربوه من الافهام جهدهم بضربهم الامثال و باوصافه و لكن ما تم فهم حاضر و لا اذن واعية و لا فطنة توقفهم على مطلوبهم *

---

[1] P. تمازجه. [2] I. و يؤلفه. [3] P. برانية.
[4] R. التراية البراية P. البرية التبرانية. [5] Not in P. and I. [6] P. ماهي. [7] P. سنجها.
[8] In P. several pages are missing, beginning from يريد انها منها up to القول فى الجسد و الاجساد على ما صثلث on p. 44.

و قد قال بعض الحكماء انظروا الى النجار هل يصب خشبة الا بخشبة مثلها و كذلك الخياط لا يرقع ثوبا الا بخرقة مثله القطن بالقطن و الكتان بالكتان و الصوف بمثله فقد بالغوا و حرضوا على التعليم و التفهيم و التقريب الى الافهام جهدهم و لكن لم يفهموا عنهم وانتم تلومون الحكماء و قد ادوا النصيحة و اظهروا الامر على حسب ما يجب لكم عليهم و انما اللوم عليكم اذ لم تفهموا عنهم و قال هرمس توخذ الاخلاط في اول الامر نية طرية فتخلط بالسوية و تسحق حتى تزدوج ثم يدفن بعضها في بعض ليكون الحبل ثم يخرج و تغذي ليكون المولود فاعلم ان هذا التزويج و الحبل انما يكون في التعفين في اسفل الاناء و ولادة هذا المولود الذي لهم يكون في الهواء اعني في رأس الاناء الذي لهم و رأس الاناء هو اعلى القبة و القبة هي الانبيق *

و في هذا المولود قال مرقونس مولده في البربا [1] بين ارضه و سمائه حيث يطلع عليه قمر الارض و شمسها و نجومها و ريحها و اصناف الوان ترابها [2] و قال ايضا مرقونس و هي رمزة على هذا المولود و اين يولد يضرب به [3] هذا المثل ثم ان بيتا لها يقال له قبر سحفاً قالت [4] ان ارضا عندنا يقال لها تومتى فيها سعالى يأكلنا اكبادا من حجارة محرقة و يشربن عليها دم التيوس السود و يقمن في الظل و يحبلن في الحمامات و يولدن في الهواء و يمشين على البحر و يسكن في القبور و في القبر تقاتل [5] السعلات زوجها و في القبر يكون زوجها اربعين ليلة يتوثب [6] و اربعين ليلة يكون فحلا مثل الحمام الابيض تسعد الاقدام و يلقى زرعه على بلاطة الاصنام فتجيء غربان طيارة فتقع على ذلك الزرع فتلقطه ثم تطير الى رؤوس الجبال التي ليس يقوى احد على صعودها فتبيض فيه و تفرخ و هذا مثل قوله ايضا ليس يعرف ذلك الا من حبلت به امه في رأسها و قوله سعالى يأكلنا اكبادا من حجارة محرقة و يشربن عليها من دم التيوس السود اراد بقوله السعالى التساقي و قوله يأكلن اكبادا من حجارة محرقة الاكباد ابتلاعهن [7] الحجر الصابغ الذي جمع اليه اصحابه فيغيب في جوفه هذه التساقي فلا يرى فيأخذ [8] لطيفه و دم التيوس السود يريد به نفس الحجر السائلة منه و التيوس السود على التشبيه يريد الحجر لما دخل مع الانثى في التدبير فاسودا بعد بياضهما [9] بتدبير النار و قوله يحبلن في الحمامات و يولدن في الهواء فالحمامات القراع و هي ايضا القبور لان فيها يكون الموت و شبه حموة النار بحموة الحمام و ان الحجر يعرق فيها في مبتدأ انحلاله قليلا قليلا و قوله و يولدن في الهواء عنى بقوله الهواء اعلى قبة الانبيق و الهواء بين السماء و الارض و كذلك يولد لهم هذا الصبغ بين اعلى سماء البربا و ارضه الذين هما اعلا الانبيق و اسفل القرعة و هذا هو قول هرمس برفق و حكم يصعد من الارض الى السماء فيقتبس الانوار من العلو و ينزل الى الارض فيه قوة الاعلى و الاسفل يكون مسلطا على الاعلى و الاسفل لان معه نورالانوار فلذلك تهرب منه الظلمة و هو الذي سمته مارية الحكيمة العبرانية ملكا و من الارض عرج و من السماء ينزل *

---

[1] R. الثوبا.
[2] R. ثراها.
[3] R. يضربه.
[4] Perhaps قال سفنجا.
[5] I. تقابل.
[6] I. يتوئنث.
[7] I. الاكباد بابتلاعها.
[8] I. فتغيب في جوف هذه التساقي فلا ترى فتأخذ.
[9] I. فاسود بعد بياضها.

و مثل ذلک قول اسفیدوس[1] في مائهم هذا خذوا الاشياء من معادنها و ارفعوها الى اعلى اماكنها و احصدوها من رؤوس جبالها الّتي توجد فيها و ردوها على اصولها و فيه قال حكيم اخر و هذه البيضة تسيح فى الارض كلها يريد بذلک الهواء الذي بين السماء و الارض و هو في كل مكان و هذا مثل قول الاخر و انا اقول انها البيضة المولودة فى الهواء من روحانية هيول الارض و قال فيه خالد بن يزيد اعنى في هذا المولود سموه صبغا و دما و بيضة ـ خذ البيضة الشقراء من خير معدن - تصادفها لا فى السماء و لا فى الارض - و قال فيه ذوالنون المصرى رضى الله عنه لم تنش في ارض و لا سماء غذائها الظل مع الهواء[2] فانظر ادام الله تعالى عزک الى اختلافهم فى القول فى الامثال و الصفات و التشبيه و اتفاقهم فى المعنى فالقوم ليس بمختلفين فى المعنى البتة و لكنهم اختلفوا فى الاسماء و التشبيه و بهذه كلها دلوا على حجرهم فى المعنى و خالد بن يزيد عني بقوله البيضة الشقراء المولود الذي يولد لهم فى الهواء فهو لا في الارض و لا فى السماء و هذا كله جرى من الحكماء على التشبيه و كلامهم كلهم واحد على شئ واحد و ان اختلفوا فى الاسماء و التشبيه فمن قرأ اختلافهم فى الاسماء و التشبيه ظن انهم مختلفون و ان الاشياء كثيرة فيتحير لذلک و يأخذ ما سموه من العقاقير التي سموا بها حجرهم كيداً منهم و مغالطة فعلوا ذلک هربا به اعني حجرهم من ان يعرفه ذو الجهل و مرتكبوا الاثام و اذا تأمل كلامهم ذو الفهم تأملا شافيا وجد الحق ظاهرا و كل ما يمر لهم فهو على مثل ما بينته لک فاحفظه و استمسک به تكن مع الحق فكل رمزهم و لغزهم هو على هذا الصبغ الذي استخرجوه من مائهم الذي سموه النفس و سموه المولود و سموه الملک و هذا المولود هو الدهن الذى يسمونه النفس و سموه بيضة لان هذه النفس الحمراء كامنة فى الماء الابيض الروحاني الذي استخرجوها من جسدها الذي[3] سموه باخلاط المغنيسيا فلذلک سموا هذا الماء بيضة قالوا بيضة البحر لان اصلها من الماء لانهم سموها الهواء و باسماء كثيرة و ذلک انها حمراء فشبهوها بالملح و الماء الذي هي محمولة فيه الابيض ببياض البيضة و الجسد الذي كانت فيه بقشر البيضة فاذا ظهرت اصباغها كان كظهور الفروخ و خروجه من البيضة و قد سموا حجرهم الذي هو المغنيسيا بالبحر لان منه يطلع سحابهم و امطارهم فلذلک سموه بحرا *

و قال افلاطون ان الطبيعة تلزم الطبيعة و الطبيعة تقهر الطبيعة و الطبيعة تفرح بالطبيعة و انما هي طبيعة واحدة و جنس واحد و جوهر واحد و كيان واحد و هي البيضة التي فيها الحار و البارد و الرطب و اليابس فلذلک سماها هرمس دنيا صغيرة منها و بها و ان هذا الشئ الذي لهم واحد سموه كل شئ و سموه بكل جسد و بكل عقار مما في ايدى الناس و هذه كلها فقد سمعت مني تفسيرها و ما اتيت به على ذلک من شهادات الحكماء و ليس اذا قال الواحد منهم خبز جروق و قال الاخر خبز سميد و قال الاخر خبز معروک و وصف آخرون اصناف الكعک و الاطرية و النشاء و ما يكون من اصناف ذلک يقال انهم مختلفون لانهم ما خرجوا عن نوع الدقيق و لا حادوا عن القمح الى غيره بل كلهم متفقون على ان هذه كلها شئ واحد من شئ واحد اختلفت اسمائه و اوصافه و ما تفرع منه و فروعها هذه كلها الى القمح و الدقيق مرجعها لانه اصلها و هي منه و انما

---

[1] R. اسفيدروس ; P. اسفيذيوس .

[2] I. فى الارض و لا السماء غذائها في الظل و الهواء.

[3] I. الذي به استخرجوها من حجرهم الذي.

اختلفوا فى الاسماء و انما اختلفت اسماء هذه الاشياء لاختلاف التدبير و هي كلها من القمح ليس شئ منها من غيره فجوهرها كلها واحد و كذلك كلام الحكماء واحد يدل على شئ واحد ليس بينهم فيه خلاف الا فى الاسماء و الصفات المتقلبة في درج التدبير من شئ الى شئ و من حال الى حال فلذلك اكثروا اسمائه و صفاته و كذلك ايضا مما اضربه لك ههنا من المثل لتزداد يقينا و ذلك مثال ذلك الشقة من الثياب شئ واحد فاذا فصلت خرج منها اشياء كثيرة تسمى باسماء كثيرة فمن ذلك البدن و الكمّان و الدخاريصان[1] و البنيقتان[2] و الجيب و الطوق[3] و الدروزان[4] و العروتان و ما سوى ذلك من الحواشي و الخيوط و الخرق فصارت اشياء كثيرة شتى و هي من شئ واحد خرجت من واحد ثم جمعت هذه فصارت شيئًا واحدا تسمى باسم واحد و هو قميص و كل ذلك خرج من الشقة و هي فى التفصيل و الاسماء كثيرة و فى الاصل واحد *

قال قاليموس خذ حجرا يقال له طيطانوس[5] و هو حجر ابيض احمر اصفر اسود له اسماء كثيرة و الوان مختلفة و هي طبيعة واحدة روحانية مدفونة فى الرمل و صفه بالوانه التي تظهر منه فى التدبير و قال رونوس[6] فصفها لى ايها الحكيم قال هو جسد المغنيسا الكريم الذي مدحه جميع الفيلسوفين قال و ما المغنيسيا قال هو الماء المركب الجامد الذي يصبر على قتال النار هذا هو البحر الواسع الكثير الخير الذي وصف فضله هرمس جعل المغنيسيا ههنا الروح و النفس و جسدها الرماد الذي في جوف الرماد و قال افلاطون كل واحد واحد لان كل انسان متنفس و لا كل متنفس انسان فلان المتنفس من الانسان و ان في طبيعة الانسان مافي طبيعة المتنفس و لا يستقيم ان يقال كل متنفس انسان و ذلك لانك اذا قلت متنفس فقد جمعت فيه البهائم و الطير و الانسان و دواب الارض كلها و الاشجار و النبات و اذا قلت انسان لم تذكر شيئًا من هؤلاء فافهم قول افلاطون و ما عرض به و قال افلاطون كل ذهب نحاس و لا كل نحاس ذهب الا ترى ان في طبيعة الذهب مما يشاكل النحاس فى المجسة و الحركة[7] و اللون و ليس في طبيعة النحاس شئ مما فى طبيعة الذهب من البقاء فى التراب و الصبر على النار و الغوص فى البحر و قال ايضا كل زئبق كبريت و لا كل كبريت بيضة جعل الكبريت مغنيسيا بهذين القولين و اوضح و كذلك ليس فى الاحجار شئ مما في حجرهم و انما يدلون بهذا كله على حجرهم و انه واحد ليس له مثل فان سموه حجرا فهو نوع واحد ليس فى الاحجار له شبه و لا نظير و ان جمعها و اياه الاسم و ان قيل له ماء فليس هو كسائر المياه و لا له نظير و ان جمعها و اياه اسم واحد هو فرد لا يتم الا منه و به و السلام و ان السر الذى فيه ليس في غيره *

و تأمل هذا الفصل

و قد تقدم ذكره و ههنا فيه زيادة وقف على معنى ما اراده الحكيم هرمس من تدبير حجرهم المكتوم قال هرمس و اعلم ان سر كل شئ و حياة كل شئ الماء هذا الماء قابل للتربية من الناس و غيرهم[8] و في الماء

---

[1] R. الدخاريضان.   [2] R. و النيفقان.   [3] I. الطول.   [4] R. الوزان.

[5] R. الطيطيانوس.   [6] R. زونوس.   [7] I. فى المحبة و الحكمة و للون.   [8] I. غير ذلك.

سر عظيم و ان الماء هو الذي يصير فى الحنطة خميرا و فى الكرم خمرا[1] و فى الزيتون زيتا و فى البطم صمغا و فى السمسم دهنا و في جميع الشجر ثمارا مختلفة و ان المولود انما يكون بدوه من الماء لان زرع الرجل اذا وقع في رحم المرأة تعلق الرحم دونه سبعة[2] ايام و الزرع اذا وقع فى الرحم صار ماء لطيفا فيمكث فى الرحم سبعة ايام حتى ينفذ في جميع اعضاء المرأة لرقته و لطافته فيمر على اللحم فيصير لحما و على العظام فيصير عظما و على الشعر و العصب فيصير مثلهما و كذا جميع الاعضاء ثم يثخن فى اليوم الثامن ثم يصير كالعجين[3] ثم يحمر فى اليوم السادس عشر و يصير لونه لون اللحم ثم يبدأ فى اليوم الرابع و العشرين فتتميز اعضائه شبيها بالشعر ثم يصور فى اليوم الثاني و الثلاثين فيصير انسانا كما قال الله عز و جل ثم انشأناه خلقا آخر و فى اليوم الاربعين تستبين فيه النفس و تظهر ثم من الاربعين يبدأ الدم فيجرى فى الجنين من سرته[4] فيصير له غذاء و النفس من الدم تبدأ و تتشبك و تربو قليلا قليلا و تقوى و اعلم ان الماء يخدم الجنين فى الرحم ثلثة اشهر اولاً ثم الهواء يخدمه الثلثة الاشهر الثانية ثم تخدمه النار الثلثة الاشهر الثالثة فتطبخه و تكمله فاذا تم له تسعة اشهر انقطع عنه الدم الذي كان يغذوه من السرة و ارتفع الى صدر المرأة فيصير هناك كالثلج و يصير له غذاء بعد خروجه من الرحم الى هذا العالم الاوسط و هذا كله هو صفة التدبير لحجرهم و على هذا دبروه فافهم هذا التدبير و هذه المعاني و الرحم ههنا يريد به بطن القرعة و ما فى القرعة و سد فمها و اغلاقه عليه ليحصل فى الفم و لا يجد منفسا الى الهواء فينعقد لنفسه كما قال فيه خالد بن يزيد -

و لمــا رأيت المــاء يعقد نفسه   تيقنت ان الامر حق كمـا وصف
فـلا تك فى شـك فربك قـادر   سيخلف ما انفقت فيه و ما تلف

و قال زوسم في مثل ذلك و يذكر العقد في تسعة ايام لجسدهم و سموه الجسد النارى و الكبريت الاحمر و القنبار و بهذه الاسماء سموا انفسه[5] الخارجة منه قال زوسم ان الاثالية هي قوة الانثى التي كنا هيئناها في تسعة ايام و انما سميناها اثالية لصعودها الى الهواء و فراقها ما كانت فيه من اجسادها و زهرتها بشدة وهج النار عليها و ضعفها مما تلاقي من اعدائها فاطبخوها مع جسدها حتى تنشف النار الرطوبة منها و تيبس حتى تروها لفظت ارواحها منها و كرهت الاقامة في اصل عناصرها و ذلك انك اذا موهت الجسد الابيض و طبختة و سحقته و صار ماء روحانيا قويا على قلب الطبايع الى طبايع اخرى فموهوا الاجساد بها و قوله الاثالية اراد الرطبين الطالعين الى الهواء و هما الروح و النفس و قوله هي قوة الانثى التي كنا هيأناها في تسعة ايام اعني النفس انها قوة للانثي التي جعلوها ذكرا لما عقدوها و ثبتت للنار فصارت ذكرا حارا يابسا لما افادت من حر النار فسميت حينئذ ذكرا و سموا هذا الماء المنعقد باسم كل ذكر ثم زوجوه بانثى هو منها و هي اصله و لذلك سموها اخته و ان عقده كان كما وصف هرمس و ذكره على تدبير النطفة فى الرحم فمن هذه الاشارات الظاهرة الباطنة الواضحة الغامضة التي لا يوبه لها و لا يهتدى اليها احد استخرجت ذلك من علمهم و علمت صحة قولهم حجرنا انه شئ لهم دون غيرهم لا يشاركهم فيه احد و لو كان كبريتا او زرنيخا او حديدا

---

[1] Not in R.
[2] I. تسعة.
[3] R. الجبن (? الجنين).
[4] I. و في سرته.
[5] I. نفسه.

او نحاسا او بيضا او شعرا او ما سوى ذلك من الحيوان و النبات و الحجارات الموات لم يكونوا يقولوا حجرنا و ينسبوه اليهم اذ كانت هذه كلها جميع الناس نشركهم فيها و جميع الناس يدبرونها في سائر الامصار كتدبيرنا قبل الفطنة و قبل معرفة العلم و تدبير من عرفناه من جميع ما[1] شاهدناه و كان جميع ذلك باطلا فرفضنا الباطل و حمدنا الله تعالى اذ عرفنا بطلان جميع ذلك و شكرناه فعلمت عند ذلك قولهم حجرنا انه شئ لهم خاص دون جميع الناس فلزمنا ان نبحث عن ذلك *

و كقولهم كلامنا ظاهره جسداني و باطنه روحاني فلما سمعنا هذا من قولهم طلبنا معرفة هذا الباطن الروحاني الذي كنوا عنه و ظاهرونا بغيره من الاشياء الجسدانية فلم نقدر على ذلك الا بالحواس الباطنة و هي الفكر الصحيح و الفطنة و لم نأخذ منهم ما رأيناه مسطورا ظاهرا في الكتب بحس البصر الظاهر و لا ما نسمع منهم ظاهرا بحس السمع الظاهر و لكن طلبنا خفى ما كتموه بالخفى من حواسنا و لولا ذلك لم نستخرج ما اضمروا في نفوسهم و في تلك الضمائر البالية بعد طول الدهور الماضية و انا فقد اظهرت لكم ما اخفوا و كتموا و لم اخف منه شيئًا[2] *

و فيه قال زوسم لما زوجوه باخته و وقع الحبل و جاء الولد الذي هو النفس ان الاثالية هي قوة الانثى التي كنا هيأناها في تسعة ايام و انما علمنا ان اذا رأينا قوى هذا الماء و عظيم افعاله و ازهاره في ارضهم و ما يكون بعد ذلك منه في الالقاء على ورق العامة و هو الشئ النزر[3] على الكثير فيصبغها ذهبا انفس من ذهب العامة المعدنى و قولهم ذهبنا لا ذهب العامة ذهبنا الذي من علمنا احب ان يعلمنا ان هذا الخطر العظيم هو قوة ذلك الشئ الذي صنعوه اولا و هو المكتوم الذي تحالفوا ان لايضعوه في كتاب و لا يظهره احد منهم و ارجو امره الى الله عز و جل اسمه يلهمه من يشاء و يمنعه من يشاء لانه الاصل الذي لايجيب الصنعة احدا ابدا الا به و الذي كتموه هو تدبير ذلك الشئ حتى يثبت للنار فصار امرا عظيما و انما ظهرت منه تلك القوى و الاعمال العظيمة لانه صار امرا عظيما و لو لم يعاموا ذلك لم تكن لهم تلك الاثالية و لا تلك القوى التي ذلك الفعل فعلها و محمد بن اميل يحمد الله و تقدست اسمائه على ما وهبه له و فضله به و الهمه اياه من معرفة ذلك السر الخفي و ذلك بعد التفتيش الطويل و السهر الدائم و كشف غوامض الفاظهم حمدا يبلغ به رضاه كما هو اهله و مستحقه *

حكاية المصنّف مع الشيخ ابى الحسين بن وصيف

و لقد دخلت يوما على الشيخ ابى الحسين بن وصيف حلاء[4] ادام الله عزه على سبيل الافتقار[5] فجلست الى جانبه و كان عنده رجلان اعرف احدهما و الآخر ما اعرفه و قد كان جرى بينهم كلام فى الصنعة قبل حضورى تبين لي ذلك عند ما سألني و قد اشتبه عليهم الامر و ارتج عليهم القول و لم يعرفوا معني ما نظروا فيه من كلام

---

[1] R. من.

[2] I. has after شيئا the following :— و كقولهم ذهبنا لا ذهب العامة ذهبنا الذي من عملنا apparently as in the text used by Latin translator.

[3] R. و هو الشئ اليسير منه النزر على الخ.

[4] I. جلا نحسة.

[5] R. الافتقاد.

الحكيم و هم في حيرة من امرهم فعطف علي الشيخ ابوالحسين بوجهه مدلا بما يعلمه من مودتي له و ايجابي لحقه فقال لي يا ابا عبد الله ما معني قول الحكيم خذ الرصاص والذي يشبه الرصاص و خذ الزاووق و الذي يشبه الزاووق و مرتبته من العلم ما قد علمه المصريون و نباهته و عقله و فضله فهذه اربعة اشياء قد تبين منها اثنين و كني عن اثنين فسمي الرصاص و لم يسم ما يشبهه فكتم ذلك و سمي الزاووق و كتم اسم ما يشبهه فما هذه الاربعة قلت له ان هذا الكلام من الحكيم فيه مكيدة و هو من المغالطات للحكماء قال و كيف ذلك قلت ان الحكيم اراد اثنين و هما الذكر المكتوم الذي لهم و الانثى فاخرج الكلام مخرج اربعة و ما اراد الا الاثنين قال و كيف ذلك و قد ذكر اربعة و اعاد على قوله ثانية فقلت له ما اراد بقوله هذا الا اثنين فقط قال الحكيم يقول اربعة و انت تقول اثنين فقلت له ان هذا الكلام فيه لبس و هو معضل و قد قلت اولا ان فيه مكيدة و هذا من مغالطات الحكماء في هذا الموضع و لو ارادوا الاربعة الاجزاء المركب منها الذكر والانثى لقالوا خذ النار و الماء و امزجهما و خذ الهواء و الارض و امزجهما فيصير كواحد منهما اثنين[1] ثم اجعل الاربعة واحدا و لكن قال الحكيم خذ الرصاص والذي يشبه الرصاص ثم عطف القول بان قال و خذ الزاووق و الذي يشبه الزاووق فبهذا و اشباهه من كلامهم يغطي العلم عن الناس افهم عني و تأمل قولي لتقف على معني قول هذا الحكيم قال هات قلت مثال ذلك انه قال خذ الرصاص والرصاص عندهم هو اسم من اسماء الذكر فسمي الذكر ههنا و كني عن اسم الانثى فقال و الذي يشبه الرصاص و الانثى تشبه الرصاص لانها منه و هو منها ثم قال المرة الثانية و خذ الزاووق و الذي يشبه الزاووق والزاووق هو الانثى فسما ههنا الانثى و كني عن اسم الذكر فقال و الذي يشبه الزاووق و لم يسم الذكر ههنا لانه قد سماه في مبتدا الكلام و به استفتح و انا ازيد الكلام ايضاحا ليزول الشك و تقدير هذا الكلام ان تقول خذ آدم و الذي يشبه آدم فسميت ههنا آدم اولا و كنيت عن اسم حوى و هي الانثى فلم تسمها لعلمك ان الناس الذين هم مثلك في العلم يعلمون ان الذي يشبه ادم حوي ثم عطفت الكلام ثانية لتلبس الامر على كل ناقص الفهم و يظن كثير من الناس انك اردت في هذا الموضع اربعة ثم قلت المرة الثانية و خذ حوي و الذي يشبه حوي فسميت ههنا الانثى و هي حوي و كنيت عن اسم آدم و لم تسمه لانك قد سميته مرة و به بدأت و هذا لا يشكل على ذي حجى فافهم القوم و نظر بعضهم[2] الى بعض فانصرفت عنهم و هم من الصمت والسكوت على ما وصفت *

و مثل هذا من مكايدهم قولهم امزج الحار بالبارد يصير ممتزجا لا حارا ولا باردا و امزج الرطب باليابس يصير ممتزجا لا رطبا و لا يابسا فالظاهر من هذا الكلام على اربعة اشياء والمراد بهذا اثنان و هما الذكر والانثى الحار اليابس الذكر و هو النار و البارد الرطب هو الانثى و هو الماء فاذا هما مزجا فقد امتزج الحار بالبارد و الرطب باليابس و هذا مما لا يشكل على احد ممن يفهم و يحتمل هذا المعني من كلام الحكيم هذا ان يراد به هذا الوجه الآخر الذي بينته لك من النار و الماء والهواء والارض و هو وجه اخر من وجوه التدابير و هو كقول يوسف النبي عليه السلام امزج النار والماء يصيرا اثنين و امزج الهواء بالارض يصير اربعة ثم اجعل الاربعة واحدا و قد بلغت ما تريد و عند ذلك يصير الجسد لا جسدا و الضعيف عن النار غير ضعيف و قد نلت الحكمة فاعمل بما

---

[1] R. فيصير الكل واحد من اثنين.

[2] R. فافحم القوم و نطق بعضهم الخ.

قاله يوسف عليه السلام و مدبر هذه [1] الاشياء من اولها الى اخرها فهو الماء الخالد الكريم و هو الذي يظهر الصبغ عند الطرح و الالقاء و لو لاه لم يكن في يد احد من الحكماء شيء و هو اصل الحكمة و هو المصلح بين المتعاديات و هو الاول و الاوسط و الاخر فافهم ما بينته لك و اعرف معنى قولي و هو يظهر الصبغ فهكذا جرت مكايد الحكماء و مغالطاتهم و انهم ربما اوردوا الحكمة لمعنى تحتها معنى اخر *

فانا ارجو ان تتبينوا بقليل ما عرفتكم كثيرا من ذالك اعني من رموزهم و مكايدهم و مغالطاتهم و الله يحسن لكم التوفيق و يجزل لي الثواب على ذلك بمنه و كرمه ان شاء الله و اني اعلم والله اعلم بغيبه ان الزمان لا ياتي بضريب لمن فسر لك هذا الكلام و شرحه فى هذا الكتاب و بين ما اومات [2] اليه الحكماء بهذه الصور و الاشكال البربارية فان انفتح يوما من رسائل الحكماء وجه لاحد من الناس فما ينفتح ذلك الا لمن قرأ كتبى هذه و قصائدى و السلام فقد اجريت لك و لجميع اخواننا من المسلمين المتقين قامى بما كتمته الفلاسفة جهدها و اخفته عن الاباء و الابناء و اتيت به فى هذه الاوراق القليلة مجموعا و لقد فرقوه فى الوف الوف اوراق مدفونا فيما تتيه فيه عقول ذوى العقول من الرموز و انى لمحمل [3] ذكري فى هذه الصنعة مستانس بالوحدة [4] و النظر فى كتب الحكماء القدماء ساكت عن كل من يجالسنى ممن يطلب هذا العلم و ان تكلمت لم يفهموا عنى لعمى قد شملهم و لسوء نياتهم و لان فى ايديهم كتبا تبين لهم عقاقير يعرفونها باطلة فهم مشغولون بها و هى العقاقير المنجسة لمن تعاناها [5] المفلسة لهم فهم فى تخاليطهم منهمكون و عن الحق اليقين عادلون و فى الجهل راسخون فلما رأيتك قد تهلل وجهك لما قد الوح به من العلم و اسرع لقبوله فهمك فلذلك انصرفت اليك بوجهى و شرحت لك ما شرحت من مضمون علمى مما اكنه صدري لتعرف معدن العلم و موضع مكنون السر و التفرق بيني و بين غيري من اهل الزيغ المكبين على الباطل و لما نظرت من كتب غيري وما تكلموا به و اوردوه من كلام الحكماء الاولين و من المسلمين المقتدى بهم والمرغوب في كتبهم لم يحسن احد من هؤلاء المشهورين بالحكمة يفسر حرفا واحدا من كلام الفلاسفة و انما اوردوه في كتبهم [6] على ما لفظ به الحكيم ولا معنى لايراد كلام الحكماء على ما لفظوا به من غير ان يفسروا منه كلمة ولا كشفوا من ذلك معنى و انما الحاجة اذا كنت حكيما قد انكشفت لي الاسرار و عرفت الارماز ان افسر الغاز الحكماء و اتى بذلك التفسير على حقائقه و اظهره بعض الاظهار فيكون ظاهرا لمن اقبل على دراسة العلوم مستورا عمن ضجر و لم يصبر و قنع بما في يديه من الجهل فمتى لم ابين شيئا من ذلك و الا كان كتابي هو كتاب ذلك الحكيم بعينه و الفاظي الفاظه فكاني اخذت كلامهم و نسبته الى و هذا صنعة و سقاطة ممن عمل به [7] فاي منفعة لقارئ كتابي اذا كان الامر على ما وصفت فكانه اراد المخرقة فوضع [8] كتابه يوهم بفعاله [9] ذلك انه قد فهم و علم ذلك الخفي من الرمز و هو لا يعلم ولا يدرى حرفا واحدا مما الفه في كتابه و ان سئل عن شيء مما فيه اتى بالمحال فان رد ذلك عليه احد الدعم الواهي [10] من تبيانه بالمكابرة و الشبه الباطلة و لكني اذا كنت عظيم المرتبة فى العلم و قد انكشفت لي معانيهم الخفية فظهرت على ما

---

[1] I. و تدبره الاشياء.

[2] I. اوميت.

[3] R. and I. both read لمخمل : corrected from Latin translation.

[4] I. بوحشة الوحدة.

[5] R. دعاناها.

[6] R. كلامهم.

[7] I. فمن عمل به.

[8] I. بوضع.

[9] R. و توهم بعقله ذلك.

[10] R. ادعم الواهي.

ستروا و رأيت بالعلم ما كتموا في ضمائرهم البالية قربت ذلک ايضا من فهم من يأتي بعدی بالفاظ ظاهرة مستورة تدل على المعني الخفي المستور فيكون ذلک ظاهرا مستورا فهو ظاهر لذوی الفضل والعقول من اهل الحكمة الدارسين المفتشين مستور عن ذوی الافهام الناقصة الركيكة فاني ان لم افعل ذلک لم يتبين فضلي على غيری و كان كلامي دعوی لم يقم له برهان من العلم كدعوی الجهال المموهين [1] ففعلت ذلک لذلک و المنة لله جل ثناؤه و عز سلطانه و الله يفتح لک ما بقي من قصائدی هذه و اشعاری و من كتابی كتاب مفتاح الحكمة العظمى و كتابی كتاب المغنيسيا بمنه و كرمه *

و لنرجع الى تمام غرضنا من الكلام على هذه الاشكال و لم ادع [2] ان افسر الصور التي اثبتها لک في قصيدتی ايضا [3] التي اولها *

من كان صبا بالحسان الغيد   و شرب راح ورنين العـــود

بكثير من البيان و ان كان ذلک القليل قد جمع معاني ما اراد الحكيم بتصاويره تلک و اشكاله و هي سبع مائة بيت و سبعة و سبعون [4] بيتا الا لعلمی باكتفائک بما كشفت لک في هذا الكتاب و قد خصصت هذا الجزء من كتابي هذا بتفسير الماء الالهي الورقي النقي والارض النجمية و لذلک [5] تركت تفسير الصور البرباوية التي وشحت بها قصيدتی النونية التي اولها *   * شعر *

اثار البين وجدک و الحنينا   عشيـــة ودع المتحملـــون .

و هي مائة بيت و تسعة و تسعون بيتا فتركت ذلک لذلک مع ما اني قد بينت كل صورة ما هي و على ماذا تدل و اكتفيت بما فسرته في منظوم القصائد عن ان آتی بتفسيرها منثورا بما يكثر فيه الكلام بل اقتصرت على ما فسرت باليسير المقنع و هذا فهو كما تقدم ذكره بتفسير اشكال قصيدتی التي اولها *

رسالة الشمس الى الهـــلال   لمـــا بدأ في دقة الخلال

و هي اربع مائة بيت و ثمانية و اربعون بيتا و اما القصيدة الميمية ذات الاخبار [6] و ذكر الطلسمات و ما فيها من العجائب فهي و اخبارها قائمة بنفسها غير محتاجة الى تفسير اكثر مما فيها و اولها *

رقي ابن اميل مرتقي عنه قصرت   رجال على ما قال منه نخـــوم

و هي مائة بيت و بيت واحد و ما سوی هذه القصائد مما وقفت عليه فقد خاطبتک عليها شفاها و المعني فيها كلها واحد لكن بعضها يحتاج الى بعض *

رجع الكلام الى موضعه من اتمام الغرض و كذلک قيل كما قدمت القول فی الجسد و الاجساد [7] على ما في ثلث الروح و الارواح و النفس و الانفس و هو جسد واحد بعّض فقيل له اجساد على التبعيض و الا فهو شیء واحد فمن قال غير هذا فهو جاهل بالعلم لا يخاطب البتة لانه لا يعرف الجسد ولا الاجساد ولا الروح ولا الارواح

---

[1] I. الموهمين. [2] I. فلم ادع. [3] Not in I.

[4] R. omits سبعة. [5] R. و كذلك.

[6] In I. a long passage is missing, beginning from here up to و انما عني حله حتى يعود زيبقا on p. 48.

[7] The passage beginning from فانها من سنخها كما هی يريد انها منها on p. 36 up to this is missing in P.

ولا النفس ولا الانفس و لم يدر ما الحجر ولا مماذا هو ولا شم المعلم [1] رائحة بوجه ولا سبب لان تلك التمليحات قد تجسد من كل [2] جزء منها جسدا فصار الكل جسدا واحدا فلذلك ايضا قالوا جسد و اجساد و كذلك كان منها ارواح و انفس فافهم هذا الوجه الاخير من تفسير معانيهم فيه بل هم مشغولون بتدبير كباريتهم و تصعيد زرانيخهم المحترقة البالية الفانية على ظاهر ما يسمعون و مكشوف ما يدرسون لانهم بها عارفون و للحق جاهلون و الكبريت و الكباريت و الزرنيخ و الزرانيخ فهذه الاسماء للماء الالهي الورقي النقي و تبيضه و هو تدبيره بالتصعيد الذي هو التقطير حتى يصير ابيض يتلألأ لا كدر فيه و هذا هو تبييض الكبريت و اطلاع الزرنيخ و غسل الجسد و هو بترديد هذا الماء عليه حتى لا يبقى فيه من النفس التي هي الصبغ شيء الا طلع مع الروح فاذا اخذت النفس بالنفس في هذا الماء و لم يبق منها في الجسد شيء فقد غسلت الجسد و طهرته من اوساخه و انقيته يريد بهذا كله اخراج النفس كلها منه ليتخلص[3] الرماد من الرماد نقيا لا دنس فيه يمنعه من الطهور[4] - و اعلم انه من عرف من العلم وجها واحدا لم تخف عليه من تفسيري لفظة واحدة خاصة من وقعت اليه كتبي و تفقه فيها و الله عز و جل عليكم من الشاهدين به لا تمنعوها ممن يستحقها من اخوانكم المسلمين المخلصين فتخلصوا مما علقته في اعناقكم و لاتبذلوها لغير اهلها فتظلموا العلم و تستوجبوا من الله عز و جل اللعنة فهي وديعة عندكم[5] لتدفعوها الى اخوانكم المستحقين من اهل الديانة و العفاف و الله جل و عز مراعيكم[6] و مثيبكم و مبلغكم اقصى امالكم و منجح طلبتكم بمنه و جوده و هو خير الرازقين *

و قد [7] ذكرت في صدر كتابي هذا ان البدر الذي هو من هذه الاشكال الذي هو ايضاً القمر اصل الكل او منه تفرعت الاشياء اعني بذلك الماء لان القمر صاحب الرطوبات كلها و هو صاحب الماء و ان هذين الطائرين تفرعا منه و هما البخاران الذان ذكرهما هرمس [8] فقال فيهما فينزل البخار الاعلى الى البخار الاسفل فيحبل البخار من البخار و من غيرهما لا تقوم الخلائق فافهم هذا المعني و منهما مع اخواتهما الثلاث المقدم ذكرها خرج جميع ذلك الاشياء و الاشياء هي التي سميت كبريتا و كباريت و ازهار الاعشاب و زهر كل عشبة و الاصباغ والخمائر و هذا كله بعد دخول الثلاث التسقيات الاولى التي سموها التمليح و ثباتها في الحجر الذي هو مزوج و انعقادها معها اعني الذكر و الانثى و بعد ان ابيض الكل و في هذه الثلاث الزوجات[9] قال ارميانوس البزاريذي - ملح ثلاثا لاتزدها رابعا و قال فيها ذوالنون المصري -

حتـــى اذا اتممتهـــا ثلاثا   لم تخش من افعالها الثباثا

---

[1] P. للعمل. [2] P. قد نجد لكل جزء منها. [3] P. كلها و تخلص الرماد.

[4] P. الظهور. [5] From this up to و هو خير الرازقين is missing in P.

[6] In R. مرا عليكم and in its margin مداعيكم ; missing in P. and I. [7] R. has فعل here.

[8] P. runs thus :—

و من قول هرمس طار البخار الاسفل و جرى في العروق اللطيفة هبط اليه البخار الاعلى من الهواء انحبل البخار من البخار و يجعل شيء من البخارين و من غيرهما لا تقوم الخلائق و هما يتجمدان و يتحللان و يولدان و منهما يولد جميع الاصباغ و الثمار و الازهار فافهم هذا المعنى *

[9] Omitted in R.

و لهذا قال ارس للملك ان نقصت الكف اصبعا نقصت القوة يريد بذلک لا تنقص فی العدد من هذه شيئا عنى بالخمسة الذكر و الانثى و الثلاث التسقيات و فيها قال ارس ان نقصت الكف اصبعا كان دم الغزال ناقصا فلما انعقد الكل سميت بحر الحكماء[1] و هذه الارض هي ام العجائب و ام الالوان و ام البخارين و هي كل شئ و منها يخرج كل شئ يحتاجون اليه في عملهم و هي الرماد المتنافس فيه الذي قال فيه ذو النون المصرى -

ملقى على الاكوام و المزابل محتقر في عين كل جاهل

لو قيل هذا يعمل الاعمال لكان ذلک عندهم محالا و هذا المعنى منهم يجمع[2] المغنيسيا البيضاء و الرماد المستخرج من الرماد فاعرف هذا المعنى الذي قد جمع الاثنين فی الجملة و الواحدة و هذه الثلاث المبيضات للذكر و الانثى التي سموها ثلاث اراضى و لا يستغنى بواحدة منهن عن الاخرى لان لكل واحد منهن عملا فالارض الاولى ارض اللؤلؤ و الارض الثانية ارض الورق و الارض الثالثة ارض الذهب و هي تصبغ الاكسير و الاكسير يصبغها و هذه الخمسة لما اجتمعت و ارتبطت و صارت حجرا واحدا هو حجر الحكماء الطبايعي الكامل فهو كالبيت باربع حيطان و سقفه و هو المغنيسيا البيضاء حقا لا كذبا و هو ابار نحاس التام المكرم المكتوم المرموز عليه - هذا هو الحجر الذي اجتمعت فيه القوى و اجتمع فيه البياض الذي شبهوه بالبيضة لبياض ظاهره و الحمرة في باطنه و هذا البياض الذي شبهوه بقشر البيضة المحيط بكل شئ فيها مما يحتاج اليه المدبر و كذلک قشر البيضة محيط بالبياض و المخة و الصفرة و بجميع ما يحتاج اليه الفروخ و هذا الحجر الذي سموه كل شئ و قالوا العلم فی كل شئ و هذا من مغالطاتهم للناس فذهب الناس فاتلفوا اموالهم و عقولهم و اتعبوا ابدانهم في تدبير كل شئ قدروا عليه طمعا و جهلا اذ توهموا ان الكيميا[3] في كل شئ يدبرونه فدبر كل رجل منهم ما مرّ وهمه اليه و وقع ظنه الفاسد عليه و عنده انه يجد الكيميا في كل ما يدبر و هذا هو العجز و عنده انه على يقين من الحق بان العلم في كل شئ و يجادل على ذلک بغير علم و يقول الحكماء قالوا العلم في كل شئ و الحكماء قالت العام في كل شئ و لم تقل الكيمياء في كل شئ و انما عنوا بقولهم العام في كل شئ التدبير الطبعي كما قد بينته لک فی مواضع كثيرة من كتبی و مرادهم به حجرهم لانهم سموه كل شئ لان كلما يحتاجون اليه فيه من جسد و ملح و مياه و ارواح و انفس و اصباغ و هذا الحجر هو الذهب لانه يلد الذهب و منه التنين الذي يأكل ذنبه و منه يخرج المطر و الامطار[4] و الازهار و الاصباغ و هذا الماء الذي يعمل الاعمال كلها و عجائبه اكثر و اعظم من ان تحصى بارتفاعه الى اعلى القبة فيصير فی اعلاها ازهارا و لذلک شبهوه بالازهار لان ازهار الشجر و الاعشاب انما تولد و تظهر في اعلاها او اطرافها العلوية و التنين فهو الماء الالهي و ذنبه ملحه و هو الرماد الذي في جوف الرماد و من هذا الرماد طلع الغيث الحى المحيي و هو النازل من السماء بعد طلوعه اليها فيحصل فيه قوة الاعلى و الاسفل باستنشاقه الهواء فاذا نزل على الارض احياها بعد موتها و عاش به جميع ما فيها و هذا كله انما عنوا به هذا الحجر الماء و النار[5] فافهم المثلا هما يكفيانک العملا -

---

[1] P. حجر الحكماء. [2] R. بجميع. [3] P. الحكماء قالوا في كل شئ. [4] Omitted in R. المطر و الامطار.

[5] The passage beginning from من ماء و رمال و حملوا هذا الحجر و منه يخرج الماء و النار فافهم up to جميع ذلک on page 47 is omitted in R.

كذلك فى الكتب سطروه لذا فاقبــل مقبــلا و لا تكن غفلا
فالنار نفس النحاس كن فطنا و المــاء فالروح اذ لها حمــلا
هذان تنينهــم اذا عطفــا على الذي عنه فى الثرى اعتزلا
فابتلعــاه فقيــل للذنب التنيــن باصابــع قد اكــلا
فعنــدها استوطنــا بخلطهمــا و كشفــا عن بياضــه زحــلا
قالوا و النفس بالمقال عنــوا و الجسد الميت عند ما اعتزلا
الشمس في غربيتهــا نزلت و حث تشـريفها عزا الحمــلا

و كذلك شبهوا مائهم الورقى بماء الحلزون و لهم في تشبيههم ثلثة اوجه الاول ان الحلزون مدور مدحرج مثل اللؤلؤ و لذلك قال هرمس في رسالة له في تزويج الذكر و الانثى و اخواتها ازوجه باربع زوجات ثم قال فان لم تعرفهن فهن من لُؤلُؤ رطب حسن التدوير فشبه هذا الحكيم مائهم باللؤلؤ الرطب لتقطعه و تدحرجه و بياضه هذا قولى و هو نبي طرى غير مدبر و الوجه الثاني من تشبيههم بماء الحلزون ان الحلزون اذا مشى فى الجبل يلقى في طول طريقه في مشيته من رطوبته ماء رقيقا ابيض براقا له بصيص شعشاني يلمع فى الشمس و شبهوا مائهم ذلك لبياض مائهم الورقى النقي و بريقه و شعشانيته و تلأليه فقالوا ماء الحلزون على التشبيه له بذلك و الوجه الثالث من تشبيههم بماء الحلزون ان الحلزون يخرج من جسده الغليظ اليابس و يجر جسده الغليظ خلفه حيث يمشي ثم يعود و يدخل فيه و يغيب فيه فلا يرى و ان ظاهر الحلزون حجر ابيض يابس و في جوفه روح متحركة بيضاء رطبة و ان جسد الحكماء يابس فيه نفس و روح و حياة و نمو و كذلك القول فى الحلزون المائي انه مخلوق من الماء و هو فى الماء لان حياته من الماء و ان جسده الحجرى اليابس الصلب الظاهر منه و في جوفه روح متحركة مخلوقة منه و به فكل هذا فهو من الماء مخلوق و فى الماء و هذا معني قولهم روحانيته مدفونة فى الرمل من ماء و رمال و حملوا هذا الحجر و منه يخرج جميع ذلك و هذا الحجر الابيض الذي قال فيه زوسم الحكيم اعلموا انكم ان اذبتم الجسد الابيض اصبتم به وجه العمل و الا فدعوا ما انتم فيه [1] هذا الحجر [2] الذي قال فيه ذو مقراط حجر و ليس بحجر و هذا هو الحجر الذي شبهه ارس الحكيم بحجر العقاب لان حجر العقاب حجر معروف و هو حجر في جوفه حجر يتحرك عني الماء الطالع و الرماد الخارج من الرماد و كذلك حجرهم في جوفه حجر يتحرك اذا حللوه خرج منه مائهم الذي كان جامدا فيه و تحريكه طلوعه و ارتفاعه الى الهواء يعنون به الروح والنفس اللتين في جوفه فهو حجر في جوفه حجر و يبقى الثفل الذي خرج منه ذلك الطالع غير متحرك ثم يظهر منه بعد النفس اخوها [3] و هو رماد الرماد الذي سمته المارية الانفحة العاقد لمائهم في ارضهم و فيه يقول خالد بن يزيد رحمه الله * * شعر *

و خالدكم لولا الخميرة لم يكن ليعقد ما حَجَّ الحجيج و كبّروا

فهذا الرماد هو الخمير خمير الماء [4] لا ذهب العامة ولا ورقهم فهذا خميرمائهم ومائهم هو الذهب و هو خمير الاجساد التي ترد اليها و الرماد خمير الماء الذي هو ذهبهم و لذلك سموا هذا الرماد خمير الخمير و به يقوى مائهم قوة

---

[1] From هذا الحجر to ما انتم فيه is omitted in P.

[2] The passage from فافهم المثلا on page 46 to هذا الحجر is omitted in R. [3] P. اخرها. [4] Omitted in R.

عظيمة و قول زوسم انكم اذا [1] اذبتم الجسد الابيض لم يرد بالجسد الابيض ههنا اذابة النار و انما عني حله حتى يعود زئبقا فيستخرج منه ازهاره و هذا الحجر الذي قال فيه ارس الحكيم للملك لو عرف الصاغة ما فيه من الفضل لربحوا به ارباحا كثيرة و قالت فيه مارية خذوا جسد المغنيسيا الذي قد بيض و صار شبيها بالورق فانه هو الذي يذهب بالمسكنة التي لا دواء لها الا به بقدرة الله عز و جل و الذهب المستخرج من هذا الحجر هو ذهب الحكماء و هو الصبغ الذي هو النفس التي يرتقي بها الروح الى الهواء [2] العالي و هذا الجسد الابيض يسمونه اذا ابيض بعد سواده الذهب يريدون [3] بهذا كله النفس التي في حجرهم و انها مخلوقة في الماء فهي تسيح في الماء و كذلك جسدها [4] اليابس كما يخرج من الحلزون الجبلي بالتعفين و التحليل و التقطير ثم يعود الى جسده ذلك فيدخل فيه و ذلك في اخر التدبير فلا يرى الا فعله في جسده و هو ظهور الاصباغ و الالوان و كذلك شبهوه بنيل مصر يخرج من مكانه فيغطي مزارعهم و كذلك قولهم ان حجرهم شئ لهم دون غيرهم لا يشركهم فيه غيرهم و لوكان كبريتا او زرنيخا او حديدا او نحاسا او بيضا او شعرا وما سوى هذه من الحيوانات و الحجارات الموات لم يكونوا ليقولوا حجرنا و نسبوه اليهم خاصة دون الناس والذهب المستخرج من هذا الحجر هو ذهب الحكماء و هو الصبغ الذي هو النفس التي يرتقي بها الى الهواء العالي و هذا الجسد الابيض يسمونه لغزا بيضوا الذهب بعد سواده [5] و هو الذي قال فيه خالد بن يزيد *   * شعر *

اعيا الذين مضوا في ساير الحقب   ان يصبغوا [6] ذهبا الا من الذهب

و ذلك ان الذهب الصابغ الذي لهم الذي ذكرناه من هذا الجسد يولد و يخرج *

و لهذا الذهب الذي هو الازهار التي هي الهواء التي هي اللطائف قال الحكيم اسفيدوس [7] خذوا الاشياء من معادنها و ارفعوها الى اعلى اماكنها و احصدوها من رؤوس جبالها و ردوها على اصولها و هذا كلام بين لا حسد فيه ولا رمز و لكنه لم يسمّ الاشياء ما هي فالجبال ههنا عني بها القراع و رؤوس الجبال الانابيق و حصادها على التشبيه هو اخذ ما لها من الانابيق في القوابل و ردها على اصولها يريد بذلك على ما خرجت منه و سمى القراع الجبال لان في الجبال تكون معادن الذهب والورق و ان هذه الجبال التي هي القراع فيها يتولد ذهبهم و ورقهم و قد قلت في ذلك من حيث ان فيها تكون ذلك فهي معدن لذهبهم و ورقهم و فيها يتكون فهي معدن لورقهم و ذهبهم و فيها ينتهي التدبير و هذا كله على التمثيل و التشبيه و هو تمثيل عجيب و تشبيه حسن *   * شعر *

و ان النار [8] في جبل شريف   لهـــا بالمـــاء كنـــا قابسينا
و انا باعتصـــار الماء منهـــا   سيطلع [9] من قرار الطور سينا

---

[1] R. ان اذبتم الجسد الابيض لم يرد بالاذابة ههنا اذابة النار.

[2] MS. R. reads البهواء which apparently was also found in the Arabic text used by the mediæval Latin translator.

[3] The passage beginning from يريدون بهذا كله النفس التي في حجرهم up to و هو الذي قال فيه خالد بن يزيد is omitted in R.

[4] P. جسدهم.

[5] P. يسمونه اذا ابيض الذهب بعد سواده.

[6] R. ان يصنوا.

[7] R. اسفيذيوس and P. اسفيدروس.

[8] The two verses are omitted in R.

[9] In both P. and I. سيطلع. In R. the verses are omitted.

و لم يرد بالجبال الناس و لا اراد باعلى اماكنها رؤوس الناس و ان الذي يحصد منها الشعر كما قال بعضهم ممن فسر ذلك انهم الناس و اعلى اماكنها رؤوسهم و الذي يحصد منها فهو الشعر فذهبوا فدبروا الشعر فهلكت نفقاتهم و ذهبت ايامهم في طلب الباطل و الحكمة اجل و ارفع و اشرف مما توهموا فحصل ما ترى[1] من هذه الامم القائلين بهذه الاشياء الباطلة بتفسير الخواطر الباردة و مثلهم[2] مثل النصاري الذين رفعوا قدر المسيح عليه السلام عن المخلوقين حتى جعلوه آلها و ربا و معبودا و هذا اعظم ما يكون من التشريف له و التعظيم لقدره ثم رجعوا عن ذلك فصيروه مقهورا ذليلا معذبا باصناف العذاب و اقبح ما يكون من الذل مقتولا بعد ذلك مصلوبا لا يقدر لنفسه على حيلة ولا يقدر على ان يتخلص من عذابه و ذله كله و هذا كله لجهلهم بمعرفته فانظر بين المنزلتين المنزلة الجليلة العظيمة الى المنزلة الدنية الخسيسة و هم مع ذلك يسألونه ان يدفع عنهم من السوء ما لم يقدر ان يدفعه عن نفسه و ان ينزل بهم من الخير ما لم يقدر ان ينزله بنفسه و حاشا المسيح عليه السلام مما نسبوه اليه و مما وصفوه به فقد ضلوا ضلالا بعيدا و زعموا ان هذا باختياره لنفسه اختيارا لهم ان يستخف به عبيده نعوذ بالله من الضلال فكذلك من قال من الناس فى الصنعة انها من البيض و شعر[3] العذرة و البول و الدم و المرار و المني و الكبريت و غير ذلك من المعدنيات الناقصات المحترقات الفاسدات الفانيات بعد ما علموا انها حكمة بالغة عظيمة الخطر و انها سر الله عز و جل الاعظم و انها منحة الله تعالى لانبيائه و اوليائه و من عباده الصالحين و انها اشرف ما فى الدنيا و انها ليس لها شبيه يقاس اليها و هي اخت النبوة و عصمة المروة فانها من عند الله بوحي منه جاءت فرجعوا بعد علمهم هذا يقولون انها من البيض و الشعر و الزرانيخ و الكباريت و من اشياء قذرة نجسة حتى ان قوما لضعف عقولهم جعلوها فى العذرة و البول لجهلهم بها و حاشا لحكمة الله عز و جل من ذلك *

و انا فقد اريتكموها مصورة كما صوها الحكيم و هذان الجسدان المصوران صورة اثنين في واحد فهذا العمل الثاني و هو التحمير فتلك ايضا خمسة ثلاثة علوية فوقانية سماوية هوائية نارية (يجوز و يمكن ان يقال فيها ذلك[4]) فالثلاثة الفوقانية هي ماء من طبيعتين و صوروا هذا الماء ثلثة لانه ثلث الماء المقسوم و هو ثلثة من تسعة هذه الثلاثة لتسويد ورقهم الثاني الذي هو جسدهم الثاني و لتبييضه ايضاً و الستة الاخرى الباقية المعزولة للتحمير و بينوا انها ثلاثة اشياء[5] (بما صوره على ما رأيته[6]) و لان فيها ثلاث طبائع ماء و نار و هواء فلذلك بينوا انه واحد فيه ثلاثة و العالم الاسفل[7] هو الارض من جسدين (و هو الجسد الثاني و هو عند ازدواج الذكر و الانثى لان المياه الثلاثة لا تدخل الا عليه[8]) و الماء من طبيعتين عني به الحكيم النفس و الروح الحاملة للنفس لانهم يقولون الروح مركب للنفس و هو الماء الذي استخرج هذه النفس من اجسادها و هذه النفس هي

---

[1] R. من ترى.

[2] This reference is omitted in P.

[3] Corrected from the Latin : R. and I. الشعر و القذرة and P. البيض و القذرة.

[4] Omitted in P. and I.

[5] R. الاجزاء.

[6] Omitted in P. and I.

[7] R. السفلى الارضي.

[8] Omitted in R.

الصبغ المحلول المحمول فيه كما تحمل اصباغ الصباغين في مياههم و يصبغون بذلک الماء الذي فيه اصباغهم ثيابهم فيفشى ذلک الماء و ينبسط فى الثوب فيجرى ذلک الصبغ معه فيسلكان فى الثوب ثم يذهب الماء بالتجفيف و يبقى الصبغ فى الثوب فكذلک ماء الحكماء محمول فيه صبغهم فيردون ذلک الماء و الصبغ محمول فيه على ارضهم البيضاء الورقية المقدسة العطشى التي شبهوها بالثوب فيجرى مائهم في ارضهم و ينبسط في جميعها و يجرى معه الصبغ الذي سموه النفس و سماه هرمس الذهب بقوله ازرعوا الذهب في ارض بيضاء ورقية عنى به هذا الصبغ الذي شبهوه ايضا بزهر الاعشاب و سموه الزعفران و العصفر[1] و هذه الارض فتنصبغ ثم يذهب ماء الحكماء الروحاني و تبقي النفس التي هي الصبغ فى الجسد قد اظهرت فيه لونها و حسنها و بهائها لانها بخار لطيف لا يحس و لا يرى الا فعلها[2] فى الجسد الثاني و فعلها ظهور الالوان و انها نار و من النار كانت اعني ولدت من النار و تغذت من النار و هي بنت النار فلذلک تحب الرجوع الى النار و لا تخاف النار كرجوع الصبى الى ثدى امه *

و قد اريتک هذا كله مصورا على ما رسمه الحكيم فهو الذي ذكرته لک معنى قولهم ارض من جسدين و ماء من طبيعتين و هذا العمل من البياض و الحمرة فهو عمل واحد و ان سموه عملين الا ترى ان العمل الاول من خمسة اثنان من فوق و ثلاثة من اسفل و العمل الثاني للحمرة من خمسة ثلاثة من فوق و اثنان من اسفل فعمل البياض هو نصف العمل و هو الاول و عمل الحمرة هو النصف الثاني فهو عمل واحد و ان سموه عملين على ما صورته كما رسمه الحكيم و فسرت لک ذلک و العمل الاول الذي ليس قبله عمل هو استخراج الاصباغ لهذين العملين الذين هما عمل واحد فهما عمل واحد لشئ واحد لم يدخل فيه غريب من غيره و هو ماء نارى صار[3] يفعل فعل النار ثم قال هرمس كل شئ لطيف يدخل في كل شئ غليظ يريد بقوله هذا دخول مائهم في ارضهم فتقوم القيامة الروحانية و يحى الجسد بعد موته الحياة الدائمة *

فاحفظ عني هذا الكلام الذي فقد اشرقت معانيه بما بينته لک و عظم العلم فمن اهان العلم اهانه الله تعالى فاشكر الله و احسن الثناء عليه و اكثر الترحم على معلمک فقد نظرتَ الى[4] هذه الاسرار العظيمة التي خفيت عن جميع الناس و غرقت في ظلمات بحارها العقول حتى اظهرها محمد بن اميل و استخرج من قرار بحارها درها الكريم و اراک ذلک[5] ظاهرا مكشوفا من هذا السر المخفى الذي جعله الله جل و عز في هذا الحجر الحقير الرخيص و هو انفس ما فى الدنيا و احقره و كذلک اجل ما فى الدنيا من الملبوس الحرير و هو من دودة و العسل الذي فيه شفاء النفوس و هو من ذبابة و كذلک اللؤلؤ الذى يخرج من صدفة و القباطي التي تعلو كل ملبوس و هو من حشيشة و الانسان اجل ما فى الدنيا و هو من نطفة من ماء مهين و كلام[6] هرمس في هذا الفصل الذي سمعته مثل قول اسفيدوس[7] الحكيم فكلامهم كله واحد بعضه من بعض اذ قال و قد قدم هذا الفصل حيث قال خذوا

---

[1] P. و العفص الذي في هذه الارض.
[2] P. and I. افعاله.
[3] P. و هو ماء الا انه يفعل.
[4] I. نورت لک.
[5] R. اراكه.
[6] From this up to بها يتضح لک الحق on page 51 is omitted in P.
[7] R. اسفيذيوس.

الاشياء من معادنها و ارفعوها الى اعلا اماكنها و احصدوها من رؤوس جبالها و ردوها على اصولها و قد مر هذا الفصل و تفسيره و هو معنى قول مارية هو ملك و من الارض يعرج و من السماء ينزل و المعنى من كلامهم واحد و ايمائهم الى شيء واحد و ان اختلفت الفاظهم فى الاسماء و الصفات والتشبيه والامثال و هم بجميع ذلك على حجرهم يدلون و اليه يومون و نحوه يشيرون وقد اريتك من ذلك وجوها بها يتضح لك الحق *

و قال [1] هرمس اعلم ان سر كل شيء و حياة كل شيء الماء و في الماء سر عظيم و ان الماء هو الذي يصير فى الحنطة خميرا وفى الكرم خمرا و فى الزيتون زيتا و فى البطم صمغا و فى السمسم دهنا و في جميع الاشجار ثمارا مختلفة و كذلك المولود انما يكون بدؤه من الماء لان زرع الرجل اذا وقع في رحم المرأة تعلق الرحم دونه سبعة ايام و الزرع اذا وقع فى الرحم صار ماء لطيفا فيمكث فى الرحم سبعة ايام حتى ينفذ في جميع اعضاء المرئة لرقته و لطافته فيمر على اللحم فيصير لحما و على العظام فيصير عظما و على الشعر و البصر فيصير مثلهما ثم انه يثخن[2] فى اليوم الثامن فيصير كالجنين ثم يحمر فى السادس عشر و يصير لونه لون اللحم و ينبت فى الرابع و العشرين فتتميز فيه اعضائه شبيها بالشعر ثم يصور فى الثاني و الثلثين فيصير انسانا كما قال الله تعالى فى الكتاب العزيز و فى اليوم الاربعين يتبين فيه النفس و يظهر ثم من الاربعين يبتدئ الدم فيجري فى الجنين من سرته و يصير له غذاء و النفس من الدم تبدو او تسيل و يربى قليلا قليلا فيتقوى *

و اعلم ان الماء يخدم الجنين فى الرحم ثلاثة اشهر اولا ثم يخدمه الهواء الثلثة الاشهر الثانية ثم تخدمه الهواء الثلثة الاشهر الثالثة فيطبخه و يكمله فاذا تم له تسعة اشهر انقطع عنه الدم الذي كان يغذوه من السرة و ارتفع الى صدر المرأة فيصير هناك كالثلج و يصير له غذاء اخر عند خروجه من الرحم الى هذا العالم الاوسط و هذا كله صفة التدبير لحجرهم و على هذا دبروه فافهم هذا التدبير و هذه المعاني فالرحم يريدون به ههنا القرعة و بطن القرعة و ما فى القرعة و سد رأسها و الاغلاق عليها ليحصل فى الفم ولا يجد منفسا الى الهواء فينعقد لنفسه كما قال خالد بن يزيد * * شعر *

و لما رأيت الماء يعقد نفسه تيقنت ان الامر حق كما وصف

فلا تك في شك فربك قادر سيخلف ما انفقت فيه وما تلف

قال مرقونس فيجمد و ينحل لنفسه و يغسل كل شيء و يذهب بكل سواد يصبغ كل سواد فيجعله ابيض و يصبغ كل ابيض فيجعله احمر فلذلك عظم و شرف و رفع و جعله سيد كل شيء لانه لا يوجد شيء يعمل عمله فاذا رأيت تلك الحمرة فاهرق الماء فانه ان بقي فيها سواد بعد الحمرة تموت من اوجاع الخطاء و الفقر *

و قال مولود فى الهواء بين ارضه و سمائه حيث يطلع عليه قمر الارض و شمسها و نجومها و رياحها و اصناف الالوان و كل هذا يدلون به على حجرهم انه واحد و اخلاطه منه لا من غيره فهو كالشجرة و اغصانها و اوراقها و ثمارها و بها و اليها ثم قلت *

---

[1] The passage beginning from و قال هرمس اعلم ان سر كل شيء up to و اعلم ان الكلام في هذه الكتب لابد مما يتكرر on page 52 is omitted in R. The same passage up to the two verses of Khālid (before the saying of Marqūnas) is a repetition, *vide* on page 40; while in I. the copyist gives the following note:— من بعض النسخ بدل من الفصل الذي بعده من قول هرمس.

[2] P. يسخن ; I. يستجنى.

* شعر *

نار[1] الفلاسف صبغ منتج نعما   ليست بنار دخان لا ولا شرر
فالنفس نارهم فى الماء كامنة   ليست ترى ككمون النار فى الحجر
و هي التي سميت دهنا و قيل دم   و قيل صبغ خفي ظاهر الاثر
و من بذى البيت والاحياء فاطلبها   في كل حي و قولي صادق الخبر
فان معناه اصل النفس و هو من   الاحياء اعني به الانثى مع الذكر
وهذا هو الجبل[2] المعروف عندهم   بالاعتدال الذي ما فيه من ضرر
انظر الى كل رطب فيه ساكنة   حرارة فهو المعنى فلا تحر
حتى اذا اتحدا فى الطبخ و ارتفعا   علوا معلقا[3] شبها بالزهر و الثمر
فللحياة و الحس الذين حوت   و في تنقلها من كثرة الصور
من اجل ذا شبهوها في رسائلهم   بالناس مع حيوان البر والغدر[4]
فقيل فى الحيوان العلم منتشر   و ليس في غيره علم لمختبر
و كان معنا هما فيما به رمزوا   لهذه النفس فاقبل صحة الخبر
و ابطل النبت من بالرمز حققها   و كلما قيل فى الاحجار والمدر
و كل من قال لا علم ولا اثر   الا من النبت والاحجار والخضر
و قد بقي معدن الاحجار فاطلبه   و كل حى صحيح السمع والبصر
فهذه النفس يعني في ترفعها   مع النمو الذي فيها بلا حصر
فالشمس تجليهم و الشرف مطلعها   كذلك الغرب منه مطلع القمر
فالنور بالنور فى التمزيج مجتمع   و منهما نور كل الانجم الزهر

و ابين لك ما معني قول الحكيم خذ الرصاص والذي يشبه الرصاص و خذ الزاووق والذي يشبه الزاووق و مثل هذا من مكائدهم قولهم امزج الحار بالبارد يصير ممتزجا لا حارا ولا باردا و امزج الرطب باليابس يصير ممتزجا لا رطبا ولا يابسا فالظاهر من هذا الكلام اربعة اشياء و المراد بها اثنان و هما الذكر والانثى فالحار اليابس و هو النار الذكر والبارد الرطب و هو الماء الانثى فاذا هما مزجا فقد امتزج الحار بالبارد والرطب باليابس و هذا مما لا يشكل على احد ممن يفهم *

و اعلم[5] ان الكلام في هذه الكتب لابد مما يتكرر و ذلك لكثرة الاستشهاد بكلام الحكماء عند كل فصل ليفهم ذلك الجيد الفهم[6] و يرتبك الجهول و اذا انت فطنت لمعنى كلام الحكماء تخلصت من الظلم و الدخول فيما يوجب الخطاء و ان لم تقدر من كتبهم على فائدة اذا كان فهمك كليلا لا يبلغ ذلك و لم تعرف حجرهم فقد عرفوك وجوه الخطاء ظاهرا بذهيبهم لك عن الاشياء الباطلة فربحت عقلك و صنت مالك عن الانفاق فى الباطل و تلك فائدة عظيمة و ان انت فطنت فقد مشيت فى الضياء اللامع و النور الساطع *

---

[1] P. ما.   [2] I. الحبل.   [3] I. معا.   [4] I. الغذر.

[5] The passage beginning from و قال هرمس اعلم ان سر كل شي on page 51 up to this is omitted in R.

[6] I. المختبل الفهم.

و اذا اعيد عليك القول في مائهم الروحاني انه ابيض و ذلك انه يجب على المسئول ان يهدي سائله و لئلا تشك اذا سمعتهم يقولون ازهارا و اصباغا و الماء الاحمر و الماء الابيض للتبييض و الاحمر للتحمير فلا تظن انه احمر فى الظاهر و انما هو احمر فى الفعل و لونه الذي هو ظله الذي هو حمرته مستجن في باطنه و ابين لك ذلك من كلام الحكماء لتزداد يقينا على ما قد مضى من قولي في ذلك فالماء الابيض للتبييض عنوا بهذا القول الثلاثة الاقسام التى قسموها عملين شمسا و قمرا فالاول و هو القمري غسل و تبييض و تعفين المائة و خمسين يوما و هو بياض و قصارة كله و نفي الظلمة عنه و الثاني تحمير و صبغ كله و عقد الاصباغ في ارضهم المقدسة العطشى و الارض الاولى التي ليس قبلها عمل عملت و حللت و استخرج منها اصباغها التي هي كباريتها فكانت لهم خميرا ادخلت [1] على جسد اخر فعجن به ذلك الجسد مع الخميرة الاخرى التي هي خمير الخمير و هو الماخوذ من الرماد المحرق و الكل شيء واحد من اصل واحد والجسد مثل ثلث الماء و خمير الخمير مثل ثلث الجسد الثاني الجديد *

و وجدت الحكماء قد اختلفوا فى الرماد فمنهم من قال من الجسد واحد و من الرماد مثل ثلثه والجسد مثل ثلث الماء الذي هو ثلثة اجزاء التي للتبييض و قال ارس للملك تيوذرس [2] تأخذ من ذلك الرماد جزءً فتدخره لك مرفوعا عندك و هو اكليل الغلبة ثم قال بعد ذلك اذا خلطت الماء المدبر الذي هو زئبق القنبار بالكبريت الاحمر فاجعل فيهما من ذلك الرماد الذي ادخرته شيئا قليلا بمنزلة الخمير فسمى الارض [3] كبريتا احمر و قال فى الرماد شيئا قليلا بعد ان قال جزءً - و قال هرمس بودشير بن اريذس لامنوثاسية [4] خذى من حجر الذهب او من الطلق المصفح جزءً واحدا عني الجسد الثاني الذي سماه ارس كبريتا احمر و سماه بود شير [5] الطلق المصفح ثم قال ثم خذى من ذلك السم مثل نصف الطلق و سمى الرماد السم و قال ميثاوس لمرقونس خذ من طلق الحكماء الذي تعرفه من الوزن و كتم الوزن منه الذي قال فيه غيره جزءً و تجعل فيه [6] ثلثة اجزاء من الماء المقسوم ثم قال و اجعل فيه من الخمير الذي عرفتك جزءً واحدا اراد الرماد الذي هو السم فجعله مثل وزن الجسد و قال ميثاوس ايضا في رسالته العظمى قسموا الماء على تسعة اقسام و خذوا منها الثلث و هو ثلثة اجزاء فادخلوه على طلق الحكماء الذهبي و هو [7] مثل ثلث هذا الثلث و قال فى الرماد المحرق الذي قد صار روحانيا يجزئكم منه ثلث [8] الطلق و هو ثلث الثلث و سمى الجسد الابيض الطلق الذهبي وقال هرمس في رسالته المعروفة بحرب الكواكب البرباوية و قيل الترابية الجزء الاصلى النوري الذي هو اسه [9] و جزء الارض فجعل الجسد والرماد ههنا واحدا [10] و قال حكيم اخر خذ من الثفل اعني الرماد جزءً في وزن جزءٍ من التسعة الاجزاء عني بالتسعة الماء و قال ثم تعمد الى الحجر الاصلى فتأخذ منه جزئين مثل احد اجزاء الماء والثفل [11] فجعل هذا الحكيم الجسد جزئين و الرماد جزء واحدا و قال تيوذرس [12] تأخذ ثلثة مثاقيل

---

[1] P. اذ ادخلت.
[2] I. تودرس.
[3] R. و سما الجسد الابيض.
[4] P. and I. و قال زوسم لاوثاسية.
[5] P. بودرس ; I. تودرس.
[6] R. يجعل في الثلثة الاجزاء.
[7] R. الطلق ; I. و هو والطلق.
[8] P. مثل ثلث.
[9] I. بيته.
[10] R. واحد واحد.
[11] الثفل omitted in P. and I.
[12] P. and I. بعض الحكماء.

مغنيسيا ثم قال و خذ من الرماد الذي عزلت من القرعة و هو الثفل مثقالا واحدا فيصرن اربعة اجزاء فصار الرماد الربع من ذلک و قال اندريس[1] يؤخذ من الارض الثابته[2] جزء و من الخمير و هو الاسقورية[3] و هو الرماد ربع جزء فهذا اختلافهم في الرماد على التكثير والتقليل و قال هرمس ايضا في مكان آخر اعلم ان الربع من الجسد يعقد الماء كله و هو مثل ثلث الماء[4] و كثير من الحكماء لم يذكروا هذا الرماد البتة بوجه ولا سبب و هو الذي يعقد المياه كلها والصبغ في ارضهم فيمسک الاوابق لانه الثابت للنيران العظيمة فان القي منه جزء كان اسرع عقدا للماء من النصف جزء و من الثلث جزء و من الربع جزء فاعلم ذلک و هو الزئبق الذي يمسک الزوابق كلها و يضبطها[5] و قال هرمس ان الربع من الجسد يعقد الماء كله و منه تظهر الاصباغ كلها و قلت[6] اذكر البياض و التحمير * * شعر *

حمّر و فى التحمير حظ وافر و كذا خميرک يصلح الاكسيرا
فاعرف مقالي فى التخمير و موضع التخمير احذر ان يكون فطيرا
هذا من الاسرار والمغفول عن تذكاره كى لايرى مسطورا
فلقد اشير اليه بالتعريض في اخوانه ان لا يرى مشهورا
و كذلک قال لخالد مريانس ان القطير مدمر تدميرا
و كذلک التخمير[7] فاعرف حده عدوا[8] و نفر ماله تنفيرا
فاعرف هذا التخمير و اعرف موضع التخمير والتحمير والتقطير
لله مخرج هذه الاسرار من ظلمات ارماز جعلن قبورا
بالله احلف و النبي و آله ما ان ارى لي فى الايام نظيرا

و الجسد الجديد الذي قالت فيه مارية عند رد الماء اليه ادخله في جسد غير جسده يثبت عنت هذا الماء الالهي و خمير الخمير[9] و هو الذي و قع فيه العمل كله كما قال خالد * * شعر *

و خالدكم لولا الخمير لم يكن ليعقد ما حج الحجيج و كبروا

و التعب و العمل كله في تربية هذا الصبغ و استخراجه من تركيبهم الاول و خمير الورق هو الثلاثة اقسام من الماء التي بها يسودون و يبيضون من التسعة الاقسام و الستة الباقية هي خمير الذهب[10] و بها يصبغون و لذلک قالوا ان اردت الورق فاجعل فيه خمير الورق عنوا بهذه الثلاثة الاجزاء الاولى من الماء الالهي و ان اردت ذهبا فاجعل فيه خمير الذهب عنوا بالذهب الستة الاقسام من الباقية المعزولة للتحمير و ذلک ان الثلاثة الاجزاء الاولى من هذا الماء التي سموها خمير الورق اذا القيت على الجسد الثاني ينحل الجسد فيصير الكل اسود بعد بياضه الذي كان عليه و يلزم تدبيره بنار الحضانة فيبيض البياض الكامل ثم يصبغ ببقية الاجزاء فهذا حجر الحكماء الابيض الواحد

[1] R. اندراريس. [2] I. النامية. [3] P. الاشقورية ; I. الاسقونية.
[4] R. مثل الماء. [5] P. يصبغها ; I. يصبغها و يضبطها.
[6] This and the following verses are omitted in R. [7] I. التحمير.
[8] I. و يفر ماء لهوى تفسيرا. [9] I. خمير الذهب. [10] خمير omitted in R.

الذي اجتمعت فيه الاشياء الكثيرة الذي هو من اشياء شتى الذي هو من قليل و كثير ثم يصير بالسواء عنوا بقولهم بالسواء الستة الاقسام من الماء فهذه الاوزان التي عنوا بقولهم من قليل و هو الجزء من الجسد والثلث جزء من الرماد والكثير الثلاثة الاجزاء من الماء ثم يصير بالسواء [1] يعني الستة الاجزاء التي تدخل على الجسد الثاني و اخلاطه و هي اجزاء متساوية واحدا واحدا كل جزء منها مثل الآخر فهذا الذي حير العالم من قولهم من قليل و كثير ثم يصير بالسواء فهذا الوزن [2] الذي لم اعرف احدا من اهل زماني يعرف مقصدهم فيه فقد بينته لک فلما رجعت الى هذا الجسد ارواحه التي هي الاصباغ تم و كمل و عاش و سمته مارية ابار نحاس حجر مكرم فهذا هو ابار نحاس التام حقا من حق يقين هو التام الذي هو فوق التمام الصابغ فلذلک ولد الذهب التام الذي هو دونه لانه تام و ذلک تام فوق التمام فهذا ابار نحاس التام حقا لا مرية فيه *

قال سقراط في هذا الجسد لما اسود ان علامة جودة الطبخ الاول الاتيان بكثرة فرفر[3] اسود كله و اعلموا ان البياض كله حينئذ مستجن في ذلک السواد و عند ذلک ينبغي لكم ابناء التعليم ان تستخرجوا ذلک البياض من ذلک السواد بما تعلمون انه يفرق بينهما و اعلموا ان هذا السواد فيه الذهب المطلوب مستجن و انه سيظهر بعد البياض و هذا فى الاول عني بهذا الطبخ الاول من العمل الثاني و هو التبييض بعد ظهور السواد و هذا هو السواد الذي بعده البياض الذي بعده التحمير فاعلم ذلک و قال سقراطيس[4] و اما فى الطبخ الثاني فيوضع ذلک البياض فى الاناء مع اداته[5] ثم يطبخ طبخا لينا حتى يصير كل شئ ابيض فاذا رأيتم ذلک البياض ظاهرا غالبا[6] على كل شئ فى الاناء فايقنوا ان الحمرة مستجنة في ذلک البياض فيومئذ لا تحتاجون الى استخراج ذلک البياض من تلک الحمرة و لكنكم تطبخونه حتى يصير كله فرفيرا - و اعلموا ان ذلک السواد الاول (من العمل الثاني [7]) انما جاء من قبل طبيعة المرتک و ان تلک الحمرة لا تستخرج الا من ذلک السواد لان ذلک السواد هو الذي اصلح بين الابق و بين الذي لا يأبق حتى يصيرهما واحدا فاطلبوا يا معشر الناس هذه الكبريتة التي سودت الجسد و اعلم ان قوله من طبيعة المرتک عني بالمرتک المغنيسيا التي هي ابار نحاس لانهم يسمونها رصاصا و قصديرا و رصاص ابشميث فلما ثبتت للنار و نشفت رطوباتها التي فيها سموها عند ذلک رمادا و مرتكا لان المرتک يكون من الرصاص اذا يبس فاذا سمعت مرتكا فانما عنوا به حجرهم لما ذهبت رطوبته و صار يابسا و كذلک الرصاص اذا نشفت رطوبته و احترق فى النار صار مرتكا فلذلک سموا حجرهم في هذه المنزلة لاحتراقه و ذهاب رطوبته عند جموده مرتكا لتسميتهم حجرهم فى الاصل رصاصا و هذا فهو على التشبيه ايضا و منهم من سماه نحاسا محرقا لاحتراقه و تفتيته و سموه نحاس الاطباء المحرق لانهم سموا حجرهم نحاسا و هو على التشبيه ايضا *

فاذا قال القائل من الحكماء خذ نحاسا او رصاصا او مرتكا او نحاسا محرقا فانهم يعنون بذلک حجرهم فاصنع به كذا و كذا ذهب السامع عند ذلک الى ما يعرفه من الرصاص و النحاس و المرتک و ما سوى

---

[1] R. .ثم يصير بالسواء ثم يصير الستة الاجزاء بالسواء التي تدخل على الجسد و اخلاطه

[2] R. .الورق

[3] R. .قرمرة

[4] P. and I. .سقراط

[5] P. and I. .مع الاذابة

[6] P. and I. .عاليا

[7] Omitted in P. and I.

ذلک مما يسمون به حجرهم و يشتريه و يدبره فلا يرى منه شيئا و هم انما عنوا بتلک الاسماء حجرهم الذي هو المغنيسيا و ابار نحاس التام - و علموا انهم قد سموا الاجزاء المقسومة المعزولة للتحمير من مائهم هذا الورقي النقي الالهي نحاسا محرقا لاحتراقه بمائهم و خروجه منه و سموه ايضا حجارة و ذلک لخروجها من جسدهم اليابس الذي هو المغنيسيا الذي هو من اربعة اجساد مجموعة فلما انعقدت و صارت جسدا واحدا سموها حجرا و قالو حجرنا فلما اطلعوا عن هذا الحجر رطوباته التي هي روحه و نفسه فسموها ثلاثة اجزاء للتبييض و ستة اجزاء للتحمير نسموا هذه الاقسام التي للتحمير حجارة لتسميتهم الاصل الاول الذي خرجت منه حجرا و الوجه الثاني من تفسير تسميتهم لهذه الاقسام حجارة فهو على التشبيه فافهمه ان الحجر اذا رمى به الرامي حتى يشج به من رميه اظهر ذلک الحجر من الشجة دما و ان هذه الاقسام كلما انزلوا منها قسما على جسدهم بعد بياضه اظهر فيه لونا من الصبغ اعني من الحمرة كذلک يفعل كل قسم الى ان يفرغ الاقسام و ينتهى ذلک الجسد الى الحمرة الفرفيرية فسموها لاظهارها هذه الاصباغ و الالوان في جسدهم حجارة على التشبيه لها بذلک الحجر الذي يظهر الدم من الشجة فاذا سمع الناس قولهم الاجساد و الحجارة ظنوا انهم عنوا اجسادا و عقاقير و احجارا من الاشياء التي يعرفونها و هم انما عنوا بالجسد و الاجساد و الاحجار و غيرها اجسادهم و مياههم التى هو جسد واحد و ماء واحد و انهم سموا ذلک الجسد بكل جسد و كذلک سموا مائهم بكل جسد لخروجه من ذلک الجسد الذي سموه باسم كل جسد مما تعرف العامة ليشتبه عليهم الامر و قد صح للحكماء رائهم فى العامة و انما سموا ذلک الماء اجسادا لانهم شبهوه[1] بجسدهم اليابس الذي هو من اربعة اجزاء شبهوه و نسبوه الى اصله الاول و سموا جسدهم الثاني الذي يعقدون فيه هذا الماء الصابغ له المصبغ به الذي سموه زاووقا و زواويق و زُيبقا و زيابيق و سموه زئبق الزرنيخ و الزرانيخ و كبريتا و كباريت و حجارة و كذلک سموا جسدهم الثاني جسدا و اجسادا و كبريتا احمر و كباريت و زُيبقا و كذلک قالوا الكباريت بالكباريت تمسک و قالوا ان لم تقيدها عن الاباق بزئبق من جنسها ابقت فهذا الجسد هو الجسد و الاجساد و هو ايضا المسمى بكباريت و في هذا الماء الذي هو الخمير قال ذومقراط[2] ان اردت ورقا فاجعل فيه ورقا و ان اردت ذهبا فاجعل فيه ذهبا و فيه قالت مارية العبرانية[3] الحكيمه ان لم تجعل فيه ما تطلب لم يكن فيه الذي تطلب فقد بان لک و لكل ناظر في كتابى هذا ان اختلافهم هو اتفاق و ليس بافتراق و قد عرفتک انهم سموا ارضهم لما بيضوها ذهبا و لها قالوا لما اسودت بالثلثة اقسام من الماء بيضوا الذهب فلما ابيضت قالوا اصبغوا الذهب ثم قالوا رد[4] عليه الماء يزد في صبغه فالماء اذاً ذهبهم المزروع فى الارض البيضاء النقية التي هي ارض الذهب و فيها و منها بالماء الروحانى تظهر ازهارها و اصباغها *

و لقد جرى بيني و بين ابى القسم[5] عبد المحمود المعروف بابن حيان و كان يزعم ان حجر الحكماء من الحديد و النحاس و الرصاص و القصدير[6] و كان يجمع الاربعة و يحل لها الزئبق بعد تصعيده بالنوشادر ثم يدبرها بهما محلولين ليخرج عنهم سوادهم و يبيض الجميع فيسمى ذلک دقيقا[7] و يدخل على هذا

---

[1] R. لانهم نسبوه الى جسده. [2] P. سقراط. [3] R. مارية الحكيمة. [4] I. زد عليه.

[5] P. ابو القاسم المعروف بابن حيان رحمه الله. [6] I. و الرصاصين. [7] P. زيبقا.

الدقيق اى الخميرين شاء ان اراد البياض جعل الفضة و ان اراد الحمرة جعل الذهب فاقام على التدبير الاحجارة التي ذكرت الى ان مات رحمه الله و هو انه اقام يدبرها ثلثة و عشرين سنة لم تفارقه فيها نار الزبل ساعة واحدة و كلما دبر من تلك شيئا و تعب فيها الشهور رمى به و استجد غير ذلك فقلت له يوما و انا عنده و نحن نتحدث يا ابا القاسم الى متى تبقى على مثل هذا الحال من الخسارة و التعب فيما لا نجاح فيه فقال لي لو قد ابيضت لي هذه الاجساد التي هي المغنيسيا لم افكر في هذا التعب قلت له فلو بلغت الى ما تأمل منها من التكليس و البياض كنت تلقى منها عند تمامها قال لا قلت و لم قال لا تصبغ شيئا الا بدخول الخمير اما فضة فتصبغ فضة و اما ذهبا فتصبغ ذهبا فقلت له اذا كنت[1] مع تعبك فيها هذا التعب و لو قد بلغت منها حد ما تريد لاتصبغ الا بدخول الخمير الذي هو الذهب و الفضة فدبر الفضة ان شئت او فدبر الذهب فهما طاهران عندك و هما كما تقول الصابغان و تدبيرهما اقرب عليك من تدبير اجساد وسخة غلاظ حتى تنقي و هي تبلي و تفنى قبل تبلغ منها ما تريد و انت ملازما لها و كان كلامي له هذا على رأس ثمان عشرة سنة قد مضت له من تدبيره و كل قليل يتلف ما يدبره و يستجد غيره الى ان توفي رحمه الله و هو على باطل قد ظنه حقا نعوذ بالله من الظن الفاسد و قلة التوفيق *

رجع الكلام الى موضعه من قول مارية الذي تقدم هذه الفصول في هذا الماء ادخله في جسد اخر غير جسده[2] يثبت فكل الحكماء قالوا ذلك فبينت لنا مارية بقولها في جسد غير جسده[3] انه يحتاج الى جسد جديد غير الذي اخذت منه كباريته الذي يخلطونه بالكلس و الكلس هو الجسد المحرق الذي اخذت منه كباريته اولا اعني بقولي كباريته روحه و نفسه ثم قالت مارية تريد بذلك الايضاح و البيان و ان كان قولها هذا مخالفا للاول فى الظاهر و هو من مغالطاتهم ايضا و هو متفق فى الباطن و هو قولها ان النفس سريعة الدخول في جسدها و لو كلفتها الدخول في غير جسدها لم تدخل فلما قرنت هذا و هو قولها الثاني مع قولها الاول في جسد غير جسدها الاول علمت بهذين القولين ان الجسد الثاني هو من الجسد الاول و ليس بجسد غريب و لكنه ليس هو الذي اخذت منه ارواحه و هو جسد النفس بعينه و ليس بجسدها الذي منه خرجت فافهم هذا المعنى و تنبه له فقد فسرت لك المعني فى القولين المختلفين في اللفظ المتفقين على المعني بعينه و قد بان لنا ان الشيء واحد و الكلس المأخوذ[4] من الجسد المحرق الاول[5] الذي منه خرجت النفس و الروح الذي قلت لك انهم يأخذون منه خمير الخمير الذي به يشببون مائهم كما يشبب الصباغون صبغهم بالشب الذي هو القلي المحرق[6] و هو الرماد العالي من فوق الرماد الممدوح بكل لسان و هو الكلس و ذلك الكلس هو الجسد الاول[7] و هو جسد النفس الذي اخرجت منه و ان الجسد الثاني الذي قالت مارية في غير جسده يثبت عنت الروح و انما اومت الى جسد مثل الجسد الذي اخرجت منه النفس

---

[1] R. بهذا هذا التعب و لو قد بلغت منها ما تريد; P. كانت مع تعبك فيها ... بلغت بها حد ما تريد; I. كانت مع تعبك بها حد ما تريد.

[2] غير جسده omitted in R. [3] I. غير جسدها انما تحتاج. [4] I. مأخوذ.

[5] الاول omitted in R. [6] المحرق omitted in R. [7] الجسد الاول omitted in R.

من[1] غير مدبر و لكنهما في الاصل شيء واحد فقد بان بقولها هذا انها الحق والصدق و ان الاشياء كلها من شيء واحد الاول و الثاني و ما سواهما و انما خالف بينهما التدبير مثل الخمير المأخوذ من العجين الاول فيدخل على دقيق ثانٍ فهما دقيق واحد و ليس هو العجين الاول الذي اخذت منه الخمير فهي منه و ليس هي منه والدليل على ان الثاني من[2] الاول ظهور السواد عليه بعد ان كان ابيض لما فيه من نفسه و روحه اذا كان غير مدبر و ظهور السواد عليه لدخول الثلثة الاجزاء الاولى من الاقسام المذكورة من الماء الذي هو الخمير ثم عاد فيه بعد ذلك البياض *

و حسبك بهذه الاسرار العظيمة التي قد كشفتها لك و لم يلفظ بها حكيم قط هكذا ولا سمحت بشيء منها نفسه و بخاصة هذه المواضع التي خطروا عليها ولا صرح بها احد قبلي هذ التصريح و لا قدر على تلخيصها هذا التلخيص اعني احد من حكماء الاسلام الذين تقدموا عصري كتلخيصي لها من كتب الحكماء المظلمة الملبسة التي لا يقدر احد على قراءتها فكيف يستخرج منها علما اما ان يكونوا فهموه و تركوه حسدا لم يبينوه و اما عجزوا عن معرفة ذلك مع ما اني لم ار احدا غيري من حكماء الاسلام سلك طريقي التي هي طريقة الحكماء ولا لوح الى معرفة شيء من الغازهم و لكنهم شغلوا الناس بتأليف ابواب لا ينتفع بها احد من الناس فشغلوا جميع الناس بها فليتهم اذ لم يهدوا الناس لم يضلوهم عن الطريق و لم يعلموهم عمل الشبه والتدليس حتى مضى بذلك قوم افقروهم فالويل لمن فعل بهم ذلك نعوذ بالله مما يسخط على عبيده و نسأله صلاح المسلمين بمنه و كرمه و اعلمك انه ما لاح لي شيء من ذلك في كلام احد ولا كلمة واحدة مرت بي في كلام حكماء المسلمين من كلام الحكماء الاولين على ما لفظت به الحكماء و لا يدانيه الا[3] ما لوح به جابر بن حيان الصوفي في كتابه كتاب الخالص المبارك من كلام الحكماء على ما لفظت به الحكماء لا زيادة فيه و لا نقصان و ما اورده ايضا في كتابه المعروف بالمجردات من كلام الراهب و غيره فانه في هذين الكتابين ابطل ابواب كتبه و اشار الى ما في هذين الكتابين من كلام الحكماء المتقدمين و استحسن من كلام الراهب و دل عليه و اوصى ان لا يتجاوز حد ذلك و لم يفسر منه كلمة واحدة مع انه كلام مفهوم و لا فسر معني واحدا من الخالص المبارك *

و لقد بان عندي فضل ذي النون المصري الاخميمي الازدي لما لوح اليه في قصيدته من العلم الذي وافق الحكماء وفيه معرفة للحجر و طريقه في ذلك طريقة الحكماء المحمودة لمن فهمها و ابطل ما سوى ذلك مما ابطلته الحكماء و هو ممدوح في كتب غيره من العقاقير الدنية الترابية[4] التي نهى عنها جميع الحكماء فوافق ذوالنون الحكماء في جميع ما امروا به و جميع ما نهوا عنه فتخلص من الملام و عظيم الاثام و كذلك خالد بن يزيد وافق الحكماء في صفة الحجر و تدبيره من اوله الى اخره *

و اعلمك ان هذه الانفس التي هي النفس الواحدة و الازهار و الاصباغ السماوية الكامنة في الروح اصلها من سبعة سوى الانثى و الذكر بالاقسام التي بها تحلل و تقسم هذه السبعة على تسعة اقسام ترد من هذه الاقسام التسعة الثلث و هن ثلثة اقسام في مرة واحدة على ارضهم كما قد اريتكها مصورة كما رسمها الحكيم و هي الاثنان السماويان في الواحد و السماوي في الثالث و هو الواحد في الواحد فبين بتصويره لها ثلثة انها ثلثة من شيء

---

[1] من omitted in I. [2] R. مثل. [3] P. ولا ما لوح به. [4] R. البرانية.

واحد و تعزل الستة الاقسام الاخر في ستة قوارير و هذه الستة و ان كان ماء واحدا من شئ واحد فهم يسمونها الاصباغ لظهور الالوان بها في ارضهم عند دخولها عليها قسما قسما فاذا دخلت الثلاثة الاقسام المذكورة التي هي ثلث الماء على ارضهم المقدسة العطشى اسودت الارض بعد بياضها الاول و انما ظهر ذلك السواد من قبل الجسد الثاني الذي قلنا انه طري و هذا السواد هو صبغ كله *

و اعلمك ان احدا من الحكماء الاول لم يعلم ما تحت هذا السواد من الاصباغ لعظمها و لا نهاية له ابدا في شي من الصبغ بل كلما زدته سقيا زادك صبغا يتضاعف كذلك ابدا بلا نهاية ولا غاية له لانه سر من اسرار الله تعالى عز و جل - و انما تعبت الحكماء في تدبير ذلك الماء اولا و هو الذي فيه المخاوف والصعوبة تدبير النفس بعد تحليلها و بعد استخراجها من جسدها و اخذ النفس بالنفس من الجسد و اخراجها منه لاحراق الجسد الثاني و تنظيفه و تهذيبه و تبييضه الذي يحتاجون اليه ليحملونه اصباغهم فثبت فيه اصباغهم و يحصل لها مقرا و مأوى مع ما فيه من زواش [1] و زواش هو المريخ من الكواكب و هو الكلس المحرق من الجسد الاول الذي تقدم ذكره و انما سموه زواشا لما احترق فصار كلسا حارا ناريا و هذا الذي سميته انا هرمس ابا الاصباغ و ذلك قبل موته و خروج نفسه و روحه منه و هذا الكلس هو الذي سمته الحكماء رماد الادهان لانهم سموا مائهم الدهن لانه حار رطب في طبيعة الدهن و ليس بدهن بل هو ماء و ليس بماء بل هو هواء و ليس بهواء بل هو نار و ليس بنار و لكنه في طبائعها لمحوقه بها بما اكتسبه من ذلك التدبير و هو يفعل افعالها يحي الاشياء بعد موتها كما يحي الماء و الهواء و يحرق كما تحرق النار و الدهن و الادهان فهي النفس التي هي الاصباغ و هذه كلها من بعض اسماء هذا الماء الالهي الذي هو النفس و الروح ثم يلزم الجسد بعد دخول الثلثة الاقسام المذكورة فيه بالتدبير فيسود لنفسه و يبيض لنفسه و هو في حبسه ايام اقامته في سجنه كما تقدم القول فيه و هذا هو البياض الثاني بعد السواد الثاني و اما البياض الاوسط الذي هو بين هذين فيجعل الثاني الذي قلنا انه البياض الثاني ثالثا و قل من ذكر البياض الاوسط و سماه و لكني اردت ان اعلمك به لتعلم انها ثلثة فمن قال لك ان للحكماء بياضين قل انت له بل هي ثلثة فتكون انت اعلم منه و انت كذلك في جميع الوجوه و قالوا التبييض اربعة لتبييض الانثى الذكر و سوادهما [2] بعد ذلك فالاوسط من البياض هو تدبير الماء وحده كما قلنا حتى يصفو او يصير ابيض شعشانيا لا كدر فيه و كل الحكماء قد ذكروا تدبير هذا الماء و لكنهم لم يسموه بياضا و لكنهم قالوا حتى تراه ابيض يتلالأ تلألؤ الرخام فسموا هذا الماء لما بلغوا به هذه المنزلة من التدبير الماء النقي الورقي و هو تبييض النفس في الماء و يسمونه ترقيق الورق فالورق هو جسدهم الاول الذي دبروه و بيضوه بعد سواده و لقاحه الانثى و ارادوا بقولهم رققوا الورق اي حلوا هذا الورق الذي هو حجرهم الابيض فلما سمع الناس كلام الحكماء رققوا الورق ذهبوا الى ورق العامة الذي هو الفضة و رققوها صفائح و ادخلوها في تدابيرهم فضاع الورق مع ما ضاع من نفقاتهم في عقاقيرهم افهم هذه المعاني ترشد *

و اعلم ان هذا السواد الثاني الذي هو الاول من العمل الثاني الذي بعده التحمير الذي ظهر في ارضهم البيضاء ثم بطن و ظهر البياض بعده انه صبغ كله قد ظهر لك والحاجة الى ان تبطنه بعد ظهوره و تحفظه

---

[1] R. ارس ; P. زاوش.

[2] I. سوادها.

و تظهر البياض الذي بطن فاذا بطن هذا السواد الذي سموه تسويد الورق فعليك ان تربيه بالماء الالهي و النار فيقوى الصبغ في هذه الارض من قبل النفس التي في ارضهم هذه و هي كباريت الارض و من قبل النفس التي في هذا الماء المردود عليها[1] في مائها اعني فى المياه المقسومة عليها[2] الباقية عندهم التي يسمونها الاصباغ و باسم كل صبغ و سموه الماء الاحمر و ليس هذا الماء باحمر و الكبريت الاحمر و ليس هو احمر بل هو ابيض يتلألؤ كتلألؤ الرخام[3] و لكنه يظهر الحمرة كما اظهر السواد و البياض و هو ابيض و قولهم انه احمر مغالطة و فساد لانه اذا كان احمر فقد احترقت الاصباغ و انما سموه احمر بفعله لا بلونه لانه ان احمر عليهم فى التدبير فقد احترقت الازهار التي هي الاصباغ بالجملة فكلما سقيت ارضهم بقسم من تلك الاقسام الستة الباقية عندهم ظهر في الارض منه لون فرد ثم يتبع ذلك اللون الواحد الذي ظهر بزيادته الوان شتى كالوان قوس السماء و كالوان الطاؤوس فتتلون تلك الارض كما تتلون الحرباء فنسبوا ذلك اللون الى الماء و جعلوه لونا للماء و ليس هو لون الماء و انما هذا اللون فعلته كل سقية في ارضهم فلذلك نسبوا تلك الالوان الى الماء و جعلوها الوانا للماء و الماء ابيض و انما تلك الالوان فعل الماء فجعلوها له لما كان يحدثها في جسدهم الثاني[4] و لهذا سمى بعض الحكماء هذا الحجر حرباء لتلونه في تدبيرهم ثم يرجع فينعقد على اللون الذي ظهر منه اولا و تبطل سائر الالوان و كذلك يجري امره في كل تسقية تدخل عليه الى تمام الستة الاقسام و هي الازهار اعني الالوان التي تظهر في ارضهم من مطرهم و يسمون تلك الالوان التي تظهر في ارضهم في كل سقية بالوان المرضى فاذا بطلت هذه الالوان ثبت الجسد على لون الصحة الدائمة و هو لون الحياة الابدية الحمرة الفرفيرية و لكثرة تلون حجرهم سموه الاطيسيوس[5] تفسيره الكثير الالوان *

و هذا الجسد الثاني المكتوم مع الكلس فاسمه عندهم هرمس الضابط للاصباغ مع خميرته فتفرح النفس التي في هذا الجسد الثاني بدخول النفس الروحانية العلوية السماوية الهوائية النارية عليها التي في مائهم و كذلك تفرح النفس العلوية بالنفس الارضية التي تلقاها في هذا الجسد فيمسك بعضها بعضا و هذا هو معنى قول الحكيم لقى القرين قرينه و هو معنى قولهم الطبيعة بالطبيعة تفرح و الطبيعة للطبيعة تلزم و الطبيعة للطبيعة تمسك و الطبيعة للطبيعة تغلب و هو معنى قولهم الكيان يمسک الكيان و الكيان يلزم الكيان يريدون بهذا كله الطبيعة التي فى الماء و هي النفس و الطبيعة التي هي فى الجسد و هي نفسه التي فيه و رماد الرماد الذي هو اكليل الغلبة يفرح بلقاء اخته و هي النفس و الروح العلويان و ان الطبيعة التي فى الجسد السفلى تفرح بالطبيعة السماوية لانها من شكلها و هي منها فتمسكها و تلزمها و تغلبها و غلبتها لها في ضبطها لها و اقعادها لها معها في جسدها اللطيف الذي قد دبر و هذب حتى صار مثلها لطيفا روحانيا فتظهر الالوان عند ذلک فى الجسد من قبل النفس التي فى الجسد فالارض ههنا صبغت الماء بما فيها من النفس و الماء صبغ الارض بما فيه من النفس فكل واحد منهما صبغ الاخر فصار الصابغ و المصبوغ صبغا واحدا يصبغ ورق العامة و الماء هو الصابغ و الارض هي المصبوغة و فى الارض ايضا ماء قد صبغ الماء و هي النفس التي فيها التي

---

[1] R. المردودة عليها. [2] P. and I. المقسومة عليها. [3] P. الزجاج.

[4] الثاني omitted in R. [5] P. الطيوس ; I. الطيسوس.

سميتها انا كباريت الارض[1] و سمى هذه النفس التي فى الجسد مرقونس الملك كبد الارض تشبيها لها بكبد الانسان لاخذ الماء اللون منها كما يأخذ الدم الذي في اجسامنا اللون من الكبد فلذلك سمى مرقونس النفس التي في جسدهم كبد الارض لاخذ الماء الالهي اللون منها و من اكليل الغلبة الذي هو الرماد فيتقوى بذلك الصبغ الذي فى الماء اعني بالصبغ النفس التي فى الماء و ذلك انه كان ابيض في ظاهره احمر في باطنه فظهرت الحمرة الكامنة عند دخوله في ارضهم البيضاء من قبل تلك النفس التي سماها مرقونس كبد الارض لاظهارها لون النفس الكامنة في مائهم الابيض فيكون الشئ العظيم و الخطر الجسيم و الصبغ الرفيع و الامر الجليل و لذلك ايضا قالت مارية في مائهم و ارضهم و ما فيها من النفس و الروح الكامنين في ارضهم و سمتها النداوة فقالت في مائهم هو ملك من الارض يخرج و من السماء ينزل و الارض بنداوتها تقبله و انما قبلت الارض الماء الذي هو الروح و النفس لان فيها مثلها روحا و نفسا سمتهما مارية نداوة فقالت و الارض بندواتها تقبله و هذه النفس و الروح هما اللتان سميتهما انا كباريت الارض و لهما و لما فى الماء ايضا قالت الحكماء لقي القرين قرينه[2] *

و قد ملأت المصحف بترداد الكلام ليزداد ذوالفهم فهما و يكون الاخر مذكرا للاول مما تقدم من تفسيرى لك و الله عز و جل فالق الاذهان بمنه و رحمته و يعين ايضاً على ظهور الالوان بقوته و ناريته الكامنة فيه الرماد الذي هو اكليل الغلبة فعند ذلك يصبغ واحد ثمانية[3] الف مثقال و هو اول درجة من صبغه ذهبا احمر اجود من ذهب المعدن و ارطب و اكثر جلاء و اغر من ذلك بهاء و حسنا كما قال فيه ذومقراط ذهبنا كالنبات البستاني و ذهب العامة كالنبات الجبلي فلما كان ذهبهم كالنبات البستاني فى الرى و الرطوبة و الحسن جاءت نتائجه مثله و كانت فروعه فى الحسن و النعمة كاصلها الذي هو اكسيرهم و فيه قال خالد بن يزيد - * شعر *

يلقى على الزئبق الفرار يعقده جسما تراه مضيا عسجدا زهرا

جزء على الف من اى الجسوم اذا سبكته عاد لونا يغشى البصرا

فان كان عندك ماء مدبرا فاضلا او مستخرجا من ارض اخرى قد ادخرته فسقيت منه هذه الارض بقسم مثل واحد من تلك الاقسام الاولى زادك فى الصبغ درجة فيتضعف لك الالف هكذا ابدا كالشجرة التي كلما سقيتها لم تقطع عندك ثمرها ابدا ما بقيت فتكون زيادته زيادة مع الابد كلما سقيته زادك صبغا ما هو ضعف عليه و حيث ما وقفت به وقف و ان زدته زادك بلا نهاية فلذلك قال فيه ميثاوس رأس القاطرين لمرقونس الملك ان المثقال منه يملأ ما بين الخافقين و كان هذا بعد ان قال له الملك فتكون زيادته على الابد فقال ميثاوس نعم *

و اعلمك ان الحكماء قد جعلوا لكل جزء من الماء لونا ليس هو للاخر و هو كما عرفتك ابيض ليس بذى الالوان و هو من مكائدهم و مغالطاتهم للناس و المعنى في ذلك ان كل جزء من الماء اذا دخل على ارضهم اظهر فيها لونا غير اللون الذي ظهر من صاحبه الاول فنسبوا كل لون الى الجزء الذي اظهره من الماء فقالوا ان لكل

---

[1] R. كباريت العامة.

[2] R. قالت مارية لقي القريب قريبه.

[3] R. الف الف مثقال .P ; واحد الف من ذهب.

جزء من الماء لونا غير لون صاحبه فقالوا الماء الاحمر و الماء الاصفر و الاخضر و ما سوى هذه من الالوان التي اظهرها في ارضهم ذلك الماء الابيض و هو ماء واحد ابيض و انما هذه الالوان تظهر في ارضهم عند كل تسقية بجزء من الماء فسموا الماء بهذه الالوان التي اظهرها في ارضهم و هو ماء واحد ابيض و انما هذه افعال النفس الصابغة الكامنة في ماءهم و هي لاترى و انما ترى افعالها فى الجسد الذي ردت عليه مع الروح و هي المسودة المبيضة له في ايام كثيرة و قد اعلمتك في غير موضع من كتبي ان التراكيب ثلثة عنيت بذلك فى التدبير الاول الذي بعد[1] التحليل و التقطير الثلث تمليحات و اعلمك ههنا ان التراكيب الثلثة قد تكون فى الاخر عند رجوع الاقسام التسعة من الماء الى حجرهم فهذه الكلمة الواحدة قد اشتملت على المعنيين الاول و الاخر فاذا ذكروا الشيء الواحد فقد دخل فيه الاخر الذي هو مثله و اغفلوا ذكر احدهما لانهم قد اكتفوا بالكلمة الواحدة الجامعة للمعنيين معا و لذلك اشكل ما في كتبهم على الناس فالمفتاح الاول هو دخول الثلثة الاقسام الاولى من الماء على حجرهم الثاني[2] المسودة المبيضة للحجر في ايام كثيرة و قد سموها ثلثة اشهر و ثلاثة ايام و ثلاث ساعات و سموا التسعة الاجزاء المقسومة بجملتها تسعة اشهر و سموا كل ثلاثة منها مفتاحا و كل ثلثة اجزاء تركيبا و هذه التسعة الاجزاء من الماء و الجزء من الارض و الرماد هي العشرة التي قالوا فيها العشرة تغلب الواحد و الواحد يغلب العشرة و العشرة منها التسعة من الماء تغلب الواحد الذي هو تمام العشرة و هو الجزء من الارض و الرماد و غلبتها له انها تحله و قولهم الواحد يغلب العشرة عنوا الجزء من الارض و الرماد الذين هما تمام العشرة و غلبة الواحد للعشرة هو عقد الارض و الرماد للتسعة الاقسام من الماء و هي العقدة التي لاتنحل و الاجزاء الستة الباقية من الماء للتحمير تدخل على الارض جزءً جزءً و قد سموا هذه الستة الاقسام نصف التسعة اى هي نصف جملة الماء و انما هي ثلثاه سموها النصف لان الثلث الاول يسود و يبيض الارض الثانية[3] فهذا نصف العمل و الستة الاجزاء تعمل النصف الاخر و هو التحمير فسموها بفعلها و لم يسموها بعددها و هم يطلبون هذا السر الاعظم الذي خص الله عز و جل به هذا الحجر من الاشياء القذرة النجسة و في[4] زيادة لالقاء الاكسير قال ذوالنون رحمه الله - * شعر *

و كلما عاودتها و زدتها جاءت لعمرى فوق ما اردتها

و من اعظم اسمائه و اشرفها انهم سموه الكلمة يريدون بالكلمة كن من قول الله عز و جل كن فيكون ذلك الشيء من الكاف و النون فسموا حجرهم الكلمة لسرعة نفاذه و قلبه للاشياء في من وقته في اقل زمان *

و قد[5] ضرب بعضهم لهذا الكلس مثلا بشب الصباغين فقال فيه ان الصباغين يحرقون القلي فيشبون به صبغهم فكذلك فافعلوا فالقلي الذي تسمع في كتبهم هو هذا الجسد المحرق البالى و ملح قليهم هو هذا الجسد و هو النفس المستخرجة منه بل هو الرماد المستخرج من الرماد و هذا قول حق بلا كتمان فاذا قالوا في كتبهم استخرجوا ملح القلي انما يعنون هذا الماء الالهي الذي لهم فلهذا الكلس عنوا في امثالهم فقالوا ان الارض

---

[1] I. بعده.

[2] الثاني omitted in R.

[3] الثانية omitted in R.

[4] From this up to فوق ما اردتها is omitted in P. and I.

[5] From و قد ضرب بعضهم لهذا الكلس مثلا up to و على تضعيف صبغ هذا الاكسير الذي ذكرته لك on page 64 is omitted in R.

لم تزك عام يستخرج[1] و لم تختمر و لم يزك زرعها و لم يكن فيما تنبته خير و قد عرفتك ذلك في هذه القصيدة *

احرق رمادك من بعد المياه اذا   طلعن منه فهذا يذهب الحزنا
ففي الرماد و اخراج الرماد من   الرماد اعظم سرّ فيه قد كمنا
سموه زبلا و سموا صفو قاطرة   بولا فخذه بشكر و احفظ المننا
هذا الذي قيل في الاكوام مطرح   ليحسبوه بسوء الظن ممتهنا
هذا الرماد الذي يوطأ بارجلهم   و بالكناسات و هو السر قد قرنا
هذا الرماد الذي سمته مارية   في العقد انفحة و مائه لبنا
و قد سمته ايضاً في رسائلها   قيدا و اسفنجة و السر قد علنا
هذا الزجاج و ذوالملح الذي ذكروا   و الشب و الكلس و الجبس الذي كمنا
هذا الخمير خمير الماء فاعرفه   هذا الذي صار سما ينقى الدرنا
هذا هو الشب و الاصباغ اجمعها   و العصفر المجتنى اكرم بذاك جنا
هذا الطبيب طبيب الارض تصلحه   اولى و هذا الغمام التسعة الامنا
له يخر على الاذقان من فرح   طوعا لديه و يكسوه سنا حسنا
فاستخرج السم من هذا الرماد ترى   قبر المليك الذي في بطنه دفنا
هذا المليك الذي قامت قيامته   قد عاد حيا و عنه خرق الكفنا
و قام بالملك في الآفاق مقتدرا   و بث بالعدل في اشياعه السننا
اذ عاد حيا و قد زالت مناحسه   عنه سيسعد[2] من عاناه او فطنا

و قال مرقونس و ان دخلت عليه التغيرات فان صبغه الذي هو ظله الذي هو نفسه التي هي كبريته التي يسمونها غير الذهب الذي هو الصمغة لم يتغير و هذه النفس سموها بهذه الاسماء و بما لا يحصى من الوف الاسماء و انما سموها صمغة لانها تلصق بالجسد الثاني و انه يقطر من الجسد الاول و كذلك الصمغ يقطر من الشجرة ثم يعقد و كذلك سموه صمغة و كذلك قال سنقجا لمرقونس الملك و قد ذكر مرقونس الانثى اخبرني ايها الملك انها فحل يغزوها معه قال مرقونس فحلها منها و بها و هي تغزو نفسها و تحبل نفسها و كما ان ولدها منها و بها و كذلك فحلها منها و بها و كل غريب يغزوها يموت و لكنها تتغير من حال الى حال و من لون الى لون مثل الغول تتغير من شبه الى شبه و هي ثابتة على ذاتها الاول فمن لايعرفها اذا رأها تتغير من شبه الى شبه ظنها ان طبائعها الاول قد تغيرت و لم تتغير و انما تتغير منها الوانها ياسفنجا و قد اخبر هذا الملك ان حجرهم لا يموت و لا يدخل عليه الفساد بما قد اوردته لك من كلامه هذا و انما يتغير لنفسه من لون الى لون و مع تغيرات الوانه فان لونه المطلوب منه الذي هو صبغه الذي يخرج منه لون الذهب المستبطن فيه يدق و يلطف و يتهذب و يزداد على التغيرات اضعافا من الصبغ اراد الحكيم اعلامنا بان الصبغ

---

[1] P. ان لم تزيل لم يستخرج و لم يختمر و لم يزك زرعها و لم يكن فيما ينبته خيرا.

[2] P. ستشعر.

و ان رأيتم منه هذه التغيرات فلا تظنوا انه قد فسد و ان ظله الذي هو صبغه قد تغير و فني بل هو ثابت فيه و قد تضاعفت فيه الالوان و الانوار و ان لم تروه ظاهرا و ان كانوا قد سموا تغيراته و سكونها الثابتة للنار موتا و هو حي بحاله لم يمت و لم يحترق لان النار لم تحرقه و ليس لها عليه قدرة و لا لها عليه سبيل و على[1] تضعيف صبغ هذا الاكسير الذي ذكرته لك وضع مبدع الشطرنج تضعيف المال الذي طلبه من ملك زمانه فلما استحسنها[2] طلب منه مالا على تضعيف بيوتها اذا تضاعفت[3] فاستجهله الملك فلما وضع المال و ابتدأ من اول البيوت بواحد ثم تضاعف ذلك و رأى الملك ان بيوت امواله سوف يستغرقها ذلك و لا يبقى بتضعيفها[4] فعظم هذا الرجل في عين الملك و عرف موضعه فى العلم و الحكمة و الشرف و الفضل *

و لهذا الماء الروحاني و الارض المقدسى العطشى قال هرمس حقا لا شك فيه يقينا صحيحا ان الاعلى من الاسفل و الاسفل من الاعلى عمل العجائب من الواحد كما نشأت الاشياء من ذلك الجوهر الواحد بتدبير واحد الى قوله ابوه الشمس و امه القمر يريد بقوله ههنا ابوه الشمس و امه القمر الذكر الذي لهم و الانثى الذين هما الطيران المرتبطان فى الاشكال المصورة في اول التدبير الذان منهما يتولد هذا الصبغ الروحاني و كذلك هما فى اخر التدبير الى قوله اللطيف اكرم من الغليظ يريد باللطيف الماء الالهي الروحاني و بالغليظ الجسد الارضى الى قوله برفق و حكمة يصعد من الارض الى السماء فيقتبس الانوار العلوية يريد بذلك التقطير[5] و طلوع الماء الى الهواء الى قوله و ينزل الى الارض و فيه قوة الاعلى و الاسفل يريد بذلك استنشاقه الهواء و اخذ الروح منه و ارتفاعه بعد ذلك الى مرتبة الحرارة العظمى و هي النار و الاسفل الجسد و ما فيه من القوة الارضية الضابطة المعطية الالوان فقد حصلت فيه تلك القوى العلوية و القوى الارضية المستغرقة كانت فيه فاظهرها التدبير الطبيعي و التعفين فحصلت فيه قوة الارض و الهواء و النار العالية ثم قال يكون مسلطا على الاعلى و الاسفل لان معه نور الانوار فلذلك تهرب منه الظلمة و ذلك ان الماء لما دبر بالنار قبل حرارتها و زيد فى التدبير اى تدبيره و هو قابل للتربية فصار نارا و هو ماء لشدة حرارته فشبه بنار الطبيعة التي هي نور الانوار فلذلك اى جسد دخل فيه هذا الماء اناره فهربت منه الامراض و الاعلال و الظلمة فصح و برئ من علله لان هذا النور و الظلمة في مكان واحد لا يتفقان و هذا كله تفصيل لمائهم الذي دبروه فزادت حرارته حتى صار هواء حارا رطبا[6] ثم زيد في تدبيره ذلك فزادت حرارته ثم زيد في تدبيره فزادت حرارته الى ان سموه بالنار الاولى التي بها اسود الخلط ثم ابيض هي بيضاء بالحقيقة و قولهم الماء الاحمر للتحمير عنوا بهذا الستة الاقسام التي بها و بطول الطبخ فى النار تظهر تلك الالوان و الحمرة فسموها لذلك الماء الاحمر و هي بيضاء كما قالوا ابيض يتلألأ كتلالؤ الرخام و ذلك ان هذه المياه فيها الانفس المدبرة المفووغ منها التي سميت اصباغا و ازهار الاعشاب و كبريتا و دهنا و زهر الذهب و غرى الذهب و انه ماء واحد ابيض غير احمر فى الظاهر بل هو ابيض ناصع لان النفس مستجنة في داخله لا ترى بالعين و انما ترى بالعلم لان العالم يراها بعلمه و عمله لان الروح الذي يسمونه الكبريت الابيض الذي

---

[1] From و قد ضرب بعضهم on page 62 up to ذكرته لك is missing in R.

[2] R. لما استحسنها الملك فلما وضع المال.

[3] Omitted in R.

[4] In P. and I. نصفها.

[5] P. and I. التدبير.

[6] The passage حتى صار هواء حارا رطبا ثم زيد فى تدبيره ذلك فزادت حرارته is omitted in R.

فيه النفس الطالع بها من جسدها الى الهواء قد غلب عليها بلونه و انما تظهر الالوان منها فى الارض الثلجية[1] عند دخول الماء عليها و الماء ابيض و الارض بيضاء فتظهر الحمرة منها بالنار و طول الطبخ و هذا الماء هو اكليل الغلبة و قد سموه لما قسموه على تسعة اقسام ثم جعلوا التسعة سبعة بالسبعة الاكاليل و سموا كل قسم منها اكليلا و لذلك قال فيه الحكيم اذا اخذت الاكليل من رجلى فضعه على رأسى و لا تدن منى الجهلة عنى برجله من اسفل الاناء و على رأسه عنى به رأس الانبيق و بعضهم سماه اكليل كل شئ يريد بذلك انه اكليل حجرهم لانهم سموا حجرهم الطبعي كل شئ فتظهر الازهار و الاصباغ في ارضهم النجمية البيضاء من هذا الماء الابيض لما فيه مستجن من النفس التي هي الرماد المستجن[2] الذي كان فى الرماد و قد سموا ايضاً الرماد الخارج من الرماد اكليل الغلبة و عنوا ايضاً بقولهم اذا اخذته من رجلى فضعه على رأسى الرأس هو الماء الآلهي و الرجل الثفل الذي استخرج الرماد منه و سموا السبع التساقي الاخيرة التي اصلها التسعة سبعة اكاليل و سموا الحجر شجرة لها سبع ورقات يريدون بالسبع ورقات السبعة الاجزاء من الماء المقسوم *

و انا ضارب لك في ظهور الصبغ مثلا تراه عيانا فافهم ذلك فانه يظهر لك ما اشكل عليك فكما ان الماء النازل من السماء القاطر من الغمام على الارض و نباتها و على جميع الخلائق و ما فى الارض من المعادن هو ماء ابيض قد صفاه ريق[3] الغمام و انما تظهر منه الالوان في ازهار نبات الارض و احجار معادنها بعد نزول ذلك الماء عليها و دخوله فيها فتقوى فيها الاصباغ من قبل الماء الهوائى و من كباريت الارض و حرارة النار اعنى نار الطبيعة التي هي الشمس و كذلك يعود ما فى الحيوان بعد شربه له و طباخ المعدة اياه و يأخذ اللون من الكبد و هو كما قلنا قبل هذا و هو قول هرمس انه يصير فى الزيتون زيتا و فى الحنطة خبزا و فى البطم صمغا و فى السمسم دهنا فلا تلتفت الى قول الممخرقين[4] الهذيانيين[5] و دعهم و هذيانهم فى قولهم ماء احمر و اصفر فليس للحكماء ماء احمر و اصفر و انما قالوا احمر و اصفر لانه يفعل الحمرة فى العاقبة و ذلك لعلمهم بما فيه من اللون الباطن و ان الحمرة فيه و ان كان ابيض يتلألؤ فبهذا الماء الابيض يبيضون اجسادهم الذي هو جسد واحد و قد سموا هذا الجسد كباريت و هو ابيض يحمرون به لانه يأخذ اللون من النار بطول الطبخ فان هذا الماء صابغ و لولا انه صابغ لم يكن التدبير ليجعله صابغا ابدا و انما قولى انه يأخذ اللون من النار و ذلك لان الاصباغ المستغرقة المستبطنة في مائهم الروحاني المدبر لها الغالب عليها بلونه تتربى و تستمد القوى من النار فتقوى و تصير امرا عظيما و تظهر النفس الوانها و قواها و افعالها فى الجسد عند دخولها فيه و بعد نزولها عليه و تقوى ايضاً هذه الاصباغ التي هي النفس بما فى الجسد من كبريتة التي هي فيه كامنة اعني بذلك نفسه الخالدة القيمة فيه التي سماها مرقونس كبد الارض لظهور لونها بالنفس الارضية كما يأخذ الدم اللون من كبد الحيوان فيقوى بعضها ببعض و يعملان عملا واحدا فيصير الجسد و هو المصبوغ و الصابغ و هو الماء صبغا واحدا *

---

[1] R. الثلحية ; P. المتلجية ; I. التلجية. [2] P. المستخرج. [3] R. دتق ; P. برق.

[4] P. المخرقين. [5] P. الهذايين ; I. الهدارين.

و لهذا قال ارس الحكيم للملك تودرس ان الماء لا يلصق الا بما فيه من كبريته و هو الرماد المستخرج من الرماد و اظهر الوان الماء فى الجسد الثاني الذي هو الارض البيضاء الورقية المقدسة العطشى فهذا اللفظ من هذا الحكيم ايضاً علمنا ان الجسد و نفسه التي هي فيه باطنة من اصل هذا الماء الآهي و انهما شيء واحد خالف بينهما التدبير و ان كان التدبير غير مختلف و انما قلنا انه مختلف لان له مراتب من زيادة فى النار قليلا وقتا و نقصان فيها وقتا و توسط منهما وقتا و الا فالنار واحدة و حبذا هذا الفصل و الله الذي كتمته الفلاسفة و تكلمت عليه بالرموز و تفننوا فى التشبيه و الايماء اليه بالوحى من الالفاظ و محمد بن اميل يسال الله عز و جل المغفرة و العفو و التجاوز عنه لما اظهره من ذلك انه جواد كريم *

و قال زوسم في مثل ما بينته لك في مائهم الابيض و مثل ما بينته لك من الماء النازل من السماء انه يصير في اجسامنا بالطبخ له و هو ابيض دهنا و دما و قال زوسم ان الجنين يتغذي في بطن امه من سرته من صفو دم الحيض فاذا ولدته رفعت الطبيعة ذلك الدم الى ثدي امه فصار لبنا ابيض فاذا صار ذلك اللبن في معدة المولود من اي حيوان كان قلبته معدة الطفل فصيرته دما كما كان عند جريه فى العروق فيرجع الى كيانه الاصلى و صار غذاء لجسد المولود فيربى به فتبارك الله احسن الخالقين فعلى هذا و شبهه دبر الحكماء حجرهم لانه قابل للتربية كذلك و ليس في جميع المعادن شي يشبهه ولايعمل عمله فلا تتعبوا انفسكم و تنفقوا اموالكم في ما يضركم ولاينفعكم و لذلك قال ارس للملك و لو وجدنا شيئا اصبر من نحاسنا ذلك على النار لادخلناه في عملنا و قال ايضا فيه مرقونس الملك و قد حرضوا على ان يصيبوا شيئا يعمل عمله و اجتهدوا فما قدروا على ذلك و في هذا بيان و كفاية لمن كان له عقل و فهم و من قولهم في مائهم الآلهى انه ابيض قال الملك لارس الحكيم فهل لمرق الورق اسم غير هذا بعد ان سماه له ببعض اسمائه و الورق هو جسدهم الابيض الذي شبهوه بالورق لبياضه و مرقه لانحلاله و هو ما يحلل منه و رفعوه عن اثالهم [1] بانائهم الذي سموه [2] ذات الانبوب و لذلك قالوا رققوا الورق عنوا بهذا حل الجسد و ترقيقه و تصفيته حتى يصير ماء قال ارس نعم قد سماه بعض الحسدة اثالية حمراء غير متغيرة قال الملك و عند الالغام يكون هذا قال ارس لا و لايكون [3] ذلك الا عند طلوعه في [4] الانبيق فقد عرفت الحسدة فضل هذا المرق فلذلك جعلوه في عملهم لمعرفتهم به و بما ينفع تركيبهم لان هذا الماء هو الذي يحول بين النار و بين احراق جسد الورق و من لا يعرف ما يضر التركيب و ما ينفعه فليس بحكيم *

فاعرف معني قول ارس اثالية حمراء غير متغيرة اراد بالاثالية الماء المطلع الذي لهم و قوله حمراء غير متغيرة بين لنا بهذا القول ان مائهم هو ابيض الظاهر احمر الباطن و بقوله حمراء غير متغيرة اراد ان الاثالية حمراء غير متغيرة اللون الى الحمرة اى هى حمراء ولم يتغير بياضها الى حمرة فبذلك بان لنا انها حمراء الفعل حمرتها في داخلها و هم مجمعون اعنى جميع الحكماء على ان هذا الماء ان ظهرت عليه الحمرة في تدبيره فقد بطل و احترق الازهار فيطرح ذلك و يستانف له عمل آخر و انما سموا مائهم احمر و صبغا و اصباغا و ازهارا و اثالية حمراء كما قدمنا القول فيه و ذلك لما بلغوا به الى حد من التدبير فلما انتهوابه الى ذلك علموا انه قد صار صبغا صابغا و ان كان

---

[1] R. عن اثقاله ; I. على اثالهم.

[2] R. الذي يسمونها.

[3] R. لا ولكن يكون ذلك.

[4] I. من.

ابيض فسموه لما انتهوا به الى ذلك الحد من التدبير احمر بما يفعل و يصبغه ثم بينوا لنا انه ابيض بهذا القول الذي انبأتكم به شاهدا من اقوالهم *

و قال ايضاً بوسيطس [1] في مائهم انه ابيض و انا اقول لمن بعدي انه يأخذ من الماء المستخرج من القنبار ثلاثة اجزاء و من الجسد المحبوب جزء واحدا ثم يسبك ذلك حتى ينعدم الجسد و يصير ماء ذهبانيا ابيض شديد البياض ثم ليدبره بالطبخ حتى يغلظ و ليمسح الاناء بخرقة مسحا نظيفا ثم ليطبخه حتى يجف و يكون احمر اسود و يسقيه [2] في كل تسقية قدر ما يشرب و اتركه احد و اربعين يوما حتى يتعفن و ينصبغ فهذه شهادات الحكماء في مائهم انه ابيض و من قول بوسيطس [3] ايضاً فيه اما انى اقول يا معشر طلبة هذا العلم في خلط الزئبق باشباهه التي بها يقوي الزئبق على قتال النار فينبغي لكم ان تطبخوه حتى يختلط و حتى تصير اخلاطه غير محترقة و يصير شيئا واحدا و حتى تستخرج الرطوبة منه و يبقى الرماد ميتا يابسا لا نفس فيه ثم يرد ذلك الماء على ذلك الرماد و يصنع به ذلك مرارا حتى تستخرج الرطوبة ما في ذلك الرماد من شيء و اعلموا انكم كلما انهكتم [4] ذلك الرماد و الماء بالنار كان اكثر لاخذ الماء الصدي من الرماد و كلما رددتم الرطوبة على الثفل كان اجود لصبغه و ارفع لعمله فردده سبع مرات ولا تملوا [5] حتى تلقط [6] الرطوبة لطيف ازهار الاجساد المستجنة في الرماد و تستوعبها فلاتدع فيها شيئا ينتفع به و حتى تنضج تلك الرطوبة مع ازهار الاجساد و تصير شيئا واحدا ابيض نقيا معدنا لكل صبغ يريده طالبة هذا العلم فهذه صنعة الزئبق المربي الذي من عالج غيره وقع في الخطأ [7] و الهلاك اسمع قول هذا الحكيم في حجرهم الذي من عالج غيره وقع في الخطأ و الهلاك فقد امر هذا الحكيم بتبطيل كلما يدبره الناس من عقاقيرهم و اجسادهم الا حجرهم هذا و فيه ايضاً *

قال ثالغس [8] في الحرق ينبغي لهذا الحرق يا معشر طالبة هذا العلم ان يدام طبخه حتى تصير الاشياء كلها رمادا فاذا صارت رمادا فاخلطوها برطوبتها مرتين ثم اعجنوها فاذا نشف مائها فاخلطوا فيها بقية مائها فاذا فرغتم فارفعوها بذات الثدي مرارا و رددوا الماء على الثفل اربع مرارت بزيادة [9] ثم فرقوا بين الماء و الرماد و الثفل ثم اطبخوا الماء وحده حتى يبيض *

و قال ايضاً فيه الحكيم غرغورس اعلمكم يا معشر طلبة هذا العلم ان قولهم صيروا الذهب ورقا لم يعنوا الورق ولكنهم قالوا اذهبوا لون الذهب حتى يصير لونه لون الورق فسموا ذلك اللون [10] ورقا فالذهب هو حجرهم في سواده و بياضه و قولهم اذهبوا لون الذهب حتى يصير لونه لون الورق فاعرف الذهب الذي يجب ان تجعل ورقا و ليس هو ذهب العامة و لاورقهم قالت الجماعة احسنت و الله يا غرغورس قال اما انى ازيدكم مع ذلك قولا من اعتصم به سعد قالوا فقل قال و انا أمركم ان تصيروا ذلك الذهب الذي صار ورقا ماء جاريا ثم تديموا طبخه حتى يصبغ اليابس في التعفين ثم سقوه اذا جف ذلك الماء [11] فيصير رمادا جديدا بماء آخر ثم تديموا طبخه ثم تسقوه ذلك الماء [12] الثانية [ثم تسقوه اذا جف ذلك الماء فصار رمادا جديدا ثم تديموا طبخه حتى

---

[1] R. بروطس ; P. بوطمس .
[2] R. و تسقيه في كل سبكة.
[3] R. بوطيس ; P. بوطس.
[4] R. نهكتم ; I. انهيتم.
[5] I. تمتلوا.
[6] P. and I. يلقط.
[7] R. وقع به الخطأ في الهلاك.
[8] P. and I. باليس.
[9] R. و زيادة.
[10] P. and I. الذهب.
[11] P. and I. الرماد.
[12] ذلك الماء omitted in R. and P.

ينصبغ اليابس فى التعفين ثم تسقوه اذا جف ذلك الماء فصار رمادا جديدا اخر ثم تديموا طبخه][1] فهذا الذي قالت الحسدة فيه ملح البحر بالخل و بماء الملح و اغسله حتى يذهب سواد الكحل قالوا فبين لنا متى ينبغي ان يفعل ذلك قال اما التمليح[2] الطبخ فقبل رفع الماء فى الاناء و اما الغسل فترديدهم الماء على الثفل اربع مرات و اما الغسل الثاني فطبخ الماء وحده بعد ان تفرق بينه و بين ثفله طبخا رقيقا بنار لينة بمنزلة حضانة الطير و ليطلع مرارا حتى يصفو الماء و يصير ابيض له تلألؤ كتلألؤ الرخام فاحذروا يا معشر طالبة هذا العلم ان تحرقوه فانه لا عدو لكم احذر و اشر من النار فاتقوها فهذا الذي قالت الحسدة فيه احذروا ان تحرقوا روح الحر شقلا الصابغ[3] *

و اعلم ان الحر شقلا ههنا هو الثفل الباقي في اسفل الاناء و روحه هو الماء الصابغ و قد سموا النفس الحر شقلا باسم جسدها فهذه بعض شهادات الحكماء على ان مائهم ابيض و قول الحكيم ههنا صيروا الذهب ورقا فالذهب الذي امروا ان يصيروه ورقا هو جسدهم [المغنيسيا الذي هو ذهبهم][4] الذي هو من عملهم الذي فيه الذكر و الانثى الذان قد اسودا فى النار بعد تركيبهما و بعد ما ابيض الذكر و هو اشقر بالانثى فلما دخلا النار سودتهما النار و هو علامة اللقاح و ان الذكر قد لقح الانثى في اول التركيب الاول فيعلمون بذلك السواد ان الذكر قد لقح الانثى و القى نطفته فيها فامروا ان يبيضوا[5] هذا الذهب الاسود الذي هو من اثنين قد اسودا بعد الصفرة التي هي لون الذكر و البياض الذي هو لون الانثي ورقا[6] بالرطوبة الداخلة عليهما و هو نهاية التمليح لهما و هذا هو ابار نحاس التام الذي هو من اربعة و هو المغنيسيا و هو رصاص ابشميث و هو المشتري و الرصاص القلعي و هو الورق و هو الذهب الذي صيروه ورقا اي ابيض لونه كلون الورق لما غيبوا سواده و اظهروا بياضه و هو الذي يسمونه غسل السواد و ليس هو بغسل و هذا ايضاً كما عرفتك من مغالطاتهم و انما هو ابطان هذا السواد في جوف هذا البياض و هو الغسل الاول و الغسل الثاني هو بعد تنقية الجسد و تهذيبه حتى لايبقى فيه شئ من النفس فهذا ايضاً هو غسل الجسد و تنقيته من النفس و ظلمتها و الغسل الثالث هو تدبير الماء وحده حتى ينقى و يصفو و لا يبقى فيه كدر فيبيض و يتلألؤ نوره و تظهر شعشانيته و بياضه فى الزجاج و قولهم ايضاً اجعلوا الذهب ورقا يعنون به في موضع اخر تبييض الجسد الثاني بعد سواده لتتركب فيه الاصباغ لانك محتاج ان تقصر الثوب ثم تصبغه بعد قصارته فتحتاج ان تكون قد اظهرت البياض ههنا في نهاية و شدة بياض ليبلغ في صبغه نهاية الحمرة و هو قولهم ان لم تبيضوا لم تحمروا يريدون ظهور نهاية البياض لئلا يقصر فيكون الصبغ ناقصا - و قول الحكيم احذروا ان تحرقوا روح الحر شقلا الصابغ فالحر شقلا[7] و القنبار هو ذهبهم الذي امروا ان يصيروه ورقا و روحه[8] هي نفسه التي يستخرجونها منه في مائهم الروحاني و فساد روح الحر شقلا في احراقها اظهور لون النفس و هو الحمرة في تدبير الماء على مائهم الذي هو اثال الحكماء الرطب و يسمون ايضا روح

---

[1] The passage within the bracket is omitted in R. and P.

[2] R. اما التمليح ; P. اما الطبخ.

[3] P. and I. الصابغة.

[4] Omitted in R.

[5] P. and I. ان يصيروا.

[6] ورقا omitted in R. and P.

[7] فالحر شقلا omitted in P. and I.

[8] A long passage beginning from here and continuing up to ان هذه (*vide* note 2 on page 69) is missing in R.

الحر شقلا التي هي نفسه بالاثال اليابس لما نسبوها الى جسدها اليابس و يسمون ايضا هذه النفس التي هي روح حجرهم الذي هو ذهبهم الدخان الثقيل لخروجه من الجسد الثقيل و سموا الروح الرطب الذي به استخرجوا هذه النفس التي هي الصبغ المطلوب من ذهبهم بخارا لان البخار من الماء يكون و الدخان من الشئ اليابس يكون فلذلك سموا الروح الرطب البخار لانه ماء و سموا النفس الدخان لان الدخان من الاشياء اليابسة يكون و هذه النفس التي فيها قال ارس الحكيم و اعلم ايها الملك انك اذا استخرجت روح [1] ذلك النحاس الصابغ استخرجت منه روحا كريما و النحاس هو حجرهم الذي هو ذهبهم الذي هو من عملهم *

و قال وراطس يا معشر طلبة هذا العلم ان الحسدة قد قالت قولا البسته عليكم فلا تنظروا في قولهم خذوا الزئبق فالصقوه بالكباريت قالت الجماعة اذا قلت هذا فبين لنا ما عنوا بذلك قال لا تعجلوا بى قالوا فقل قال انما امركم ان تأخذوا الزئبق المركب المدبر فتلصقوه بالجسد النقي بعد ذهاب السواد و عند ذلك يعود الذهب حجرا ورقيا قالوا ثم يصير ماذا قال ثم يصير رمادا ثم يصير ترابا فيه فرفرة ثم يصير مغرة ثم يصير زعفرانا ثم يصير قرمزا قالوا فلم تركت هذه الارض التي تصير هذه الالوان على ما ذكرت قال اني لم اتركه و لكني كرهت ان اخلط تلك الالوان بقول حتى افرغ منها ثم اذكر الذي صيرها الى تلك الالوان قالوا فاتمم قولك قال يصير الذهب اقزل ثم يصير الذهب فرفيرا قالوا قد قلت الحق قال فانا اعلم من بعدى ان الذي اظهر هذه الالوان الماء المركب الذي هو الكبريت النقي و الماء الخالد الكثير الاسماء و اعلموا اني لم اعنِ بقولى هذا الا فى العمل الثاني و انى لم اعرض للاول بذكر فقد بان لك و لكل من مر به ذلك من قول الحكيم في قولهم الكبريت و الكباريت ان هذه[2] اسماء جسدهم الذي هو ارضهم البيضاء الورقية و هي التي امر هرمس بزرع الذهب فيها بقوله ازرعوا الذهب في ارض بيضاء ورقية يريد بقوله هذا ان لونها لون الورق[3] و الذهب هو الذي سماه الحكيم ههنا الزئبق المركب المدبر الخالد الذي قال الصقوه بالكباريت و الكباريت هي الجسد النقي الابيض فانما سماه الكباريت لانه مركب من كباريت عني بذلك الاجزاء المقسومة من الكبريت الاول الواحد فسماه لما دخل فيه من تلك الاجزاء الاناث و الذكور كباريت و هو مركب من كبريت واحد و هو ايضاً من مغالطاتهم و قوله[4] بعد ذهاب السواد يعود الذهب حجرا ورقيا و ذلك لان السواد يظهر على هذه الارض البيضاء النقية عند دخول الثلثة الاجزاء الاولى من الماء الآلهي من التسعة الاجزاء وهي ثلث التسعة ثم يبيض و يغيب السواد ثم تظهر الالوان المذكورة عند دخول بقية الاجزاء[5] وهي الستة الباقية و قد سمي الماء المقسوم الماء الخالد لانه من الجسد الخالد الثابت فى النار و هو زئبق الحكماء الشرقي في جوف الزئبق الغربي الذين هما الاثالان اليابس و الرطب و سمي هذا الزئبق الكبريت الاحمر الذي لا يوجد الا قليلا فهذه كباريت الحكماء التي يذكرونها و بطلت كباريت العامة *

و لذلك قالت مارية الحكيمة نحن اهل مدينة واحدة و بعضنا يعرف كلام بعض فمن لم يكن من مدينتنا و لم يعرف كلامنا فلا يدخل في صنعتنا و هذه الالوان هي العشرة التي يغلب عليها

---

[1] Omitted in P.

[2] From و روحه (*vide* note 8 on page 68) up to this is missing in R.

[3] R. ازرعوا لون الورق.

[4] P. and I. قولهم.

[5] P. and I. الماء.

الواحد و الواحد هو الجسد و هذا الواحد ايضاً فيه العشرة لان فيه مثل ما في ذلك الماء لكنهم سموه ههنا واحدا و نسبوا تلك الالوان التي سموها عشرة الى الماء لاجل انها به تظهر *

و وجه آخر في ذكرهم العشرة و هو حسن جميل جليل و هو انه اذا امتزج الذكر و الانثى و دخلا في التدبير تولد من جسم كل واحد منهما جسم آخر ثانٍ و من روح كل واحد منهما روح آخر ثانٍ فتصير اربعة اجسام و اربعة ارواح فاذا انعم طبخ ذلك بالهدم و الاحراق و الغسل و النخل فسيولد اذًا فعلتم ذلك من الاربعة الاجساد الحركة [1] و من الاربعة الارواح النطق [2] فصارت عشرة اشياء من شيئين اثنين اخوين [3] و صارت هذه كلها في جسدهم الذي هو ارضهم فامسك الطالب الهارب و صارا شيئًا واحدا و هو في الاسم اثنان و في الاصل واحد بالجسم و الجمع ذي الالوان و في المنظر عشرة اشياء بالعدد هكذا قالت الحكماء الاولون لمن فهم عنهم و احسن التفتيش و حفظ ما انفتح له من ذلك و رسخ ذلك في قلبه و صار من اهل مدينتهم و فهم كلامهم *

و في هذا الماء الالهي قال الملك تودرس [4] ايضا لارس فخمير الورق ما هو قال ارس هو الماء الورقي و لم يسمه احد من الحسدة خمير الورق قال الملك فخمير الذهب ما هو قال ارس هو خمير الورق ايضا الاتري ايها الملك ان الحسدة قالت اذا اردت ان يزداد الاكسير [5] حمرة فاخلطه بخمير الورق و اتركه حتى يشرب في الظل [6] قال الملك فذلك الماء الذي هو الزئبق ابيض في معرضه قال ارس نعم و لكنه اذا خلط بالكبريتة التي انكرت اذ سمتها الحسدة زئبقا احمر صبغها ذلك الزئبق فصارت قنبارا فهذا الزئبق اذا طبخ باخلاطه صار احمر *

و فيه قال لوقيس [7] الحكيم ايضا و اصدق اسمائه ماء الكبريتة و ربما سموه ابيض و ربما سموه احمر و الزئبق الابيض هو الماء الالهي و الكبريتة التي سمتها الحسدة زئبقا احمر هو هذا الرماد الذي اخرج من الرماد و قولهم ايضاً الكبريت و الكباريت عنوا بها ايضاً جسدهم الذي يردون هذا الماء و الرماد اليه و هو المدينة و الملك الذي يسكنها هو الرماد الذي يلبس ثياب الفرفير و الماء غذائه فاما بياضه فيتبين لناظره و اما حمرته فباطنة فيه غير ظاهرة للعين لاستجنان الحمرة فيه و قد بينت لك ان الكباريت هي جسدهم الذي هو ارضهم و بذلك ايضا سموا ماءهم و اذا قالوا الماء الابيض للتبييض و الماء الاحمر للتحمير فقد بينت لك ان الماء الابيض و الاحمر هو ماء واحد ابيض و انما سموه ابيض و احمر لمعنى بينته لك ايضا و هو انهم قسموا ماءهم على تسعة اقسام و قد تقدم ذكره في تسعة قوارير فجعلوا الثلث من هذه التسعة كما تقدم القول فيه و هو ثلثة اقسام لتبييض نحاسهم و هو جسدهم الثاني الذي قد تكرر ذكره لوجوب ذلك عند مراجعة الكلام و كثرة الاستشهاد و هو الضابط للاصباغ فيدخلونها عليه فيسود الكل و يلزم التدبير حتى يبيض من قبل نفسه فسموا هذه الثلاثة الاقسام خمير الورق و هو الماء الابيض الذي به يبيضون جسدهم و سموا هذا الماء الزرنيخ لانه يبيض نحاسهم الذي هو جسدهم الثاني و سموا تلك

---

[1] I. و الحركة. [2] P. المنطق ; I. المنطلق. [3] R. آخرين. [4] R. تيوذرس ; P. بودرس.
[5] P. and I. خميرا. [6] R. يشرب الظل. [7] R. لوقس.

الستة الاقسام المعزولة للتحمير الماء الاحمر [و المياه الحمر و الشبوب و الاصباغ و باسم كل شيء احمر][1] و هي بيض[2] و هى ثلثا الماء الذى به سودوا و به بيضوا اعنى بثلثه كان ذلك و انما سموا هذا الماء الاحمر و المياه الحمر و الاصباغ و العصفر و الزعفران ليلبسوا به على الناس و يوهموهم ان مائهم احمر فى الظاهر و ليس هو باحمر اللون ولكنه يفعل الحمرة فهو فى البياض يبيض و فى الحمرة يحمر لانه يفعل الشيء و ضده بطول الطبخ و هذا الماء المقسوم على تسعة اقسام هو الثلاثة التراكيب التي يذكرونها لان كل ثلاثة منها اذا دخلت على جسدهم الثاني فى التبييض و التحمير سموها تركيبا و هي الثلاث عقد و هو اللصاق الثاني و هو العقدة التي لا تنحل *

فافهم فقد اعطيتك علم الثلاثة المفاتيح و معرفتها التي عليها وقع الكتمان و اللغز و الحسد و هي الثلثة المفاتيح التي سأل عنها[3] جسد البحر للفتى الحراث و العشرة المفاتيح ايضا هي التسعة الاقسام من الماء و العاشر الجسد الثاني و نسبها[4] المصالح الكل و هو اكليل الغلبة الذي هو خمير الماء و تسميتهم تسعة اكاليل فهي التسعة الاقسام من الماء و هذه المراجعة فى الكلام و الشهادات من كلام الحكماء فليس عن غيّ ولا غفلة مني ولكن ليرسخ ذلك في قلبك و يكون الاخير مذكرا للاول و تعرف الحق من الباطل و يزول عنك الشك *

و قال ارس في هذا الماء الابيض الظاهر الاحمر الباطن في مخاطبته لقيصر ملك الروم قال هرمس ينبغي ان يستخرج الروح بنار لينة لان هذا الروح الذي يجب استخراجه بالنار اللينة مثل حضان الطير هو الذي يصبغ الطبائع و يعذب الطبائع[5] اذ كانت كبريتة محترقة فصارت اليوم غير محترقة و صبغت صبغ الارجوان و هو روح الاجساد لانه روح اخرج من الاجساد فلذلك ينبغي ايها الملك ان تكثر الطبخ قبل ان تطلعه فى القباب لانه بالطبخ اللين يأخذ الروح الابق الروح الصابغة الشبيهة به[6] فتخرج الروح الصابغة من[7] جوف الروح الابيض الرطب فاذا طلعت الروحان الرطبة و الصابغة كانتا شيئا واحدا قال قيصر الملك فاي الروحين قهرت صاحبتها قال ارس الروح الرطبة قهرت الروح الصابغة لاستجنان الصابغة فى الرطبة و حينئذ علمتها[8] النار الطلوع الى الهواء فصارتا الروح الصابغة و الرطبة روحا واحدا لا مجسة لها[9] وهي نفس اخرجت من الاجساد - و قوله صارتا روحا واحدا[10] لما اختلطتا و امتزجتا و دقت النفس بتدبير النار و الروح لها فصارتا واحدة فعاد فعلهما فعلا واحدا و اراد بقوله استخرجت من الاجساد فالاجساد التي استخرجت منها النفس هى القنبار و هي الرماد المستخرج من الرماد فهذا الرماد هو اجساد تلك التي استخرجت منه و هو اخو النفس و بها تزوج و اليه ترجع و هو و اخته الذان سماهما جابر بن حيان رحمه الله اخويه الذين يظهران في آخر الزمان اراد زمان التدبير و يجمعهما فى الجسد الثاني الذي سماه بعضهم المدينة و سماه هرمس مدينة صغيرة و امهما الجامعة بينهما و هي الكبريتة البيضاء الرطبة و قد سمت الحكماء امهما الحكيم و الاستاذ لانها المدبرة لهما

---

[1] The passage within the bracket is omitted in P.
[2] P. و هو يبيض.
[3] I. و هي مفاتيح الخير التي سئل عنها جسد البحر للفتى الحراث.
[4] R. شبهها.
[5] يعذب الطبائع omitted in R.
[6] P. الصابغ للستة.
[7] R. and I. في
[8] P. and I. علمتهم.
[9] I. لهما.
[10] P. واحدة.

و سمي ارس الرماد هرمس الضابط للاصباغ لانه يعقد المياه التي هي الاصباغ في الجسد الثاني و لولاه لم ينعقد الماء في جسدهم ذلك لانه هو انفحة مائهم و جسدهم هو التراب و الارض و لذلك قالت مارية لاينعقد الماء الا بالانفحة و هي الرماد *

رجع الكلام الى تمام مسئلة الروح الرطبة قال الملك فَبِمَ استخرج الروح الصابغ قال ارس استخرجته الروح الرطبة التي كانت اختلطت معها قال قيصر فهذا الماء الذي استخرج من التركيب ما هو قال ارس هو الذي سماه ذومقراط خمير الذهب و ربما سموه خميرا حامضا [1] قال قيصر فهل تري تلك الصابغة قال ارس كيف تري و هي مستجنة في الروح الابيض الرطب و قياس ذلك انه كما لا ترى النفس في الجسد غير انها تظهر الثلاثة الاشياء التي هي القوة و الحركة و الشهوة فكذلك تلك الروح النارية فيصير الصابغ و هو الروح الاحمر و المصبوغ و هو الروح الرطب الابيض صبغا واحدا فاذا دخل هذا الصبغ الذي هو سمنا الذي فيه الروحان اليابس [2] الصابغ و الرطب المصبوغ صارا صبغا واحدا صبغا لورق العامة [3] و لذلك سموا النفس الصابغة الدخان الثقيل لاستجنانها في جوف البخار الرطب الذي هو الروح الرطب و هو الاثال فهذا الروح هو اثال الحكماء الرطب و الاثال اليابس هو النفس فينغمس هذا الصبغ في الجسد الثاني لتوقانه اليه لانه اخرج من الجسد الاول فهو يتوق الى الدخول في مثله و انا اعلمك ايها الملك ان ورق العامة اذا صبغته تلك الارواح التي اعلمتك كيف يصبغ بعضها بعضا لم يوجد لها زيادة وزن في ذلك الورق الذي صبغته فورق العامة ههنا هو جسدهم اعني جسد الحكماء الذي هو ارضهم و قولهم العامة اراد جماعة العامة من الحكماء فلا تظن انه ورق العامة من الناس كلهم الا ترى انه ذكر الروحين الصابغة و المصبوغة و هما الماء المطلع و هم يسمون مائهم هذا الاكسير و الذهب الصابغ فاذا ردوا هاتين الروحين الى هذا الجسد الذي هو ورقهم و انصبغ بهما لم يوجد لهما فيه وزن فان الصبغ لا وزن له و انما يوجد وزن الثوب المصبوغ بحاله لا زيادة للصبغ فيه و ذلك الصابغ لا وزن له لانه روح هوائى فقد اعلمتك ذلك لتقف عليه و لايشكل عليك بقولهم ورق العامة قال الملك لارس زدني و اعلمني ما هذا الروح و النفس و بين ذلك بغير حسد قال ارس هما الذكر و الانثى الذان مزجا في اول التركيب و قد بينت لك ان ذلك السواد الذي ظهر عند اول التركيب [4] الثاني و هو السواد الثاني انه صبغ كله و ان غسلهم لهذا السواد انما هو تدبير له و هو تدبيره بعينه الذي ظهر به ثم يرجع لنفسه فيستجن في باطن الحجر بالتدبير الذي ظهر به ثم يعود بعده هذا السواد عند آخر التدبير فيظهر صبغه كله احمر فاياك و التفريط في ذلك السواد فقولهم اغسل السواد و بيض الارض هو من مغالطاتهم ليس هو غسل بالحقيقة كما يغسل سائر الاشياء لانه ليس لهم شي فيه وسخ يحتاج الى غسل و انما معناهم في قولهم اغسل السواد ابطن السواد حتى يغيب في جوف الحجر و يعود البياض فيظهر بالتدبير بعينه و يرى [5] ذلك الصبغ و هو مستجن بالتدبير و السقى و النار اللينة التي تدخل عليه و هو

---

[1] P. صابغا ; I. حامضا صابغا.

[2] اليابس omitted in R. and P.

[3] R. صبغا ورق العامة ; P. صبغا واحدا صبغا صبغ ورق العامة ; I. لورق العامة.

[4] P. عند اول التركيب الثاني و هو السواد الاول

[5] R. يربى.

الرضاع الذي يعود اليه من لبن امه الذي استخرج له منه الى ان يقوى الصبغ و يظهر صبغ الفرفرة و هو الملك الواسع الخير و العطاء *

و قد بين و سمح بذلك و اوضح و اوصى بحفظه و اراانا انه صبغ كله الحكيم اسفيدوس [1] بقوله اذ قال فى التدبير بلين النار و الصبر على ذلك حتى تتعود الطبايع الصبر على قتال ولا تهرب منها[2] الى قوله ولا يهولنكم ما ترون من قبح هذه الاشياء في اول التدبير و غلظها و كثرة اوساخها و سوادها فان ذلك الوسخ و الغلظ يصير بالنار الى صلاح و صفاء و بهاء و يعود كله صبغا فلا تضيعوا من تلك الاشياء شيئا ولكن بكلها فاحتفظوا الى قوله فانها هي التي تصلح نفسها و تخرجها من ذلك الغلظ الى الدقة و اللطافة بحرارة النار التي هي شكل طبيعتها الى قوله و الذي بطن [3] بالصبغ فهو يظهره و هذا كله بحسن تدبير النار و انما يظهر هذا السواد كما بينا لك اولا من قبل الجسد الجديد الطري الثاني لما فيه من ظلمة النفس التي فيه و غلظ الجسد و انما امروا بغسله ان يلزم التدبير الاول الذي ظهر به حتى يدق الجسد و يلطف و يحرق الماء كثيفه و غلظه و تدق النفس التي فيه الغير مدبرة و تتهذب باحراق ذلك الماء الروحاني لهذا الجسد فاذا هما دقا معًا و لطفا بطن هذا السواد الثاني الغير دائم وعاد مستجنا [4] في داخل الجسد الثاني الذي اعلمنا الحكيم ان هذا السواد صبغ كله و يظهر البياض الذي كان قد غاب و بطن و هذا السواد الجنين الذي هو المطلوب و هو الملك الاعظم بل الملك الاعظم مستجن و مستتر في هذا السواد و هو الذهب الذي جعل له لون الورق لما ابيض و صيره ورقا و نحتاج ان نرده الى هذا الذهب الذي هو مستجن في هذا السواد الذي يسمونه ارض الحبشة و هذا الذهب الذي لهم الذي يولد من هذا السواد في ارضهم البيضاء التي هي من قسم المشتري القمرية و هو الملك الاعظم الذي يحتاج ان يرد اليه اكليله الذي هو فى الماء العلوي السماوي الذي هو اكليل الغلبة و الملك هو الرماد الخارج من الرماد و قد سموه باسم اخته اكليل الغلبة و الماء النقي الخالد لثباته و خلوده فى النار و صبره عليها و قولهم ايضا النقي لانه قد نقى من ظلمة النفس و من ظلمة قبره و هو الجسد الغليظ الذي هو قبره الذي استخرج منه و يشب [5] و يقوى برضاعة لبنه الخارج اذا رد اليه و دخل هو و اخته فى الجسد الجديد الثاني و فيه تظهر الالوان و الاصباغ و هذا السواد المستجن فيه هذا الملك الذي هو ذهب الحكماء الصابغ و هو الظلمة التي لم يبلغ فهم احد من الحكماء الاولين ان يعرفوا ما تحت تلك الظلمة من القوى و الاصباغ و لذلك عرفتك كلما زادوه سقية زادهم من الصبغ ضعفا ابدا بلا نهاية في ذلك فسبحان الله تعالى كيف فضل هذا الحجر المركب و خصه بهذا السر الاعظم فالله عز و جل يعطي الفضائل لمن يشاء كيف يشاء فهذا و اشباهه من رموزهم لما كشفناها علمنا ان هذا الحجر اللطيف الروحاني هو من الماء الآلهي الروحاني فلذلك هو شبيه له و لذلك لصق به كما بينه لنا ارس الحكيم بقوله للملك تودرس ان الماء لا يلصق الا بما فيه مثل كبريته *

و ابين لك ما بال الحكماء سموا مائهم النقي الورقي ماء الحلزون و هو على التشبيه منهم له بماء الحلزون و لهم في هذا التشبيه ثلثة اوجه و قد سبق ذكرها [6] فالاول ان الحلزون ابيض مدور يتدحرج مثل اللؤلؤ

---

[1] R. اسفيذيوس ; I. اسقيدوس. [2] P. and I. حتى يتعود قتال النار و الصبر عليها ولا يهرب منها. [3] R. ذهب.

[4] R. مستخفيا. [5] P. يشرب. [6] Repetition of centre of p. 47 with slight differences.

لتدوره و كذلك حجر الحكماء ابيض مدور يتدحرج مثل اللؤلؤ في تقطعه و كذلك قال الحكيم ابو دشير هرمس بن ارس[1] فى الرسالة المعروفة برسالة السر الى امنوثاسية في تزويج الذكر بالانثى و اخواتها ازوجيه باربع زوجات ثم قال فان لم تعرفيهن فهن من لؤلؤ رطب حسن التدوير فشبه هذا الحكيم هذا الماء النقي باللؤلؤ الرطب لتقطعه و تدحرجه و تدويره و بياضه هذا و هو نيّ طري غير مدبر و الوجه الثاني من تشبيه الحكيم له بماء الحلزون انه اذا مشى الحلزون فى الجبل القى على طول طريقه في مشيه من رطوبته ماء رقيقا ابيض براقا له بصيص[2] شعشعاني يلمع فى الشمس فشبهوا مائهم به لبياض مائهم الورقي النقي و بريقه و صفائه و شعشعانيته و تلأليه فقالوا ماء الحلزون على التشبيه له بذلك ـ و الوجه الثالث ان الحلزون يخرج من جسده الغليظ اليابس و يمتد و يمشي و هو يجر بمؤخره جسده الغليظ خلفه حيث يمشي ثم يعود فيدخل في جسده ذلك فيغيب فيه فلا يرى و ان ظاهر الحلزون ابيض يابس و فى جوفه روح متحرك رطب ابيض و كذلك جسد الحكماء اليابس فيه نفس و روح و حياة و نمو و كذلك القول فى الحلزون المائي[3] لانه مخلوق من الماء و هو فى الماء لا يفارقه لان حياته فى الماء و من الماء و ان جسده الحجرى اليابس الصلب الظاهر منه و في جوفه روح متحرك مخلوق منه و به و كل هذا فهو من الماء مخلوق و في الماء حياته و هذا معنى قولهم في حجرهم و تشبيههم له بحجر العقاب لان حجر العقاب حجر في جوفه حجر مخلوق منه و به يتحرك في جوفه و ان حجرهم حجر في جوفه حجر يتحرك يريدون بهذا كله ان النفس التى في حجرهم هكذا هي مخلوقة في الماء من الماء فهي تسيح فى الماء و كذلك جسدها اليابس منها من ذلك الماء مخلوق معها فلذلك اشبهت هذا الحلزون لانه مخلوق من الماء و ان حياته فى الماء و كذلك ماء حجر الحكماء يخرج من جسدهم الابيض الصلب المنعقد اليابس كما يخرج حلزون الجبل بالتعفين و التحليل و التقطير ثم يعود الى جسده ذلك فيدخل فيه و ذلك في آخر التدبير فلا يرى الا فعله في جسده و هو ظهور الاصباغ و الالوان و كذلك ايضا شبهوا حجرهم بماء نيل مصر لانه يخرج من مكانه فيغطي ارضهم ثم يعود الى مكانه *

و اعلم انه لم يدر احد لم شبهوا مائهم ذلك بالحلزون و لا فسر ذلك احد من الحكماء الماضين حتى سألني عنه لم سموه بذلك ففسرته لك بهذا التفسير و هو معنى ما ارادوه و ليس يجب ان تسألني عن جميع ما يمر بك من الكلام المظلم و الاسماء المبتدعة و ما به شبهوا حجرهم و مائهم من التشبيه البعيد المعنى على ما اضمروا في نفوسهم و ليس ايضا يمكنني ان افسر لك جميع ذلك و يبلغه فهمي لكثرة ما اظلموا القول و اكثروا من الاسماء و التشبيه فاكتف بالمعنى القليل عن الكثير فكل ذلك واحد لشيء واحد و قد قدمت لك القول في انهم سموا و شبهوا حجرهم و مائهم الآلهي بكل ما فى الدنيا بما مرّ و هم كل واحد منهم اليه و في هذا كفاية لك و مقنع هكذا فليتكلم على هذه الصنعة من يدعى انه عالم بها عزيز العلم و قد انكشف له اسرارها لتثبت له البينة و تقوم له البراهين على وثاقته فى العلم و الا فسكوته اجمل به و استر لعيبه اذ كان

---

[1] R. بود رس هرمس بن اوسس فى .P .انود شير هرمس بن اريبس في الرسالة المعروفة برسالة السر الى امنو تاسية . الرسالة المعروفة برسالة السر الى امه اولاصية

[2] R. ويص.

[3] I. و كذلك الحكماء شبهوا مائهم بماء الحلزون الجبلى و شبهوا حجرهم بحلزون المائى.

دعواه انه قد فهم ذلك و لا يقوم له برهان و لا شاهد من علمه يشهد له ببيان من الحق و برهان من الصدق و انما يدل على وثاقته فى العلم جودة تفسيره لرموزهم و صحة ذلك بغير تمويه و لا شبهة باطلة *

فاين تدبير الممخرقين لما قد يدعونه من ابوابهم الحيوانية و النباتية و المعدنية من تدبير الحكماء هذا ابطل المبطل و بان زيغه و ظهر كذبه و ميفه و انه و حق رب العرش العظيم لمن حق كتابى هذا و جميع ما لفظت به و سطرته فيه بل هو دون حقه ان يكتب بنور سواد العيون و دم حياة القلوب فسبحان الله العظيم ما اعظم خطره و اجل و انفس خطر هذا العلم لقد نالت منه الحكماء شرفا عظيما و ملكا جسيما و علما خطيرا فلو كان ما في ايديهم من عقاقيرهم الترابية و من شعورهم و بيض دجاجهم و ما سوى ذلك من حيوانهم هو المطلوب المبتغى لما كان يقال لتدبيرهم ذلك حكمة لانه لا حكمة فيه بل هو فساد و جهل و يلتجون الى اصباغ زاجاتهم و زنجار نحاسهم و زعفران حديدهم و غيرها ليدخلوها على احجار لا صبغ فيها و لا حياة لها و لا بقاء ليصبغوا بها الفضة ذهبا و هل يكون الباطل حقا ابداً *

و اعلم ان قولهم اعني الحكماء القدماء الصبغ و قولهم النفس و قولهم الروح الذي يكون من حجرهم دون سائر الحجارة فانما يريدون به ان حجرهم اذا دخل التدبير الذي هو التعفين يكون منه و به روح صابغ بعد ان لا يدخل عليه غريب ليس منه و ليس ذلك الروح في شيء آخر من الحجارة كلها و لا يوجد ذلك الصبغ الذي هو في حجرهم الذي يولد لهم بتدبيرهم الا في حجرهم ذلك دون سائر الحجارة و لا يخرج من حيوان و لا نبات و لذلك كتموه و اخفوه و كتموا تدبيره و ان كان معروفا ظاهرا و لذلك نفوا جميع اجساد المعادن و احجارها و كباريتها و عقاقيرها اذ لا يكون منها روح صابغ و لا نفس ابدا و لذلك قالوا لا يلد الانسان الا انسانا و البهيمة كذلك و كذلك النبات لايخرج من الحبة الا مثلها و لذلك سموا حجرهم نطفة تشبيها له منهم بنطفة الحيوان التي لا روح لها ترى فيها ظاهرة فاذا وقعت فى الرحم و اختلطت بنطفة الانثى صارتا شيأ واحدا مركبا ثالثا و جرى عليه التدبير الذي هو التعفين فيكون بذلك التعفين في ذلك الشيء الواحد المركب من النطفتين الروح بعد ان صارتا جسدا فكان ذلك الروح من ذلك الشيء و به و لم يدخل على النطفة شيء غريب فى الرحم ليس منها و كذلك النبات يحدث فى الحبة منها و بها و فيها الروح النامية بعد البلى و التغيير الذي دخل عليها بتعفين الحرارة و الرطوبة و سخن الماء لها و انحلالها ثم تعود بعد البلى و الموت و الفناء تلك الحبة بعينها من جميع الثمار و الروح النامية التي تقبل الزيادة و النمو بالغذاء الذي هو السقي لها من الماء الذي منه كانت اولا بغير سحق يد ولا دخول شيء غريب عليها و ان هذه الحمرة التي هي الصبغ الذي من حجرهم و يسمونه النفس و الروح المولودة منه و به و فيه بالتعفين هي بخار خفي لطيف مستتر في مائهم الذي هو الروح الساحق لحجرهم المستخرج لذلك الروح اللطيف الخفي الفاعل منه و به لانه مثله و هو شبهه فلذلك لا يرى ذلك الصبغ الذي هو بخار لطيف الذي يسمونه الدخان الثقيل و يسمونه ايضاً النفس و هو الروح المحيى [1] لما دخل فيه اعني الروح المتكون من حجرهم و به سموه النفس و ذلك انه كالدم حتى يخرج منه الدخان الذي هو البخار فهو النفس

---

[1] I. المحى.

المستجنة كانت في الماء فليس ترى و لا يرى الا فعلها فى الجسد الثاني و تكونها و تلونها [1] فيه و هي فما ترى كالبخار الذي هو النفس المستجنة في الدم فالدم يرى و ذلك البخار الخفي فيه اللطيف لا يرى فليس يتكون هذا الروح الصابغ النافذ الذي تكلمنا عليه من شيء من الاحجار البتة الا من تلك النطفة الواحدة التي هي اصل حجرهم الذكر و الانثى فلذلك نفوا جميع ما في المعادن الا هذا الشيء الواحد المجهول المعروف الذي قالوا فيه و في تدبيره و من غيره شيء لا يكون فدبروا ما شئتم من عقاقيركم و اجسادكم و احجاركم و كباريتكم و ما سوى ذلك من شعوركم و بيض دجاجكم [2] فانكم لن تروا منها ابدا شيئا مما تطلبون البتة الا خسارة [3] العقل و المال فان هذا الروح الذي هو البخار الذي يحدثه التدبير و التعفين يحبل به في اسفل الاناء و يولد و يتقوى هذا الروح باستنشاقه الهواء في رأس الاناء بالتصعيد الذي هو التقطير فباستنشاقه الهواء صار هواء روحا [4] محيا لكل شيء و ذلك لاتصال الهواء بالروح و ليس ذلك في شيء من اجساد العامة ولا مما سحقوه باليد كسحقهم لاحجارهم و لا يقارب شيئا مما هم فيه فلذلك هم يحلون اجسدهم و كباريتهم و احجارهم و يعقدون ولا يلقون فلاحا و اما معنى ما سألت عنه من قول الحكيم و تعدل [5] الطبائع اذا كانت كبريتة محترقة فصارت اليوم غير محترقة انما عنى بقوله غير محترقة ذهاب رطوبتها منها و قعودها فى النار و يبسها [6] بعد ذهاب رطوبتها فصارت بيضاء ثابتة للنار فسماها عند ذلك غير محترقة [7] و شبهوها بالرماد لثباتها للنار *

و ليس فيها رطوبة فقالوا غير محترقة و رماد على المغالطة و التشبيه لها به اذ كان الرماد من سائر الاشياء ثابتا للنار و هو من اشياء قد ذهبت برطوبتها النار و هذا الثبات من حجرهم سموه الموت لما ثبت للنار فصار غير محترق اى ليس فيه رطوبة للنار عليها سلطان فتنشفها فاذا ردت اليه ارواحه التي استخرجت منه و ظهرت فيه الاصباغ قالوا قد عاش الجسد و حي [8] الحياة الابدية فهذا معنى [9] قولهم قد مات ثم عاش فالاحراق الذي لهم لكباريتهم هو عقدها في النار و اذهاب رطوبتها و تنشيفها و تبييضها و سموا ايضا هذا الثبات و التبييض تكليس الجسد و اما احراقهم بالماء فهو تحليل الجسد بمائهم الروحاني و استخراج نفسه في مائهم لانهم قالوا بالماء يحرق و بالنار يغسل و قد ذكرت هذا الحرق بالماء في مواضعه التي قد سمعتها فكل حرق لهم فهو بالماء للجسد فى الاول و استخراج الارواح فى الاخر عند التبييض الذي ذكرته و التعفين و تكليسهم فهو التبييض بالروح الحي و مائهم الالهي المختلطين الصابغين و هذا التبييض يسمونه التصدية [10] و الصداء [11] هو التحمير فاعرف ذلك و قف عليه و لذلك قالوا حرقنا هو تبييض كله ليس بحرق سواد و فساد و كباريت العامة تحرق احراق سواد و فساد و اذا ظهر للحكماء السواد بعد فراغهم من تدبير مائهم اطمأنت قلوبهم و طابت نفوسهم و ناموا بعده على ظهورهم و اما احراقهم بالنار فانما هو الثفل الباقي في اسفل الاناء بعد طلوع الماء بالنار المسعرة و قال بعضهم بالنار الهائجة و ما بقي من التدبير بعد استخراج الارواح فهو عليهم هين لان التعب كله او الخوف هو الى [12] ان يفرغوا من استخراج مائهم و الفراغ من تدبيرهم له وحده فرداً بعد اخذ النفس بالنفس فان ظهر لون النفس في تدبيرهم لهذا الماء الشريف على مائهم فاحمر الماء فقد احترقت الازهار و احتجت الى ان

---

[1] P. تكريرها.

[2] R. دجاجكم . شعركم و بيضكم is omitted.

[3] I. الخسارة

[4] R. صار هو اروحا محييا .

[5] R. تعذب.

[6] R. و تثبيتها.

[7] Omitted in P. and I.

[8] R. حيى .

[9] معنى is omitted in R.

[10] R. التغذية.

[11] I. الصدي .

[12] P. and I. هوالي.

تدع هذا فقد بطل و ترجع فتعمل العمل مثل الاول بشي جديد و ان صلح ان تخلط ذلك الذي فسد بالجديد المستأنف فهو يصلح الفاسد انشاء الله تعالى و اصباغ الممخرقين فهي حمر و صفر ظاهرة الوانها على مائهم من شبوبهم و كباريتهم و بيضهم و شعرهم فاذا رأوا ذلك فرحوا و عندهم ان كل ماء احمر و اصفر من غير ذهب الحكماء يلد لهم ذهبا لقد ظنوا عجزا فاين احجارهم من حجر الحكماء و تلك قوة في حجر الحكماء ليست في غيره ظهرت بتدبيرهم و هي قوة فاعلة لما خلقت له و اين تقع تدابيرهم من تدبير الحكماء ذلك و هذه اشياء غير محترقة من محترقات [1] فانيات لا صبغ فيها ولا صبر لها على النار - لقد كلت الافهام من جميع الانام عن معرفة ذلك و عن البلوغ الى شي من عمله و علمه فمن طول الطبخ يأخذ اللون من النار و من [2] الجسد الثاني و ذلك من قبل ما فيه من كباريته التي فيه و هي النفس الحمراء [3] الكامنة في داخله فيظهر ما فيه من الصبغ الذي هو النفس الباطنة فيه بدخول الماء الروحاني عليه الحامل للاصباغ الصابغة للجسد الابيض المنصبغة به ايضا و هو قولهم ان النحاس لا يصبغ حتى يصبغ فاذا صُبِغ صَبَغ [4] يريدون انه لا يصبغ حتى يدبر فاذا دبر و صبغ بارواحه صبغ و النحاس هو جسدهم ههنا و هو ام الذهب و ابو الاصباغ و هو الذي يلد لهم الذهب و قد سموه الذهب و فيه قالوا اجعلوا الذهب ورقا اي بيضوه و كذلك سموا مائهم الآلهي ذهبا لان فيه الذهب و هو ذهبهم الصابغ لانه يظهر اصباغ ارضهم و ازهارها و لذلك قالوا الكباريت بالكباريت تصبغ و الكباريت بكباريت مثلها تمسك عنوا بقولهم هذا ما فى الماء من النفس و الروح و ما فى الجسد من النفس الباطنة فيه و الروح و لهم ايضاً معنى آخر في قولهم ان النحاس لا يصبغ حتى يصبغ فالنحاس هو الماء الابيض الذي هو الروح الرطب الذي فيه النفس التي استخرجوها من جسدها و قولهم انه لا يصبغ عنوا انه لا يصبغ جسدهم حتى يصبغ اي حتى يدبر مع النفس بدوام التقطير ليختلط بها و ينضجان و يصيران ماء واحدا مختلطا روحانيا فاذا صار هو و النفس ماء واحدا فقد انصبغ بالنفس لانه انصبغ بها فى التدبير و صار مثلها [5] و صارا شيئًا واحدا قويا ثابتا لا يتغير ولا يفترقان ابداً و هو ايضاً معنى قولهم الكباريت بكباريت مثلها تمسك عنوا ان النفس قد امسكت الروح و صيرته مثلها فعند ذلك صار صابغا واحدا صبغا لورق [6] العامة عنوا بورق العامة ارضهم التي هى جسدهم فقد بينت لك جميع وجوه كلامهم و الكلمة التي تشتمل على معنيين و ثلاثة لتفهم ذلك ان شاء الله و هو معنى قولهم الكباريت للكباريت مثلها [7] تمسك اى الروح للروح التي هى مثلها تمسك و كما يستحيل الماء الابيض الذي نشربه نحن و سائر الحيوان و النبات في اجسادنا دهنا ثم دما بطول الطبخ و يأخذ اللون من الكبد فكذلك ماؤهم الابيض المقدس الصابغ بطول الطبخ - يستحيل ايضاً صبغا و يأخذ اللون من النار من نفس الجسد التي هي كباريت الارض فيتضاعف الصبغ و سمى مرقونس هذه النفس التي في جسدهم الذي هو ارضهم كبد الاض و هو على التشبيه لظهور صبغ الماء بها [8] في جسدهم و كبد الارض الذي هو القول الحق الذي لا رمز فيه رماد الرماد و سميته انا كباريت الارض لظهور الاصباغ فى الماء الروحاني به كما تظهر الوان ازهار

[1] P. محترقة من غير محترقات ; I. محترقة من محترقات.

[2] و من is omitted in R.

[3] R. الحمرة ; P. الحمر.

[4] R. لا يصبغ حتى يصبغ فاذا صبغ صبغ.

[5] I. و صار فعلهما واحدا قويا ثابتا.

[6] صابغا واحدا is omitted in I.

[7] Omitted in R.

[8] Omitted in R; لما in P.

الشجر و الاعشاب من الماء الابيض الذي يتغذى به و من نار الطبيعة و من كباريت الارض اذ كانت عروقها ثابتة [1] فيها و منها تقتبس القوى فتنصبغ الازهار في الاعشاب و الثمار في الاشجار على ما في جبلتها من الالوان كل شيء يرجع لما خلق له [2] لا يتحول عن ذلك و الماء واحد ابيض و تخرج كل شجرة مثل ما كان اصلها و اولها لا تخرج عن جنسها و لا تنتقل عن نوعها و لا تحمل هذه حمل تلك و لا تلك تحمل حمل هذه فمن قال غير هذا فهو كاذب و قد ذكرت لك فيما تقدم الثلاثة المفاتيح فاحفظها و احفظ هذه الاصول و ما مثلته لك و ما استشهدت عليها به من كلام الحكماء فقد اطلت الكلام من غير غي مني و رددت القول لتفهم فكل عزيز العلم لابد ان يتبين فضله على من قل علمه و كل فهمه ليتميز بذلك من غيره من اهل هذه الطبقة السفلى و ذوى الدعاوى الباطلة و قد شبه مرقونس الملك مائهم الورقي النقي في عمله البياض و الحمرة لانه شيء واحد يعمل لونين بشجرة العفص و البلوط و ذلك انها شجرة واحدة [3] تحمل سنة عفصا و سنة بلوطا و هي شيء واحد يحمل لونين و ليس في جنس الشجر شجرة مثلها و كذلك حجر الحكماء ليس ثم شيء من الاحجار يشبهه في فعله و لا عمله لانه يعمل لونين و هما البياض و الحمرة فلذلك شبهه مرقونس بشجرة العفص و البلوط و لانه يطير مع ما يطير و يقيم [4] مع ما يقيم و ضربها مثلا صيرها في الآفاق و لم يدر احد لَم قال مرقونس ذلك و لا يقرؤون هذه الامثال من كلام الحكماء الا صفحا بلا فكر فيها و لا تميز حتى اظهرت انا ذلك للسامعين و ليتهم فطنوا و وضع الحكيم [5] هذه الثلاث الكلمات (لم يدر احد [6] ما عنى بها ربع و ربع و نصف و قد فسرتها لك) و انما عنى بها الثلاثة التراكيب و كانت مغلقة بلا معنى تدل عليه فقد عرفتك و غيرك ما اراد الحكيم بها ا تراهم ظنوا ان هذه الامثال وضعتها الحكماء لغير معنى بل تحتها مثل هذه المعاني التي لا يوبه لها حتى يسر الله لها محمد بن اميل فاظهر الخفي المدفون منها و ليتكم شكرتم بل ليتكم فطنتم فقد بان لك الحق بما استشهدت عليه من كلام الحكماء على اختلاف الفاظهم و اتفاقهم في المعنى و اعيد لك القول في السواد انه المرجو [7] كما قدمته من قول اسفيدوس [8] و هو قوله و لا يهولنكم ما ترون [9] من قبح هذه الطبائع في اول التدبير و غلظها و كثرة اوساخها و سوادها فان ذلك الوسخ و الغلظ يصير بالنار الى صلاح و بهاء و صفاء و يعود كله صبغا فلا تضيعوا من تلك الاشياء شيئا و لكن بكلها فاحتفظوا و بكلها فامزجوا حتى يأخذ بعضها طعم بعض فانها هي التي تصلح انفسها و تخرجها من ذلك الغلظ الى الرقة و اللطافة بحرارة النار التي هي شكل طبيعتها اعلموا انكم ان لم تروا هذه الالوان التي وصفتها لكم و هذه الاوساخ و هذا الغلظ و السواد انكم اذاً على غير طريق الحق و ان الطبائع ان لم تغلظ لم تدق و ان لم تخشن لم تلطف و ان لم تسود لم تبيض وان لم تبيض لم تحمر فتعاهدوا هذه الاشياء في عملكم و انظروا من اين دخلت عليها هذه الغلظة و من اين جاء هذا الفساد فانه من حيث دخل الفساد عليها يكون الصلاح بالتدبير و الرفق و الصبر عليها و التي تميت هي تحيي و الذي ذهب بالصبغ

---

[1] R. نابتة .

[2] R. كل يرجع الى ما.

[3] شجرة واحدة is omitted in R; واحدة is omitted in P.

[4] R. ويثبت و يقم مع ما يقيم.

[5] R. الحكماء.

[6] The passage within brackets is omitted in R.

[7] P. الموجود.

[8] R. اسفيذيوس ; P. اسفيدروس.

[9] R. تردون ; P. اللون.

فهو يظهره و كل هذا بالنار في الآنية التي يكون فيها التحليل فيها يكون التمريج و هذا كلام قد جمع فيه العملين [1] الاول و الثاني بقوله و التي تميت هي تحيي و قوله في الآنية التي فيها يكون التحليل فيها يكون التمريج و التحليل لا يكون الا في العمل الاول و الاماتة هي باستخراج الارواح و هي التقطير و التقطير لا يكون الا بعد المزاج الاول و التحليل و قوله و التي تميت هي تحيي عنى به نار التدبير و الارواح الهادمة للمركب المستخرجة لنفسه منه الحاملة لها فاذ ردت هذه الارواح على الجسد الميت يريد [2] بالميت الثابت الابيض احيته برد ما فيها من النفس اليه فقامت القيامة و عاش الملك فقام من قبره و لبس ثياب الملوك الفرفيرية و وضع اكليله المأخوذ من رجله على رأسه و رجله اصله الذي قال فيه الحكيم اذا اخذت الاكليل من رجلي فاجعله على رأسي ولا تدن مني الجهلة فقد سمعت كلام هذا الحكيم و ليس يحتاج الى تفسير اكثر مما بينته لانه كلام واضح بين و قد عرفتك ذلك من وجوه كثيرة في كتابي هذا و فيما تقدمه و هذا مثل قول افلاطون بعينه في التنين انه يسود نفسه و يبيض نفسه و يحمر نفسه و ينكح نفسه و يحبل نفسه و يلد من نفسه [3] في يومه هو وحده يفعل ذلك فهل اراد الحكيم بقوله ينكح نفسه و يحبل نفسه و يلد من نفسه الا انه عنى الذكر و الانثى وما يدخل عليهما انهما من شيء واحد الانثى و الذكر وما يدخل عليهما فلذلك قال ينكح نفسه فحجر الحكماء على ما تسمع من قولهم من التدبير الذي هو تدبير واحد له فصول كفصول السنة و الحجر يدبر نفسه بنفسه كما قد سمعت غير محتاج الى [4] ما يدبره و ليس بمحتاج الى ان يصبغ بصبغ من غيره يدخل عليه فيصبغه لان كل صبغ من شيء [5] يدخل به على شيء آخر و ليس ذلك الصبغ منه يتلاشى عند دخوله النار و يفارق و لا يثبت لانه من اشياء غير ثابتة و لانه مجاور غير ممازج و ان مازج فى الظاهر فهو فى الباطن لم يمازج و كل اصباغ من الاشياء المحترقة فى النار فصبغها لو كان [6] حيا غير محترق ليس بشيء و حجر الحكماء صبغه منه و به و فيه و هو حجر حيٌّ غير محترق و لا فانٍ و لا بالٍ و ليس للنار عليه سبيل و هو ممازج بالطبع من اصله فلذلک صبغه مثله ثابت حيّ بل صبغه اشرف وادق و الطف من جميع الاشياء فلذلک ليس فى الدنيا حجر مثله و لا يعمل عمله و لو حلوا او عقدوا اصباغهم سبعين مرة لم تعمل شيئا و حجر الحكماء انما على الحكيم ان يحسن مزاجه و ازدواجه و يجعله في انائه الذي يصلح له و يرفعه على ناره الحاضنة له و مراعاة ناره فقط و هو الذي يدبر نفسه في حبسه و الله متممه بمشيته و قد بين ايضاً ذلک ذو النون المصري رحمه الله في ذكره الدعاوى بقوله ‑ * شعر *

بانه من حجــر سيــالٍ   مدبــر لنفســه فعــالٍ

فهذا الرجل من المسلمين موافق للحكماء مفصح بعلم الحكماء غير مموه و لا متبتلٍ بكلمة بل تكلم على اصل و معرفة بالعلم و التدبير و قد رأيت ان اعيد عليک القول في مائهم الاحمر انه ابيض اللون لتزداد به يقينا و لئلا يشكل عليک باطل قوم و تمويههم فمن ذاک قول ارس للملک عند ما قال الملک له فالزعفران ما هو قال ارس هو ماء الكبريتة و هو اثال الكبريت و هو العمل كله الذي سمته الجسدة صبغ كل شيء و الكبريت هى المغنيسيا و هى ابار نحاس التام و سموه البحر *

---

[1] P. and I. العلمين.   [2] R. بالجسد.   [3] Omitted in R.
[4] P. من.   [5] R. لان كلشيئ صبع من شيئ.   [6] R. او كان فيها صبغ محترق فان.

و اعلمك ان قول ارس صبغ كل شي اراد به حجرهم المجموع فيه خلطه و انهم سموا حجرهم هذا كل شي افكل شي ههنا هو حجرهم لانه قد جمع فيه كل شي يحتاجون اليه في عملهم قال الملك و اي شي كل شي قال ارس صبغ الجسد و لو لا ان الاشياء ايها الملك تصير واحدة فتبيض جميعا ثم تحمر جميعا ما كان الحكيم ليقول اجعله على النحاس فيكون ذهبا و على الذهب فيكون ذهبا اقزل قال الملك فالذهب الاقزل ما هو فما اسمعك تذكر ما هو (قال ارس [1] هي الالوان قال الملك فالماء النقي ما هو قال ارس) قد اعلمتك انه هو الصبغ الاحمر قال الملك كيف يكون الصبغ احمر و هو ابيض نقي قال ارس لما احكم تدبيره بالاناء ذي الانبوب و صفى و استنقى سمي عند ذلك الماء النقي و اما ما سالت عنه من حمرته و هو ابيض فانه و ان كان ابيض في المعرضة فانه احمر في المخبرة و لكنه في التبييض يبيض الاشياء و ساله الملك عن الثلاثة الزيابق قال الملك فقد ذكرت الحكماء ثلثة زيابق زئبقا من الزرنيخ و زئبقا من القنبار و زئبقا من الابشميث فما هذه الثلاثة قال ارس قد احسنت الحكماء في مقالهم و صدقوا و لكنهم البسوا و حيروا من نظر في هذا الامر قال الملك فنبئني عنها قال ارس هي ثلاثة في الاسم و واحد في الحق مع ان الحكماء لم تضع له اصلا انظر الى قولهم حين ارادوا الباس الزئبق الواحد ان سمى احد الزئبق ابقا و اثالية بيضاء و نحاسا ابيض فقد صدقوا افلا ترى انهم سموه ثلاثة و هي وحدها تبيض النحاس و تحمره و انظر ايضاً الى قول الحكيم في هذا الماء في تدبيره الاول اجعله و هو ابيض على النحاس فيكون ورقا و على الورق فيكون ذهبا ادام الله عزك قد بينت لك بهذا القول ان هذا الماء الواحد هو يبيض و يحمر و هو ابيض لقول هذا الحكيم اجعله و هو ابيض على النحاس فيكون ورقا و على الورق فيكون ذهبا فالنحاس هي جسدهم الثاني الابيض فاذا دخل عليه هذا الماء الآلهي سوده ثم بيضه بلزومه التدبير الذي به اسود فيبيض بتدبيره الذي به وبالماء اسود ثم تظهر الحمرة فيه بعد بياضه بدخول تلك الاقسام الثلثة الباقية عليه في الطبخ الى فراغ الاقسام الباقية و معنى قوله اجعله و هو ابيض على النحاس فيكون ورقا و على الورق فيكون ذهبا اي بيض النحاس بهذا الماء الابيض في الطبخ فاذا ابيض و صار ورقا فالقِ على هذا الورق ما بقي عندك من هذا الماء الابيض فيحمره و يصيره ذهبا و هذا بين لا يحتاج الى تفسير اكثر من هذا القول لقوله اجعله و هو ابيض على النحاس فيكون ورقا و على الورق فيكون ذهبا افلا ترى ان هذا بين لا يحتاج الى اصباغ تدخل عليه من غيره فاذا بيضت النحاس بهذا الماء الابيض و صار ورقا فحمره بباقيه و كذلك قال زوسم لاوتاسية في مائهم هذا الابيض به بيضي و به حمري و قال حكيم آخر فانا آمركم ان تبيضوا بالماء الابيض و به تحمروا و اياكم ان تدخلوا عليها دخيلا او غريبا و هذه الزيابق الثلاثة التي ذكرها الملك لارس فقال له ارس ثلاثة في الاسم و واحد في الحق هي الثلاثة التي تقدم ذكرها التي قلنا هي التمليح في التدبير الاول قبل الانحلال و قبل التقطير فهي ثلاثة و هي واحد و انما سموها ثلاثة لانها واحد قسم على ثلاثة اقسام فيدخل كل قسم منها على المركب في مرتبته من التدبير شيئا بعد شي فلذلك سموها ثلثة زيابق و هي واحد من شي واحد و قد تقدم القول فيها و هي التي سموها بعد الانحلال و رفع الماء زئبق الزرنيخ [2] و الزندريخ و زئبقا فحكم العاقل ان يتخيل ما بينته لك في عقله حتى يخرجه عقله له و صحة فكره من العدم الى الوجود

---

[1] The passage within brackets is omitted in R.

[2] R. زئبق القنبار و الزرنيخ و زئبقا.

و ان كان ذلك بما يثبته في عقله موجودا غير معدوم و لكن ذلك بسبب ان كلامهم غامض مشكل و فيه لبس و احالة على ما لا نفع فيه فلا تتعلق بظاهر كلامهم فيهلك مالك فقد قالوا و بينوا الحق بقولهم كلامنا ظاهره جسداني و باطنه روحاني فمن عمل بظاهره اخطأ فهم تكلموا على الاشياء الجسدانية ظاهرا و مرادهم بتلك شيء روحاني و لذلك قالوا نحن اهل مدينة واحدة و بعضنا يعرف كلام بعض فمن لم يكن من مدينتنا و لم يعرف كلامنا فلا يدخل في عملنا و ليس يجب عليهم اكثر من هذا التحذير و النهي لمن لم يقف على معاني كلامهم و قد قالت الحكماء ايضاً لا تعمل حتى تعلم فاذا علمت فاعمل و لهم مثل هذا التحذير للناس كثير و قولهم كلامنا ظاهره جسداني و باطنه روحاني يريدون بذلك انهم قد ظاهروا للناس في ارمازهم بالاجساد الترابية الغلاظ المعدنية و بما سوى ذلك لانهم سموا حجرهم باسمائها و هم في باطن كلامهم يريدون شيئًا لطيفا روحانيا ثابتا ذائبا غائصا صابغا بخاصيةٍ فيه متفشيا منبسطا في الاجساد جاريا كجري الماء في الاشياء و غوصه فيها و كجري السم في اجساد الحيوان فمن لم يعرف ما عنوا و ما كنوا منه و ما اضمروا اخذ اجسادا غلاظا ليست بروحانية و لا منبسطة فدبرها بانه يعرفها و قد سمع اسمائها فلا يشك انها المعنى بها فيقع في الخطأ و يلوم الحكماء و لا لوم عليهم لانهم قد نهوه عنها فكذبهم و ما قبل نهيهم حفظوا ما ظاهروهم به من الاجساد الظاهرة و العقاقير الفانية و لم يلتفتوا الى قولهم كلامنا ظاهره جسداني و باطنه روحاني فلو تركوا الظاهر و اعملوا الفكر في الباطن ليعرفوا الباطن الروحاني فيعملوا به اصابوا لكنهم طلبوا السهل فوقعوا في الخطاء و الوعر الصعب و لما سمعوا قولهم الاجساد بالاجساد تصبغ توهموا انها الاجساد التي هم بها عارفون و تلك الاسماء هي موضوعة على اجسادهم الروحانية التي قالوا فيها نحاسنا و رصاصنا و حديدنا الذي من عملنا و ورقنا و ذهبنا الذي من عملنا و منا و الينا فتلك الاسماء لاجسادهم التي هي جسد واحد من شيء واحد مقسوم على اربعة اجزاء الروحانية من الروحاني الذي عملوه و نسبوه اليهم فهو حجرهم الذي صنعوه فهو لهم خاص دون غيرهم من جميع الناس المجموع من اربعة اجزاء الصابغة في اول التركيب المنصبغة بعضها ببعض التي بينتها لك من الذكر و الانثى و الثلاثة الزوابق فهذه سموها باسم كل جسد فقالوا لهذا المركب الواحد كل جسد و سموه كل شيء لانه بحرهم الذي فيه كل شيء يحتاجون اليه و منه يطلع غمامهم و ماؤهم فتمطر امطارهم على ارضهم فتطلع ازهارهم و تظهر الوانهم في ارضهم البيضاء الورقية فلذلك سموه كل شيء لانه منه يخرج كل شيء و انه قد اخذ من النار لما صبر لها قوة عظيمة فصار لمجاورته لها حارًّا يابسا ناريا فلما دبروا هذا الجسد الناري بالروح الرطب عاد ماء جاريا فصار حارًّا رطبا لما ازالوا عنه اليبس و جعلوا مكانه رطوبة فصار ماء و حرارته التي اكتسبها من النار و التدبير الطبيعي فيه فسموه هواء و دهنا و دما و نفسا و صبغا لحرارته و رطوبته بعد ان كان جسدا يابسا ثم زادوه من التدبير الذي به يزداد حرارة حتى ارتفع عن الهواء الى مرتبة النار لانها احر و الطف و ذلك كله بتدبير الروح له و النار و الروح ماسكة و مدبرة و القيم [1] بامره و مغذيه حتى صارت النفس التي كانت جسدا في مثابة الروح و دقتها و انبساطها و لطافتها و نفاذها فصار شيئًا واحدا فانبسط معها و جرى معها حيث جرت و دخل معها حيث دخلت فسكن و ثبت و ذهبت الروح و انصبغت به الاجساد التي هي الكباريت فمن اجل هذا قالوا الاجساد بالاجساد تصبغ و لم يعنوا ما في ايديكم من اجسادكم

---

[1] P. القسيم.

و كباريتكم و عقاقيركم و الروح المدبر لحجرهم الذي هو اجسادهم هو هرمس و هو بعض اسمائه و هو الحكيم صاحب التدبير و لما صارت النفس في مثابة الروح اى صارت تلك النفس و الروح شيئًا واحدا فكانها عادت روحا مثل الروح و ان كانت مخالفة لها بالحرارة النارية و قد سموا هذه النفس المرارة لحرارتها و قوتها و لونها و هي نار حجرهم و هى المرة الصفراء و لذلک قال ارس الحكيم للملک فتقطرت من انائها بالسواء اى قد صارتا فى الرقة و الدقة شيئًا واحدا سواءً فلذلک تقطرت و جرت من الانبوب و لو كانت في مرتبة الجسد [1] لم تقطر و لم تكن هي و الروح سواء فهذا هو ميزان النفس و الروح قد اعتدلا في الوزن من اللطافة لا في الوزن من كفتي الميزان بالصناج فتخيلوا هذه الالفاظ و المعاني الظاهرة كما تخيلنا نحن معاني كلام الحكماء الباطنة فقد قربت عليكم جداً ما بَعُدَ و سهلت ما صعب و اظهرت ما ستروا و بينت ما كتموا و اخفوه في ضمائرهم البالية و لم يفصحوا و انما نطقوا به وحيا و تكلموا به رمزا و شخصوا ذلک لنا اشخاصا ظاهرة تدل على غير ما هي عليه و ذلک على ما اضمروا في نفوسهم و هم على ذلک يريدون به التقريب من فهم ذوى الافهام و ليتحير فيه المغفل الوسنان فكشفناه بالصبر على الدرس و طول الفكر و حدة الذهن و جودة الحدس و خلو القلب و حسن اليقين و بالله عز و جل استعين في جميع الامور و قد ذكرت لک المفاتيح الثلاثة و اما بحر البخارين و ام الآلهة و بحر الحكماء فهي المغنيسيا فاشكروا الله على ما جاءكم من قبلى بلا تعب و لا كد و لا فكر و لا سهر و احمدوا الله آلهكم على ذلک و اشكروه و لا تكفروا الحق بعد ما تبين لكم الرشد من الغي و انظروا لنفوسكم بعين النصح لها تنالوا درجة الحكماء و تصيروا علماء و ازيدک من البيان ما يرسخ به الحق في قلبک ما قاله زوسم في رسالة المغنيسيا الى اوثاسية و هو قوله اعلموا ان الاجساد التي تخرج فى التدبير ارواحا انما هي الذهب و الورق و الحديد و الابار و القصدير الذي هو منا و الينا و من عملنا و تدبيرنا و اما الارواح فهى النار و الماء و الورق و الماء الخالد و الماء الآلهي و الماء الابيض و الماء النقي فذلک ماؤنا الذي هو منا الذي سميناه باسمه و عرفناه بقوة طبيعته فاقلب الطبائع بعضها ببعض تنقلب لک الوانها و تحبل عليها ازهارها انظر الى ذكره لجسدهم المجموع بعد التجزى كيف سماه بالاجساد الظاهرة كلها ثم رجع الى جسدهم الواحد بقوله الذي هو منا و الينا و من عملنا و تدبيرنا انظر كيف سمى تلک الاجساد ثم رجع الى جسدهم الواحد بقوله الذي هو منا و الينا و ترک تلک الاجساد كلها و افرد القول بقوله الذي هو منا عنى به جسدهم الفرد و كذلک.قال في مائهم المدبر اذ قال و اما الارواح فهى النار و الماء و الورق و ما بعد هذا من الاسماء التي قد سمعتها و هذه الاسماء كلها ايضاً ليست لمياه كثيرة بل هي اسماء لمائهم الواحد الذي قالوا فيه انه من عملهم و قد سموا ايضا الاجزاء المقسومة من مائهم اجسادا فقالوا ستة اجساد يريدون الستة الاقسام التي تظهر الصبغ فقالوا لها ستة اجساد نسبوها بذلک الى اجسادها التي خرجت منها و قالوا ايضاً لها سبعة اجساد و تسعة اجساد لهذه الاجزاء التسعة المقسومة من الماء و سموها ايضاً احجارا و قال الحكيم ان قلبتم الطبائع وجدتم الذي تطلبونه و لذلک سمينا شيئنا الذي يابق من النار روحا و الذي لا يابق من النار جسدا لان بينهما نسبا عظيما و انهما روحان مؤتلفان فطاعة بعضهما لبعض طاعة ملائمة فى الاتفاق فلذلک تصير الاجساد ارواحا و الارواح اجسادا فتامل و افهم ما قاله

[1] P. فيه يبوسة الجسد.

هينا هذا الحكيم فى الروح و الجسد و ما هما و ما حدهما و قال ايضا قبل هذا الفصل من رسالته في تدبير البوريطيش [1] اعلموا ان كلامي ليس بواضح فحين امرتكم بالابار فلا تظنوا اني امرتكم بابار العامة و لا اني اياه اعني و لا اياه اسمي فدعوا عنكم الخطأ فاني لم اخطِ بكم و لكني عنيت ابارنا الذي لم يلبس السواد و لم يكن في الاصل اسود حتى دبر و قد بين الحكيم في هذا الفصل الذي قد مرّ و سمعته ان الاجساد التي تخرج في لتدبير ارواحا التي سماها باسماء الاجساد التي في ايدى العامة من الناس انها من شيء واحد روحاني لطيف صنعوا منه اجسادهم المكتومة التي لقبها بالذهب و الورق و الحديد و الابار و القصدير فهي من عملهم لانه اتبع القول بقوله الذي هو منا و الينا و من عملنا و تدبيرنا ثم ذكر الارواح على ما بينته و مرّ ايضاً ذكرها اذ قال فذلك ماؤنا الذي هو منا الذي سميناه باسمه و عرفناه بطبيعته و بين ايضاً هذا الذي في آخر الفصل لتعلم انهم صدقوا و بينوا و لم يكتموا و لكن الناس لغلظ طبائعهم لم يفهموا قولهم انهم صنعوا جسدهم من روح لطيف فافهم - قال و لذلك سمينا شيئنا الذي يابق من النار روحا و الذي لا يابق من النار جسدا عنى به الجسد و الروح لان بينهما نسبا عظيما و انهما روحان مؤتلفان فطاعة بعضهما لبعض طاعة ملائمة فى الاتفاق فلذلك تصير الاجساد ارواحا و الارواح اجسادا فقد بان لك الآن ان الجسد كان روحا فجعلوه جسدا بقوله لان بينهما نسبا عظيما عنى به الروح و الجسد ثم اتبع القول بان قال و انهما روحان مؤتلفان فقد بين لمن فهم عنه ان الجسد و الروح روحان ثم قال فطاعة بعضهما لبعض طاعة ملائمة فى الاتفاق فلذلك تصير الاجساد ارواحا فقد بين ان الاجساد تصير ارواحا لانها كانت ارواحا ثم جسدوها فصارت اجسادا ارادوا بتجسيدها ان اكسبوها حرارة و ثباتا للنار لتاخذ القوى [2] و اللون و الحرارة النارية من النار فتصير امرا عظيما ثم روحوها فرجعت ارواحا مثل ما كان عليه اصلها و اولها فصارت صابغة لانها قلبت اجسادا فظهر باطنها و هو الحر و اليبس على ظاهرها و بطن ظاهرها في جوفها و هو البرد و الرطوبة و هذا معنى قول هرمس المتوج بالفضائل و الشرف لما سئل عن الصنعة فقال احتقارا لها و ما الصنعة هي الفطنة و الحيلة و هو ان تظهر ما كان باطنا و تبطن ما كان ظاهرا و هذا هو قول ارس الحكيم للملك تيودرس و هو قول بعضهم اذا صارت الاشياء كلها شيئا واحدا فنعم ما مزجتم و هو قول الحسدة اجعلوا الاجساد لا اجسادا و التي لا اجساد لها اجسادا لان كل جسد يخلط بذلك الروح فينحل معه فيصير روحا مثله و كل روح يتحول و يتلون مع الاجساد فلابد لذلك الروح من ان يصير له لون صابغ ثابت مقاتل للنار قال الملك الحمد لله الذي الهم عباده هذا النور فجعلوا الجسد روحا ذا قوة و لون لا يمحى و كان قبل ذلك كبريتة آبقة فاهمّ قول الحكيم للملك يعني الجسد و كان قبل ذلك كبريتة آبقة و هذا هو التقليب للطبائع و اخراجها من طبيعة الى اخرى و هذا هو قلب الطبائع ثم قلبت هذه الاجساد فجعلت انفسا ثم دبرت بعد ذلك بالروح فازدادت لطفا و نفاذا بتدبير الروح الرطب لها فصارت ارواحا مع الارواح التي كانت انفسا بعد ان كانت اجسادا فكان عملهما [3] عملا واحدا و انبساطهما و صبغهما واحدا لا يفارقهما و اصطلاح الطبائع بالتقليب فيهما و طاعة بعضهما لبعض فامتزجا جميعا كامتزاج الخمر بالماء ثم لا يفترقان بعد لانهما شيء واحد من اصل واحد اعني من روح واحد و هذا هو التقليب و هو التفصيل الذي عنت الحكماء لانه انقلب فى التدبير من شيء الى شيء

---

[1] R. البوريطش .
[2] P. اليبس .
[3] R. عملها و انبساطها و صبغها .

و انفصل من شيء فصار الى شيء آخر[1] لا كتفصيل العامة لاحجارهم و هذا فقد ذكرته تاما في كتابي كتاب[2] مفتاح الحكمة العظمى و قال الحكيم بعد ذلك في تدبير البوريطيش[3] اعلموا ان كلامي ليس بواضح فحين امرتكم بالابار فلا تظنوا اني امرتكم بابار العامة و لا اني اياه اعني و لا اياه اسمي فدعوا عنكم الخطاء فاني لم اخطئ و لكني عنيت ابارنا فقد اعلمنا الحكيم ان كلامه ليس بواضح فقد وجب علينا بقوله هذا ان نحترز و لا نسلم اليه فيما ظاهرنا به و ان نحترز لنفوسنا اشد الاحتراز و ان نصدقه فيما قال و لا نكذبه و لا نقول كما يقول آخرون يميلون مع شهواتهم و اعتقاداتهم ان الذي ظاهرنا به هو الحق و انه رجع بعد ان سماه ظاهرا و عرفنا به يحيدنا عنه فيكذبون الحكيم فلا جرم انهم لا يرون فلاحا و يجب علينا ان نفتش على الابار الذي سماه حتى نعرفه لانه قد اعلمنا ان كلامه ليس بواضح فاذا كان ليس بواضح فهو مستور مظلم و ان نفطن ثم زادنا بيانا بقوله فلا تظنوا اني امرتكم بابار العامة و لا اني اياه اعني فقد برئ من ذلك فلا لوم عليه و انما جعله سترا على غيره الذي هو ابارهم (الجسد[4] الروحاني فهو منسوب الى الروح و الماء الآلهي منسوب الى الخلقة الآلهية و هو الروح الذى لهم و هو الاصل الذي ينسب الجسد اليه) و هو انما عنى اسرب مرباذس الذي عرف به خالد بن يزيد و اعلمه ان الصنعة كلها منه قريبها و بعيدها و قد ذكرت ذلك في كتاب مفتاح[5] الحكمة العظمى في موضعه الذي وجب ذكره فيه و ازيدكم بيانا في هذا الجسد الروحاني و مائهم الآلهي انهما شيء واحد و ان كان احدهما قد قلب فصار ماء جامدا احمر و الآخر ماء ابيض جاريا و في هاتين النفسين المركبتين اعني نفس الجسد و النفس التي للماء النقي قالت مارية الحكيمة العبرانية ان الماء للماء يمسك فقد سمت ههنا الجسد ماء و الماء ماء اذ كانا جميعا من ماء واحد و اصل واحد و ان كانا قد اختلفا بالجسدانية و الروحانية *

و قال الحكيم شبهوا جسدهم المغنيسيا بكل دواب البر و البحر و بالاجساد و الاحجار كلها الذائبة و المنسحقة و بكل يابس و اسود و ابيض و احمر و سموه البحر و الارض و ام البخارين و البخاران هما الطائران اللذان قال فيهما هرمس فيهبط البخار الاعلى على البخار الاسفل فيحبل البخار من البخار و من غيرهما شيء لا يكون ابداً اراد بهذين البخارين ان من غيرهما شيئاً لا يكون و عند من لا يفهم انه صبغ احمر ظاهر لهم و الصبغ الذي تكلمت عليه الحكماء هو هذان البخاران اللذان لايريان و لا يحسان الا بالعلم لا بنظر العين و ام الالوان و ام الورق و ام الذهب و باسماء كل ما فى العالم لانهم ذهبوا في تشبيهه الى كل مذهب و تنافسوا في ضربهم الامثال و التشبيه و تناهوا في تشريفه و ترفيعه و تقديسه حتى ان منهم من سماه الكلمة التي هي كن فيكون به ما يريدون لقوته و نفاذه سريعا على التشبيه بقوله عز و جل كن فيكون ما اراد سريعا بين الكاف و النون بلا مهلة و من قول ارس الحكيم مجيبا لقيصر ملك الروم اذ قال له اخبرني عن قول الحكيم عفن البحر بالماء الهوائي قال ارس هذه مسئلة شيون لهرمس فان شيون سأل هرمس عن البحر لما انكر تعفين البحر فقال ا تأمرنا ايها المعلم ان نجعل الماء فى الماء و طبيعة الماء واحدة قال هرمس ان البحر الذي امرت بتعفينه انما حياته و روحه بذلك الماء الهوائي لان القرابة فيما بينهما راسخة[6] و قد عرفتك انهم قد سموا جسدهم الذي هو حجرهم الكامل البحر

[1] R. واحد.
[2] P. كنز مفتاح الحكمة العظمى.
[3] R. البوريطش.
[4] The passage within brackets is omitted in R.
[5] P. مفتاح كنز الحكمة العظمى.
[6] R. and I. واشحة.

فلذلک قال الحکیم عفنوا البحر بالماء الهوائي اى عفنوا الجسد بالماء الهوائي و الماء الهوائي هو الماء المدبر الآلهي و البحر هو جسدهم الثاني الذي يحملونه بعد بياضه و تعفينه الاصباغ و ان حياة هذا البحر الذي هو الجسد الثاني الذي هو ارضهم بتعفينه في هذا الماء و برده اليه يحيي و انما سموه البحر ايضاً للرطوبات التي اجتمعت فيه و جمدت و انحل الجميع فصرن شيئًا واحدا بحرا بعد جمودهن و يبسهن ثم قال ارس لقيصر و اما انا ايها الملک فاني اضرب لک مثلا و اقيس قياسا في بحرنا و مائنا الهوائي و ذلک بمنزلة قضيب انتزعته من اصله بترابه فنصبته في تربة اخرى فاستمسک و نبت [1] لقرابة ما بين التربتين فان نصبته في غير تربته لم ينبت [1] قدّس الله روح هذا الحکيم فما اعرف مثلا في هذه الصنعة حسنا الا و هذا احسن منه و اعلى تشبيها و هذا هو بعينه قول مارية اذ قالت ان النفس سريعة الدخول في جسدها و لو كلفتها الدخول في غير جسدها لم تدخل و هو ايضاً مثل قولها ادخله في جسد غير جسده يثبت و هذا هو الماء الورقي النقي و الارض التي قال [2] فيها هرمس لابنه يا بني ازرع الذهب في ارض بيضاء ورقية فكلهم على ما ترى مختلفين و كلهم بما قد بان لک في تفسيري لهذه الاقاويل متفقون صادقون و قد عرفتک ان هذا القضيب هو الماء الآلهي شبهه ارس بالقضيب المنتزع من اصله بترابه و تراب هذا الماء الآلهي اعرفک به و قد ذكرته لک فيما مَرَّ و هو الكلس المحرق الذي يؤخذ منه مثل ثلث الارض و الارض مثل ثلث الماء الذي ينزل عليها فهذا التراب يزكي ماءهم و يشببه و يزيده حرارة بحرارته و ما اكتسبه من حرارة النار التي احرق بها و هو يرخي ارضهم و يمنعها من ان تكون كزّة صلبة و يحميها و لذلک شبهوه بالعذرة و الزبل لان الزبل يرخي ارض الزرع و يحميها فيزكو زرعها و قد ضرب بعضهم لهذا الكلس مثلا بشب الصباغين فقال فيه ان الصباغين يحرقون القلي فيشببون به صبغهم فكذلک فافعلوا فالقلي الذي تسمع به في كتبهم هو هذا الجسد المحرق البالي [3] و ملح قليهم هذا الذي هو جسدهم المحرق و هو النفس المستخرجة منه بل هو الرماد المستخرج من الرماد و هذا قول حق بلا كتمان فاذا قالوا في كتبهم استخرجوا ملح القلي فانما يعنون به هذ الماء الآلهي الذي لهم و هذا الكلس عنوا في امثالهم فقالوا ان الارض ان لم تزبل لم تسترخ و لم تتحمر و لم تزكِّ زرعها و لم يک فيما تنبته خيرا فقد عرفتک كثيرا من معاني كلامهم و مواضع مغالطاتهم و مكايدهم مما في بعضه عمل كثير [4] و لتعلم ان الحكماء الامناء قد بوحوا [5] الصدق و لزموه سلام الله و رحمته و بركاته على ارواح الحكماء الامناء الصالحين و فى الماء الآلهي الذي هو من البخارين الذين هما الاثالان الرطب و اليابس الذان هما الغمام و الماء الذان هما الروح و النفس قال ذو مقراط [6] ينبغي لكم ان تقلبوا ذلک الجسد حتى تصيروه نفسا ثم تزيدوه حتى تصيروه روحا فاذا صار روحا نفذ فى الاجساد و صبغها و لونها بلونه و هذا كلام عجيب و معنى حسن و هو ايضاً قول الحسدة من الحكماء اقلبوا الطبائع تخرجوا السر المستجن في اجوافها و هو معنى قول الحكيم هرمس الذي من عمله اقتبسوا و من بحره استقوا لما سئل عن الصنعة فقال احتقارا بالتدبير و ما الصنعة هى الفطنة و الحيلة و هو ان تظهر ما كان باطنا و تبطن ما كان ظاهرا قدس الله روحه فلقد كان بليغ الالفاظ بديع المقال فجمع الحكمة و تدبير الصنعة في هاتين اللفظتين و سئل ايضاً عن الصنعة من كم هي فقال هي من اثنين فواحد يحل و لا يعقد و آخر يعقد

---

[1] I. لم يثبت - ثبت. [2] R. الذي قال فيها ; I. الذي قال فيهما. [3] P. هذا الجسد المحرق الثانى.
[4] R. علم. [5] R. الحكماء الانبيا قد لوحوا ; P. الحكماء الامنا قد توخوا. [6] P. سقراط.

و لا يحل و قال آخر متشبها بهرمس هما حجران احدهما جامد و الآخر جارٍ فاما الحكماء فاجمدوا الجاري و اجروا الجامد يريد انهم حلوا الجامد فجعلوه ماء جاريا زئبقيا و اجمدوا الجاري فصار جسدا منعقدا و هذا كله فقد وقفت عليه و على تفسيره و اما البخاران الطالعان اللذان سماهما الحكيم الرطب و اليابس فهما الماء و النفس اراد بقوله الرطب الاثال الذي هو الروح الرطب و بقوله اليابس اراد به النفس لانه نسب كل واحد منهما الى اصله فنسب النفس الى الجسد اليابس فسماها يابسا و سمى الروح رطبا نسبة الى اصله و هو الماء فقال الرطب و اليابس فغالط ايضاً ههنا بقوله اليابس و الا فهما رطبان و كذلك سموا هذا الماء البوريطيش[1] ثم رجعت الحسدة منهم فسموا الجسد السفلى البوريطيش حسدا منهم للناس على معرفة هذا الروح النقي ليشكل ذلك على من سمعه فلا يدري ايهما يأخذ و قال الملك مرقونس في حجرهم الذي هو من الذكر و الانثى الانثى منه[2] و هو منها و لذلك قالت الحكماء هو ينكح نفسه و قول مرقونس انه و ان دخلت عليه التغيرات ان صبغه الذي هو ظله الذي هو نفسه الذي هو كبريته الذي يسمونه غرى الذهب الذي هو الصمغة و هو النفس سموها بهذه الاسماء و بكل اسم و بما لا يحصى من الوف الاسماء و انما سموها صمغة لانها تلصق بالجسد الثاني و انها تقطر من الجسد الاول و كذلك الصمغ يقطر من الشجر ثم ينعقد و كذلك هذه الصمغة فلذلك سموها صمغة على التشبيه لها بالصمغ لا انها صمغة فقالوا صمغة اللوز و شبهوها بكل صمغة قال آخر صمغ الشوك و صمغ الشجر فتوهم كثير من الناس انها صمغة من تلك الاصماغ و قد قال ارس فيها للملك و قد سأله عن ذلك فقال اعلم ايها الملك انها لو كانت صمغة لوز او صمغة شيء من الشجر لم يكن لها لون الذهب قال الملك صدقت و لنرجع الى قول مرقونس قال سفنجا[3] لمرقونس الملك و قد ذكر مرقونس الانثى اخبرني ايها الملك ا لها فحل يذزوها قال له مرقونس فحلها منها و بها و هي تنزو نفسها و تحبل نفسها و كما ان ولدها منها و بها كذلك فحلها منها و بها فكل غريب ينزوها يموت و لكنها تتغير من حال الى حال و من لون الى لون مثل القول يتحول من شبه الى شبه و هي ثابتة على كيانها الاول فمن لا يعرفها اذا رآها تتغير من شبه الى شبه يظن ان طبائعها الاولى قد تغيرت و لم تتغير انما تغيرت منها الوانها يا سفنجا[4] فقد ذكر هذا الملك ان حجرهم لا يموت و لا يدخل عليه الفساد بما قد اوردته لك من كلامه هذا فانه انما يتغير لنفسه من لون الى لون و من حال الى حال و مع تغيرات الوانه فان لونه المطلوب منه الذي هو صبغه الذي يخرج منه لون الذهب مستبطن فيه يدق و يلطف و يتهذب و يزداد على التغيرات اضعافا من الصبغ اراد الحكيم اعلامنا ان الصبغ و ان رأيتم منه هذه التغيرات فلا تظنوا انه قد فسد و ان ظله الذي هو لونه الذي هو صبغه قد تغير و فنى بل هو ثابت فيه و قد تضاعفت فيه الالوان و ان لم تروه ظاهرا و ان كانوا قد سموا تغيراته و سكونه و ثباته للنار موتا و هو حى بحاله لم يمت و لم يحترق لان النار لا تحرقه و لا تدركه و لا لها عليه سبيل و لا قدرة بل طول مقامه فيها يصلحه ثم انهم اذا حلوه تحرك و ارتفع الى الهواء بعد ما كان اكل و شرب فيقولون هو حي متحرك و كذلك قالوا هو ميت نريد ان نحييه و قالوا ايضا هو حي نريد ان نميته فاعلم ان هذا الحكيم قد البس القول

---

[1] R. البطوريطش.

[2] R. الذى انثى منه.

[3] R. سنقجا ; P. سقنجا.

[4] P. قال ياسفنجا.

ههنا لانه عكس القول فجعل الاول آخرا و الآخر اولا و انما كان الواجب ان يقول هو حي نريد ان نميته اى فجعله ثابتا في النار قاعدا فيها صابرا عليها غير نافر عنها ثم يقول بعد ذلك هو ميت نريد ان نحييه اى نسقيه فيعيش و يحيى و يقوى صبغه و يتربى ثم يتحلل و تخرج نفسه منه و يبقى الجسد ميتا و هي ميتته الثانية [1] و لكنه اعضل في قوله و قدم الاخير و اخّر الاول و كذلك قال الله تعالى لموسى ابن عمران عليه السلام خذ جوهرا فامته ثم احييه فعلمه بذلك الحكمة و ازداد يقينا بالقيامة و البعث و حياة العالم و تقديم الحكماء الاخر و تاخيرهم المقدم من هذا المعنى ليس بمشكل على من عرف الحق و مواضع المغالطات و قد سأل الحكيم الملك عن ظل النحاس الذي هو لونه لما لم يره و غاب فاستشهد له ارس بقول بعض الحكماء ان النحاس لا يكون بغير ظل يريد ان لونه ثابت فيه و ان كان ابيض شعشعانيا نقيا و النحاس ههنا هو الماء الورقي النقي الذي هو يحمر و يبيض و هو البيض و كذلك يسمون الجسد نحاسا و باسم كل جسد و قال مهراريس [2] الحكيم ان الله عز و جل خلق واحدا من التراب يعني آدم عليه السلام و هذا هو مثل ضربه ثم صار هذا الخلق من نسله فهكذا خلق الله عز و جل هذا الامر اذ خلق من تراب حجرين ثم صار هذا الامر منهما و في هذا المثل تاكيد و تثبيت لقول القائلين ان من عمل الاكسير و عرف امره كيف يأخذ الخمير و كيف يولده لم يحتج الى ان يعود الى عمله ثانيا فيولده كما يتولد الحيوان و كما يتوالد الادميون و ابوهم واحد و قد صاروا من الكثرة على ما ترى ممن مضى و ممن يأتي و كما قال الحكيم ان الله عز و جل خلق واحدا من التراب ثم صار هذا الخلق من نسله فكذلك حجر الحكماء واحد ليس من آخر و آخر و اشياؤهم كلها منه و به و كما ان لا يجوز و لا يمكن ان يكون انسان الا من آدم عليه السلام و نسله فكذلك لا يمكن ان يكون صبغ ورق و لا صبغ ذهب الا من هذا الحجر الحي الواحد و كذلك اكسيرهم يكون له نسل كنسل آدم لا ينقطع مادامت الدنيا كما قامت الدنيا - و قال كيطونس [3] الحكيم ان الله عز و جل خلق آدم عليه السلام من تراب و جبل ترابه بالماء فحياته بالماء و هذا كله تمثيل يبين ان كل شيء يلد مثله مما يكون له نسل قال الله عز و جل و جعلنا من الماء كل شيء حي ففي هذا من قول الله عز و جل كفاية لمن عقل فقد اعلمنا الله تعالى ان كل شيء خلقه حيا فمن الماء خلقه و هو الزئبق و هو الماء و هو الخل الحاذق فليتنبه ذو الغفلة سبحان الله تعالى معطى الحكمة لاهلها و مانعها و حافظها ممن ليس لها باهل و قال زوسم فى انهدام حجرهم و ما يخرج منه من المياه على التمثيل و التشبيه و سيلان رطوبته و انحلاله بالرطوبات الداخلة عليه فاليوم سبيت مصر لانها سبيت مرتين من قبل هذه فمرة سبتها النوبة و مرة سبتها فارس و هذه الثالثة التي سبتها لم تسب مثلها قط و هو في ذلك يخاطب الوثاسية لان ابواب منف فتحت لك فهدمت حائطها الابيض و نقلت حجارتها بالرطوبة و استخرجت كنوزها التي كانت الملوك لا تقوى على فتح اغلاقها فانفتحت لك الابواب حين اطاعتك النجوم السبعة فانا فسر لك و ابين معنى هذا المثل المضروب بعون الله تعالى فقوله فاليوم سبيت مصر اراد بقوله بمصر منف و قد بين بقوله لان ابواب منف فتحت لك اراد بقوله مصر

---

[1] R. يبقى الجسد ميتا ميته الثانيه. [2] I. مهراش. [3] P. كدوطيونس.

الرطوبة و قوله منف هى المدينة يريد بذلك الحجر و قوله سبتها النوبة يريد بذلك ظهور السواد عليه و غلبته على لون الحجر الذي هو البياض الذي سماه منف و مصر و ما فى الحجر من الرطوبات الداخلة عليه من الرطوبة التي بيضت الحجر التي سبتها النوبة و هى الانثى التي غلبت على الذكر فابيض بلونها فلما دبرا بالنار سودتهما النار لما نشفت الانثى بالذكر فهذه غلبت النوبة على التشبيه للسواد الغالب على المدينة التي هى منف و هى مصر يريد بها الحجر و قوله و مرة سبتها فارس اراد الحرارة النارية التي قد كمنت فى الحجر بتدبير النار فظهر اليبس عليه و ناريته الغالبة عليه فيه كامنة و تسبيته لمصر شربه للرطوبة و تنشيفه لها اعني الرطوبة الثانية و هي السقية الثانية من التماليح و تسمى الغذاء و هى عقدة ثانية و الاولى عقدة اولى فهذه عقدتان و هما التمليحتان الاوليان لانها ثلثة تراكيب كل تركيب منها يسمى عقدة لان كل تمليحة تركيب و كل تركيب عقدة فافهم هذا وقف عليه فان فيه من الاسرار الكبار التي تحتاج اليها و قوله و هذه الثلاثة التي سبتها لم تسب مثلها قط اراد الرطوبة الثالثة و هى التمليحة الداخلة على الحجر الذي فيه الانثى التي هي مصر و اخواتها لانهم شرطوا لنا فى كتبهم انا اذا ذكرنا نيل مصر او مصر انما نريد الرطوبة فلما دخلت هذه الثالثة على اختيها سبتها الناشفة ايضاً و نشفتها كما سبت اختيها [1] و نشفتهما من قبل فهذه الرطوبات كلها الداخلة على الحجر هي مصر المسبية لانها مغلوبة و كانت هذه الثالثة محللة لاعضائه مفسخة له مع اختيها فهن بذلك النشف و الغلبة لما خالطهن و داخلنه اخذن قوته اى قوة الذكر و شبه الانثى باوثاسية لان الرطوبة انثى و اوثاسية انثى فكل رطوبة تدخل على الذكر فهي من اوثاسية فعند هذا كانت هى الغالبة عليه اعنى الذكر بلونها و اخذت نفسه اليها فلما دخلت على الكل السقية الرابعة التي هي من اوثاسية فتحت مدينة منف و المدينة هى الحجر فهدمت فى التعفين بالرطوبة الرابعة المعينة الانثى و اخواتها و قوله فهدمت حائطها الابيض يريد بالحائط الابيض الحجر لما ابيض بهذه الثلاث تمليحات و هو ابار نحاس التام و يسمى المغنيسيا البيضاء و يسمى رصاص ابشميث و يقال اقشميث [2] بالقاف لشدة بياضه و هو الذي تقدم ذكره و القول فيه لزوسم انكم اذا اذبتم الحجر الابيض اصبتم وجه العمل و مثل هذا من قول زوسم قول ارس للملك تودرس اذ قال له الملك قد قلت يا ارس فى هذا المثل قولا معضلا عند مثل ضربه للملك قال ارس غيري قاله و وضعه على اني اعلمك ايها الملك ان فارس قد غلبت مصر مرة فلم يضرها ثم غلبت النوبة فاحترمتها حينا ثم سلمت فلما دخلت عليها [3] افروديطى و غلبتها الثالثة فتحت ابواب مصر و انحلت رباطات [4] الاتربة و انهدمت حيطانها و انذابت حجارتها البيض و سالت الحجارة و الاتربة سيلا اغرقت منه البلاد و فرح الناس و لم تفتح [5] ابوابها و لا بلغ هذا منها لضعف الحرس و لكن الثلاثة الذين غلبوا على البلاد اصلحوا بينهم و بين السبعة الاصنام التي بمصر فاعطت [6] الاصنام السبعة طاعتها صاحب المفتاح [7] الآخر الذي هو افروديطى فلما رأى اوسيرس المفاتيح قد صارت في ايديهم دلهم على الاصنام التي كانت تطير [8] على من غلب على مصر فلما عاينت السبعة الاصنام المفتاح القاهر [9] لها الناري مع الحكيم استسلمت الاصنام للحكيم [10] لدلالة

---

[1] Omitted in R.; in I. اختها و نشفها.   [2] R. افشميث بالفاء.   [3] P. and I. عليه.   [4] R. رطوبات الاتربة.

[5] P. and I. لم يفتح.   [6] I. فاعرضت.   [7] P. الفتح.

[8] R. تطير عمن; P. تظهر.   [9] P. المفاتيح القاهرة.   [10] للحكيم is omitted in R.

اوسيرس الحكيم في اول الامر على المفتاح الذاري و اسلمت الاصنام ما فيها من الارواح و قالت الاصنام اما ارواحنا فهي لك ايها الحكيم [1] و اما اجسادنا فليس لك اليها حاجة و كذلك قال الملك لارس نبئني عن الاسكندر و عن [2] ثاثيا قال ارس انك قد سألتني عن معضل فافهمه ان الاسكندر لما انتهى الى ثاثيا اغلقوا الابواب و قاتلوه فقال لهم صنعتم صنع النساء فلو كنتم رجالا لخرجتم فقاتلتمونا و لو انى حرصت ان اصنع بكم شرًّا مما صنعتم بانفسكم حين حصرتموها [3] ما بلغته منكم فاقام عليها اياما كثيرة ثم فتحها و امر بهدم المدينة و حرقها كلها و قتل رجالها فاقاموا في احراقها و هدمها شهرا فالمدينة تهدم و الحجارة تذوب و الدم يسيل فقد صار كل شي دماً و الملك يفرح بما يرى من اقبال الامور عليه و كان فى المدينة زمار يحسن لغة المقدونية فلما زَمَّر قال في زمره ايها الملك ارحم هذه المدينة فان بينك و بينها قرابة واشجة من اخوالك من المقدونية و ارحم هذه الثلاثة الهياكل اللاتى هن من جنسك و انت فاعلم [4] من جنس اولئك الاصنام اللاتى كانت فى الهياكل و هناك تزوج زاوش [5] افروديطى و تزوج ارس بيا و تزوج اقرونس همادا [6] فلما سمع الملك الاسكندر زمره بهذه المقالة قال لاصحابه ويحكم ان هذا الزمار لساحر لاني لم ازل حردا [7] على احراق هذه المدينة و اصارتها [8] كلها دما حتى سمعت هذا الزمار فاذهب حردى و اطفأ غيظي قالوا ايها الملك ما اذهب غيظك الا ان هذا الزمار ايقن انك قد بلغت غايتك منها فدعى الزمار و قال له اقسم لاخرجن هذه المدينة من قرنك قال الزمار اما لطيفها ايها الملك فسيخرج من قرني و اما غليظها و ارضيتها فلن يقبلهما [9] قرني و كيف ايها الملك ترجو [10] ان تحسن زمري بغير الروحانيين فقربه اليه و قال ويحك ان زمرك هذا كله عليك لا لك فان كان اهل هذه المدينة يعلمون ان بيني و بينهم قرابة فلمَ اغقلوا الباب في وجهي قال اغلقوه لموافقتك و بامرك و لولا اغلاقهم الباب لطاروا الى الهواء و ما انهدمت و لا انذابت الحجارة و لا سالت الدماء و لا كانت الزمارة لتزمر قال صدقت و تفسيري لقول زوسم فى الحجر الابيض و لقوله فتحت مدينة منف و انذابت حجارتها البيض و تقلبت فهو ايضاً تفسير هذا الكلام الذى قال ارس في مصر و قوله و انهدمت حيطانها و انذابت حجارتها البيض و سالت الحجارة سيلا اغرقت منه البلاد عنى بهذا الانحلال بعد الجمود و التقطير و الاصنام السبعة هي السبع التساقي و المفتاح الذاري نفس الحجر التي انتقلت اليهن فصارت في اجوافهن و افروديطي هى الزهرة المحللة للحجر القابضة لروحه من جسده و الهادمة له و هو الروح الذي هو الزئبق الذي هو هرمس و هو يسمى الحكيم و الثلاثة الذين غلبوا على البلاد هى الثلاثة الاجزاء التي دخلت على الذكر و الانثى بعد الازدواج و هي التي تبيضهما بعد سوادهما و هي التي تسمى التمليحات و قد مَرَّ لي في ذلك كلام كثير في مواضعه و بينته بشرح بينٍ و انا عائد الى تمام ما بقي علي من كلام زوسم و هو قوله فقد ترى المعنى منهم واحدا و لكن الكلام قد يختلف و المساق الى معنى واحد و تدبير واحد و المشار اليه معنى واحد و تدبير واحد و قوله

---

1 I. ايها الملك.

2 R. ثانيا which suggests that the reading should be ثابيا—Thebes : P. عن الاسكندريه و عن دابها.

3 I. حصرتمونا.

4 P. و انتقائسم فاعلم من جنس .I ; و انتقائسم من جنس.

5 P. زوج.

6 R. هارا ; P. بقارا.

7 P. حريصا.

8 I. احصارها.

9 R., P., and I. يقبلها.

10 R. يرجوان يحسن .P ; ترجوان يحسن.

نقلت حجارتها بالرطوبة عنى بالرطوبة باقى التساقي التي دخلت على الحجر فحللته و اراد بقوله نقلت حجارتها قوى الحجر التى هي نفسه و نقلها لها اخراجها منه بالتقطير فى الماء و ذلك بعد الانحلال و قوله و استخرجت كنوزها يريد الاصباغ و هى ايضاً النفوس التي هي قوى الخمسة التي بها كمل الحجر و ابيض و قوله حين اطاعتك النجوم السبعة فانما اراد بالسبعة نجوم السبع التساقي لانهم نسبوا كل تسقية منها الى كوكب و منهم من سماها طبخة و طاعة النجوم لها هو التحليل و تمام التدبير الى نهاية التقطير ثم يقسمون هذه السبع التساقي اذا فرغوا من تدبيرها على تسعة اقسام فثلاثة منها للتبييض و الستة الباقية المعزولة منها للتحمير فقسمان من التسعة الاقسام [1] للرأس و الذنب و السبعة الباقية للسبعة الكواكب يطبخ بها لكل كوكب طبخة فالثلثة الاقسام الاولى التي هي للتبييض للمشتري و الزهرة و عطارد و تدخل على الحجر في مرة واحدة و تبقى الستة الاقسام للستة الكواكب الباقية جزأن منها للرأس و الذنب و الاربعة الاجزاء للاربعة الكواكب الباقية زحل و النيرين و المريخ و يسمون هذه الستة الاقسام الشبوب و الاصباغ و ماء القلقنت و ماء الزاجات و الشجائر [2] و زعفران الحديد و الزنجار و ماء الزنجار و بجميع الاصباغ التي في ايدى الناس و قال هرمس الحكيم في هذا الحجر و مائهم انا هرمس الحكيم ابين لكم معشر الحكماء اني نصبت لكم فى البربا صورة الشجرة من الجانب الغربي اصلها ارض و عودها هواء و ورقها ماء و زهرها نار اعلمك اعزك الله معنى قول هرمس اني نصبت لكم فى البربا من الجانب الغربى فالشجرة هى الحجر المرموز عليه سماه ههنا شجرة على التشبيه و التمثيل و قد اعلمتك كما اعلمونا انهم سموا حجرهم باسماء كل ما فى العالم و هذا الاسم المبتدع على نسق قوله في مكان آخر ازرعوا الذهب في ارض بيضاء ورقية فلقوله ازرعوا امكنه ههنا ان سماه شجرة و قوله من الجانب الغربي اومأ الى ان هذه الشجرة هي من ماء الحكماء المدبر لان جميع الحكماء في مصاحفهم قد اعلمونا و قالوا لنا انا اذا ذكرنا لكم الغرب او مصر او نيل مصر فانما نريد شيئا باردا رطبا بطبع الماء و اذا ذكرنا بلد فارس او اسطانس الفارسي فانما اردنا شيئا حارا يابسا بطبع النار اذا كان اهل فارس يعبدون النار و هذا كله منهم وحي و انما هو على التشبيه لان الغرب من ناحيته يكون الثلوج و الغيوم الرطبة الحاملة للامطار الكثيرة و كذلك مصر لان نيلها منسوب الى الرطوبة و قوله اصلها ارض فقد اومأ الى ذلك الشيء الذي هو بارد رطب بطبيعة الغرب و طبيعة نيل مصر و انه قد انتزعت منه الرطوبة و جعل في مكانها اليبوسة فصار باردا يابسا بطبيعة الارض و كذلك الارض باردة يابسة فسماه عند جموده و يبسه و ثباته ارضا و معنى قوله و عودها هواء فهو وحي و انما يريد به النفس التي هي نفس الحجر الخارجة من ارضهم هذه لما حللها من جسدها مائهم الروحاني فى التعفين فلما ارتفعت و امتدت مع الروح الى فوق و هي حارة رطبة سماها عودا لنموها و لتسمية اصلها شجرة و نسب عودها الذي هو النفس الى الهواء لان النفس حارة رطبة و كذلك طبيعة الهواء حارة رطبة فلذلك سماها هواء و قوله و ورقها ماء اراد بالورق مائهم الروحاني الابيض الذي [3] حملوا فيه نفس الجسد فارتفعت معه و طلعت كطلوع النبات و قد التف هذا الماء بالنفس كالتفاف الورق بالعود في منبته سماه ورقا لتسمية الاصل شجرة و قوله و زهرها نار

---

[1] P. فثلثة للرأس. [2] P. and I. الشحاير. [3] P. حملوه فيه نفس الجسد; I. حلوا فيه.

اراد بذلك الاصباغ التي هي الوان النفس التي سموها ازهارا التي تظهرها من كل لون في ارضهم قوة النفس لشدة حرارتها لانهم كلما زادوها تدبيرا و ترديدا ازدادت حرارتها و دقت [1] و لطفت فصارت فى الدقة و اللطافة و الانبساط فى الاشياء التي لهم بمنزلة الروح المدبرة لها مع النار و صارت فى الحرارة اشد حرا و احراقا من النار فلما ارتفعت الى اعلى القباب و صارت في طبيعة النار لشدة حرارتها سماها نارا و سمّى ما اظهرته في ارضهم من الالوان ازهارا و نسب زهرها الذي هو فعلها اليها فسماه نارا لان النفس اللتي ولدت هذه الازهار نار و سماها زهرا لتسمية اصلها شجرة و كذلك زهر كل شجرة و عشبة انما يظهر في اعلاها فلذلك يعظم صبغ هذه النفس بارتفاعها الى الهواء العالي و استنشاقها الهواء و هذه الشجرة هي الحجر الذي هو ابار نحاس التام الذي هو الخمسة الاشياء و هي الانثى و الذكر و التمليح الذي هو من ثلثة اجزاء و لهذه الاجزاء الخمسة امكنهم ان سموا النفس نفوسا و انفسا و روحا و ارواحا و جسدا و اجسادا و انما سماها شجرة لان جميع الحكماء سموا حجرهم شجرة فقالوا من اكل من هذه الشجرة لم يجع ابدا و قد ذكرت في كتابي كتاب مفتاح الحكمة العظمى الشجرة التي ذكرتها الحكماء فقالوا الشجرة التي تدخل في عمل الكيمياء و هى شجرة تخرج في اول يوم من الهلال ورقة و كذلك كل يوم الى خمسة عشر يوما من الهلال ثم تبدأ في يوم ستة عشر من الهلال فتلقي ورقة ورقة الى آخر الهلال فتتعرا من الخمسة عشر ورقة و لم يسبقني احد الى تفسير ذلك فبينت انه عنى بالشجرة القمر الذي منه اصل حجرهم لانه يأخذ من الشمس النور من اول يوم من الهلال الى خمسة عشر يوما ثم يرد اليها نورها في كل يوم الى آخر الشهر كذلك ابدا مادامت الدنيا و لذلك قال جابر اخوه الاكبر يريد الشمس و هو اعلم و اخوه الاصغر يريد القمر و هو اعمل[2] لانه يدبر العالم بما يأخذ من قوى الشمس و دل على القمر بالاثر الذي فيه و انا ذاكر لك في آخر كتابى هذا اخوي جابر إن شاء الله تعالى *

و وجه آخر من تفسير هذه النفوس و الارواح و الاجساد يريدون ان لكل جزء من هذه الاجزاء نفسا و روحا و جسدا فلذلك قالوا نفس و نفوس و انفس و روح و ارواح و جسد و اجساد و هم فى كل [3] ذلك صادقون كما تقدم القول فان سموها كلها باسم واحد ارادوا الاصل الذي هذه الاجزاء كلها منه و انها ايضا كلها صارت بعد الجمع واحدا و اذا قالوا نفس و انفس و روح و ارواح و جسد و اجساد فانما يريدون بذلك التجزى منها لان كل جزء له روح و نفس و جسد و لما سموا هذا الماء نارا قالوا بالنار يغسل و بالماء يحرق فالماء الذي به يحرقون هو هذا الماء بعينه و به يغسلون لانهم سموا هذا الماء لشدة حرارته نارا فهذا الماء هو الماء و هو النار الذي به يحرقون و به يغسلون سواد الجسد الثاني و يبيضونه قبل التحمير فقالوا لذلك بالنار يغسل و بالماء يحرق عند هذا الماء الذي سموه نارا فيه يحرقون و به يغسلون [4] و فيه معنى آخر من قولهم بالنار يغسل انهم بتدبير النار للماء فى الترديد وحده فى التقطير يغسلون و غسلهم لهذا الماء بالنار هو هذا التدبير ليذهب قذره و كدره و يصفو و يرق فهذا وجه آخر لقولهم بالنار يغسل فهذا الماء آلان هو الماء و هو النار التي اصلحوا بينها و بين الماء فاعرف هذه النار التي

---

[1] P. and I. الرقة - رقت . [2] I. اعلم . [3] Omitted in P.

[4] R. لذلك بالنار نغسل و بالماء نحرق و انما يعنون هذا الماء بعينه فيه يغسلون و به يحرقون .

P. كذلك بالماء يغسل و بالنار يحرق و انما يعنون هذا الماء بعينه فيه يغسلون و به يحرقون .

هي الماء و هذا الماء الذي هو النار و ربما اوهموا الناظرين في كتبهم انهم يتكلمون على ماء و على نار و مرادهم بذلك هذا الماء الواحد الذي هو من الاثنين كما قالوا من طبيعتين الذي هو النفس و الروح فيخرجون اللفظ فيه و هو واحد مخرج اثنين و مخرج ثلاثة و هو ماء و هواء و نار و الحكماء لم يضربوا الامثال في كتبهم عبثا و لا لعباً و انهم لم يأتوا بمثل الا ليدلوا به على معنى و ربما اشتملت الكلمة الواحدة على معنيين و ثلاثة و كل ذلك يدلون به على حجرهم و يشيرون بذلك اليه و الى تدبيره و طعومه و الوانه و غير ذلك مما يظهر منه في تغيراته *

و اعلم انت و جميع اخواننا انكم لستم بواجدين احدا ابدا يفسر[1] لكم من كتب الحكماء ما فسرت و لا يظهر من الاسرار في هذا العلم ما اظهرت من اسراره و غوامضه فقد عاد ما اظلموه من هذا العلم بالرموز الخفية نهارا مضياً و شمسا طالعة بصحو لا غيم فيه و لا تغطية عليه مظهرا لكل حق[2] مبطلا لكل باطل و اين تجد اليوم او في عصرك هذا و ما يأتي من يعني بقراءة كتبهم و لو ارادوا ذلك لم يفهموا عنهم كلامهم فلذلك قد رفضوا كتبهم[3] و هجروها و سخروها و تحيروا بها و هى الحق و الحق فيها و ما سواها باطل و مشغل عن الحق فهم في باطلهم منهمكون و عليه عاكفون الا و انى قد اوضحت و صوفت عمن نظر في قصائدي و اشعاري فى الصنعة و نظر فى كتابى هذا الموسوم بشرح اشكال قصيدتي التي اولها رسالة الشمس الى الهلال و صورها في هذه القصيدة المخمسة و في كتابي المسمى[4] بكتاب المغنيسيا الذي شرحت فيه المغنيسيا من كم هي و ما هي و ابار نحاس الغير التام و التام و في كتابي المسمى بمفتاح الحكمة العظمى و في غيره من كتبى ما البسته الحكماء من ذكر الحيوان و النبات و الحجارة الموات و الاجساد الباليات التي شغلوا بها الناس و تدابيرها التي تريهم الوانا حائلة نزرة لا ثبات لها و لا خير فيها فهى شبه شعبذة المشعبذ و شعوذة المشعوذ[5] التي لا اصل لها و لا حقيقة فيفرح بذلك مدبره فيلزمه و يقول اراني دوائى و اكسيرى لونا حسنا و لا يحصل في يده شي منه الا خسارة عقله و ماله كسراب بقيعة يحسبه الظمأن ماء حتى اذا جاءه لم يجده شيأ و انما فعلت ذلك رجاء ثواب الله عز و جل و عسى ان يصل ذلك الى مستحقه من اخواننا المؤمنين الاتقياء الصالحين و الله يمنعه من الظَلَمَة الفجرة و ان يد الله سبحانه على هذا العلم و هو حافظه و اسأل الله العفو و الرضوان و ان كنت قد كشفت عظيما و اظهرت جسيما لم تزل الحكماء باخلة به و كاتمة له فالله يعطيه من يشاء و يمنعه ممن يشاء و هو الوهاب المنان *

و اني اطرفك بطرفة من دعاوى قوم ممخرقين اتيك بذلك بعد منصرفي من كتابي هذا و اجعله خاتمته لتقف على ما ذهبوا اليه من البلبلة[6] و المخارق و لنعد الى ما بقي علينا من منصرف هذا الكتاب بعد قولي و هو الوهاب المنان فقد اريتكم العلم ظاهرا اذ صرفت عنكم كثرة الاباطيل و زخارف المضلين و دعاوى الممخرقين و اظهرت لكم المطلوب فعسى ان ترزقوا فتعلموا و تعملوا به في طاعة الله عز و جل و طلب ما عنده في دار الآخرة التي هي غاية الطالبين و منتهى الرغبة و العمل و الله المقلب الفتاح و من طلب هذا العلم لغير طاعة الله لم يظفر بما امله ابدا و لو ظفر به يوما و عمل به فيما اسخط الله باريه فوزره عليه

[1] P. من يفسر.
[2] P. اخذ حق.
[3] R. and P. omit.
[4] P. الموسوم.
[5] Omitted in R.
[6] R. التنبله.

و كان عمله ذلك قاتله و مرديه فاحسنوا نياتكم و الزموا الدراسة و الفكر في ذلك و لا يشكن احد منكم فيما بينت لكم فانه الحق و انا ناصح لكم في جميع ذلك لا اريد منكم جزاء على ذلك الا ما سمحت قلوبكم لي به من الترحم و الاستغفار لي فانصحوا نفوسكم كنصحي لكم فيما امرتكم به و نهيتكم عنه فاني لا ملبس عليكم لا مدلس في شي مما امرتكم به و لا في شي مما نهيتكم عنه و الله تقدست اسماؤه يجازيني على ذلك برحمته و رضوانه و الله يحكم ما يشاء و هو خير الحاكمين و هذا شرح ما وعدتك به مما ذهب اليه الممخرقون [1] و المتنبلون و المموهون اعلمك انه قد ظهر في وقتنا هذا قوم متنبلون [2] فى الصنعة لرعونة فيهم فكل رجل منهم يدعى انه اخو جابر بن حيان الصوفي رحمه الله و انه هو [3] الذي ذكره جابر بن حيان بقوله و ان لي اخوين يظهران في آخر الزمان و ذكر في بعض المواضع من كتبه و يكون لهما ثالث و يكون احدهما اكبر من الآخر و الآخر اصغر و فى الاصغر اثر حتى كان جابر يعلم الغيب و الامور الكائنة بعده و انا افسر لك ايضاً ما رمزه جابر بقوله اخويه بعد ان ابدأ ههنا بتفسير رمزه في قوله ان الصنعة تحتاج الى المكان و الامكان و الاخوان و الدرس و الاستاذ الماهر فهذه خمسة اشياء ابينها لك لتعرف غرضه في ذلك اما قوله المكان فانما عنى به الجسد الثابت لانه [4] مكان الروح و النفس و هو محل لهما و مأوى [5] و مركز يقفا عليه و يثبتا فيه للنار و التدبير و قوله الامكان عنى به ان يكون المدبر الداخل فى الصنعة متمكنا فى العلم اى عالما بالحجر و اخلاطه بصيرا بالتدبير غير مجرب بلا علم فيهلك ماله و نفسه بل يكون كثير العلم بذلك غزيره قد احكم العلم بمعرفة حجرهم و علم المزاج و الازدواج [6] لقولهم لا تعمل حتى تعلم فاذا علمت فاعمل و لقولهم ان المجرب بلا علم لا يظفر بشي ابدا فالامكان ههنا هو غزارة العلم و لا يكون فقيرا من المعرفة به بل يكون فقيها عالما بالصنعة لا يحتاج الى احد لمعرفته بمطلوبه و علمه و كذلك الامكان من المال هو كثرة المال عند الغنى بماله عن مسئلة الناس لانه غني بجاهه و بماله لا يحتاج الى احد و ان كان [7] من دونه محتاج اليه فيقال فلان ممكن و ذو امكان [8] اى هو مثر من المال غني بماله عمن سواه و قوله و الاخوان يريد بذلك اخلاط الحجر و هي الاجزاء التي تدخل عليه و هي منه و به و من الحكماء من سماها اخوات الحجر و منهم من سماها زوجات و منهم من سماها غذاء و منهم من سماها اصدقاء [9] و انما يراد بهن التساقي فلتسمية الحكماء الاول لهذه التساقي اخوات سماها جابر اخوانا اى هم اخوته و اخوانه لان هن من الاصل الذي هو منه ليس بينهن غريب و الاخوان هم الثلاثة الاصدقاء فهو اخ لهذه الاجزاء و تلك الاجزاء على رأى جابر اخوته اَنَّث من انث و ذكر من ذكر كل واحد على ما رأى من التشبيه لانها مصلحات له غير مفسدات اذ هن منه و هو منهن و اراد بقوله الدرس و هو درس الحجر و انما عنى بدرسه تعفينه و سحقه و هدم جسمه و تشويته و طبخه بالماء و تحليله ليستخرج من جوفه ارواحه التي هي لطائفه و ازهاره و ذلك كله هو تدبيره بالماء و النار حتى يتعفن و ينهدم و يتحلل و يستخرج ارواحه شبه ذلك بدرس الحبوب ليستخرج منها حبها [10] و هو المطلوب الذي بسببه كان الحرث و الزرع و الحصاد و الدرس و قوله الاستاذ الماهر و هو الخامس

---

[1] P. الممخرقون و المبتلون .I ; المخرقون و المبذلون .

[2] P. مبتلون .I ; يتبتلون .

[3] R. omits.

[4] P. الثانى .

[5] P. مساوى .

[6] P. الازواج .

[7] In R. and P. كان is omitted.

[8] R. مكان.

[9] In R. و منهم من سماها زوجات و منهم من سماها غذاء is omitted.

[10] R. omits.

آخر ما ذكر اراد به الماء و هو الروح الرطب لان بعض الحكماء سماه الحكيم لانه المدبر للصنعة من اولها الى آخرها و لولاه لم تقم الصنعة و هو هرمس فلذلك سماه جابر الاستاذ الماهر من اجل ان الحكماء سموه الحكيم اذ كان المميت للحجر ومخرج روحه و نفسه و قابضها و الامين عليها و هو مدبرها و معيدها الى جسدها و محييه بعد موته اعني ذلك الماء الذي هو الروح البارد الرطب فهذا تفسير هذه الخمس الكلمات التي ذكرها جابر على التمام و الكمال و بيان الفاظه المرموز بها على ما كناه في نفسه و المعلم هو الذكر لانه يعلم الطبائع قتال النار *

و بقي على جابر سادس للخمس [1] لم يذكره و انا اذكره لك ان كان شذ عن جابر و ان جابرا لم يرد بتلك الخمس ما ذكره الناس من ان المكان موضع يدبر فيه المدبر من بيت او دار و هل في الناس من ليس له بيت يعمل فيه ما اراد [2] حتى يحتاج الى مكان يعمل فيه و زاوية من بيته تكفيه و قالوا ان قوله الامكان ان يكون ذا مال و الصنعة لا تحتاج الى مال لقربها و رخصها و تيسير امرها على من عرفها و زعموا ان قوله و اخوان يريد به ان يكون للمدبر اصدقاء و اخوان يستعين بهم في خدمة العمل و هذا ما لا يكون لان هذا العمل [3] يكتمه كل احد يعرفه عن الاباء و الابناء فكيف يظهره للناس و يعلمهم اياه باستعانته بهم و هذا عجز ممن يفعله و ظن سوء ممن يتوهمه و هو محال و زعموا ان الدرس الذي امرهم به جابر هو قراءة الكتب و ان الاستاذ الماهر من قوله ذلك انه عنى به ان يكون للمدبر استاذ حكيم اي معلم يعلمه و يوقفه على حجر الحكماء و تدبيره و هذا مما لا يمكن ان يكون و لا يقدر عليه و ليس الامر كما زعموا و هو الذي اعلمتك به انما الاستاذ الماهر هو الحكيم المدبر لحجرهم و هو ماؤهم و كذلك الحكماء هي التساقي المغذية لحجرهم الصابغة له المنصبغة به و ان الحكماء سموا كل تسقية حكيما و سموا جميعها حكماء فاعلم ذلك [4] و لذلك سموا حجرهم بيضة الحكماء لانه من هذه الطبائع التي سموها حكماء اي هي منهم خرجت و هي المغنيسيا البيضاء التي هي ابار نحاس التام فهذا ما اراده جابر بقوله ذلك و اما قوله ان لي [5] اخوين يظهران في آخر الزمان و ربما ذكر لهما ثالثا و يقول ان الواحد اخوه الاكبر و الاخر يسميه اخاه الاصغر و في الاصغر اثر و الاكبر اعلم و الاصغر اعمل و كل واحد منهما يحتاج الى صاحبه فظاهر كلامه ان اخاه الاكبر الكبريت و اخاه الاصغر الزرنيخ على ما فسره قوم آخرون فهذا محال ممن توهم [6] انهما كبريت العامة و زرنيخهم و انما عنى به جابر لعمري بهذا المعنى كبريت الحكماء و زرنيخهم و هذا بيان اخويه هذين الذين ذكرهما و قال انهما يظهران في آخر الزمان فالزمان الذي عنى به زمان التدبير الاول و آخره هو الفراغ منه اعني التدبير الاول الى آخر التقطير و ظهور اخويه هو خروج النفس مع الروح من الحجر الذي [7] هو ابار نحاس التام الذي هو المغنيسيا بالتقطير بعد الانحلال و النفس هي الكبريت و الروح هو الزرنيخ و النفس منسوبة الى الدهن و الدهن منسوب [8] الى الحرارة و يسمونها الذهب و الذهب منسوب الى الشمس و الشمس هي الاكبر و هذه النفس هي الكبريت الاحمر و هي ذهب الحكماء و سماها جابر اخاه الاكبر الذي يظهر في آخر الزمان و اخوه الاصغر هو الرماد الخارج من

[1] In P. للخمس is omitted. [2] R. احب. [3] R. علم.

[4] I. كذلك. [5] R. له. [6] R. and I. زعم.

[7] In R. a long passage occurs here صارت امرا عظيما up to و في هذا البخار اللطيف which has been rightly placed later in I (*vide* latter half of p. 100, and top of p. 101). [8] R. منسوبة.

الرماد و الثالث الجسد الذي يرد [1] اليه و هذا الرماد يسمونه قمر الارض و قمر الليل و النفس يسمونها شمس النهار و الروح المدبر للحجر الخارج مع النفس الذي خرجت النفس معه من الجسد و الروح بارد رطب و هو منسوب الى الماء و الماء منسوب الى القمر و القمر اخو جابر الاصغر و هو صاحب الاثر فدل على القمر بالاثر الذي هو فى القمر و هو اصغر من الشمس و القمر الارضي فهو اكليل الغلبة و هو اخو النفس حقا و دل على الشمس بقوله الاكبر و كما قلنا ان الروح منسوب الى الرطب فكذلک الدهن نسب الى اصله الذي هو الشمس بسبب الحرارة و انه فوق الماء و سموه الذهب و الذهب منسوب الى الشمس و هو حجر الشمس و الشمس حارة يابسة و النفس قد صارت بالتدبير اشد حرارة و احراقا من النار *

و وجه آخر في اخوي جابر اخوه الاصغر البياض الثاني و الاكبر هو التحمير و الفوفرة و هو آخر العمل و التمام و النفس هى الكبريت و الروح هو الزرنيخ و انما سموا الروح بالزرنيخ لانه يبيض النفس و يعلو بياضه و لونه عليها و انه قد بَيَّضَ قبل النفس الجسد الذي هو اصل النفس و يسمون جسدهم ذلک النحاس و ان الروح الذي سموه الزرنيخ الذي هو زرنيخ الحكماء يبيض نحاسهم كما يبيض زرنيخ العامة نحاسهم فلذلک سموه الزرنيخ على التشبيه في فعله و سموا النفس كبريتا لانها تصبغ جسدهم و تفوفره و تظهر ما في بطنه من الحمرة فتصبغه في آخر التدبير و يصبغها فيظهر ايضاً لون نفس الجسد التي فيه و يظهر لونها هي ايضاً مع لون نفسه التي هي فيه كما يصبغ كبريت العامة زئبقهم فيجعله زنجفرا احمر قنبار و هذا هو فى الظاهر من صبغ كبريت العامة [2] زئبقهم لا فى الباطن و ليستا بكبريت العامة و لا زرنيخهم و انما تلک الحمرة من الزئبق ظهرت لانه احمر الباطن فيتفوفر بروايح كبريت العامة كالدم الذي في باطن جسم الانسان فيظهر عليه و يفوفره [3] بسبب علة من حمى [4] او غيرها فيقال تفوفر [5] بالدم و الكبريت الابيض هو الروح الذى فيه النفس المستخرجة من جسدها به و هى الكبريتة الحمراء *

و اما الثالث الذي ذكره جابر في بعض المواضع مع اخويه هذين الذين بينت لک ما هما عنى به جسدهم الابيض و هو عندهم الماسک للاصباغ مع الرماد و هذا الرماد قد سميته انا في كتابى [6] مفتاح الحكمة العظمى هرمس ابا الاصباغ عنيت بالاصباغ النفوس و الارواح التي هي الرطوبات التي استخرجت منه اذ كانت اولاده و هو ابوها [7] ثم قلت بعد ذلک و سميته ايضاً جسدا من جسدين و جسد الجسدين و ان تاخر امره فقد تقدم ذكره عنيت بقولي جسد الجسدين ارض الحكماء التي هى واحدة من اثنين من الذكر و الانثي و قولى ان تاخر امره فقد تقدم ذكره اى ان تاخر امر هذا الجسد الذي هو من جسدين الى اخر العمل فقد تقدم ذكره اى [8] تقدم عمله فهذا ما رمزت انا به على الجسد و الروح و النفس و ما به دبرت من الاخلاط و هو الذي فيه قال خالد [9] - * مصرع *

فالتمس قيدا يطاه كل اعمى و بصير

---

[1] R., P. and I. يردان.

[2] R. زئبقهم.

[3] R. يتفوفو به.

[4] P. خمير ; I. العلل.

[5] P. يفوفر.

[6] R. كتابي الذي سميته مفتاح الحكمة العظمى اعني هذا الكلس سميته فيه هرمس ابا الاتباع عنيت بالاتباع.

[7] P. ابوهن ; I. ابوهم.

[8] R. انه.

[9] R. خالد بن يزيد.

عنى به هذا الجسد و ضربه مثلا في شعره و هو التراب و الرماد اليابسان الذان لا رطوبة فيهما و هو الذي سماه بعض الحكماء عذرة و زبلا و سمى صفوه بولا لما اخذوا عنه صفوه الذي هو النفوس و الارواح سموا هذا الصفو بولا لما سموا ثفله عذرة و زبلا و قد تقدم تفسيري لذلک في موضعه من تفسير الصور و الاشكال في قصيدتى الاخرى التي من صورها [1] واحد يتغوط و آخر يبول على غائط ذلک و تفسيره ما هو مع هذين من باقي الاشكال و الصور بما فيه كفاية و اما هؤلاء المتنبلون المحتالون على اموال الناس الذين كل واحد منهم ادعى انه اخو جابر بن حيان و يزعم ان جابرا اشار اليه و انه هو الذي عنى بقوله انه يظهر في اخر الزمان و هو ذو الجهل [2] بما عنى جابر بقوله ذلک فكان ذلک للادعاء منهم نهاية في الحمق و انما ذكرت في آخر كتابى هذا اخوى جابر و ما هما و ما اراد بهما لينقطع طمع [3] كل متنبل يدعى انه اخوى جابر [4] حيلة و مكرا بالناس فلا يقدر احد يدعى ذلک و ما ارى احدا له جراءة على التقدم في وجوه المحال كجرائة الجهلة السقاط *

و اما السادس الذي قلت انه قد بقي على جابر ام يذكره مع الخمس التي هى المكان و الامكان و الاخوان و الدرس و الاستاذ الماهر فهو تكرير الفكر و موضعه يكون بعد الدرس فهذا ما كان بقى عليه و الفكر هو التقطير و تكرير الفكر هو تكرير التقطير لاستخراج [5] النفس من الجسد فاذا خرجت [5] منه كرر عليها التقطير وحدها بالروح لتنقي و تصفو و تتهذب و هذا هو بعد الدرس و الدرس هو سحق الحجر و هدم جسمه و استخراج لطيفه منه شبه بدرس الحنطة و استخراجها و من سنبلها و تخليصها من تبنها ثم طبخها و نخلها بعد ذلک و نخل الحكماء لحجرهم هو التقطير ليستخرج منه لطيفه الذي هو نفسه و روحه التي هى ازهاره و اصباغه لان الناس ينخلون الى اسفل و الحكماء ينخلون لطيف حجرهم الى فوق و هذا كله على التمثيل و التشبيه و لذلک سمى طمطم الهندي التقطير الذي هو النخل للحجر و ترديد الماء على ثفله لتخليص النفس من الجسد بالتكرير ثم تكريرها وحدها فى التقطير بلا رد على الجسد لتصفو النفس و تتهذب و تلطف و تصير روحا لطيفا حارا ناريا غائصا غماسا في الاجساد التي هى الكباريت الذي هو الجسد الواحد الثانى [6] بتكرير الفكر و هو التقطير فتصير روحا مع الروح فتنبسط معه كانبساطه في الجسد و يصطحبان [7] و يصيران شيئا [8] واحدا و تكلم طمطم عن نفسه بما علم و انما جعل تكرير الفكر صاعدا و نازلا في احالته فكره تشبيها و تمثيلا بذلک [9] الترديد و التكرير و لذلک التقطير شبهه باحالة الانسان فكره حتى يستخرج النفس من جسدها بتكرير التقطير اراد طمطم اعلامنا بذلک و تعليمنا لنعمل به كما يحيل الانسان فكره ليستخرج بتكرير فكره المعنى الذي فكر فيه فاذا صارت النفس بهذا التدبير في مثابة الروح و الروح الطف من النفس و هى سبب الحياة بعد ان كانت نفسا و بعد ان كانت النفس جسدا لان الجسد لا ينفذ في شي من الاجساد و لا يصبغها حتى يحول بالتدبير نفسا لان النفس الطف من الجسد و الروح الطف من النفس فلما ارتفع الجسد بالتدريج في التدبير و التقليب و التفصيل [10] بعد التحليل الى ان صار نفسا لطيفا ثم صار بالتدبير و التقليب روحا ناريا عند ذلک انغمس في

---

[1] P. صورتها. [2] R. ذووا جهل. [3] P. طبع.

[4] In I. و ما هما و ما اراد بهما ليقطع طمع كل متنبل انه اخو جابر is omitted.

[5] R. لتخلص النفس - خلصت منه. [6] Omitted in R. [7] R. و ينضجان و يختلطان.

[8] R. and P. omit. [9] R. لذلک ; I. كذلک. [10] R. omits.

الاجساد و صبغها و لذلک قالت الحکماء ان الاجساد بالاجساد تصبغ و قالوا نحاسنا له نفس و روح و جسد و کلها واحد و قد قالوا ان الجسد لا یصبغ جسدا مثله و هم فی المعنیین صادقون لان الاجساد الغلاظ التي تعرفها العامة لا تصبغ الاجساد و لا ینفذ جسد في جسد لان الغلیظ لا یصبغ غلیظا مثله لانه لا تفشي له و لا انبساط فی الاجساد فاذا کان جسد الحکماء لطیفا روحانیا لا یصبغ مع لطافته و انه لم یتکون في تراب و لا ینبسط حتی جعلوه نفسا لطیفة ثم ردوه بعد ان صار نفسا روحا لان الصبغ للارواح لدقتها و لطافتها و انبساطها و تفشیها فی الاجساد فلما قلبوا جسدهم اللطیف الذي صنعوه جسدا ثم قلبوا بعد تجسیدهم له نفسا ثم صیروا تلک النفس روحا لطیفا ناریا لانه اکتسب من التقلیب و التفصیل فی التدبیر من النار حرارة عظیمة بها صبغ الاجساد لانقلابه نفسا ثم انقلبت روحا و اکتسبت حرارة سموها عند ذلک نارا فصدق قولهم ان الاجساد بالاجساد تصبغ و الاجساد التي تصبغ هی هذه الاجساد المصنوعة [1] و هو جسدهم الواحد الذي حملوه هذه الاصباغ الذي سموه باسماء اجساد العامة کلها من ذهب و ورق و نحاس و رصاص [2] و قصدیر و حدید و هو جسد واحد من اربعة اجزاء و سموه ایضاً کبریتا و کباریت اذ کان جسدا ثم صار نفسا ثم صار روحا فلذلک اذا سموه بهذه الاسماء ابطلوها و قالوا نحاسنا و رصاصنا و ورقنا و ذهبنا الذي من عملنا و منا و الینا فلا تفتنوا بالاجساد الغلاظ التي في ایدی العامة فتتخبطوا [3] و عند ذلک امکنهم ان قالوا ان الجسد لا یصبغ جسدا مثله و انما یصبغ الجسد الروح اذ کان اصل جسدهم الروح فجعلوه جسدا و ان کان ذلک الجسد انقلب في التدبیر نفسا ثم ردوه بالتدبیر روحا و قد اکتسب ناریة و عند هذا التدبیر و کماله قالت الحکماء یعنون حجرهم نحاسنا له روح و نفس و جسد لانه کان جسدا ثم صار نفسا ثم صار روحا و هذا عندهم التفصیل و التقلیب و لذلک قالوا الثلاثة واحد و الواحد فیه الثلاثة فمن عرف الجسد و اراد ان یصبغ به فلیدبره حتی یجعله نفسا ثم یزیده من تدبیره ذلک الموافق له حتی ینقلب روحا ثم یزید في تدبیره ذلک الموافق حتی ینقلب نارا لشدة حرارته في فعله و هذا هو الماء المثلث الذي للحکماء لانه ماء ثم صار نفسا ثم صار بالتدبیر نارا فهذا الماء واحد و هو ثلاثة و هو الذي یذکره فی کتبه جابر بن حیان و یقول الماء المثلث و یعظم امره و یرمز علیه بالزنجار و اصحابه فاعرف هذا الماء الواحد الذي هو ثلاثة و هو من طبیعتین یریدون بالطبیعتین الذکر و الانثی فعند ذلک یصبغ هذا الجسد الرفیع الذي وقع علیه التقلیب و التفصیل کل جسد من نحاس و رصاص و حدید و ورق و هذه الاسماء کلها هي اسماء جسدهم الثانی الذي یریدون ادخال هذا الصبغ فیه الذی هو ورقهم الابیض و هم یسمونه اعني هذا الجسد الابیض ذهبهم و کذلک [4] قالوا فی ذهبهم ایضاً الصابغ الذي هو ماؤهم المثلث القه علی الذهب فیزید في صبغه یریدون بذلک ذهبهم هذا الذي هو جسدهم الابیض الثاني الذي هو ورقهم و في ذهبهم هذا الذي هو ورقهم الابیض لما اسود قالوا بیضوا الذهب فهذا هو جسدهم الذي ردوا الیه روحه و نفسه بعد خروجها منه و لذلك شبهوه بنیل مصر لان نیل مصر یخرج من مکانه فیغطی اراضي مزارعهم ثم یعود الی مکانه و کذلك هذا الماء الذي لهم خرج من جسدهم بالتدبیر فصار نفسا ثم انقلب فصار روحا ثم صار نارا ثم ردوه الی جسدهم الثاني [5] فثبت فیه فسموه عند ذلك ارضا فلما رجع الی جسده عاش الجسد و قام من قبره و قامت القیامة [6] و تم العمل بتمام ذلك *

---

[1] R. المصبوغة.   [2] R. omits.   [3] P. and I. فتتخطئ.

[4] R. لذلك.   [5] R. omits.   [6] I. قالت الحکماء اجعلوا الارض ماء و الماء هواء و الهواء نارا و النار ارضا.

فافهم هذا التدبير و التقليب الذي سموه التفصيل لانفصاله من شي الى شي تصب البغية و تذل به درجة الحكماء و دع عنك حل اجساد العامة الممخرقين و زيابقهم و كباريتهم و جملة عقاقيرهم و جميع ما هم فيه و عليه فليس في ايديهم شي يقال له حكمة و انما الحكمة هي ان تميت الحجر الحق المطلوب الذي اودع الله عز و جل فيه السر الذي ليس هو في غيره و تستخرج نفسه منه و تدبرها كالعادة ثم تعيدها الى جسدها فيعيش الجسد بعد موته على ما بينته لك و سازيدك في هذه النفس شرحا و بيانا لتقف على حقيقتها بعد تمام هذا الكلام و تنظر غامض السر المكتوم و الامر العظيم المصون فهذا حياة الجسد الميت و ما كان من تقليبه اولا حتى صار ماء ثم صار هواء ثم صار نارا بعد ان كان جسدا و ذلك ان هذه النطفة تقبل التدبير و النمو و الزيادة فتنمو و تزيد و تتربى كالنطفة فى الرحم او كالحبة في منبتها و كما لا تجد صبغة عصفر الا من حبة العصفر البيضاء بعد بذرها و سقيها و تعفينها كذلك لا تجد صبغ ذهب الا من هذا الحجر الابيض وحده بعد زرعه و سقيه و تعفينه و تربيته و غذائه و ليس ذلك في حجر و لا نبات [1] و لا حيوان غيره و قبل ذلك من قبله و دفعه من دفعه و اللبيب العاقل يعرف الحق اذا اتضح و انما دبرت الحكماء هذا الماء و جعلوه نارا ليحرقوا به الجسد الثاني ليدق و يلطف و يصير كالروح لطيفا و هو الذي يعفنه و يدقه و يلطفه و يسوده و يبيضه و هو الذي يحمره و يفرفره و يصبغه لونا بعد لون و يشد اللين و يلين الشديد لانه يفعل الشي و ضده *

و هذا ما وعدتك به من الزيادة فى بيان هذه النفس شرحا فكن اذنا واعية [2] و هو ان حجر الحكماء كما تقدم القول فيه يقبل التربية و الغذاء فينمو [3] و يقوى و لذلك يحدث فيه بالتدبير و التحليل و التعفين قوة فاعلة تتكون بلطيف التدبير و هذه القوة [4] هى شبيهة الريح و الهواء و البخار اللطيف الذي لا يرى فسمت الحكماء هذه القوة الفاعلة نفسا و روحا و هو ولد حدث بالتدبير الطبيعي فخرج من بين الذكر و الانثى فلذلك ايضا سموه ولدا و مولودا و هو الهواء الذي يحبل به في اسفل الاناء [5] و يولد بالتدبير في رأس الاناء [5] و هو الذي يسمونه الصبغ و الهواء الغريب المتجسد الرماد الذي استخرج من الرماد و لما كان مولده فى رأس الاناء مثل ولادة حبة القمح في رأس السنبلة و ما فى السنبلة من الحب الذي هو مولده اضعاف تلك الحبة التي هى الام و كذلك زهر العصفر الذى فيه الصبغ انما هو فى رأس عوده و الزعفران كذلك و كذلك ازهار الاشجار و ثمارها انما تولد في رؤوسها فلذلك شبهت [6] الحكماء هذا البخار اللطيف الذي هو الهواء الذى هو النفس الذي هو الصبغ بزهر الاعشاب و زهر كل شجرة لتولده في رأس انائهم من حجرهم و ليس ذلك البخار في شي من الاحجار الا فى هذا الحجر الواحد و ما فى ايدى الناس من احجارهم و اجسادهم و عقاقيرهم ليس يحدث [7] فيها قوة لا بتدبير طبيعي و لا بغيره و لو كانت فيها قوة فاعلة لبان لهم فعلها على كثرة علاجهم للاشياء و لو لا ان في نطف الحيوان قوة متفرقة تتكون منا [8] كذلك بالتدبير و تقبل النمو و الغذاء و الزيادة بالتدبير الطبيعى لم يكن التدبير ليجعل فيها روحا و لا نفسا فاعلة ابدا و لا كان يخرج منها حيوان

---

[1] I. و لا حياة بعد و لا قبل ذلك من قبله. [2] R. واحيه.

[3] R. فينمي. [4] R., P. and I. فهى. [5] R. الآنية.

[6] P. و كل ازهار الاشجار وثمارها انما يتولد في رأسها فلذلك سمت .I ;تولد في رأسها و كذلك.

[7] R. منها. [8] منها is omitted in R.

متحرك و كذلك حجر الحكماء فيه حياة سميتها[1] قوة مستغرقة تنمو و تقوى بالنار و الماء فتظهر بالتدبير
الطبيعي و ليس لغيره من الاحجار مثل هذه القوة الفاعلة و لتولد هذه القوة الفاعلة التي لا ترى و لا تحس
الا بالعلم من شيئهم في رأس انائهم و كان الحبل اى حبل الجسد بهذه القوة في اسفل الاناء قال مرقونس
الملك الحكيم في ذلك في بعض مسائله لسنقجا لا يعرف ذلك الا من حملته امه في رأسها عنى ولادة
هذه القوة المسماة نفسا في رأس الاناء و قال ايضاً مرقونس في رسالة اخرى يحبلن فى الحمامات و يولدن[2]
في الهواء و قال ايضاً مرقونس مجيبا لسنقجا في بعض رسائله و قد وصف مرقونس له ذلك فقال سفنجا انا
اعرفه فقال له مرقونس قد عرفت انك تعرفه مذ رأيتك تبول من منخريك[3] و قال ايضاً مرقونس فى رسالة
سماها رسالة الجمل فلما طال هبوب الريح الكامنة في نحر الجمل من داخل جوفه نفث[4] ملوحة كبده الى
رأسه ثم نفثتها[4] من رأسه الى الهواء فلذلك ليس للجمل ملوحة في جوفه و لذلك صبر على العطش و تلك
الروح مخلوقة في داخل نحر الجمل ليست بداخلة فيه من خارج انما هي منه و به فمن اجل ذلك قويت
على نفي ملوحة الجمل من جوفه الى رأسه و من رأسه الى الهواء و قال مرقونس ايضاً في رسالة اخرى له
يريد الطاؤوس و في جوف هذا الطير الابيض هذا الطير الاحمر يريد بالطير الابيض الماء الذي هو الروح الابيض
الرطب و هو الاثال و بالطير الاحمر الذي هو في جوف الابيض يريد به الصبغ الذي هو النفس التي قلت
لك انها القوة الفاعلة اريد بذلك الصابغة التي هي بمنزلة الريح اعني بالريح الهواء المخلوق من الحجر
و به ثم قال مرقونس ايضاً الذي يصيد بالنهار الطواويس[5] على ظهر البحر و يرفعها الى رؤوس الجبال يريد
بالجبال القراع و رؤوسها الانابيق و مثله قول اسفيدوس الحكيم[6] و ارفعوها الى اعلا اماكنها و احصدوها من
رؤوس جبالها التي توجد فيها يريد بهذا مائهم الآلهي النقى الذي فيه و منه و به تلك الريح التي هى القوة
الفاعلة التي هى النفس الحية الصابغة التي حبل بها البخار من البخار معطية الحياة لكل ما دخلت
فيه التي لا ترى و لا تحس الا بالعلم و لا يرى منها الا فعلها و هو ظهور الصبغ في جسدهم و الالوان التي
يسمونها ازهارا و ازهار الاعشاب و ما سوى ذلك من الاصباغ و قول مرقونس يطوف بالنهار الطاووس على ظهر
البحر فالبحر هو حجرهم سموه البحر و بحر البخارين و بحر الجنوب كما سموه الجبل و سماه مرقونس جبل الرصاص
للسواد الذي ظهر عليه و سماه جبل العيون لخروج مائهم و جريه منه و قال هرمس في هذا البخار الخارج
من البخارين الذي يستنشق الروح من الهواء فيكون بذلك حيا محيا لما دخل فيه برفق و حكمة يصعد من
الارض الى السماء فيقتبس الانوار من العلو و ينزل الى الارض و فيه قوة الاعلى و الاسفل فيكون بذلك مسلطا
على الاعلى و الاسفل لان معه نور الانوار فلذلك تهرب منه الظلمة فهذه الامثال كلها التي تضربها الحكماء واقعة
على الشيء اللطيف الذي لا يرى المخلوق في جبلة حجرهم مذ كان الشيء الواحد الذي يتقوى و ينمو
و يقبل التدبير[7] بالحرارة و الرطوبة فكل الحكماء و ان اختلفوا في تشبيههم و تمثيلهم كما عرفتك[8] ذلك في
هذه الامثال المختلفة الالفاظ المؤدية الى شيء واحد التي بها يدلون على المعنى الواحد الشيء اللطيف الذي

---

[1] I. سموها.
[2] R. و يلدن.
[3] R. and P. متحرك.
[4] R. نقتها - نقت.
[5] I. الطاووس على البحر.
[6] R. اسفيذيوس الحكيم ; I. الحكيم سفيدوس ساقندس.
[7] R. القوبية.
[8] From here, up to line 2 of page 101, is missing in P.

قد خفي معناهم فيه على جميع الناس و مثل ذلك قول مارية في هذا الماء الآلهي الذي لهم الروحاني لما فيه من تلك القوة القابلة للنمو و التربية التي تفعل افعالها و لا ترى بل يرى فعلها فالحكيم يراها بعين العلم و حسه اللطيف الروحاني و قول مارية و هو ملك من الارض يخرج و من السماء ينزل و قولها ايضا فيه و يمسك ماء السماء بماء الارض و الارض بنداوتها تقبله تريد ان جسدهم يمسك هذه القوة المسماة نفسا و يقبلها بما فيه من القوة التي تشاكلها التي هي ثابتة في جسدهم مختفية فيه و هو العالم الاسفل[1] و البخار الذي يحبل من العلو و هذه القوة و ان كانت لم ترفع الى الهواء كما رفعت التي في جسدهم الآخر فتظهر لانها مخالفة لها هذه ارضية ثابتة و تلك لطيفة روحانية سماوية فلما دخلت القوة السماوية على القوة الارضية الثابتة و دبرت الارضية بالسماوية دقت الارضية و لطفت و تهذبت بتدبير السماوية لها فصارت مثلها في الدقة و اللطافة و الفعل فصارتا شيئا واحدا فاعلا فظهر فعلها في الجسد الثاني و هو حياته و ظهور الالوان و ثبات الصبغ فكل واحد منهما قوة الاخرى فلما تناكحا اعني اللطيف العالي و لطيف الارض الكثيفة و اللطيف العالي في هذا الموضع ذكر و كذلك الهواء ذكر و هما من شي واحد فهذا تزويج الارض الاخ باخته الذي لا يعمل شيئا الا بها و لا تعمل شيئا الا به و رماد الرماد فظهرت النتيجة من بينهما التي هي الولد الصبغ الفرفير الملك الاعظم الجواد الرفيع الشريف الذي هو مثل ابويه هذين بل ادق و الطف فالام نورانية قمرية و الاب نوراني شمسي علوي فكانت نتيجتهما مثلهما بل هي على شرف ابويهما اشرف و ادق و الطف و اقوى قوة و فعلا و انما دبرت السماوية و هذبت من اجل هذا الجسد الارضي و ما فيه فاحرقت ما فيه من الكباريت المفسدة و جعلته لطيفا مهذبا و ما فيه بالاحراق لها بقوتها التي استفادتها بالتكرار من العلو و بتدبير النار فلذلك قالت الحكماء صارت[2] امرا عظيما و ذهبت بغلظ ارضية الجسد الثاني و ما فيه من خبث و احرقته بقوتها و لذلك قالوا الماء و النار يكفيانك العمل فالماء الروح و النار النفس و بهما احرقوا غليظ الجسد الثاني و هذا الكلام الذي كلمتك به ههنا خارج عن كلام الناس الذي يتكلمون به على هذه الصنعة و فيها لرقته و لطافته و هذا الكلام الذي قد سمعته مني و كلمتك به بتفسيري لبعض معاني كلام الحكماء فيه و الغازهم. هو الكلام الكاهني الذي لا يعرفه و لا يقف عليه و لا على معناهم فيه الا من كان منهم و من اهل مدينتهم و لذلك قالوا كلامنا ظاهره جسداني و باطنه روحاني فمن عمل بظاهره لم ينتج و في ذلك قالت مارية الحكيمة العبرانية[3] نحن اهل مدينة واحدة و بعضنا يفهم كلام بعض فمن لم يكن من مدينتنا و لم يعرف كلامنا فلا يدخل في صنعتنا فمعانيهم كلهم و اشاراتهم و ايماؤهم و وحيهم و الغازهم في تمثيلهم و تشبيههم الى هذا الهواء اللطيف المتولد من حجرهم في ارض بربائهم الطالع الى سمائهم مقتبس الانوار من العلو و انما ضربت الحكماء الامثال ليفهم بها عنهم ما ارادوا بذلك من المعاني المستورة عن جهال الناس و انما يستخرج تلك المعاني المدفونة تحت الامثال الظاهرة بلطيف العقل و حسن النظر في ذلك و حدة الذهن و قوة لطيف الفكر فعند ذلك تقع جودة الحدس و الظن الحق على عين المطلوب لانه قيل ظن الرجل قطعة من عقله و في هذا الظن قال امير المؤمنين على بن ابي طالب كرم الله وجه احذروا فراسة المؤمن فانه ينظر بنور الله عز و جل فظنكم انتم بالحكماء فيما تظنونه و ما تعتقدونه هو الظن الذي قال الله تعالى فيه ان بعض الظن اثم و انما

---

[1] R. and I. السفلى.

[2] In R. from صارت امر اعظيما up to و فى هذا البخار اللطيف of p. 101, l. 2, comes earlier (*vide* note 7, p. 94).

[3] R. قبطية.

حصل الاثم في بعض الظن اذ لم يقع الظن على حقيقة الشيء بل وقع على ما اوجب الاثم و في هذا البخار اللطيف الذي بينته لكم انه من حجر الحكماء و ليس هو في غيره و لذلك غيره لا يعمل عمله اعني شعركم و بيضكم و عقاقيركم المضلة للعقول المتلفة للاموال و هو البخار الذي يكون ريحا ثم يصير روحا صابغا *

دليل آخر آتيك به شاهدا ليثبت المعنى المشار اليه الذي هو المعنى الحق في قلبك بالاشارة من هذا الحكيم اليه الذي اقتبسته من نور الفاظه ليدل بها على المعنى و ليفهم ذلك من اراده الله عز و جل بها نفعه قال اكسميدوس[1] الجرعاني و هو من تلامذة فيثاغورس[2] الانطاكي و يسمي ايضاً فيثاغورس رأس الكهان في بعض مقالته مع جماعة التلاميذ فيما وضعوا من الامثال لما امرهم معلمهم الحكيم[3] فيثاغورس بتنوير ما اظلمت الحسدة لمن بعدهم من الباقين فيجب ان تفهم هذه الاشارة من قول اكسميدوس[4] قال في بعض مراجعته الكلام فالماء و النار عدوان ليست بينهما قرابة واشجة[5] لان النار حارة يابسة و الماء بارد رطب فاما الهواء فحار رطب فاصلح ما بينهما برطوبته مع حرارته فصار الهواء مصلحا بين الماء و النار و الارواح كلها من لطيف بخار الهواء تكون لانه اذا اجتمعت السخونة مع الرطوبة فليس لهما بدّ من ان يخرج من بينهما لطيف يصير بخارا[6] او ريحا لان حرارة الشمس تخرج من الهواء لطيفا يصير[7] روحا و حياة لكل مخلوق و كل هذا انما هو من تقدير الله تعالى و الهواء انما يستمد الرطوبة من الماء و لولا انه يستمد من رطوبة الماء ما يقوى به على حرارة الشمس لقهرت الشمس الهواء بحرها و لولا تنفس الهواء حينئذ بالارواح التي يتولد منها الخلائق لاهلكت الشمس[8] من تحتها من الخلائق بحرها و انما قوي عليها الهواء لايتلاف حرارته بحرارتها و ايتلاف رطوبته برطوبة الماء و في ذلك مقنع و كفاية و الا فالكلام منهم على ذلك كثير و الايماء على ذلك كثير و لكنه لا يفهم عنهم لانهم ارادوا ستر ذلك و اظهاره لاهله و كتمانه عن غير اهله فلم يمكنهم غير ذلك فقالوا من كان له فهم و عقل يميز به و اراد الله به خيرا فيفهم الامثال التى وضعناها لانه لا يجوز ان توضع هذه الامثال لغير معنى و يظهر له عقله ما سترنا و يفهم عنا ما اردنا فكلامهم مستور ملبس خفي و هو لمن درس كتبهم و ثابر على قراءتها و طرح ظاهرها يعني ظاهر اقوالهم بيّن مكشوف حتى ان المرء يتعجب اذا فطن لكلامهم كيف خفي عنه في اول الامر و هو بين واضح غير مستور لكل ذي عقل الا من جهله فانه مستور عنه و هو مع سهولته صعب شديد استخراجه من كتبهم و اصغ الى قول هذا التلميذ الاخر من تلاميذ فيثاغورس[9] و هو ثالغس[10] في كثرة الطبخ و الغسل و ذلك بعد كلام مضى له مع التلاميذ و انما بغيتي ان ازيدكم بيانا فيما قلت و اوضحت لكم من هذا الريح الذي يصير لحجرهم بالتدبير الطبيعى و حرارة النار روحا صابغا قال ثالغس و انا اعلمكم ايضاً ان بكثرة الطبخ و الغسل يجمد و يتكون و يحمر و يتلون[11] من النار و تنقلب طبيعته لان بهذا الطبخ و الاذابة يعرفون طبيعة القنبار و اعلمكم ايضاً ان بهذا الطبخ الكثير يذهب ثلث وزن الماء و تصير البقية ريحا في روح القنبار الثاني و قوله في روح القنبار الثاني

---

[1] R. اكسيذرس الجرعاني ; P. اسكسدرس الجرعاني.

[2] R. نيثغوس الانطاكي ; I. بيشعوس الانطاكي.

[3] R. نيثغرس الحكيم.

[4] R. اسكميذرس ; P. اسكمندرس.

[5] واشجة is omitted in R. and P.

[6] بخارا is omitted in R.

[7] I. and P. تصير ارواحا.

[8] R. ما.

[9] R. نيثغرس.

[10] P. بالقس ; I. مالس.

[11] R. يحمد و يتلون.

عنى به جسدهم الثاني [1] و هو ارضهم البيضاء الورقية و ما فيها من اللطيف المستتر بجسدها و هو البخار الذي ذكرناه قبل هذا و هي ارضهم التي يحملونها الاصباغ و الصبغ هو الروح الناري الذي هو مستتر بمائهم الآلهي النقي الذي يصبغ ورقهم الذي هو جسدهم الثاني و يصير روحا اذا سلك فيه لطيفه الذي فيه اعني فى جسدهم الثاني الذي قد عرفتك به مرارا و انتم تطلبون صبغا ظاهرا احمر من اشياء لا روح فيها لانها يابسة محترقة بالية مفسدة فاذا رأيتم ماء احمر من احجاركم و عقاقيركم فرحتم به و قلتم هذا صبغ حق [2] ثم اذا دبرتموه على ما ترون كان كسراب لا حقيقة له و لم تجدوه شيئًا *

فقد علم كل ذي فهم و عقل و علم ان الذي عرض لكم به معاشر الاخوان و فتحه [3] من العلم المغلق و الحكمة البالغة محمد [4] بن اميل لستم واجديه فى شي من كتب المحدثين التي هي خذوا كذا و خذوا كذا [5] من الاباطيل التي لا يكون منها شي ابدا فان قبلتم فافهموا [6] و لقحوا عقولكم بهذا العلم تفلحوا فليس هذا الكلام ككلامكم و لا هذا العلم كعلمكم و ان كان لا يجوز ان يسمى علمكم علما لان الباطل لا يكون حقا ابدا و الجهل لا يقال له علم هيهات عجزت العقول و كلت الافهام عن البلوغ الى شي مما نطقت به فلن ينال الحكمة الا اهلها و ان لم تفهموا فدبروا ما تعرفون من عقاقيركم مما تجدون في كتبكم التي بايديكم من كثرة العقاقير و الوان التدابير على ممر الازمان و الادهار و فناء الاعمار و حلوا [7] ابدا ما عشتم و اعقدوا ما استطعتم و حللوا ما عقدتم من احجاركم و اجسادكم افعلوا هكذا ابدا فما يكون منها شيء ابدا عقل قولى من عقله و جهله من جهله و من قول هرمس ايضاً فاذا طغى البخار الاسفل و جرى فى العروق اللطيفة هبط اليه البخار الاعلى من الهواء فحبل البخار من البخار و حبل كل شيء من البخارين و من غيرهما لا تقوم الخلائق و هما يجمدان و يحلان و يحبلان و يولدان و منهما يولد جميع الاصباغ و الثمار و الزهر و منهما تولد البيضة التي وصفنا في كتبنا المكتومة التي يظهر منها جميع الوان الصناعة و اصباغها فافهم هذه الامثال و قول الحكيم هرمس و حبل كل شي من البخارين و من غيرهما لا تقوم الخلائق قوله و منهما يولد جميع الاصباغ و الثمار و الزهر فقد بان لكم بهذه الالفاظ و البخارين الذين منهما تقوم الخلائق ان الكثائف من اجسادكم و عقاقيركم و كباريتكم الحشفة المحترقة اليابسة لا خير فيها و انها و ما قيل فيها تمويه و اباطيل مفسدة للعقول و المال فدعوا عنكم اباطيل المبطلين و دعاوى الممخرقين و ميزوا دقيق ما تسمعون من هذا الكلام و ما يؤدى اليه من لطائف معانيه و اني وجدت الناس الذين يطلبون هذه الحكمة منصبين على كتب جابر بن حيان رحمه الله و ذلك انهم اخذوا بظاهر قوله لمعرفتهم بالعقاقير المسماة في كتبه فتوهموا ان جابرا قد اعطاهم علما نافعا صراحا و انه قد اوضحه لهم ايضاحا و ان العقاقير التي سماها لهم هى الحق و منها تكون الكيمياء فاخذوا بظاهر قوله من الحيوان و النبات و الحجارة و المحترقات الفانيات فدبروا ما عرفوا فلم يجدوا ما طلبوا و غرتهم يمين جابر و ما يحلف به في ابواب كتبه بالصادق صلى الله عليه و سلم و يمين جابر فهى على نيته و على ما يعرف

---

[1] و قوله فى روح القنبار الثاني عنى به جسد هم الثانى is omitted in R. [2] R. حى . [3] P. فتحت .

[4] From here up to l. 5 of page 103 (و هم لا يدرون) is missing in I. [5] P. التى هى حسدة و كذلك .

[6] From و لقحوا عقولكم up to فلن ينال الحكمة الا اهلها of two lines later is missing in P.

[7] From here up to l. 5 of page 103 (بغير حمل) is missing in P.

مما نزل عليه اسماء تلك الحجارات و العقاقير لان الحكماء سموا حجرهم و مائهم بتلك الاسماء كلها و على ذلك وضع كتبه و تجري عليه اقسامه و ايمانه التي يحلف بها فرفضوا بعد الكيمياء و العلم النفيس باوضع الاشياء و فرحوا ببياض نحاس مضمحل حائل و عمل محمول ليدلسوا به و يتفاخرون في ذلك و هؤلاء هم الطبقة العالية عند نفوسهم في هذه الصنعة و اما اهل الطبقة السلفى منهم فانهم رجعوا الى عمل اللاشية من النحاس المحض بغير حمل و يقولون [1] جابر بن حيان قال خذوا كذا و كذا و هم لا يدرون ما عنى [2] جابر و لا الى اي شي اومأ و عندهم ان جابرا اظهر العلم لمسلمهم و نصرانيهم و يهوديهم بحق واجب لزمه به لهم كشف ما اوحى الله انبيائه و ادم و شيث عليهم السلام بستره و ان لا يظهره احد منهم للعامة فعندهم ان جابرا اسخط ربه و اظهر لهم ذلك بالماء و هو انما يتكلم على شي واحد حي خالد قد سمته الحكماء باسماء العقاقير التي ذكرها فى جميع كتبه بالذي يعرفه و يحلف عليه بحق سيده انه حق و يحث على العمل به فاخذوا الظاهر من كلامه الذي جعله سترا على حجرهم و لم يطلبوا ما وراء الستر حتى كان جابرا انما وضع كتبه ليعلم الناس الجهل [3] و عمل الفساد و البهرج و ما شاكل ذلك و قد سمعوه في مواضع من كتبه يقول يا ناس بلا ناس و يا رجال بلا رجال الى قوله و كاني [4] بك قد دبرت و عملت و القيت فلم تر شيئا فضربت بالكتاب الارض و سببت جابرا و قلت ماذا فعل بنا جابر و ماذا صنع بنا الى قوله و لم اعلمك هذا العلم و لم اعطيك و اي شي اوجب حقك عليَّ و هم يقرؤن هذا الكلام الذي قاله ليلا و نهارا و لا يفهمون فيعلمون بذلك انه ما اعطاهم شيئا من الحق ظاهرا *

و اني عائد الى قولي فى هذه القوة الفاعلة التي يظهرها التدبير الطبيعي الذي هو التعفين و يتولد من هذا الحجر الذي للحكماء التي تصبغ و ليس لها فى الجسد وزن و ليس ترى و انما يرى فعلها و اثرها فى الملقى عليه و لذلك سموها نفسا و روحا و نارا و ذلك لان النفس مستجنة فى الدم و الدم يرى و هى مخفية فيه لا ترى و هى قوة مثل الحرارة التي فى النار المحرقة للاشياء فالنار [5] ترى و تلك الحرارة لا ترى لانها محتجبة في ذلك اللهب الذي تراه و كالروح المختفية المحتجبة بالماء الذي به يحى كل شي و يعيش فالماء يرى و تلك الروح لا ترى و كروحانية حجر المغناطيس التي تجذب الحديد بقوتها و نفاذها و هى محتجبة فى المغناطيس و المغناطيس يرى و هي لا ترى و لا وزن لها و انما يرى فى الحديد فعلها و كالنار المستجنة فى الزناد و الحجر التي لا تظهر الا بيدى قادحها منهما [6] و تعلقها بجسد الحراق الذي قد احرق [7] و لطف و فيه بقية قوة للنار [8] بها تعلق و لا وزن لها فى الحراق [9] و هذا المثل من الحراق الملطف حتى قبل تلك الشرارة للطافته كلطافتها و علقت هى ايضا به لما بقي فيه من ذلك اللطيف الذي لها به تعلق مثلته لك بجسدهم المهذب المحرق بمائهم الذي سموه نارا فاما لطف قبلته و قويت بذلك الماء [10] النفس التي فى الجسد

---

[1] From l. 13 of page 102 up to here is missing in P. [2] From l. 8 of page 102 up to here is missing in I.

[3] I. الحيل . [4] I. and P. كان . [5] R. لا.

[6] P. and I. منها. [7] P. and I. احترق . [8] P. and I. قوة النار .

[9] I. ولا وزن لها فى الحراق الملطف حتى قبل تلك الشرارة اللطيفة ;

[10] P. بذلك الماء النقي التي في الجسد ; I. بذلك الماء هذا اشارة الى تدبير الجسد الثاني بمائهم الذي سموه نارا قبل التزويج الثاني حتى لطف الجسد و صار قابلا للتزويج النفس التي فى الجسد .

و دقت [1] و لطفت فاذلك ايضاً قبلتها و لزمتها النفس السماوية كلزوم الشرارة الحراق الملطف و لو كان كثيفا غليظا لم تدخل فيه النفس السماوية فتلك القوة على التشبيه مثل هذه القوة الروحانية اللطيفة التي قد سمعتها مما مثلته لك و لو صار ذلك الحراق رمادا ميتا لم تتعلق [2] به النفس و لا الروح و لم يدخلا فيه لان هذا الحجر دون سائر الاحجار قابل للتربية و هذه القوة فيه وحده دون سائر الاحجار [3] فتنقدح منه و فيه و به و تنمو بتدبير النار فتصير امرا عظيما فتدبروا ذلك بعقولكم في انفسكم ليتضح لكم الحق فقد بطل كل شي مما سوى هذا الحجر الذي من غيره شي لا يكون ابدا الا منه وحده بتدبير الحق المكتوم الذي به تنقدح و تفعل افعالها هذه القوة التي سموها الدم و ذلك لما فى الدم من الحرارة التي هى النفس و سموها المني لما فيه من قوة الحياة التي تظهر بالتعفين فى الجنين و من الحركة و غيرها فيكون انسانا بعد ان كان نطفة و سموها الصبغ و ذلك كله لما يشاكل افعال هذه القوة بما لا يقوم بما شبهوها به عددا و اكثر ذلك على المجاز و بعضه على الحقيقة في بعض التشبيه و انما طلبت الحكماء بهذا التشبيه كله و الوحي من كلامهم و الايماء الذي يؤمئون به الى هذا الحجر ان يقربوه الى عقول ذوي العقول و الافهام و الافكار الصحيحة فجهل الناس كلامهم الروحانى الكاهني فرفضوه و فيه الحق كله يظهره الله عز و جل لمن يشاء و ذلك لمواظبته [4] على درس كتبهم و اعمال [5] الفكر فيما مر به من رموزهم و الله الموفق للصواب و به نستعين فى جميع الامور و السلام على اخواننا المسلمين المؤمنين و الله يجزي المحسنين و هو حسبى و نعم الوكيل تم الكتاب المبارك المعروف بالماء الورقي و الحمد لله على التمام و للرسول عليه افضل الصلوٰة و السلام و على آله البررة الكرام *

---

[1] I. رقت. [2] P. and I. لما تعلق. [3] R. حجارة.
[4] R. بمواظبته ; P. لمواظبتهم. [5] P. and I. اطال.

[1] القصيدة النونية لابى عبد الله محمد بن اميل رحمه الله تعالى [2]

اثار البين وجدك و الحنينا   عشية ودع [3] المتحملونا
و ابدى [4] دمع عينك [5] كل وجد   كتمت مخافة الرقباء حينا
و قد برحت بنفسك [6] ذات دل [7]   كساها حسنها برقا [8] و لينا
لها وجه كبدر التم يسبى [9]   و يذهل حسنه المتعبدينا [10]
و طرف في لواحظه سهام   لها تضنى [11] قلوب العاشقينا
و الفاظ الذّ من الاماني   و اعذب من خمور العاصرينا
و جيد غزالة [12] قد خطّ فيه   باقلام البها [13] و الحسن نونا
و قدّ قد حكى [14] الاغصان مهما   يملن [15] لدى الرياض و ينثنينا [16]
و ارداف تميل [17] بها شمالا   بموجها [18] و تثنيها يمينا
سقاها الله ريًّا حيث حلت [19]   من الارض السهولة و الحزونا
لقد هتك الفراق جميل صبرٍ [20]   اقام الوزر [21] فيه العاذلونا
لئن قطعت حبائلنا [22] فانا   بحبل الودّ منا [23] واصلونا
و نحن على التباعد كالتداني [24]   على عهد الاحبة ماكثونا
فكم [25] ليل وصلت اللهو [26] فيه   و قد غفلت عيون الكاشحينا
بآنسة تريك الليل صبحا   اذا اسفرت بروق المبصرينا [27]
سقتني من ثناياها رحيقا [28]   لذيذا طعمه للشاربينا
فكم [29] سكران من خمر و ريق   به سمح الاحبة لي سنينا [30]
لئن انسيت [31] عهدا كان منا   فانا للاحبة ذاكرونا

---

1 Hyderābād MSS. begin هذه منظومة لمحمد بن اميل التميمي رحمه الله تعالى.   2 H.[I] من بحر الوافر

3 H. ودعوا المتحملون. This first line of the poem is quoted on p. 44 (l. 14) of the *Mā' al-Waraqī* text.

4 H.[I] فابدى.   5 H.[I] عينيك.   6 I. بقلبك.   7 I. ذلّ; H.[I] ول.

8 I. شرفا.   9 H.[I] يخلى.   10 H.[I] المعتدينا.

11 H.[I] به تضيء.   12 H.[I] هداية.   13 I. الجمال.

14 I. و قدّ يحكي.   15 H.[I] بميل.   16 H.[I] ينثنينا.

17 H. و ارادف يملّ.   18 I. تموج به.   19 H. عدت; H.[I] علت.

20 H. صبري.   21 I. الشك.   22 I. حبائلها.

23 I. منها.   24 H. and H.[I] و التداني.   25 I. و كم.

26 I. للمقصود.   27 H. اذا سفرت تروق المنظرينا.   28 H. رحيقا.

29 H. فلى.   30 H. ذاكرينا.   31 I. انسين.

فعد عن الغواية و التصابي [1]   و تذكار الهوى و الظاعنينا [2]

و قل [3] فيما علمت مقال صدق   و ان رغمت انوف الحاسدينا

من الحجر الذي كتموه صونا   باوصاف تقر بها العيونا

و تمثيل يدل [4] عليه حتى   تزول [5] به شكوك المنكرينا

فقد [6] قال الاول [7] حجر عزيز   حقير لم يزل فينا [8] مهينا

هو الغالي الرخيص و كل هذا   محال كيف يرتخص الثمينا

و سمّوه باسماء كثيرة   خلافًا للتخيل [9] و الظنونا

قصائد خالد منها فنون   و قال ببيضة كشفت مبينا [10]

و خالف بعضهم فى القول [11] بعضا   و ليسوا فى المقالة كاذبينا

فمن طلب الصناعة لم يفته   بدرس جميع كتب الاولينا

فان الشيء فيها غير خاف   يلوح لاعين المتوسمينا

ينادي باسمه فى الكتب جهرا   و كل الناس عنه غافلونا

و لكن لم نقل هذا خذوه   فهذا السر ما قد تطلبونا

و انتم تطلبون الشيء [12] عفوا   بلا صبر على ما تدرسونا

بلا فكر كَاَنَّكم اردتم   طعاما جد فيه الطابخونا

يقرب منكم من بعد نضج   و يمضغ عنكم [13] و تلقمونا

و كم من سائل ما اسم الذي قد   اشير اليه عند الاولينا [14]

فكان جوابه عن كشف [15] هذا   بلا كذب [16] و عيشك قد نهينا [17]

و لكني سأبديه بلفظ   تراه و لا يراه الجاهلونا

فزد حرفا على هذا تجده   بعكس قراءة لك كَيْ فدايبينا [18]

بلا الف ليظهر ما رمزنا   عليه [19] و ما كناه السابقونا [20]

فتلك ثلاثة لا شك فيها   نطقت بها و رب العالمينا

و ان [21] شئت الحساب فزد عليها [22]   اذا اثنين مما تحسبونا [23]

---

[1] H. اتصالي.
[2] I. الضاغنينا.
[3] I. و قلت.
[4] H. تدل.
[5] H. يزول.
[6] H. و قد.
[7] H. الاولى.
[8] H. فيها.
[9] H. فافسدت التخيل. The line is quoted by Berthelot and Houdas (*La Chimie*, Vol. III, bottom of p. ٨٩) from Paris Arabic MS. No. 1074 as being by Ibn Umail, but, for the first two words in this distich, فافسدت الضماير are found.
[10] This couplet is missing in H.
[11] H. الوصف.
[12] H. تبتغون السر.
[13] H. omits عنكم.
[14] I. اشار اليه عندك الاولونا.
[15] H. مثل.
[16] H. رمز.
[17] I. يبينا.
[18] H. بعكس قراه ذلک قدانينا.
[19] H. عليك.
[20] H. السالفون.
[21] H. فان.
[22] H. عليه.
[23] H. يحسبونا. In H. the couplet with و ان شئت as the first word, is preceded by the couplet beginning with و دعه of two lines later, and is followed by the one at the top of p. 107 with و ان فتشت as the first words.

و ان فتشت عن هذين كانا   هما مـا زدته حقـا يقينـا
و دعه من[1] اليمين و كن قبولا   و خذه من الشمال[2] لكي يبينا[3]
فقد[4] كمل اسم ذلك في حروف   تكون ثلثة اذ تكتبونا[5]
و ان لتلك[6] اعدادا كثيرة   اذا حسب الحساب منجمونا[7]
و ذلك حية لا شك فيها   و لا ريب فانا ناصحونا[8]
و في[9] ميزانها حرٌ و لين[10]   اذا وزن[11] الطبايع عارفونا
و ليس يهان ذا[12] بل جل قدرا   و عز فما بذلك ينطقونا[13]
و ليس بما دللتكم عليه[14]   و لكن باسم ذلك تعرفونا[15]
و لكن باسمه يدعى و هذا[16]   صحيح ليس يقرى المعتقينا[17]
و ذلك صابغ حي جواد   يطير و ثابت فى الثابتينا[18]
به تقوى النفوس و تستنير[19]   الجسوم به[20] و يحيى الميتونا
اقامته الفلاسف[21] باعتدال   فصار الطير ليثا مستكينا[22]
يصيد[23] الطائرات بكل ارض   و يأكلهن اكل المشتهينا
عجافا[24] يأكل البقر اللواتي   لسبعتهن عادلنا سمينا
فذا ذهب الفلاسف قيل لما   به[25] كانوا حقيقا صابغينا[26]
كسم الافعوان و سم افعى   و من سم[27] العقارب يأخذونا[28]
و ليس بما تكون[29] في تراب   له جسد كما قد تزعمونا
هم صنعوه[30] من ماء لطيف   فصار[31] اجل مما تكسبونا[32]
دقيق[33] فى الجسوم له انبساط   و نور شعشانيّ يزينا[34]
تزوج اخته[35] العنقا فاكرم   به ابنا لها اضحى جنينا
فسلم نفسه طوعا اليها   غداة[36] ببطنها اضحى دفينا

---

[1] H. فدعه عن. [2] H. عن اليسار. [3] This couplet occurs in H. before و ان شئت الحساب.
[4] H. و قد. [5] H. يكتبونا. [6] H. لذالك. [7] H. يحمونا.
[8] This couplet is omitted in I. [9] H. ففي. [10] H. جزولبين.
[11] H. عدل. [12] I. يهان ذا ; H. بهين. [13] I. و عزاً ما بدلك تنطقونا.
[14] I. وليس بما دللتكم عليه هي. [15] H. بالسنة كذلك يصرفونا.
[16] I. يدعي و هذا ; H. حقا يسمى. [17] H. شحيحا.
[18] This couplet occurs in I. after فلا حرٌّ مخالف, i.e. 15 verses later.. [19] H. تتبتين ; H.[1] تستبين.
[20] H. النفوس ; H.[1] النفوبه. [21] I. الفلاسفة. [22] H. امتكينا.
[23] H. تصيد. [24] H. عجاف. [25] I. له. [26] I. صانعينا.
[27] I. صفر. [28] I. خبرونا. [29] H. يكون. [30] I. وضعوه.
[31] H. فكان. [32] H. يكسبونا. [33] H. خفي. [34] H. يزينا.
[35] H. ابنته. [36] I. غداه.

اذا ما فارس جمعت و مصر   و ذلك بعد عدل المزوجينا [1]

و عادل حرّ فارسٍ ببرد مصرٍ [2]   و باليبس الرطوبة يعدلونا

فارض الهند من هاتين [3] تمت   طبايعها بعدل قد بثينا [4]

فلا حرٌّ يخالف ثم بردا [5]   و لا يبس يخالف ثم لينا

لذلك قيل ارض الهند ارض   تصح بها جسوم القاطنينا [6]

و ينبت ما غرست بها و يزكو [7]   و يفرح [8] بالحصاد الزارعونا

و ماء النيل يسقي تلك ريا   فينظر من حدائقها فنونا [9]

فتصبح ارضها [10] من بعد قبح   تراها نزهة المتنزهينا

و تعلم انما قد قيل حق   و ما قد مثل [11] المتمثلونا

ففارس [12] نار و الماء مصر   الا فافطن [13] لقول الناصحينا

و ان النار في جبل شريف   لها بالماء كذا قابسينا

و انا باعتصار الماء [14] منه   سنطلع [15] من قرار الطور سينا

هو الطود العظيم القدر [16] حقا   هو الصخر الكثير الطالبينا [17]

و اصل الشيء من ذكر و انثى [18]   تكامل فيهما ما تبتغونا

فهذا اول الازواج روح   على جسد بذلك يرطبونا [19]

و قد جعلوا الغطا [20] روحا كريما   به الجسد الكريم يعففونا

و صحح الاعتدال على التساوي   من الاشياء [21] حين يركبونا

و كان [22] القول ذاك [23] الروح فيما   يفسر من حظوظ المثبتينا [24]

و في تزويج بعضهما [25] فساد   لبعض عند قوم يجهلونا [26]

اذا ضرب الحكيم الصخر ابدت   عصاه من صخورهم عيونا [27]

و ان القول يبدو بعد حين   و ذلك عند قطر السائلينا

باسرار الحجارة حين ترقي [28]   رطوبتها بنخل الناخلينا [27]

---

[1] and [2] These two verses are missing in H.   [3] H. هذين.

[4] H. تسينا.   [5] I. ثم بردٌ ولا.   [6] This couplet is missing in H.

[7] H. كذلك قبل ما زرعت بها و يزكو.   [8] H. فيفرح   [9] I. حرايفها ; H. حديقها.

[10] H. فيصبح ارضنا.   [11] I. شبه.   [12] I. و فارس.

[13] H.I لو قلنا صحينا.   [14] H. النار.

[15] I. مستطلع. This verse (as well as the preceding verse) is quoted at the bottom of p. 48 of the *Mā' al-Waraqī* text. MSS. P. and I. both read سيطلع.

[16] I. القد.   [17] H. هى الصخو الكبيو لطالدينا.

[18] I. واصل الشي الكل من ذكر و انثى.   [19] This couplet is missing in H.

[20] H. جعل العصا.   [21] H. عن الارواح.   [22] H. فكان.

[23] H. تلك.   [24] H. خطوط المبصرينا.   [25] I. بعضا.   [26] I. يعلمونا.

[27] For a quotation of these two verses, as well as of the first on p. 109, *vide* bottom of p. 33 of the *Mā' al-Waraqī* text.   [28] I. ترمى.

فكان القول بالانبيق[1] باد   بمنخره[2] و كذا القابلينا
و قالوا بيضة من غير طير   على هذا الفلاسف يجمعونا[3]
و وفقنا[4] الى الحجر المسمى   برحمة راحمٍ لما هدينا
اذا عفنتها و سددت فاها   و اخرجت النفوس الصابغينا
فلاح[5] بها السواد فكن رفيقا   بها في غسلها حتى تلينا[6]
و بول الكلب يغسلها[7] اذا ما   تكامل فيه سم القاطرينا
هم الحكماء و المبدون فيها[8]   طرائق بينه للناظرينا[9]

[10] الكلام على التقطير بعد التعفين و الانحلال و ذبح البيضة

و سيف النار يذبحها فيجرى[11]   دماء من مناخرها عفينا[12]
تسيل بانفسٍ تحمى[13] فترقى   بها ارواحها فى الصاعدينا
فكانت ميتةً بالسيف[14] قامت   و كان السيف نار الموقدينا
و ادخال النفوس الغر[15] فيها   على الاموات مما تعلمون[16]
اذا جمعا و ردّا جوف بيت   و نالهما عذاب المجرمينا
فصارا[17] واحدا للعين فرداً   لذي بيتٍ[18] رأيناه حصينا
و حل به البلاء[19] فعاد مما   به و الشيب قد صبغ القرونا
نقي الجسم محمود السجايا   تلذ[20] به عيون الرامقينا[21]
برد[22] السائل الجاري على ما   بقي اعني رماد الخالدينا
فاحرق ما اقام بلا فسادٍ   و بالماء[23] الفلاسف يحرقونا
هى النار التي تضني[24] و تبلى   غليظ جسوم احجار تلينا[25]
و انا و الفلاسفة الاوالي[26]   فديتك[27] الاوابق ماسكونا
مكانا ارضنا[28] العطشا لانا   بها ذهب الفلاسف غارسونا

---

[1] I. للانبيق.   [2] I. منخر ; H. بمنحره.   [3] I. على هذا الفلاسفة مجتمعونا.
[4] H. فوفقنا.   [5] H. و لاح.   [6] I. يلينا.
[7] H. يغشاها.   [8] I. منها.
[9] I. ظرائف نبتها للناظرينا. [This couplet occurs in H. and H.[1] after عزيز عند قوم الخر, *i.e.*, 26 verses later.]
[10] There is no such heading in H. and H.[1].   [11] I. فتجري.
[12] I. دماء من مناخير راعفينا.   [13] H. لمسي.   [14] H. هيبة للسيف.   [15] I. العز.
[16] H. تبتغونا.   [17] H. و صارا.   [18] H. كدامتنا.   [19] I. بها البلاد.
[20] H. يلذ.   [21] H. الراحقينا.   [22] H. يرد.   [23] H. لا به.
[24] H. and H.[1] تصبى.   [25] I. تعينا.   [26] H. الاولاء.   [27] I. بدينك.
[28] I. مكانا ارضنا ارضنا ; H. فصار بارضنا.

بحسن الصبر يحمد[1] ما تعاني[2]   و يخرج ذلك السر الكمينا
فيا لك دولة فى الارض ضاهت[3]   بها البيض الحسان و قد حلينا[4]
كذاك الروح تحمل كل نفس   فتدخلها[5] جسوما قد نقينا[6]
كما حمل[7] الزلال الصبغ فيه   الى ثوب كذلك يصبغونا[8]
و تم الامر في هذا و انا   به سر الطبائع عاقدونا
و ان النفس قد سلكته طولا   و عرضا بعد غسل الغاسلينا
و قد قامت قيامة كل ميت   كذلك فى القيامة ينشرونا[9]
فدا[10] انساننا قد عاد حيا   قويا[11] فافهم السر المصونا
و حاز[12] القوة العظمى فاضحى[13] .   على الاجساد مقتدرا مكينا
يشدد كل ذي لين و يلقى   على الجسد الشديد اليبس لينا
هو الروح المزيل لكل داء   اَقَرَّ بِطِبِّه[14] المطبّبونا[15] .
نتيجة طائر من غير ريش   و ليث قطّ ما سكن العرينا
عزيز عند قوم حيث كانوا   لانفسهم عليه يقاتلونا[16]
حقير الاصل في ايدي اناس   بما قال الفلاسف يهزؤنا
رأوا ذل النفوس لكسب مالٍ[17]   به من فرط جهل يفرحونا
فهم تحت المذلة حيث[18] كانوا   لدى[19] المال الموفر يخدمونا
و كلهم[20] حمير عند قوم   باسرار الطبيعة عالمينا[21]
لهم شرف النفوس كل عزٍّ[22]   به بين البرية يفخرونا[23]
من الحكم التي ملكوا و ملك[24]   ملوك الارض عنه عاجزونا
فكيف وجدتموا علمي و كشفي   صراحا ما اسرّ الاقدمونا
من الصور التي رسمت فكانت   تشير فيستدل العاقلونا[25]
تدل على سرائر كل عالم   به سفهاء عصرك يهزؤنا[26]

---

1 I. يجمد. 2 H. يعاني. 3 H. عنافهت.
4 I. جلينا. 5 H. فيدخلها. 6 I. نفينا ; H. يقينا.
7 H. حل. 8 H. بذلك صابغونا ; H.[1] صابغونا. 9 I. تنشرونا.
10 H. كذا. 11 H. صحيحا. 12 I. وجاز.
13 H. فحاز. 14 H. لطبه. 15 I. المتطببونا.
16 I. تعتلونا ; H. and H.[1] يقللونا. 17 H. شيء. 18 H. كيف.
19 I. لذى. 20 H. فكلهم. 21 I. عارفينا.
22 H. و كل عن. 23 H. يفرحونا. 24 H. من الملك الذى ملكوا و ملك.
25 H. العارفونا. 26 I. سفاء ; H. لها... يجهلونا.

فهاك ابا الحسين فقد اجبنا[1]   سؤالك عن رموز الاولينا[2]
فانت الناس كلهم فاني[3]   رأيتك جامعا عقلا و دينا
و فهماً[4] للعلوم و كل فضل[5]   و كنت لكل مفخرة قرينا[6]
و هذا العلم ايماء و وحي   و تمثيل لقوم يفهمونا[7]
فهذا علم صنعتنا بحق   و تدبير لقوم يحسنونا[8]
فدع من قال علم الجن هذا   فهذا افك قوم يسخرونا
فلا صمت هناك و لا قبول   و لا علم يكون[9] لمغرمينا[10]
و لا تسليط ارواح عتاة   تقيم مهابة فى الآدمينا
و لا هى خدمة الشهب المواتى   تنير و ذا مقال ممخرقينا[11]
و قالوا[12] خدمة الشهب الدراري   تبلغنا[13] المراد و يكذبونا
راوا[14] ما يجهلون بنقص عقل   و لم تصفوا النفوس فيهتدونا
و خدمة تلك لو درسوا بفهم[15]   لكانوا فى الصناعة يشركونا
لنا سرّ الكواكب[16] لا لقوم   عليها بالقضايا يحكمونا
لنا زحل و زاووش جميعا[17]   و رأسٌ[18] لا كقول المدعينا[19]
و سر الشمس فهو لنا خصوصا[20]   و كاتبها فهل لا يشكرونا[21]
على هتك السرائر بعد صون[22]   و ابدى علمها للمهتدينا[23]
و سر الزهرة الملقى اليها   سرائر حكمة للمتدبرينا[24]
كذا القمر المنير لنا و انا   لمعطينا الكرامة حامدونا
و اصل الكل من ماء و نار   اذا ما الزما حضنا[25] حصينا[26]

---

[1] H. بمحض ودّي.

[2] H. فانت اخو النهى و اخو النهى. The translation of this and the next verse is as follows: 'Take (this), O Abū'l Ḥusain, for verily we have answered your question regarding the mystical sayings of the ancients. Verily you are the best man of all (to receive them), as I find in you a combination of wisdom and religion.' This shows that the *Qaṣīdat an-Nūniyah* was addressed to the same pupil as the *Mā' al-Waraqī* was written for.

[3] H. و انت ... و اني.   [4] I. و سما.   [5] I. قصد.

[6] I. فكنت لكل منخرة ; H. فخره خدينا.   [7] H. و هذا العلم ايماء و وحيا * و تمثيلا لقوم يفهمونا.

[8] This and the next verse are missing in H.   [9] I. يرى.   [10] I. لمعزمينا.

[11] *Cf. supra*, pp. 65 (l. 18), 93 (l. 5) and 98 (l. 2). H. and H.[1] الشب .... سراود مقال ممخرقونا ...

[12] H. و لا هي.   [13] H. يبلغنا.   [14] H. قروا.

[15] H. و حرمة تلك لورد سوابقهم.   [16] H. بسير الكوكب.   [17] H. لنا زحل و راس عد عدا.

[18] H. و اوس.   [19] I. المدغيينا.   [20] I. فهو نسا خصوص.

[21] I. لا تشكرونا.   [22] I. يعدمونا.   [23] H. علمه للمبتدينا.

[24] H. للمتفلسفينا , المتفلسفينا.   [25] H. الحصين.   [26] H. الحصينا.

و نالا من غذائهما[1] ثلاثا[2]   و ذا[3] التمليح حين يملحونا
بتعفين يعود به رماداً   له نور يروق[4] المحكمينا
فذا الحجر الذي رمزوا عليه   فليس[5] به حذاراً[6] ينطقونا
و هذا معدن[7] الاسرار طرا[8]   فليس[9] له لوصف يعرضونا
فقالوا[10] كل شيء فيه[11] هذا   بما فى الارض ذاك يلقبونا[12]
فسر الله فيه مستكن[13]   بحسن الرأى منه يظفرونا
فوا اسفي[14] على علمٍ[15] مضاع   تراه رايحين[16] و مغتدينا[17]
يقلبه الجهول بغير علم   و فيه العلم نعلمه يقينا[18]
بلا ثمن يصاب بكل ارض   و يوجد[19] فى الخلائق اجمعينا
و سر الله فيه مستجن[20]   نهى عن[21] كشفه المتنزهونا[22]
و هل يبدى الزناد اليك نارا[23]   تبرى الا بايدي قادحينا[24]
فلا مطلوبهم وجدوا بحرص[25]   فكم مالٍ[26] لذلك[27] يفسدونا[28]
و لو علموا محل النار[29] يوماً   و قادحها[30] لكانوا مصلحينا[31]
و لكنا رأينا القوم فيها   يضل من العماية يخبطونا[32]
بتدبير لاحجار كثيرة   من السر المعظم قد عرينا
و ان الله يكلؤه[33] و يرعاه[34]   و يمنع عنه[35] ايدى الظالمينا
فقد جاءتكم[36] كالعقد لما   اجاد النظم فيها[37] الناظمونا
تكلم بالسرائر كل بيت   بالفاظ تروق السامعينا
و تخبر[38] عن تماثيل البرابي[39]   بعلمٍ يفحم[40] المتحذلقينا
اقام محمد بن اميلَ[41] فيها   طريق[42] الحق للمتحيرينا

---

1 H. عذابهما.   2 H. ثلثا.   3 H. قد.   4 I. بروق.   5 H. و ليس.
6 H. حذار.   7 H. معلل.   8 I. طرى.   9 H. و ليس.   10 H. و قالوا.   11 H. فهو.

12 H. يلقنون. This verse, as well as a variation of the next one, is quoted at the bottom of p. ٨٩ of Berthelot and Houdas' *La Chimie* (Vol. III), as being by Ibn Umail. The second verse in B. and H. runs as follows: و سرّ اللّٰه فيه مستكن * نهى عن كشفه الاقدمونا.

13 As in B. and H.: I. لطا لبيه; H. لطالبه.   14 H. فيا اسفا.   15 H. حجر مضارع.
16 H. الرايحون.   17 H. and H.[I] المغتذونا.   18 I. تقلبه الايام بلا اعتقاد * اعلم قد تراه بلا معينا.
19 H. و اصل للخلايق.   20 I. مستجلى نهى.   21 I. عن.   22 H. المتمهرونا.
23 I. نورا.   24 H. القادحينا.   25 H. بحدس.   26 H. مالا.   27 I. لذاك.
28 H. يقتدونا.   29 I. النور.   30 I. قادحه.   31 I. مصلحون; H. مصتلينا
32 I. يخطبونا.   33 H. بكلاء.   34 H. يرعى.   35 H. omits عنه.   36 H. لكم.
37 I. فيه.   38 H. محر.   39 H. البراني; H.[I] البرالى.   40 H. بعجم.

41 In I. فيها comes at the beginning of second line of the hemistich. The translation of this and the next two verses is as follows: "Muḥammad bin Umail has established the way of truth in this (science) for those who are perplexed: when read, it (this treatise) will give pleasure to assemblies and the enjoyment of the (assembled) scholars will be great. 'One nation after another will pass away, but in the text of the copyist this (book) will survive.'"   42 H. مقام.

تروق[1] المجالس حين تروى و يعظم لذة المتذاكرينا
يمر[2] الناس جيلا بعد جيل و تبقى[3] في طروس الناسخينا
مخلدة[4] تفيد[5] الناس علما و تنشر[6] ذكرنا[7] فى الغابرينا
فنحن الغابرينا[8] فقد خلدنا بلفظ[9] سوف يحترم[10] القرونا
فان ذم الجهول و سب ظلما فاكثر من قرا[11] يسترحمونا[12]
لان بيوتها كالسحب تهمي بعلم في صدور القارئينا[13]
اذا نظر الدقيق الفهم فيها رأى علما لصاحبه[14] قرينا[15]
كشفت غوامض الاسرار فيها لانا بالفطانة قد غذينا[16]
و انا[17] قد نزعنا العجب عنا[18] و ثوب[19] عداوة المتحاسدينا
فعش ابداً فقد امنت[20] نفسي و مني[21] قد وجدت اخا امينا[22]

تمت القصيدة

و الحمد لله

وحده

---

[1] This verse occurs in H. after the following verse beginning with يمر الناس الخ. H. تزان بها.

[2] H. تمر. [3] H. يبقى. [4] H. مجلده. [5] H. يفيد.

[6] H. ينشر. [7] H. ذكرها. [8] H. النيران. [0] H. بمعنى.

[10] H. محتوم. [11] H. قراها. [12] H. يرحمونا. [13] I. المصنفينا.

[14] H. لقائلها. [15] I. قسينا. [16] I. غوينا. [17] H. لانا.

[18] H. عينا. [19] H. و ثوت. [20] H. امنتك. [21] H. لاني.

[22] The sixteen verses rhyming in *Nūn* that are quoted on p. 63 of the *Mā' al-Waraqī* text are from *another* poem of Ibn Umail in a different metre (*al-Basīṭ*) from that of the *Qaṣīdat an-Nūniyah* (which is *al-Wāfir* : *vide*, p. 105, note 2).

ERRATA ET CORRIGENDA (*MĀ' AL-WARAQĪ* AND *QAṢĪDAT AN-NŪNIYAH*).

Page.	*Line.*	
1,		(Note 22), *for* ادخول *read* الدخول.
2,	13,	Omit لان فى صورتها اثذين فى واحد, as in R and L.
3,	2,	*for* عمل *read* علم as in R.
4,	8,	,, كالمس بالرصاص *read* كالنحاس و الرصاص (as in Latin).
,,	10,	,, للكلب *read* الكلب.
5,	18,	,, سمّا ,, شمساً as in P and I, and in Latin (p. 150, l. 6).
7,		(Note 15), *for* منكورة *read* مذكورة.
8,	7,	,, يغنى ,, يبنى.
		The Latin translator evidently read يضعف عن المجمع 'duplicatas à conjunctione' *for* يبنى عن المجموع.
,,	21,	,, التعال *read* البعال (as in I.). Apparently the Latin translator read فى الفعال ('in actu').
9,	20,	,, السطور *read* المنظور (as in I and L).
10,	14,	,, المقنعه ,, مقنعه.
11,	10,	,, عمياء ,, العمياء (as in I).
12,	1,	,, اتفال ,, اثفال (as suggested by the اثقال of I).
,,	13,	,, انوارة *read* انداوة (as in all 3 MSS.).
,,	16,	,, ادخل ,, اذ حلّ (as in R and P).
13,	16,	,, الاقلال ,, الاقبال (as in P).
14,	1,	,, اعتدال ,, اضلال (as in P).

Page.	*Line.*	
14,	13,	*for* فافبلت *read* فاقبلت.
15,	25,	,, و الماء ,, الماء (as in R).
18,	23,	,, انثى ,, الانثى (as in P).
19,	8,	,, و كذلك ,, لذلك , (as in R and Latin).
,,	8,	,, Probably it would be better to *read* لجنيهم 'fruit' with MS. I instead of لجنينهم 'embryo' of MS. R, although this reading was evidently found in the Arabic Text used by the Latin translator (*vide* Latin p. 157, l. 22).
20,	2,	,, كترة *read* كثرة.
,,	21,	,, لانبه ,, لابنه.
21,	5,	,, و اعلم ,, و علمت (as in R).
,,	10,	,, و اعلم ,, و علمت (as in R and Latin).
22,	18,	,, اطسيس *read* طيسيوس' (as in R, correcting Note 14).
24,	3,	,, فوق possibly تحت should be *read* (as in Latin).
,,		The brackets between lines 8 and 22 indicate the passage omitted in the Latin version: but the first bracket should come before فلما in l. 6, and the second after خمسة منه in l. 22.

Page. Line.

26, 26, *for* بسمونه *read* يسمونه

27, 10, ,, اليبس ,, النفس (as in MSS. P and I. and Latin).

28, 3, ,, وصفنها *read* وصفتها

,, 10, ,, المفتاح ,, مفتاح.

31, 5, ,, ريا ,, ناريا.

33, 7, ,, طوبة ,, رطوبة.

34, 17, ,, باسنقجا ,, يا سنقجا.

,, 22, ,, تيوذرس ,, تودرس (as in I), or تبودرس.

,, 23, ,, نبات *read* تراب and alter بنات of note 6 to نبات

,, 27, ,, بالبا *read* باليا.

35, 19, ,, الغنا ,, العنا.

(The phrase همّ العنا is omitted by the Latin translator).

37, 11, ,, سحقاً *read* سحقا (as in R).

38, 22, ,, البيصة ,, البيضة.

,, 25, ,, جروق ,, حروق.

39, 10, ,, قاليموس. MS. R *reads* فاليموس.

,, 21, ,, بيضة *read* زئبق (as in Latin).

40, 2, ,, عمعا ,, صمغا.

,, 18, ,, عيتناها ,, عياناها (as in R).

42, 13, ,, الذئر ,, الذكر

43, 14, ,, تعاناها ,, دعاناها (as in R).

44, 25, ,, فی ثلث ,, مثّلثٌ (as in P).

45, 1, ,, للعلم ,, للعمل (as in P and Latin).

,, 5, ,, الالهى *read* الالمى.

,, 5, ,, تبيضه ,, تبييضه.

45, 7, *for* بالنفس *read* و النفس (following Latin).

,, (Note 6), *for* مداعيكم *read* مراعيكم.

,, (Note 7), ,, فعل ,, فصل.

46, 3, Possibly it would be better to read *for* بحر (Sea) حجر (Stone of the Philosophers) as in P.

,, 14, *Insert* و يبسه *after* بياض ظاهرة. (Omitted by mistake).

,, 16, *for* مغالطانهم *read* مغالطاتهم.

48, 19, ,, مالها ,, ماءها (as in Latin).

49, 12, ,, وشعر العذرة ,, و الشعر و القذرة (as in R and I).

,, 17, ,, العذرة *read* القذرة.

51, 8, ,, المرئة ,, المرأة.

53, 25, ,, امن ,, من.

54, 24, ,, نيه ,, فيه.

55, 7 and 8, *for* التمام, should probably be *read* القام.

,, 9 and Note 3, *for* فرفر *read* قرمزة (*qirmizah* 'crimson', as in R).

,, 15, *for* مع اداته *read* مع الاذابة (as in P and I).

,, 18, ,, الابق ,, الآبق.

,, 24, ,, محجردم ,, حجرهم.

56, 2, ,, علموا ,, اعلموا.

,, 6, ,, نسموا ,, فسمّوا.

,, 22, ,, الحكيمه ,, الحكيمة.

,, 24, ,, رد ,, زد (as in I).

,, 27, ,, القسم ,, القاسم (as in R).

Page. Line.

57. Bottom line, *for* ماريُه *read* مارية.

58, 8, *for* هذا التصريح *read* هذا التصريح.

,, 26, ,, الاصباع ,, الأصباغ.

59, 10, ,, زاوش *read* ارس (following R, as مرّيخ-*Mirrīkh*—is the planet Mars and not Jupiter—Zeus—which, in Arabic, is *Mushtarī*).

60, 10, ,, فعلته *read* فعل.

,, 20 and 21, One of these four phrases should probably be omitted, as the original saying has only three.

61, 22, *for* سقينه *read* سقيته.

63, 12, ,, المجنى ,, المجتنى.

65, Note 1, *for* التكحية ,, الثلجية.

66, 13, *for* تنفقو ,, لا تنفقوا (R تتلفوا).

,, 27, ,, اثلية ,, اثالية.

67, 22, ,, اللون ,, الذهب (as in P and I).

68, 26, ,, اظهور ,, لظهور.

71, 10, ,, نسبها ,, شبهها (as in R).

,, 22, ,, واحدا ,, واحدة (as in P).

73, 12, ,, دائم ,, الدائم.

76, 13, ,, لتباتها ,, لثباتها.

,, 24, ,, البافى ,, الباقى.

77, 26, ,, الاض ,, الارض.

78, 13, ,, تميز ,, تمييز.

79, 5, ,, فاذ ,, فاذا.

80, 9, MS. R omits من الابشميث.

Page. Line.

83, 5, *for* لتدبير *read* التدبير.

89, 11, ,, حردا ,, حربصا (as in P).

96, 2, 3, ,, عذرة ,, (?) قذرة (*vide* Errata under p. 49, l. 12).

97, 6, ,, صنغوة *read* صنعوة.

,, 9, ,, المصنوعة ,, المصبوغة (as in R).

,, 22, ,, الدى ,, الذى.

98, 16, ,, هى ,, فهى (as in all MSS.: omit also Note 4).

,, 26, ,, منا ,, منها.

99, 1, ,, سميتها ,, سموها (as in I).

,, 5, ,, يولدن ,, يلدن (as in R).

,, 27, ,, 'لتدبير' probably *read* التربية ('nourishment', as in R).

101, 6, and Note 2, *for* الانطاكى *read* الانطالى (as in R). Possibly therefore the true reading should be as Ruska (*op. cit.*, pp. 24 and 314) suggests الايطالى, i.e., '(of) the Italian (school)', though grammatically الايطالوى should be read.

,, 9, *for* و اشجة (of I) possibly و محبة should be read.

102, 7, ,, خدوا *read* خذوا.

,, 15, ,, جبل ,, حبل.

103, 6, ,, ادم ,, آدم.

106, 7, ,, خلافاً ,, فافسدت as in H, and quotation in Berthelot and Houdas, *La Chimie*, III, p. ٨٩.

EXCURSUS (WITH RELEVANT APPENDICES) ON THE DATE, WRITINGS, AND PLACE IN ALCHEMICAL HISTORY OF IBN UMAIL:

AN EDITION (WITH GLOSSARY) OF AN EARLY MEDIÆVAL LATIN RENDERING OF THE FIRST HALF OF THE *Mā' al-Waraqī*:

and

A DESCRIPTIVE INDEX CHIEFLY OF THE ALCHEMICAL AUTHORITIES QUOTED BY IBN UMAIL.

By H. E. STAPLETON, I.E.S.,

and

M. HIDĀYAT ḤUSAIN, *Shams al-'Ulamā'*, Ph.D.

MUHAMMAD BIN UMAIL: HIS DATE, WRITINGS, AND PLACE IN ALCHEMICAL HISTORY.

By H. E. Stapleton, I.E.S., *and*
M. Hidāyat Husain, *Shams al-'Ulamā'*, Ph.D.

I. *The importance of Muḥammad bin Umail in Alchemical Tradition.*

Nearly 30 years ago an Arabic MS. was obtained at Lucknow which, on investigation, was found to contain three of the works of the 10th century alchemist Muḥammad bin Umail—two in verse and the other in prose. The latter, of which the title is *Al-Mā' al-Waraqī wa'l-Arḍ an-Najmīyah* ('Silvery Water and Starry Earth') proved to be a compendium of quotations from alchemical authors, similar in some respects to the *Shawāhid* of Muḥammad bin Zakarīyā ar-Rāzī, which has already been described in the *Memoirs of the Asiatic Society of Bengal* (Vol. III, No. 2, pp. 68–73). As this treatise of Ibn Umail did not seem likely to throw much light on the *Shawāhid*, and the MS. was far from perfect, detailed study of it was deferred until a collation with other MSS. of the same work could be undertaken. This was not found possible till 1926, when the grant of a research scholarship by the Government of Bengal to Maulvi Turāb 'Alī, M.A., enabled the work of collating the Indian text with photostat copies of the Paris MS. No. 2610 (De Slane's 1883–1895 catalogue of Arabic MSS. in the Bibliothèque Nationale) and the Russian MS. No. 198 (described by Baron Rosen in his 1886 Petersburg catalogue), to be taken up. It was then noticed by one of us (H.E.S.—while on leave in England in 1927) that the contents of *al-Mā' al-Waraqī* were very similar to that of a work which is apparently one of the oldest alchemical treatises in mediaeval Latin, *viz.*, the fairly lengthy treatise known as the 'Tabula Chemica' of 'Senior Zadith, son of Hamuel'. Comparison with the Latin text as printed on pp. 218–266 of Vol. V of Zetzner's *Theatrum Chemicum* (Argentorati, 1622), and also pp. 216–235 (Vol. II) of Manget's *Bibliotheca Chemica Curiosa* (Genevae, 1702), showed not only the identity of the two texts, Latin and Arabic, but that both were a commentary on the first of the poems contained in the Lucknow MS., the title of which, *Risālat ash-Shams ila'l-Hilāli*, is given in the Latin under the literal translation 'Epistola Solis ad Lunam Crescentem'. The Latin text was also found to contain a translation of part of the *Risālah*. These discoveries were followed by another, *viz.*, that a portion of the Latin translation of the *Mā' al-Waraqī* was included in the compendium of Alchemical treatises known as *Artis Auriferae quam Chemiam Vocant* (1593 edition) under the incorrect title 'Rosinus ad Euthiciam' (pp. 246–256). This last-named volume includes two versions of the well-known Latin alchemical treatise entitled 'Turba Philosophorum,' and it was next noticed that the latter work (which, as internal evidence shows, is certainly a translation from the Arabic) contains at least two passages which are probably derived from the *Mā' al-Waraqī*. Finally, it was discovered that this treatise of Ibn Umail had been utilised by Abū'l Qāsim Muḥammad bin Aḥmad al-'Irāqī in his *Kitāb al-'Ilm al-Muktasab fi zirā'at adh-Dhahab*: for example, Part V, Section I of the latter work (*vide* Holmyard's text, pp. 45-46: translation, pp. 50-51), has been 'lifted' bodily without acknowledgment from the *Mā' al-Waraqī*.

All this will show the extreme importance to alchemical history of Ibn Umail's works. It has not yet been found possible to do more than make a preliminary study of the *Mā' al-Waraqī* and the *Risālat ash-Shams*, but, in order to make them readily available, the Asiatic Society of Bengal has generously undertaken to publish the collated text of Maulvi Turāb 'Alī as well as the available stanzas of the other poem of Ibn Umail found in the Lucknow MS., *viz.*, the *Qaṣīdat an-Nūniyah*. To these have been appended a recension of the 'Tabula Chemica' (with Glossary), as well as a Descriptive Index—chiefly dealing with the alchemists quoted (or mentioned) by Ibn Umail. For convenience of reference, the Arabic texts have been printed first.

A detailed study of the text of the *Mā' al-Waraqī* and its comparison with Ar-Rāzī's *ash-Shawāhid*, which is a similar compendium of quotations from older alchemical writers, is reserved for a time when one or both of us have greater leisure from official duties than either enjoys at present (1931): but we have thought it desirable also to include in this Excursus:

(*a*) a translation of the Prefatory remarks of Ibn Umail;

(*b*) a quotation from An-Nadīm's *Fihrist* (published in 988 A.D.) to show the beliefs at that time of Moslems—particularly those of the Shī'ah persuasion to which both An-Nadīm and Ibn Umail belonged—regarding the connection of the Egyptian pyramids with alchemy and the supposed Founder of this science, Hermes of Babylon;

(*c*) a discussion of the date of Muḥammad bin Umail, together with a list of his works; and, finally,

(*d*) translations of certain passages showing the possible affiliations of the *Mā' al-Waraqī* with (*i*) the *Turba*; (*ii*) the *Shawāhid* of Muḥammad bin Zakarīyā ar-Rāzī; and (*iii*) a treatise by Mahrārīs—an author who was apparently the immediate predecessor of Ar-Rāzī, as an alchemical writer.

We feel it desirable that at least these preliminary steps should be taken in order to place in the hands of students what is evidently most valuable material for the proper understanding of the origins of chemistry.

We would also like in this connection to express our indebtedness to Dr. Holmyard for having facilitated our work by the loan of photostats of Al-Jildakī's commentary on the *Risālat ash-Shams ila'l Hilāli* (*Lawāmi' al-Afkār al-Muḍiyah*—Paris MS.). He had himself previously entertained some idea of taking up the study of Ibn Umail's works, but, on hearing that a Research Scholar had been appointed in Bengal to collate the available MSS. of the *Mā' al-Waraqī*, Dr. Holmyard very courteously forwarded us the photostats he had already procured, and intimated that he proposed to leave the matter of Ibn Umail entirely in our hands. We can only express a hope that the present paper—incomplete though it is—will serve as a slight acknowledgment of Dr. Holmyard's generosity.

II. *Translation of the Preface to Ibn Umail's Commentary* Kitāb al-Mā' al-Waraqī Wa'l Arḍ an-Najmīyah.

Bismillāh.

" Praise be to Allāh, the Lord of the Worlds, and Peace be on our Lord Muḥammad, the best of the Prophets, and on all his descendants. Abū 'Abdallāh Muḥammad bin Umail [bin 'Abdallāh bin Umail] at-Tamīmī—May Allāh be pleased with him!—said: 'I and Abū'l Qāsim 'Abd ar-Raḥmān—brother of Abū'l Faḍl Ja'far an-Naḥwī—(once upon a time) entered: and, later, I and Abū'l Ḥusain 'Alī bin Aḥmad bin 'Umar—known as al-'Adawī—a second time entered into Būṣīr, the prison of Yūsuf (Joseph), known as *Sidar Būṣīr.* We went towards the Pyramid (*Birbā'*) which the keepers opened, and I saw on the roof of the galleries[1] of the Pyramid a picture of Nine Eagles with out-spread wings, as if they were flying, and with outstretched and open claws. In the claw of each of the eagles was a thing like the fully-drawn bow which is used by soldiers (*Jund:* MSS. P. and L. *Khail* 'cavalry'). On the wall of the gallery on the right side of any one entering the Pyramid, and on the left side, were pictures of people standing, most perfect in shape and beauty, wearing clothes of various colours and having their hands stretched out towards a figure seated inside the Pyramid, near the pillar of the gate of the Hall. The image was situated to the left hand of whoever desired to enter into the Hall, facing the person who entered from the gallery. The image was (seated) in a chair, like those used by physicians, the chair being separate from the figure. In its lap, resting on the arms—the two hands of the figure being stretched out on its knees—was a stone slab (*balāṭah*)—also separate—the length of which was about 1 cubit, and the breadth about 1 span. The fingers of both its hands were bent behind the slab, as if holding it. The slab was like an open book, exhibited to all who entered as if to suggest that they should look at it. On the side, *viz.*, in the Hall (*riwāq*) where the image was situated, were different pictures, and inscriptions in hieroglyphic (*birbāwī*) writing. The tablet which was in the lap of the image was divided into two halves by a line down the middle; and on one half of it towards the bottom, was a picture of two birds having their breasts (contiguous) to one another. One of them had both wings cut off, and the other had both wings (intact). Each of them held fast the tail of the other by its beak as if the flying bird wished to fly with the mutilated bird, and the mutilated bird wished to keep the flying bird with itself. These two linked birds that were holding one another appeared like a circle, a symbol of 'Two in One'. Above the head of the one that was flying was a circle and, above these two birds, at the top of the tablet close to the fingers of the image (*sic*!), was the representation of the crescent moon (*hilāl*). At the side of the

[1] Or 'verandahs,' or 'vestibules'.

Moon was a circle, similar to the circle near the two birds at the bottom. The total (of these symbols) is Five—3 at the bottom, *viz.*, two birds and the circle: and, above, the figure of the Crescent Moon and another circle.

"On the other half of the stone tablet at its top, close to the fingers of the image (*sic* !), was a picture of a Sun with two rays, as if they were a symbol of 'Two in One' and next to them was another Sun with one descending ray. These are three things—I mean, three lights, *viz.*, the rays of the 'Two in One', and the one descending ray extending to the lower part of the tablet. These rays enclose a black circle of which one-third is divided off. Thus it became one-third and two-thirds. One-third of it had the form of the Crescent Moon because the interior of it is white, free from blackness: and the black circle surrounds it because these figures are the representation of 'Two in One'. That which is at the bottom is 'One of Two', and these are the Black Circle, and the Crescent Moon which is included in the circle. Two Suns are also at the top, I mean the figure of 'Two in One', and the single Sun, which the figure of 'One in One'. Consequently these also total Five [as in the other half of the tablet]: and the [grand] total is Ten, according to the number of those Eagles, and the Black Earth.[1]

"He (the author) said: 'I have expounded all these things to you—May Allāh continue to preserve your honour![2]—and I have explained them in the poem that follows: and this was through the grace of Allāh towards me—May His name be sanctified!—so that you may know this and meditate on it. I have drawn a picture for you of that Tablet and of these Figures and Images that were on it, in its proper place in the aforesaid poem under the couplets that refer to these images. I have explained these Ten Images, and I have commented on them and described them after the end of this my poem, and after paraphrasing them in prose because such explanations are not possible in verse. Thus the secret of what the Philosopher[3] has concealed will be manifest to you. This was he who made that image in his Pyramid in which he summed up all his knowledge by means of his own image and (taught) the knowledge of his wisdom which he wished to show to the world in stone. For I know that that image was a true representation of the Sage, and that those things which were on the tablet resting on his two arms and thighs in his lap were the hidden knowledge that he wished to expound for people so that those who understand might be guided to it and might understand what the Philosopher meant by it. Because this will be understood by the wise reader who understands the definitions of Philosophy from the hidden and mysterious sayings, when he will link up these with these Images and Figures. One will solve the other, and this will not remain hidden from a possessor of wisdom.

"And now follows, by the help of Almighty Allāh, the beginning of the poem (*qaṣīdah*) which I wrote as a treatise for Abū'l Ḥusain 'Alī bin Aḥmad bin 'Umar

---

[1] This may refer to the black stone on which the figures were shown: or, more probably, it may have an alchemical meaning.

[2] This shows that Ibn Umail was writing this book for some high official, or great friend.

[3] *I.e.*, the Philosopher who constructed the Image and made the pictures in the Pyramid.

al-'Adawī—May Allāh have mercy on them both! (*i.e.*, both Abū'l Ḥusain's father and grandfather)—and this is a five-hemistich (*mukhammasah*) poem rhyming in *Lām*."

Then follows the poem, *Risālat ash-Shams ila'l-Hilālī*[1] of 448 hemistichs (5 to a verse except the last which has 3), rhyming in *Lām*. After the conclusion of the poem, the author, Muḥammad bin Umail, proceeds: 'We shall now follow up this poem by explaining in prose and commenting clearly on its Figures and Images (*i.e.*, those seen on the Pyramid).' This prose composition, which includes a unique series of quotations from earlier alchemical writers, constitutes the *Mā'al-Waraqī wa'l-Arḍ an-Najmīyah.* The author also states elsewhere (*e.g.*, on p. 15 of the Arabic text) that the latter work is a commentary on, and explanation of, the poem. Further, at the end of the Indian MS., is found another poem of 174 couplets[2] on Alchemy entitled *Qaṣīdat an-Nūniyah* (*i.e.*, a poem rhyming in *Nūn*) which is really a supplement in verse to the *Mā'al-Waraqī* (*vide* Arabic text, p. 40, l. 13). Finally, from several references (*e.g.*, pp. 21, 25, 29, 44, 52 and 54 of the *Mā' al-Waraqī*), it appears that Muḥammad bin Umail, in addition to other alchemical treatises, also wrote at least three alchemical poems rhyming in *Mīm*, *Rā* and *Dāl* respectively. The first-named dealt with Talismans and had 101 couplets, while the last included as many as 777 couplets.

III. (*a*) *Account of Hermes, the Babylonian* (*An-Nadīm's* Fihrist—*Flügel's ed.*, *p.* 352).

"Opinions differ regarding the history of this man. Some say he was one of the Seven High Priests, appointed to protect the Seven Temples and that he was in charge of the Temple of Mercury (*'Uṭārid*). That temple was named after him because Mercury in the Chaldean language is *Hurmus* (Hermes). Others say that he migrated for certain reasons to Egypt, and that he became the ruler of that country. He had several children—among whom were Ṭāṭ, Ṣā, Ashmun, Ithrīb, and Quft—and he was the wisest man of his time. When he died he was buried in the monument which is known in the town of Miṣr (Cairo) under the name of *Abū Hurmus*, and which the common people call *Hurmain* (the Two Pyramids). One of them is his grave and the other is the grave of his wife. It is also said that the latter is the grave of his son whom he appointed to be his successor after his death."

(*b*) "*Account of the Two Pyramids*" (*Hurmain*) "God knows (whether what follows is true)! I once read in a book which I happened to come across some descriptions of the Earth and its wonders, and its buildings, and its Kingdoms, and its different nations. This book was attributed to a descendant of the *Thawābah*, who spoke as follows: 'Aḥmad bin Muḥammad al-Ashmūnī informed me that a Governor of Egypt wished

---

[1] In the Indian MS. the following is found out place, as the representation of what was seen on the tablet should come in the middle of the poem as promised by Ibn Umail, and does actually so come in the Russian MS.

"*Bismillāh*

This is the Pyramid picture (on the stone tablet) from the book termed *Al-Mā' al-Waraqī wa'l-Arḍ an-Najmiyah* by Muḥammad bin 'Abdallāh bin Umail (1 page illustration). Finished the tablet: and this is the poem *Risālat ash-Shams ila'l-Hilālī.*"

[2] On p. 44, l. 15 of *al-Mā' al-Waraqī* it is stated that this poem was composed of 199 couplets, so that 25 couplets are missing in the Lucknow MS. Only one additional couplet has been found in the two other MSS. of the *Qaṣīdah* in H.E.H. the Nizam's Library at Hyderabad.

to know what was on the top of one of the Pyramids, and he set his mind on reaching the place by some means or other. At this time he came across an Indian, who was ready to ascend to the top in view of the reward that was offered to him. The man said, 'People cannot ascend because at the time of ascent their minds reel at the sight that is before them.' He added: 'Its length (at its base) is 480 *Hāshimī* cubits, and its breadth is (also) 480 cubits. Then the structure begins to taper, and when one reaches the top there is a platform 40 cubits square. The man who ascended said, when he came down, that the top was large enough for about 20 full-grown camels to sit down. In the middle of the platform was an elegant dome, immediately underneath which was something like a tomb, and at the head of the tomb were two stones of most exquisite beauty and of many colours. On each of them was a figure in relief of a human being—one being male and the other female—who were facing each other. In the hand of the male was a tablet (*lawḥ*) bearing an inscription, while in the hand of the female was a mirror and a golden instrument resembling a pair of pincers (*minqāsh*). Between these two stones was a stone vessel (*barnīyah*) with a golden lid. He said, 'I tried to raise the lid and when I succeeded in lifting it, I saw in it something resembling pitch but without smell, which had dried up. When I put my hand in the vessel there fell into it a casket (*ḥuqqah*) of gold. I removed its lid and found in it fresh blood which instantly congealed as soon as it came in contact with air, just like blood congeals. By the time I was able to descend, it was quite dry.

"He further said: 'On the grave was a stone cover which I continued to try to lift up until, when I succeeded in removing the cover, I saw a man sleeping on his back, who seemed in perfect preservation and freshness. [p. 353.] His body was exposed and his hair was visible. At the side of the man lay a woman of similar appearance.' He added: 'That platform was hollowed out to the height of a man and it rotated on a pivot of rounded stones. In it were figures and sculptures, some fallen down and some standing, and besides these were statues of Gods whose forms are not (now) known.

"In Egypt are structures called *Birābī* (Pyramids) made of enormous—not to say gigantic—stones. A *Birbā'* contains rooms of different shapes in which are places for Admixture (*Saḥan*), Pounding (*Saḥq*), Solution (*Ḥall*), Coagulation (*'Aqd*), and Distillation (*Taqṭīr*), which indicates that each of them was built for the Art of *Kīmiyā'* (Alchemy). In these Pyramids are drawings and inscriptions in the Chaldaean and Koptic languages, but it is not known what they are. The position of treasures hidden under the ground may be indicated by them. These sciences (*viz.*, Alchemy and the Art of finding Hidden Treasure) are written on the skins of wild asses wrapped round with *tūz* (bark of the white poplar—*khadang*), and on the bark itself—(of the *khadang*) which the archers use for their bows—and on leaves of gold and copper, and on stone.

"Hermes is the author of books on *Nujūm* (Astrology), *Nīranjāt* (Magic), and *Rūḥāniyāt* (Bringing Spirits under Control)."

An-Nadīm concludes by mentioning the titles of 13 books by Hermes on Alchemy, one of which is called 'The book of Armīnus, the discipline of Hermes.' This man may be the same as the Armiyānūs al-Hazarbandī quoted by Ibn Umail.

IV. *Date of Muhammad bin Umail, and Names of his Treatises.*

A. The period covered by Ibn Umail's life, as deduced from the dates at which his friends, or authors he makes use of, are known to have lived.

Baron Victor Rosen in his description of the MS. of the *Mā'al-Waraqī* (pp. 130–137 of the Catalogue of Arabic MSS. in the Institute of Oriental Languages, Petersburg) quotes an opinion of Flügel that our author probably died in the first half of the 4th Century A.H. (say 912–961 A.D.), but adds that he could not find in the MS. any dates that would enable the exact period during which Ibn Umail flourished to be determined, nor had he been able to secure any information regarding the various contemporaries mentioned by Ibn Umail. As, however, will be seen later, a considerable amount of information is actually available, especially in An-Nadīm's *Fihrist* and Ibn Khallikān, regarding at least two of Ibn Umail's friends, and this will now be discussed under their respective names. The case of two or three other alchemists whose dates have an important bearing on that of Ibn Umail will also be dealt with.

1. *Ash-Shaikh Abū'l Ḥusain (or Ḥasan) bin Waṣīf, 'Ḥallā,'* in whose house Ibn Umail had a discussion on alchemy (Text, pp. 41-2), and who was apparently an old and respected friend.

(*a*) Ibn Khallikān, Vol. II, pp. 307–9 (De Slane's translation).

"Abūl Ḥasan 'Alī bin 'Abdullāh bin Waṣīf al-Ḥallā, surnamed an-Nāshī al-Aṣghar[1] (or *The Less*), was a poet of merited celebrity for his talents, and the author of numerous *qaṣīdahs* on the family of the Prophet. He displayed also great abilities in scholastic theology, which science he had learned from Abū Sahl Ismāīl bin 'Alī bin Nawbakht[2] and he held an eminent rank among the *Shīites*. Numerous works were composed by him. His grandfather Waṣīf was a slave, and his father 'Abdullah a druggist. The surname of *al-Ḥallā'* was given to him because he made trinkets (*ḥilya*) of brass." [Verses recited by him at Aleppo to Abū Bakr al-Khwārazmī quoted. This Abū Bakr died according to Ibn Khallikān—III, p. 109) in 383 A.H. (993 A.D.) or even in 393 A.H.]. "In the year 325 (A.D. 936–7) Ibn Waṣīf went to Kūfa and taught his own poetry in the great mosque where al-Mutanabbi [born at Kūfa in 905 A.D.; was at Aleppo from 948 to 975; and was killed on his way from Shirāz to Baghdad in 965] took them down in writing...An-Nāshī had visited the Court of Saifuddaulah bin Hamdān [reigned from 333 to 356 A.H. (944 to 967 A.D.)] at Aleppo, and that prince overwhelmed him with the marks of his generosity...He died A.H. 366 (A.D. 976–7), but some say that he expired on Wednesday, the 5th of *Ṣafar*, A.H. 365 (October, A.D. 975), at Baghdad. His birth took place A.H. 271 (A.D. 884–5)."

---

[1] An-Nāshī al-Akbar, the older An-Nāshī, died at Old Cairo in A.H. 293 (A.D. 905).

[2] An-Nadīm in the *Fihrist* omits to mention the date of death of this Shī'ah leader; but he was a contemporary and friend of the alchemist Abū Ja'far Muḥammad bin 'Alī ash-Shalmaghani, known as Ibn Abi'l 'Azaqir, who was put to death in 320 A.H. (934 A.D.). An-Najāshi (*vide* (*c*) *infra*) also states that Abū Sahl wrote (*a*) a book to refute Muḥammad bin al-Azhar who (according to Yāqūt's *Irshād al-Arib*, Vol. VI, p. 398) died in 289 A.H. (902 A.D.); and (*b*) another treatise called the 'Book on Rejection and Establishment' which he wrote at Ahwāz when sitting with Abū 'Alī al-Jabba'ī. The last-named (according to Ibn Khallikān, Vol. I, p. 480) died in 303 A.H. or 915 A.D. From the above facts it seems probable that Abū Sahl lived until at least 900 A.D.

(*b*) An-Nadīm's *Fihrist*, p. 139.

(i) *Khushk-nākah al-Kātib* (*i.e.*, 'The very reserved Writer').

"He was a native of Baghdād but generally resided at Raqqah. Then he removed to Mawṣil. His name was 'Alī bin Waṣīf Abū'l Ḥasan. He was a real orator and compiled a number of books which have been attributed to 'Abdān, the head of the Ismā'īliyah [fl. about 261 A.H. (875 A.D.)]. He was my friend and sympathiser. He died at Mawṣil. He was a declared follower of the Shī'ah doctrine. Among his books are: Book of the Relation between Prose and Verse: Book on the Art of Rhetoric: a *Diwān*: and a Book of Useful Matters."

(ii) (Under Abū'l Jaish bin al-Khurāsānī: p. 178.)

"An-Nāshī aṣ-Ṣaghīr was Abū'l Ḥusain 'Alī bin Waṣīf. He was a poet, who wrote excellent verses on the family of the Prophet. He was a very great scholastic theologian." (On p. 176, under Abū Sahl an-Nawbākhtī, an-Nadīm states that Abū'l Ḥasan an-Nāshī used to say that Abū Sahl bin Nawbakht was his Master.)

(*c*) From p. 193 of the *Rijāl an-Nājāshī* of Abū'l 'Abbās Aḥmad bin 'Alī bin Aḥmad bin al-'Abbās an-Najāshī, the Shī'ah Biographer (born 372 A.H./982 A.D. and died 405 A.H./1014 A.D.).

"'Alī bin Waṣīf Abū'l Ḥusain an-Nāshī was a poet and a scholastic theologian. My Master [Ash-Shaikh al-Mufīd (b. 336 or 338 A.H /948 or 950 A.D.: d. 413 A.H./1022 A.D.)] said that he wrote a book on the *Imāmat*" (*i.e.*, successors of the Prophet—'Alī, and his descendants).

(*d*) From p. 56 of the *Aml al-Āmil* [a supplement to Aṭ-Ṭūsī's *Al-Fihrist*, by Muḥammad bin al-Ḥasan bin 'Alī al-Ḥurr al-'Āmilī (d. 1099 A.H. 1688 A.D.)].

"Abū'l Ḥasan 'Alī bin 'Abdallāh bin Waṣīf an-Nāshī, the scholastic theologian, lived at Baghdad near the *Bāb aṭ-Ṭāq*. They burnt him with fire. This is mentioned by Ibn Shahr-Ashūb[1] when dealing with the poets who wrote on the family of the Prophet."

Taking all the above facts into consideration, it is evident that Ibn Waṣīf was a distinguished Shī'ah poet who lived from about 885 to 975 A.D., and that, besides being a friend of Ibn Umail, he was probably also a friend of An-Nadīm, the writer of the *Fihrist*. Ibn Waṣīf was apparently older than Ibn Umail, so we can regard Ibn Umail as being a man of not more than 50 in the year 950 A.D., about which date we may place the visit of Ibn Umail to Ibn Waṣīf, as if the former was still a resident in Egypt, he was more likely to have visited his friend in Aleppo than in the more distant Kūfa (or Mawṣil).

2. Nothing can be traced regarding *Abū'l Ḥusain 'Alī bin Aḥmad bin 'Umar al-'Adawi*, the friend for whom Ibn Umail wrote the *Mā' al-Waraqī*, as well, probably, as the other *Qaṣīdahs* alluded to in this book; but *Abū'l Qāsim 'Abd ar-Raḥmān*—the friend who, as we learn from the opening sentences of the *Mā' al-Waraqī*, had first accompanied Ibn Umail into the Pyramid known as Sidar Būṣīr—was the

[1] This is the author of the *Ma'ālim al-'Ulamā' fi-Rijāl*, which is another continuation of Aṭ-Ṭūsī's *Al-Fihrist*. He died 588 A.H. or 1192 A.D.

brother of Abū'l Faḍl Ja'far an-Naḥwī, and Yāqūt, in his *Irshād al-Arīb* (Vol. III, p. 425), states that the latter died in 289 A.H. or 900 A.D.

This does not necessarily mean that Ibn Umail was alive in 900, for Abū'l Qāsim might have been much younger than Abū'l Faḍl and survived him by a good many years. If he lived until, say, 920, Ibn Umail would then, from what has been stated in the previous paragraph 1 (*d*), have been a young man of about 20. Reading between the lines, it also seems possible that Abū'l Qāsim was the original instructor of Ibn Umail in alchemy.

3. *Mahrarīs.* Very little is known of this alchemist who is quoted both by Ibn Umail and by Ar-Rāzī (in the *Shawāhid*), but a *Risālah* by him to his pupils exists in the Royal Library, Cairo. From this we gather that he was a Shī'ah (*vide* quotations given later on pp. 142-3): but the facts that (*a*) he quotes the historian Muḥammad bin Jarīr aṭ-Ṭabarī (born 224 A.H./838 A.D.: died 310 A.H./923 A.D.) and (*b*) is quoted by Ar-Rāzī (born 251 A.H./866 A.D.: died 313 A.H. 925 A.D.) indicate that Mahrārīs probably wrote between 875 and 900 A.D.[1]

4. *Abū'l Faiḍ Dhu'n-Nūn bin Ibrāhīm al-Miṣrī.* This alchemist, who died in 245 A.H. 860 A.D. (or possibly 3 years later—*vide* Ibn Khallikān, I, p. 293) at Old Cairo, is the last of the Arabic alchemists to be quoted by Ibn Umail. In one case the same quotation is made by Mahrārīs. The absence of any quotation from Dhu'n-Nūn's works by Ar-Rāzī may be due to the latter's matter-of-fact outlook on the science of alchemy and his dislike for Dhu'n-Nūn's mysticism.

5. *Muḥammad bin Zakarīyā Ar-Rāzī* is not directly quoted by Ibn Umail but the latter's denunciation of those alchemists who try to make the elixir out of animal matters like hair, etc., points almost certainly to Ibn Umail having been acquainted with Ar-Rāzī's *Shawāhid.* This is confirmed by other parallels between the *Mā' al-Waraqī* and the *Shawāhid* that are given in Section VI (*infra*).

Summing up the information already quoted, we arrive at the conclusion that, far from Ibn Umail having flourished in the second half of the 3rd Century *Hijra* (*i.e.*, 864–912 A.D., as Baron Rosen—from the fact that Dhu'n-Nūn is the latest Arabic alchemist to be quoted by Ibn Umail—finally decided), his life probably covered the period from 900 to at least 960 A.D. and his writings are therefore later than those of Ar-Rāzī. The failure of An-Nadīm or Aṭ-Ṭūsī to mention Ibn Umail is probably accounted for by the fact, as stated by Ibn Umail himself in the *Mā' al-Waraqī* (*supra* p. 43, ll. 11-12), that he lived in complete seclusion, and hence that his works only circulated among a very limited number of friends and pupils.

We may mention in conclusion that the statement of Ḥājī Khalifa that our author's name was pronounced Umail, and not Amyal, is confirmed by the vowel points placed on the name (أُمَيْل) whenever it occurs on the first 22 folios of the Russian MS. This is also in agreement with the scansion of the verses in which the name is found, *e.g.*,

[1] The Treatise of Mahrārīs is very similar in character to Ar-Rāzī's *Kitāb al-Asrār.* Part of it (transcribed in Syriac characters) has also come down to us in a MS. now in the British Museum, and a translation of this into French by Duval may be seen on pp. 150-18? of Vol. II of Berthelot's *La Chimie au moyen âge.*

that quoted by Baron Rosen (Arabic Text, p. 13, ll. 10-12). As for the date of the translation of the *Mā' al-Waraqī* into Latin, the only indication is the mention of Averroïs on p. 177. As Ibn Rushd of Cordova died in 1198 A.D. (aged 72), the translation cannot probably have been made much before this date, and may be even later.

B. List of the writings of Abū 'Abdallāh Muḥammad bin Umail al-Ḥakīm aṣ-Ṣādiq[1] at-Tamīmī.

(Chiefly drawn from Ḥājī Khalīfa's *Kashf az-Ẓunūn*—Flügel's translation: references in the *Mā' al-Waraqī*: and entries in the Handlist of the *Āṣafīyah* Library, Hyderābād, Deccan, India.)

1. *Imtizāj al-Arwāḥ* ('Combination of the Spirits': Ḥājī Khalīfa, I, p. 435).
2. *Khawāṣṣ al-Barr wa'l-Baḥr* ('Properties of Land and Sea': *idem*, III, p. 180).
3. *Kashf as-Sirr al-Maṣūn wa'l 'Ilm al-Maknūn* ('Explanation of the Protected Secret and the Hidden Knowledge': *idem*, V, p. 208). This was apparently a treatise on the esoteric meaning of the verses of the *Qur'ān*.
4. *Kitāb al-Miṣbāḥ* ('Book of the Lamp': *idem*, V, p. 283).
5. *Kitāb Mafātiḥ* (or *Miftāḥ*) *al-Ḥikmat al-'Uẓmā* ('Book of the Keys—or Key—of the Greater Wisdom'[2]: *idem*, VI, p. 4: *vide* also pp. 28 (l. 10), 31 (l. 25), 35 (l. 19), 44 (l. 5), 84 (l. 12) and 92 (l. 14) of the Arabic text of the *Mā' al-Waraqī*). Possibly a copy of this MS. exists in the St. Sophia Library, Stamboul (*vide* 1304 A.H. Cat.).
6. *Al-Mā' al-Waraqī wa'l Arḍ an-Najmīyah*, a commentary on the next work on the list, *viz.*:—
7. *Risālat ash-Shams ila'l-Hilāli*. This *qaṣīdah* in *al-Mutadārik* metre, rhyming in *Lām*, has 445 hemistichs in 5-hemistich verse (*plus* one 3-hemistich verse).
8. *Sharḥ aṣ-Ṣuwar wa'l-Ashkāl li'l Ḥakīm*, 'Commentary on the Figures and Images by the Sage' (Paris MS. No. 2609). This is certainly connected with Nos. 6 and 7, and from what Ibn Umail says on p. 92 (l. 12) of the Arabic text, the name may be a synonym for the *Mā' al-Waraqī*. However, on p. 96 (l. 3), he also refers to *another Qaṣīdah*[3] on the same subject.
9. *Kitāb al-Maghnīsiyā* (*vide* the *Mā' al-Waraqī*, pp. 31 (l. 25), 44 (l. 6) and 92 (l. 13). On the last-mentioned page, Ibn Umail states that in this book he explained what is *Maghnīsiyā* and what is *Abār Nuḥās*. (According to Al-Maṣmūdī

---

[1] This additional title of Ibn Umail seems to have been perverted by the Latin translator (or some copyist) into Zadith. [2] It is just possible that this book has been preserved translated into Latin as the Book of Artefius, known as *Clavis Majoris Sapientiae* (Key of the Greater Wisdom)—*vide* Manget, *Bibliotheca Chemica Curiosa*, Vol. I, pp. 503-7. This treatise, which is cast in the form of a dialogue between the writer and his Master, is obviously of very early date as the only authorities referred to are Aristotle, Plato and the author's Master Bolemus or Belenius (? Apollonius). The language in several places is very similar to that found in the *Mā' al-Waraqī*.

[3] This may be one of the two poems in *al-Mutaqārib* metre rhyming in *Lām* (*vide* pp. 27 and 47).

—Berthelot, *La Chimie au moyen âge*, Vol. III, p. 41—Ibn Umail's *books* on *Maghnīsiyā* were *Al-Istinama* and *aṣ-Ṣaḥifah al-Makhfiyah* ('The Hidden Book').

10. A *Qaṣīdah* of 777 verses, rhyming in *Dāl* (*Mā' al-Waraqī* text, p. 44, l. 11). For translation of the only couplet quoted (in *as-Sarī'* metre), *vide* Latin text, p. 188, note 1.

11. (*a*), (*b*), and (*c*). Three *Qaṣā'id* rhyming in *Rā*, of the first of which (in *al-Mutaqārib* metre) a long quotation of 66 verses is quoted on p. 21 (l. 17) to the bottom of p. 23 of the *Mā' al-Waraqī* text. Two extracts from the second (in *al-Basīṭ* metre)—of 6 and 18 lines respectively—are given on p. 29 (ll. 1–6) and p. 52 (ll. 2–19); while a quotation of 9 verses from the third (in *as-Sarī'* metre) occurs on p. 54 (ll. 9–17).

12. A *Qaṣīdah* of 101 verses, rhyming in *Mīm*, mentioned on p. 44 (l. 22) of the Arabic text. The initial verse quoted on p. 44 (l. 21) is in *aṭ-Ṭawīl* metre, but the twenty-three verses found on pp. 25 (l. 19) to 26 (l. 14) are in *al-Basīṭ* metre, so apparently Ibn Umail wrote two poems rhyming in *Mīm*.

13 (*a*). A *Qaṣīdah* in *al-Wāfir* metre of 199 verses, rhyming in *Nūn*—*vide* pp. 105–113 of the Arabic text. (Besides the Lucknow copy, two copies of this are in the Hyderābād Library, under the title *Risālah Manẓūmah*: Hand-list, Vol. II, p. 1414.)

13 (*b*). Another *Qaṣīdah* rhyming in *Nūn* (in *al-Basīṭ* metre) of which 16 lines are quoted on p. 63 (ll. 3–19) of the *Mā' al-Waraqī* text.

14. *Ḥall ar-Rumūz* ('Clearing up of Enigmas': Hyderābād Library Handlist, p. 1410).

15. *Ad-Durrat an-Naqīyah* ('The Choice Pearl': misquoted, as *Durrat at-Tanqīḥ* by Muḥammad bin Isma'īl, in Hyderābād Library Handlist, p. 1410). According to the author, this is his best book on the subject of *Kīmiyā'*, and was written for his pupil Abū'l Ḥasan. With this book in any one's possession, no other guide is required.

16. (*a*) and (*b*) A *Risālah* of 7 and 5½ folios, probably by Ibn Umail. (Hyderābād Library Handlist, p. 1414).

17. Another short *Risālah* of 3 folios, which is a commentary on another commentary by one Mukhtaṣī on a work of Hermes (*idem*, p. 1412).

18. *Risālat al-Jadwal* ('Treatise of the Stream': *idem*, p. 1412). This is a very short pamphlet of 1½ folios, discussing the relation of the Metals to the Seven Planets.

19. *Kutub al-Fuṣūl* ('Books of Chapters': al-Maṣmūdī—Berthelot, *op. cit.*).

V. *Five passages from the* Turba Philosophorum, *showing, by comparison with translations from Ibn Umail's* Mā'al-Waraqī, *the relationship between the two texts.*

Turba Philosophorum Text

(i) INITIUM libri TURBAE PHILOSOPHORUM, in quo discipulorum prudentiorum dicta Arisleus congregavit, Pythagoram philosophum et magistrum introducendo, sententiasque ex discipulis colligendo. Vocatur et hic liber tertia synodus Pythagorica, de occulta sapientia inscriptus. Jubet autem Pythagoras Eximidium discipulum collocutionem ordiri, et de sapientia occulta differere, deinde et caeteros ordine quoque suam sententiam efferre. Incipiens itaque,[1]

(i) *Al-Mā'al-Waraqī* (Text, p. 101, ll. 6–15).

Said Aksimīdūs al-Jur'ānī—and he was one of the pupils of Fīthāghūras al-Anṭālī who is also called Fīthāghūras, Chief of the Sooth-sayers—in some of his discourses to a number of pupils regarding the parables which they had used, when they were ordered by their teacher the Sage Fīthāghūras to enlighten those who would come after them regarding what the Jealous[1] (alchemists) had made obscure. It is incumbent that this hint from the statement of Aksimīdūs should be understood.

SENTENTIA I

EXIMINDUS. Vobis doctrinae filiis notum facio, initium omnium rerum creatarum naturam quandam esse, primam, perpetuam et infinitam, omnia coquentem et regentem, cujus actiones et passiones ab iis tantùm sciuntur et noscuntur, quibus notitia artis sacrae data est. Insuper dico, stellas esse igneas, et aërem ipsas temperare. Nam si aëris spissitudo et

A

He stated in some of the repetitions of his discourse that water and fire are two enemies. There is no relationship [or affection] between them because fire is hot and dry and water is cold and moist. Air is hot and moist, and brings about reconciliation between them (the fire and the water) by its moistness and heat.[2] Thus the air becomes a reconciler

[1] This introduction is taken from the *first* printed version of the Turba, as it is clearer and refers directly to Eximidius (*alias* Eximindus) being a pupil of Pythagoras. The discourse that follows is however taken from the *second* version of the *Turba* (pp. 66 and 67 of the *Artis Auriferae* 1593 ed.) as this version is the fuller. The words in square brackets have been added from p. 110 of the collated text of the *Turba* given in Ruska's *Turba Philosophorum* which is here closer to the Arabic text than the *A.A.* version. The corresponding passages have been marked by side-lines A and B, as the order in the *Mā' al-Waraqī* has been inverted by the compiler of the *Turba*. The two A's are very similar, but the *Turba* B is only a paraphrase and expansion of the corresponding passage.

[1] *Al-Ḥasadah* (plural of *Ḥāsid*, jealous). Holmyard in his translation of Al-'Irāqī's *Kitāb al-'Ilm al-Muktasab fī Zirā'at adh-Dhahab* (which is partly drawn from the *Mā' al-Waraqī*) has left the word untranslated, but Ibn Umail explains it on p. 85 (l. 25) of the *Mā' al-Waraqī*. The mention in the introductory paragraph of Ruska's *Turba* text of 'magister meus Pitagoras Italus .... vatum caput .... Discipulos igitur .. voluit congregare, ut eorum locutio sit radix post se venturis' furnishes not only other indications of close connection between the *Turba* and the *Mā' al-Waraqī* but corrects the error of two out of three MSS. of the latter work in reading *al-Anṭākī* for *al-Īṭālī*. MS. R reads *Al-Anṭālī* which, as Ruska notes, only differs by diacritical points from *al-Īṭālī*.

[2] For a parallel passage from the *Shawāhid*, *cf.* the quotation by ar-Rāzī from Jālīnūs (Galen) given under Section VI, (v) (*c*) *infra*. *Vide* also another similar passage from the *Mā' al-Waraqī*, regarding the reconciling action of Air between Water and Fire, in the left hand column of the same page.

humiditas non esset, quae Solis flammam temperaret, subsistentia omnia Sol combureret. Deus autem aërea separatim constituit, ne combureretur quod in terris creavit. Nonne videtis, ô scientiae filii, Solem ascendentem in coelo aërem vincere et calefacere igne suo, quo calefacto, ad subsistentiam calor pervenit, è quibus creaturae generantur? Aër enim coarctatur, et ab aqua continetur, atque ideo aër superatur, quia ejus calor Solis calori, ejusque humiditas aquae jungitur humiditati. Nonne videtis tenuem aquam in aërem ascendere calore Solis eminente, et Solem ea delectari ac adjuvari? Quòdsi aëre tenui suo humore non juvaret aqua, procul dubio ignis ipsum superaret. Ignis vero ex aqua abstrahit humorem, quo aër contemperatur, et tunc ipsum ignem superat. Ignis ergo et aqua sunt inimici, inter quos nulla est consanguinitas: eò quod ignis est calidus et siccus: et aqua est frigida et humida. Aër quoque cum sit calidus et humidus, concordiam habet cum aquae humiditate et ignis caliditate, atque ob id fit [inter eos] amicitia generans. Inspicite omnes fructus (*sic* for 'spiritus'), qui ex tenui vapore aëreo fiunt, eò quod Solis calore ex aëre [tenue quid extrahit quod et spiritus] et vita [fit omnibus creaturis,] et hoc ex Dei ordinatione.

(ii) *Turba* (Ruska's *ed.*, pp. 160-1)[1]

Inquit Balgus: Item sciendum est, quod decoctionibus ablutionibusque mul-

between the water and the fire. All spirits come into existence from the subtle vapour of the air, because, when heat comes into contact with moistness, then there must come out of them a subtle substance which becomes either vapour or wind: because the heat of the sun produces from the air a subtle (substance) which becomes spirit and life for every created being. All this takes place by the decree of Almighty Allāh. The air receives moistness from the water, and had it not received the moistness of the water, which made it capable of withstanding the heat of the sun, then the sun would have subdued the air by its heat. And had not the spirits, from whom (all) created beings come into existence, been able to breathe the air, the sun would have (soon) caused to perish by its heat the beings that had been created beneath it. The air could only withstand it owing to its heat joining in friendship with the heat of the sun and its moistness with the moistness of the water.

(ii) *Mā' al-Waraqī* (Text, pp. 101, l. 24—102, l. 4).

"Thālghas said: 'I will also teach you that, by much coction and washing, it is

[1] The quotation is made from Ruska's text as the *A.A.* version—besides being otherwise defective—erroneously assigns this passage to Anastratus. The name Balgus, and its variation Tulleas of the first sentence of Sententia LXIII that follows on p. 128 of *A.A.*, are evidently corruptions of the Thālghas of the Arabic text. The latter name probably represents Telauges, the son of Pythagoras.

tiplicatis congelatur, et ab igne coloratur, ejusque natura convertitur. Hac enim decoctione et liquefactione *cambar* disjungitur. Notifico etiam vobis, quod hac nimia decoctione tertiae partis aquae pondus consumitur: residuum verò fit ventus in spiritu secundi *cambar*.

congealed, and coloured by fire, and its nature is changed, because by this coction and melting they know[1] the nature of *Qinbār*. I make known to you also that by this repeated coction one-third of the weight of water disappears and the remaining (portion) becomes wind in the 'Spirit of the Second *Qinbār*'. He meant by this their 'Second Body', and it is their 'Silvery White Earth', and that subtle (substance), which is hidden in its 'Body',—and it is the vapour which I have previously mentioned. And this is their 'Earth' which is the vehicle for (their) Tinctures, and the Tincture is the 'Fiery Spirit' which is hidden in their pure 'Divine Water'. The latter tinctures their 'Silver' which is their 'Second Body', and it becomes Spirit, when its subtleness enters into it, *viz.*, their 'Second Body', about which I have instructed you several times."

(iii) *Turba, A.A.*, p. 135 (corrected from the other version on p. 61)

(iii) *Mā' al-Waraqī* (Text, p. 55, ll. 6–20).

"Māriyah has called *Abār Nuḥās* the 'Honoured Stone', and this is the completely perfect and super-perfect *Abār Nuḥās* that imparts colour. Consequently it gives birth to the Perfect Gold, for the latter is inferior to it (the *Abār Nuḥās*), because it (the Gold) is (only) perfect, whereas that (the *Abār Nuḥās*) is super-perfect. Surely and undoubtedly this *Abār Nuḥās* is (completely) perfect.

SENTENTIA LXXIV

FLORUS: Coquendi dispositionem complebo, dicoque quòd signum primae

"Suqrāṭ said regarding this 'Body', when it becomes black, that the sign of the

[1] As noted by Ruska (*op. cit.*, p. 315, note 2) the Latin compiler of the *Turba* in translating this passage evidently read, in place of يعرفون 'they know', يفرقون 'they split up' and translated it by 'disjungitur'. Except for the misreading by the Editor of one or two words, the whole of this paragraph is found word for word on p. 43 of the Book *Al-Ḥabīb* published by Berthelot and Houdas in Vol. III of *La Chimie au moyen âge*. It is however there ascribed to Rīsamūs (Zosimos) instead of to Thālghas.

decoctionis est sui ruboris extractio.[1] Cùm videritis ipsum jam nigrum totum, scitote quòd in illius nigredinis ventre albedo occulta est, et tunc oportet albedinem illam extrahi à sua nigredine.

In secunda verò decoctione ponatur illa albedo in vase cum suis instrumentis,[2] & coquatur leniter donec omnia alba fiant. Cumque albedinem illam [apparentem (et) omnibus] supervenientem in vase videritis, certi estote, quod rubor in illa albedine est absconditus: et tunc non oportet vos ipsum abstrahere, et tandiu coquere, donec totum fiat rubeum altissimum. Et scitote, quòd prima nigredo ex natura Martech fuit, et ex illa nigredine exortus est rubor, qui rubor nigrum emendavit, et pacem inter fugiens

[1] The second version inserts here 'Rubedinem autem ita accipite.' In the latter portion of the quotation the words in square brackets are added from Ruska's edition (p. 167), where the name of the speaker is alternately given as Fiorus.

[2] The addition in the Latin of 'cum suis instrumentis' is evidently due to the Latin translator of this passage of (apparently) the *Mā' al-Waraqi* having read in place of مع الاذابة 'with melting', مع اداته 'with its instruments', as in MS. R.

For the mystical idea of the alchemical 'Body' being a receptacle (*inā'*) for the 'Soul', and the names given to this carrier of the 'Soul' (or 'Spirit'), *vide* quotation from Ar-Rāzī's *Shawāhid* in para. (ii) of Section VI (p. 135).

First Complete Coction is to bring about abundance of deeply-crimson (*qirmizah*) Black. Know that all Whiteness is now hidden in that Blackness: and at this time it is advisable for you, O Children of Learning, to extract that Whiteness from that Blackness by means of that (thing) which you know will separate them. And know that in this Blackness the sought-for Gold is hidden, and that it will become manifest after it has been whitened: and this (blackening) is in the beginning. He meant (by this) the First Coction of the Second Operation, the last-named being the Whitening after the appearing of the Blackness. And this is the Blackness after which[1] comes Whiteness, and the Reddening will follow. Understand this!

"Suqrāṭ said: In the Second Coction that Whitened (substance) after being melted will be kept in the vessel (*ina'*). Then it will be made to undergo gentle coction until the whole becomes white. And when you see that that Whiteness appears and has overcome everything in the vessel, be sure that that Redness is hidden in that Whiteness. And then you will not need to extract that Whiteness from that Redness. But continue coction until the whole become *Farfīr*. Know that the first Blackness of the

[1] The probable explanation of the phrase 'in illius nigredinis *ventre* albedo occulta est' that occurs in the parallel Latin translation is that the translator may have here read بعده 'in the belly of which' for بعده 'after it'.

& non fugiens composuit. [Ea in unum reduxit.]

(iv) *Turba*—Pandolfus—Ruska's *ed.*, p. 154.

Cambar autem est alterum sulfurum, ...quoniam a sulfure sulfuri mixto multa opera procedunt. Eo autem a vobis sublimato procedit illud vobis argentum vivum a *Cambar*, quod (est) *ethelie*, auripigmentum, *zenderich*, argentum vivum auripigmenti, argentum vivum *cenderich*, argentum vivum *absemech* (MS. M), *magnesie*, *kuhul* ...... Invidi autem plumbum ex *ebsemich*, *magnesie*, *martech* (MS. M) et aes album ipsum nuncupaverunt.

(v) *Turba* (Ruska's Ed., p. 154, ll. 28-9).[1]—Horfachol (*alias* Morfoleus—? Heraclius).

(*a*) Et ille: Oportet vos, hujus artis investigatores, prius leni igne aes comburere, sicut in ovorum nutritione.

Second Operation came from the nature of *Martak*, and that Redness comes out from that Blackness because that Blackness is that which brings about reconciliation between the *Ābiq* (Absconder, or Fugitive Slave) and 'The One who does not Abscond' until both become One. O Congregation of Men, seek this Sulphur which blackens the 'Body': and know that by his statement 'from the Nature of *Martak*', he meant by *Martak* '*Maghnīsiyā*', which is the *Abār Nuḥās*,[1] because they name it Lead (*Raṣāṣ*), Tin (*Qaṣdīr*), and *Raṣāṣ Abshamīth*.[2]

(iv) *Mā' al-Waraqī* (Text, p. 80, l. 9) "The King said: 'The Sages mentioned Three Mercuries, Mercury from *Zarnīkh*, Mercury from *Qinbār*, and Mercury from *Abshamīth*. What are these three?'. Aras replied: 'They are Three in name, but One in reality'".

(v) *Mā' al-Waraqī* (Text, p. 71, l. 14).

(*a*) "Regarding this 'Water' which is externally white but internally red, Aras spoke in his discussion with Qaiṣar, King of Rūm (Byzantium). "Hurmus said: It is advisable to extract the 'Spirit' with gentle fire because the extraction of this

[1] These parallel passages are noteworthy as showing how the compiler of the *Turba* ignored the original source of his materials, and ascribed them to Greek philosophers who might have been followers of Pythagoras. It is also clear that Ibn Umail did not draw his information in this case from the *Turba*. Indeed, when we note the two references to 'Invidi'—the 'Jealous Ones'—in Horfachol's address, and the way in which the compiler of this portion of the *Turba* has combined, at the end of the second paragraph that we have quoted, the remark of King Theodorus with what are apparently the comments of Ibn Umail, it is difficult to avoid the conclusion that the *Turba* compiler made use of the *Mā' al-Waraqī* as one of his sources.

[1] *Cf. Turba*, *A.A. ed.*, pp. 137-8. *Philotis*. Prima compositio, scilicet *corpus Magnesiae*, ex pluribus fit rebus: quamvis unum quid factae sunt, et unum ab antiquis, scilicet, *Albar aeris* nuncupatur... Compositio autem duplex est, una in humido, altera in sicco: & cum prudenter coquuntur sunt unum, & nominatur Bonum plurimorum nominum... Dum autem crudum permanet, *plumbum aeris* dicitur, virga metalli, & lamina.

[2] *Cf. Turba*, *A.A. ed.*, p. 43, where this name also appears untranslated in the form *Ebsemeth*.

Abshamīth is possibly the original form of the name Bismuth as it is clear that some metal like lead is referred to.

'Spirit' must be carried out by a gentle fire like that of the brooding bird." [1]

Turba (*Idem*, p. 155, ll. 2–11).

(*b*) Amplius de quo dixerunt quod omnia, cum unum quid fiant, corpora incorporea facta sunt, incorporea vero corporea.[1] Et scitote, omnes hujus artis investigatores, quod omne corpus dissolvitur cum spiritu, cui mixtum est, cui procul dubio simile fit spirituale: et quod omnis spiritus a corporibus alteratur et coloratur quo spiritus color tingens ac contra ignem constans fit. Benedictum igitur sit nomen ejus, qui sapientibus inspiravit corpus in spiritum vertere, vim et colorem inalterabilem habentem et incorruptibilem, et quod prius erat sulfur fugiens, nunc autem factum est sulfur non fugiens nec combustibile.

(*b*) *Mā' al-Waraqī* (Text, p. 83, ll. 19–24).

"This is the statement of Aras, the Sage, to King Tiyūdaras (Theodorus) and it is also the statement of some (others) of them. 'When all things become One Thing how excellent is your combination!' And this is also the saying of the Jealous Ones (*al-Ḥasadah*):[2] "Turn 'Bodies' into Non-bodies and Non-bodies into 'Bodies'" because every 'Body' which mixes with that 'Spirit' and enters into solution with it becomes a 'Spirit' similar to it. In the case of every 'Spirit' which undergoes change and is coloured with 'Bodies' it is necessary for that 'Spirit' to have a colour which will impart tincture, and remain permanent, and withstand fire. The King said: 'All praise be to Allāh who revealed to his slaves this light': and they turned the 'Body' into a 'Spirit' which possessed power and unalterable colour, but was previously a 'Fugitive Sulphur'. The statement of the Sage to the King kept the latter in suspense," etc.

---

1 Other mentions in the *Turba* of the same phrase (which is ascribed to Maria in the Treatise of Olympiodorus—the 5th century Neoplatonic Philosopher of Alexandria: *vide* Berthelot, *Collection des anciens alchimistes grecs*, I, p. 101—as well as by Ar-Rāzī in the *Shawāhid*) is found in the address of Menabdus (Ruska, *ed. cit.*, p. 134). 'Jubeo tamen posteros facere corpora non corpora, incorporea vero corpora', and in that of Cinon or Zeunon (*ed. cit.*, p. 141, and *A.A.*, p. 104). 'Quare philosophi dixerunt: 'nisi corpora vertatis in non corpora, et incorporea [faciatis] corporea, nondum operandi regulam invenistis....[Fiunt autem corpora incorporea, cum Ethelia teritur quousque fit pulvis].'

It may be added that the address of Menabdus (*idem*, p. 135) also contains the quotation 'aes non tingit nisi prius tingatur' which is similarly quoted by Ibn Umail (p. 77, l. 9).

1 For other references to the heat of the brooding bird *vide* Part VI (iv) (*a*)—both columns (p. 138), and note 1 (second column) on the previous page, showing the derivation of the idea from Zosimos.

2 The possibility of Ibn Umail having included Ar-Rāzī among the 'Jealous Ones' is shown by the following extract from pp. 35-36 of the *Shawāhid*. (This copy of ff. 76*r* to 92*v* of the Rāmpūr MS. occupies 75 pages.)

"Among their excellent sayings is this: "Make the 'Bodies' Non-bodies, and those that are Non-bodies into 'Bodies'." They mean by this: Dissolve the 'Bodies' and mix them with the 'Spirits', for there will be born from them another (substance) which has neither the coarseness of the 'Body' nor the subtleness of the 'Spirits'; and thus you will effect the conversion of 'Bodies' into Non-bodies, and the Non bodies into 'Bodies'."

VI. *Passages from the* Mā'al-Waraqī *or* Turba *that appear to be connected with either Ar-Rāzī's* Shawāhid, *or the Treatise of Mahrārīs.*

(i) *Mā'al-Waraqī.* (Text, p. 61, ll. 7—10.)

"And similarly also said Māriyah with reference to their 'Water' and their 'Earth', as well as regards the 'Soul' and 'Spirit' which are hidden in their 'Earth' and which she called 'Moistness' (*Nadāwat*). Consequently she said with respect to their 'Water': 'It is an Angel which comes out from the earth and descends from the sky, and the earth on account of its moistness accepts it.' The earth accepts the 'Water', which is the 'Spirit' and 'Soul', because it has also a 'Spirit' and 'Soul' like that of the 'Water'. Māriyah used the word 'Moistness' and stated: 'The earth on account of its moistness accepts it.' This 'Soul' and 'Spirit' are those things which I have named 'Sulphurs of the Earth'."

Shawāhid. (i) (Copy of Rāmpūr MS., p. 19.)

"Asṭānas (Ostanes) states: Māriyah has said: 'The Water possesses a retentive power. The Water which I have mentioned is an Angel[1] and descends from the sky and the earth accepts it on account of its wateriness. The water of the sky is held by the water of the earth, and the water of the earth is gathered together[2] with the water of the sky. The *Kiyān* holds the *Kiyān*'."

(ii) *Idem*, p. 15 (ll. 3–7).

"Māriyah also said: The 'Water' which I have mentioned is an Angel and descends from the sky, and the earth accepts it on account of its moistness. The water of the sky is held by the water of the earth, and the water of the earth acts as its servant, and its Sand[1] (serves) for the purpose of honouring it. Both the

(ii) *Idem*, pp. 60–62.[3]

"The Sages did not conceal anything. When the perfect manipulation has been attained, you will see the whiteness of the compound (*murakkab*), and Nature will cling to Nature, and Nature will rejoice with Nature, as they have stated.

"The word 'Nature' here means Air, before combination takes place, because

---

[1] *Cf.* the following references to Sand in the *Turba*:

(*a*) Assotes (or Flontus—*A.A. ed.*, pp. 30 and 105). "Know also that sometimes they call Copper 'Sand' and sometimes 'Stone', and the names vary in every circumstance."

(*b*) Aga[tho]dimon—(Ruska's *ed.*, p. 144). "But this is what the Philosophers called 'Water of Gold' and 'Fiery Poison' and 'Good of Many Names'—the 'Sand' which Hermes ordered to be washed many times, so that the Blackness of the Sun might be removed which it had received in the solution of the 'Body'" (reading as in *A.A.*, p. 106).

[1] Text reads فلك: but *cf.* the vowelled مَلَكٌ of f. 18r of MS. R. (The Latin translator read مَلِك).

[2] Arabic has يمرّ (passes) instead of يجمع. The omission of all reference by Ibn Umail to the fact that the passage is itself a quotation from Ostanes is an indication that Ibn Umail quoted without acknowledgment from the *Shawāhid*.

[3] These passages are quoted by Ar-Rāzī from the treatise by Sālim al-Ḥarrānī—a writer on whom Ar-Rāzī appears (after Jābir) to have chiefly relied for his ideas on alchemy.

waters are gathered together and the 'Water' holds the 'Water'. The *Kiyān* (vital principle) holds the *Kiyān*, and the *Kiyān* is whitened by the *Kiyān*. She meant (by this) the coction of the 'Soul' with the 'Spirit', so that both can mix ... and become a single thing like Marble."

(As for her statement regarding the Angel) "she meant (by this) the 'Divine Water', which is the 'Soul'. She named it 'Angel' because it is spiritual, and because that 'Water' has risen from the earth to the sky of the *Birbā*"[1] [*i.e.*, from the bottom to the top of the Alembic].

(iii) (*a*) *Mā' al-Waraqī* (Text, p. 38, ll. 21–24: Latin Trans., pp. 179-180).

"Plato (Aflāṭūn) said: 'Nature cleaves to Nature, Nature overcomes Nature, and Nature rejoices in Nature'.[2] It is one Nature, one Species, one Essence (*jawhar*) and one Vital Principle (*kiyān*). It is the Egg in which are Heat, Cold, Moistness and Dryness.[2] Consequently Hermes (Hurmus) named it the Microcosm (*dunyā ṣag͟hīrah*), (which is produced) from

[1] *Vide Tabula Chemica*, p. 152, for the Latin version of this passage. For further explanations of the subtilisation of the 'Soul' so that it may penetrate into the 'Body' *vide* the extract from Sālim al-Ḥarrānī's Treatise given later under (iii) (*b*)—second column.

[2] *Cf.* (1) End of Sententia XLIX of the *Turba*—ascribed to Plato—*A.A. ed.*, p. 116: 'Nature overcomes Nature, Nature conquers Nature, and Nature contains Nature'.

(2) End of Sententia V—Pandolfus—(*A.A. ed.*, p. 70) 'In the Egg therefore are Four (things), Earth, Water, Air, and Fire, and the point of the Sun in the middle, *viz.*, what is the chicken. Consequently all the Philosophers, in this most excellent Art, described the Egg and gave it as an example in their work.'

the 'Spirit' is called *Kiyān*. Similarly the 'Body' at the time of attaining the subtleness of the 'Spirit' is also called by them *Kiyān*. In the same way that which has been changed by disintegration[1] and subtilisation, and afterwards solidified, is also called *Kiyān* - - - -

"It is desirable that the disintegration of this 'Body' and its combination into a single thing should be similar to (that which occurs in) the human body. The Vital Spirit (*ar-rūḥ al-ḥayyat*) changes it and re-combines it, and this is (called) in their 'Secrets' the 'Round Vase'[2] (*al-inā' al-mudawwar*), the *Anbīq*, the *Salāyah* (flat mortar), and the *Mudaqqah* (Pestle). The reason why it has been so termed is because the 'Body' is a 'Vase' for the 'Soul'. Similarly all these things which carry within them anything are the latter's 'Vase'.

(iii)(*a*) *S͟hawāhid* (*ex. cit.*, pp. 27 and 28).

"Apollonius (Bālīnūs) the Sage said: 'Nature grasps Nature, Nature conquers Nature, and Nature rejoices in Nature'.[3] Consider the wisdom of this Sage, how he gathered in a few words so much knowledge, for he means by this Three Marriages between Males and Females. From the first is the Work, and by it, from a Single Nature, Six Natures are

[1] Or solution (*taḥlīl*).

[2] This idea possibly originated from the saying of Hermes quoted by David Lagneus in his 'Harmonia Chemica' from the 'Ludus Puerorum': 'Vas Philosophorum est aqua eorum' (*Theatrum Chemicum*, IV—1659 ed.—p. 769).

[3] This phrase, in the form 'Nature rejoices in Nature, Nature conquers Nature, and Nature rules over Nature' apparently originated from Democritus and Egypt (*vide* Berthelot and Ruelle, *Collection des alchimistes anciens grecs*, I—Text, p. 43 (l. 20): Trans. p. 45).

it and by it. And this thing of theirs is One. They called it by the name of Every Thing and Every Body and Every Drug which people possess."

(iii) (*b*) *Idem*, p. 60, ll. 14–26.

"When these colours are destroyed, the 'Body' will have an everlastingly healthy colour, the life of which will be everlasting and that of 'Purple Redness' (*al-ḥumrat al-firfīriyah*). As their 'Stone' undergoes various changes in colour they called it *Aṭīsiyūs*,[1] which means 'Many colours'. This 'Second Body', which is hidden with(in) the calx they called 'Hermes: the Controller of the Tinctures, with their Ferment'. Consequently the 'Soul' which is in the 'Second Body' is pleased on account of the entry into it of the Spiritual, Higher, Heavenly, Aery, and Fiery 'Soul', which existed in their Water. Similarly the 'Higher Spirit' is pleased with the 'Earthly Soul' which comes in contact with it in this 'Body', and one holds the other. This is the meaning of the Philosopher's statement: 'One Associate met his Associate'. And this is the meaning of their saying: 'Nature rejoices in Nature, Nature grasps Nature, and Nature conquers Nature'. And this is the meaning of their saying: 'The produced,[1] so do not be perplexed when you hear (the word) 'Natures' and think not that they are many things. Understand that it is a Single Nature, and verily the operation divides it into Female and Male. Similarly it is desirable that you bring about Three Marriages[2] of Males and Females, and thus you will succeed. Listen now to these my words and be not deceived by (false) hopes.

"The Sage has stated: 'Nature grasps Nature, Nature conquers Nature, and Nature rejoices in Nature'. Here, therefore, are Six Natures in number, and Three Marriages, and One Process. I shall explain this to you so far as my knowledge will take me.

"He said: 'Nature grasps Nature'. This means that Water grasps Fire, and Fire grasps Water, and thus there is a Marriage between Male and Female—Fire, being, on account of its subtlety, Male, and Water Female, on account of its grossness in comparison with Fire. This is the First Marriage.

"Again he said: 'Nature rejoices in Nature'. This is the Second Marriage which is brought about by the Water that has become Male through marriage with Fire, and by the Whitened Body which has no Spirit in it, so that they both, by being united, become a single 'Body', when they meet a Female.[3]

---

[1] *Cf.* Ar-Rāzī's *Shawāhid* (*ex. cit.*, p. 38), "He (Rūsam, *i.e.*, Zosimos) said: Know that when the Tincture is mixed with its (requisite) mixtures (*akhlāṭ*) we call it Gold, Silver (*Waraq*), the Stone *Aṭīsiyūs*, the 'Retainer of Colours', the 'Good of Many Names whose benefits endure', and (finally) the 'One whose blessings are everlasting'.

[1] For the importance of the number Six in alchemy *vide infra*—quotation (v) from the *Mā' al-Waraqī* (p. 140).

[2] *Cf.* *Mā' al-Waraqī* text (p. 45, ll. 21, 22): Latin trans. (p. 189 and n. 13) "And concerning these Three Marriages (called by the alchemists 'Giving to Drink' or 'Salting') Armiyānūs al-Hazārbandī said: 'Salt thrice, and do not add a fourth'."

[3] *Cf.* the saying of Maria quoted by Olympiodorus (Berth. and Ruelle, *Collection*, I,—Text, p. 102: Trans. p. 111)—"Marry the Male and the Female, and what is sought will be found. For without the arrangement for reunion, nothing can succeed. For 'Nature rejoices in Nature', etc."

Kiyan grasps the *Kiyān*, and the *Kiyān* cleaves to the *Kiyān*'. They all mean by this the 'Nature' which is in the 'Water', which is the 'Soul', and the 'Nature' which is in the 'Body'. It is a 'Soul' which is in it and the 'Ash of Ashes,' which is the Crown of Victory,[1] which rejoices at meeting its Sister, which is the 'Higher Soul and Spirit'. The 'Nature' which is in the 'Lower Body' rejoices in the 'HeavenlyNature' because it is of the same form (*Shakl*) and is (produced) from it, and consequently it grasps it and cleaves to it, and conquers it. The conquest of one by the other means controlling the former (by the latter), and the submission one to the other in the tenuous 'Body' which has been manipulated and purified so that it becomes like to it—tenuous and spiritual. And now the colours will be manifest in the 'Body', on account of the 'Soul' that is in the 'Body'."

(iv) (*a*) *Mā' al-Waraqī* (Text, p. 27, ll. 13–18: Latin Trans., p. 163, bottom).

After referring to the Embryo, Ibn Umail goes on to say: "All things which are in the hands of men are useless,

[1] The origin of this phrase (from a treatise of probably Alexandrian origin) may be seen from another passage in the *Mā' al-Waraqī* (p. 53, ll. 12 and 13). Aras said to King Tiyūduras (Theodorus): "Take one part of those Ashes and keep it with you, for it is the Crown of Victory".

This passage is one of those (covering 1½ pages of Holmyard's Translation, pp. 50 and 51) that were copied 400 years later by Al-'Irāqī, in his *Muktasab*, almost *verbatim* from the *Mā' al-Waraqī*.

"He further said: 'Nature conquers Nature'. He means by that the colouring Spirit, which, when it mixes with the Living Body, becomes a Spiritual Body."

(iii) (*b*) *Shawāhid* (*ex. cit.*, pp. 60 and 61—extract from the Treatise of Sālim al-Ḥarrānī).

"By their saying 'Nature cleaves to Nature', they mean the union of the 'Soul' with the 'Body': and by 'Nature rejoices in Nature', they mean that each is reconciled with its companion. By (their saying) 'Nature conquers Nature', they mean the power of the 'Soul' to penetrate into the 'Body'. This power is not, however, the power of corruption. The power of the 'Soul' to penetrate the 'Body' is (manifest) at the time of its becoming subtle, and this power is absent from it when it is in the state of coarseness. It then possessed no power of penetrating into the 'Body' because the latter was coarse, and the former subtle."

(iv) (*a*) *Shawāhid* (*ex. cit.*, p. 66)

"Consequently the Sage said: 'Copper is like a human being. It has a Spirit, a Soul, and a Body'.[1] That Spirit is

[1] The ultimate source of both Ibn Umail's and Ar-Rāzī's statements (as well as of much of what is contained in the parallel quotations from the *Turba*) is the following passage from 'The Book of Zūsimūs on the Explanation of the Ten Preparations' (copy of Cairo MS., f. 5r, ll. 3–11).

"Copper is like a human being: it has a Spirit, a Soul, and a Body. It is necessary before everything to break up and cause to crumble the grossness of the Body, and turn it into a Tincturing Spirit agreeable to every Body. And before this, the Body will be burnt with a Spiritual Burning [*i.e.*, the Body will change into Spirit]. The (heat of the) Fire should be like that of the brooding of the bird on its egg until it (the egg) is hatched and what is in it has come out completely. Then it is necessary for you to lute the mouth of the vessel so that the moisture will not go out owing to the heat of the fire, for which

because the Tincturing Power of the Sages, which they have named 'Embryo' and 'Child', is only born in this their Tincturing Stone by Putrefaction and (the Heat of) Brooding.........Just as the chicken is produced from the egg when previously there was no chicken in it, so the birth of mankind and other animals is from the sperm........Then the Sages converted this Soul into Spirit by an elegant and purifying change in order to impart Tincture and the power of penetrating into Bodies. Consequently the Sages said: 'Our Copper is like a human being which has a Spirit, a Soul, and a Body'. Consequently it is possible for them to say 'Three': and 'Three is One'. Then they said 'The One has in itself Three, because the Spirit, Soul and Body, are One, and all of them are from One'."

induced to depart by gentle fire which should resemble (in heat) the brooding of the bird on its egg. And that Spirit is the Tincture which, when it becomes Tincture, will fight with the fire and overcome it."

(*b*) *Turba* (Ruska's ed., p. 154—Pandolfus).

Dealbatum est enim aes et factum est umbra carens, eo quod illud aes sua nigredine privatum est suaque spissa corpora et ponderosa nullum corpus penetrantia dimisit: et cum eo mundus spiritus humidus, qui spiritus tinctura est. Ideoque sapientes dixerunt aes et animam et corpus habere[1]; anima autem ejus est spiritus, corpus vero

(*b*) *Shawāhid* (*ex. cit.*, p. 30).

"He (Zosimos) also said: Copper[1] has a Body as well as a Soul. That Copper therefore should be so broken up that nothing remains in it except the Tincturing Spirit, which is suitable for every Tincture, and the subtle Soul which removes, by the operation, the gross Body. It is necessary that that gross substance should be destroyed by means

[1] *Vide* also the address of Bonellus (*Turba*, Ruska's *ed.*, p. 139, l. 29) 'Aes ut homo et corpus habet et spiritum'.

As Berthelot (*La Chimie*, I, p. 261) has pointed out, the *Turba* passage ascribed to Pandolfus down to the quotation of the saying in question is translated almost literally from Stephanus, the contemporary of Heraclius (first half of the 7th century A.D.), though, in turn, Stephanus probably drew on Zosimos for what he wrote.

reason Nûfil (? Theophilus) said: 'Preserve the Mercury which comes out of *Qalqand*'. Similarly Māriyah said: "Preserve the 'Coppery Water' and 'Fiery Poison' which will dissolve everything".

Sīmās also said: "Everything is 'One', and if that 'One Thing' is not in Everything, nothing will happen". Again Māriyah said: "For him who cannot turn the 'Bodies' into 'Non-Bodies' and the 'Non-Bodies' into 'Bodies', nothing will happen".

[1] Ar-Rāzī explains, in the short commentary that follows, that 'Copper' means the 'Stone' of the Philosophers.

ejus spissum. Ideo igitur oportet vos spissum diruere corpus, quousque ejus spiritus extrahatis ex eo spiritum leni (igne) sulphuri miscete, unde vobis investigantibus peragitur propositum.

Idem, p. 166—Lucas.

Quibus (invidis) significo, quod hujus artis definitio est corporis liquefactio, et animae a corpore separatio, eo quod aes ut homo et animam habet et corpus. Oportet igitur vos omnes, doctrinae filios, corpus diruere et animam ab eo extrahere. Quare philosophi dixerunt, quod corpus non penetrat corpus, verum subtile naturae, quod est anima, quae corpus penetrat et tinget

Idem, p. 123—Arsuberes.

Cum venenum corpus penetrat, invariabili ipsum colore colorat et nunquam dimittit corpus animam, quae conpar sibi est, a se separari.........Et quod, natura suum cepit comparem non inimicum, (et) se invicem continuerunt, eo quod ex sulfure sulfuri mixto pretiosissimus fit color, qui non variatur nec ab igne fugit, quando anima in corporis intima infertur ac corpus continet et colorat.

of the Fiery Poison (*as-Samm an-Nārī*)[1] and that it should progress and bite into it until it (the substance) becomes Poison, and inseparable from its Tincturing Spirit. Then it will be perfect for everything you desire."

(v) *Mā'al-Waraqī.* (Text., p. 10, li. 1–13: Latin Trans., p. 15)

"The first number is 'One' and the second they call 'Two'. Consequently

(v) *Shawāhid* (*ex. cit.*).

(*a*) (p. 44) "He (Sergius Rās al-'Ainī) said: 'From the One proceed Two'. He

[1] *Cf. Book of Qarāṭis* (Berthelot and Houdas, *La Chimie*, III).

(*a*) (Text, p. 10, ll. 15, 16) "Take of the Metals according to their (proper) weight and mix them with Mercury (*Zā'ūq*) and treat them until they become the 'Fiery Poison' and this is what we call *Abār an-Nuḥās*"

(*b*) (Text, p. 24, top) 'Bodies do not penetrate into Bodies, and cannot impart Tincture. That which imparts Tincture is the Fiery and Airy Poison which remains imprisoned in the Bodies: it alone can easily penetrate and it rejoices at its entry into the Body. As for the Bodies they are gross: they can neither penetrate nor be imprisoned in another Body. It is for that reason that the Tincture never increases the weight of a Body, because the only thing that tinctures is the Spirit which has no weight.'

they are three numbers. Then they say 'Three' which (with the previous Three) becomes in number 'Six'. Then they say 'Four,' which (then) becomes (with the previous Six) outwardly 'Ten,' but, in its hidden meaning, it is (still only) Four.[1] This number completes the *Maghnīsiyā*, which is *Abārnuḥās*, which is composed of Four. The Ten are Four, and from the Ten proceed Four, and from the Four proceed Ten. Consequently these (Four) are the Four Natures, Earth, Air, Water, and Fire: and all created beings come into existence from them. Understand this!

"The Air brings about the production of vegetation and causes it to rise up into the air, and consequently it spreads and extends. For this reason they said: When the Air reconciles Water and Fire by means of its heat and moistness, it is near the Fire on account of its heat, and it is near the Water on account of its moistness. Consequently it was said: 'Water and Fire' and the 'Reconciler between them'. They meant by 'Reconciler' Air. All Spirits are produced from the tenuous vapour of the Air. Hence I said to you that the 'Child of the Philosophers' is born in the Air, at the time of its rising into the Alembic. Similarly this 'Water' is that which gives Life to their 'Earth' and to their 'Fruit' which is in their 'Earth,' which means from the 'Stone' (proceeds) the 'Spirit' and the 'Residue'. And (by his statement) 'From the Two proceed Three' he means 'Soul'. And (by his statement) 'From the Three proceed Four' he means 'Tincture'.

(*b*) (pp. 28 and 29) "He (Apollonius) also said: In the 'Bodies' the strength of the *Alif* (the 'One' according to *Abjad* calculation) grasps the *Jīm* (the 'Three') and thus they become a 'Male Power': and the 'Spirit' of the *Jīm* (the 'Three') rejoices in the *Dāl* (the 'Four') and so they become a 'Spiritual Body'."

(*c*) (p. 25) Quoted by Ar-Rāzī from Jālīnūs—Galen). "As for the Air, owing to it being hot and moist, it attracts to it the heat of the Fire which is on High, and also the moisture of the Water which is below. It unites them and brings about reconciliation between them."

[1] This is an excellent illustration of the way in which a belief in the *Tetractys* of the Pythagoreans 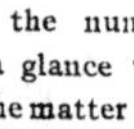 as the basal principle of matter survived until the time of Ibn Umail. The *Tetractys* represents the number 10 as the triangle of 4, and shows at a glance that 1+2+3+4=10. For a fuller discussion of the matter *vide* the passage discovered by Kraus in Paris Arabic MS. 5099, '*Min maṣḥaf al-Jamā 'ah* , which purports to be an explanation by Pythagoras himself to his pupils of the same principle (Ruska's *Turba*, pp. 297–300).

is the 'Soul,' and the latter is found in their 'Second Body' which is produced at the end of the Work. Know that the Air, which is between the Heaven and the Earth from which is the life of everything, passes over everything and over all the (other) three Natures, whether apparent or hidden, *viz:* Earth, Water, and Fire. The Air, which is Hot and Moist, flows over them when it is in the state of rising up and purity. Similarly is the 'Soul' which extracts from their 'Stone' that (thing) by means of which Life is revived after Death. And just as the Air is the Life of everything, so also is their 'Water'. It is the principle and key of their work and the Life of their 'Dead Body' which is their 'Thirsty Sanctified Earth'."

(vi) *Mā' al-Waraqī*[1] (p. 48, l. 16 to p. 49, l. 17).

"The Sage Asfīdūs said: 'Take the things from their mines and raise them to their highest places and reap them from the tops of their mountains and return them to their sources'.[2] This is a clear statement in which is neither jealousy nor enigma: but he did not say what those things are. By 'mountains' he here meant cucurbits (lower pots of the Aludel) and the 'tops of the mountains' alembics. Their 'reapings' are by way of similitude, that is, the transference of its water from the alembics to the receivers, and by 'return them to their sources' he meant (to return) that which has come out of it. He named the cucurbits 'mountains' because in the mountains are mines of gold and silver. And in these mountains which are the cucurbits their gold and silver are produced...... He did not mean by 'mountains', 'men', nor by the 'tops of the mountains' the 'heads of men', nor the thing that is reaped from them hair, as some who explained these things have stated.... Owing to this they subjected hair to manipulation and their money was spent in vain and their days wasted, and their lives came to an end in search of a vain thing. The Science (of Alchemy) is more honourable, more lofty and more dignified than what they imagined. What you see has come from these people who speak these falsehoods on account of the (erroneous) interpretation which proceeds from their unintelligent hearts....

1 *Cf.* also pp. 192, l. 15—193, l. 10 of the Latin translation.

2 This passage actually occurs at the end (f. 5, *v*) of the 'Treatise of Sāfīdas the Sage'—an Arabic MS. in the Royal Library at Cairo. Elsewhere (p. 99, ll. 17–19 of the *Mā' al-Waraqī*). Ibn Umail explains that the reference is to "their 'Pure Divine Water' from which is the 'Wind' and 'Spirit', which is the 'Operative Power'. The latter is the 'Tincturing Living Soul' which has a 'Life-giving Vapour' bound with it".

Similarly some said regarding this Art that it is from eggs, hair, dung, urine, blood, bile, sperm, sulphur and other defective combustible, corruptible and perishable minerals. After they came to know that it is a perfect science of great importance which surpasses all other sciences and that it is the secret of Great and Almighty Allāh, and His great Treasure, imparted by the benevolence of Almighty Allāh to his Saints, Prophets and chosen ones from amongst His pious servants, and that it is the noblest of all (sciences) that exist in the world and that there is nothing like it that can be imagined, and that it is the 'Sister of Prophethood' (*Ukht an-Nabūwat*) and 'Protection of Humanity' (*'Iṣmat al-Marūwat*), and that it came from Allāh by revelation, they gave up the idea that it proceeds from Eggs, Hair, Arsenics, Sulphurs, and from (other) filthy and impure things which some people, owing to their feeble intelligence and ignorance, have made it proceed from—even from dung and urine. Allāh forbid! The wisdom of Allāh is far above these things.[1]

(vii) *Mā' al-Waraqī* (Text, p. 87, ll. 10–17).

"Mahrārīs the Sage said: 'Almighty Allāh created one (man) from the dust, *viz.*: Ādam—Peace be on him!—and this is a proverb that is quoted. Then the whole race of men descended from him. Similarly Glorious Allāh created this matter [the Elixir] when he created Two Stones from dust. Then this matter came into existence from them.'[2] This parable emphasises and establishes the statement of those who profess to

1 The whole of the paragraph just given is almost certainly directed against the statements made in the First Section of the *Shawāhid* where ar-Rāzī clearly and repeatedly indicates that he believed the Elixir was obtainable from animal sources—particularly Hair and Eggs.

Another source from which Ibn Umail drew is evident from the following extract from a second Cairo MS., viz. the Treatise of Mahrārīs to some of his pupils:—

(Copy of Cairo MS., ff. 6*v* and 7*r*.)

"It has been handed down from the Lord of the Faithful, 'Alī bin Abī Ṭālib—May the peace of Allāh be upon him!—that when (some one) questioned (him) about Silver (saying): 'O Lord of the Faithful, what do you say regarding the science of *Kīmiyā*' in which people are immersed? Has it actually existed or is it possible for it to exist? Has science established it or has any one actually demonstrated it?' He (the person responsible for the tradition) said: 'He (*viz.*, 'Alī) bent his head for a short time and, when he raised it, he spoke in a loud voice and replied: 'You have questioned me concerning the 'Sister of Prophethood' and the 'Protection of Humanity'. By Allāh, verily it was and verily it will be, and nothing (in the world) exists without possessing some root or branch of it." After considerable quibbling between the Imām and his audience, 'Alī finally said: "By Allāh, I know that in tremulous quicksilver, and gold, and alum, and rusted iron, and verdigris made of green copper, are treasures without end: one reacts with the other: and its water is from itself. Then you will be happy from the Hidden Oil, and the Permanent Tincture'. They said: 'What will this do'? He replied: 'It is a 'Solidified Water' and 'Stagnant Air' and a 'Fire of changing colour' and a 'Fluid Earth'."

Apart from the striking reference to the 'Sister of Prophethood" and 'Protection of Humanity', the last sentence is itself quoted almost *verbatim* and without acknowledgment from Mahrārīs by Ibn Umail (*vide* p. 20, ll. 7-8 of the *Mā' al-Waraqi*: Latin translation, p. 158, middle), "This (the combination of Air and water) is the 'Solidified Water', the 'Stagnant Air', the 'Fluid Earth' and the 'Fire of Changing Colour'". A note on the margin of the Indian MS. even identifies the original author as 'Alī al-Murtaḍā, when questioned about the constitution of the 'Stone' (or Elixir of the alchemists).

2 The exact quotation cannot be found in the Cairo MS. of Mahrārīs, but it appears to be a paraphrase of a passage at the bottom of f. 12*r* and top of 12*v*, where a parallel is drawn between Adam and Water—from the former Eve being produced and from the latter Oiliness. Then in the same way as Adam and Eve produced children, so the union of Water and the Oil produced Mercury, and from the latter all other Metals and 'Spirits' were born. Ibn Umail probably took these ideas from some book of Zosimos, who, in turn, quoted from Pebechius (Berthelot and Duval, *La Chimie*, II, pp. 245 and 85). As Pebechius is another name for the Hawk-headed Egyptian God Horus, the theory of Mercury being the chief constituent of the metals was probably held by the ancient Egyptian priesthood.

believe in the making of the Elixir and who (profess to) know whence the 'Leaven' is derived and how it is born. He will not need to do the work a second time, and he will produce the Elixir as an animal produces (its young), and as mankind begat children amongst themselves when they had (all) one Father. As you see, their number has increased largely, on account of those who have passed away and on account of those who will be born. As the Sage said: 'Almighty Allāh created one from the dust: then the people descended from him.' Similarly the Stone of the Philosopher is One, and not from anything else: and all their things proceed from it and by it. As it is not permissible nor possible that any man can be born save from Ādam—Peace be on him!—or from his descendants so it is not possible for the 'Tincture of Silver' or the 'Tincture of Gold' to be produced save from this 'Single Living Stone'. Similarly also their Elixir has a lineage like that of the descendants of Ādam: it will not cease (to exist) as long as the World remains."

MEDIÆVAL LATIN TRANSLATION OF IBN UMAIL'S *MĀ' AL-WARAQI WA'L-ARḌ AN-NAJMĪYAH* (FROM VOL. V OF ZETZNER'S *THEATRUM CHEMICUM*: ARGENTORATI, 1622).

TITLE-PAGE

(following the end of the LIBER TRIUM VERBORUM KALID REGIS, and back to back with the Frontispiece picture of what the Author and his friend and patron Abū'l Ḥusain are supposed to have seen in the underground chamber).

VIII.

PHILOSOPHIAE CHIMI- | CAE DUO VETUSTISSIMA | SCRIPTA.[1]

I. SENIORIS ZADITH, FILII HAMUELIS

Tabula Chimica.

II. ANONYMI VETERIS PHILOSOPHI

Consilium conjugii, seu de massa Solis & Lunae, | Libri tres, verè aurei. |

Ex Arabico Sermone Latina facta, cum diversis manu- | scriptis collata, & marginalibus ornata.

EDITOR AD LECTOREM.

Quid Soles, Lunæ signent, pictaeve tabellae,
  Quid venerandi etiam proflua barba senis;
Turba quid astantum, volucrum quid turba volantum,
  Antra quid, armati quid pedes usque volent;
Miraris? veterum sunt haec monumenta sophorum:
  Omnia consignans, hicce libellus habet.

O 4 SENIO-

[1] The rest of the title-page subsequent to SCRIPTA (with the exception of EDITOR AD LECTOREM and the catchwords) is printed in italics in Zetzner's edition. In the present reprint of the Latin translation, contractions are expanded, and any 'i's corresponding to 'j's (e.g., eius, cuius) changed to 'j's. 'Æ's are also printed 'ae's. Only the beginning of new pages in Zetzner's edition is indicated by ||, with a marginal note in brackets of the new page, and a reprint of the catchwords.

The *Theatrum Chemicum* text (which will be subsequently referred to as *Th. Ch.*) has been collated with:—

(1) the corrected reprint of the *Tabula Chemica* given on pp. 216–235 of Manget's *Bibliotheca Chemica Curiosa* (Vol. II. Genevae, 1702)—referred to as M.;

(2) a large fragment of the same Latin version of the *Mā' al-Waraqi* that is to be found under the title *Rosinus ad Euthiciam* on pp. 246–256 of the *Artis Auriferae quam Chemiam Vocant*, published in 1593 A.D.—(*A.A.*);

(3) the *Consilium Conjugii*—an alchemical work that follows in Manget (*op. cit.*, Vol. II, pp. 235–266) the *Tabula Chemica*, with which the *Consilium* is closely connected. Many quotations from the Latin version of Ibn Umail's work are given in the Introduction of the *Consilium* as well as in the first two out of the three parts into which the latter is divided—(*Cons. Conj.*);

and (4) the *Rosarium* found in Manget (*op. cit.*, II, pp. 87–119, which also contains a few quotations from 'Senior De Chemia'—(*Rosar.*).

SENIO.

Frontispiece to the Treatise of Senior Zadith.
(Vol. V, Zetzner's *Theatrum Chemicum.*)

SENIORIS ANTIQUISSI- | MI PHILOSOPHI LIBELLUS, UT | [P. 219 (*sic*) facing the Frontispiece picture.]

Brevis ita artem discentibus & exercentibus | utilissimus & verè aureus, |

Dixit Senior Zadith filius Hamuel.

INTRAVI ego & Oboël charissima[1] barba in domum quandam subterraneam & postea intui[1] ego & Elhasam universos[1] carceres Joseph ignitos,[1] & vidi in tecto imagines novem aquilarum pictas, habentes alas expansas, ac si volarent, pedes verò extentos & apertos, & in pede uniuscujusque aquilae similitudo arcus ampli, quàm solent ferre sagittarii, & in pariete domus à dextris & à sinistris intrantis, imagines hominum stantium, prout possent esse perfectiores & pulchriores, induti diversis vestimentis & coloribus, habentes manus extensas ad interiorem thalamum, imminentes ad quandam statuam sedentem intus in domo, in latere juxta parietem thalami interioris, à sinistris intrantis thalamum contra faciem suam. Et sedebat sub cathedram simili cathedrae Medicorum extractam à statua illa, & habebat in gremio suo super brachiis suis, & in manibus extentis super genua sua, tabulam marmoream extractam ab ea, cujus longitudo brachii unius, & latitudo unius palmae, & digiti manuum ejusdem sub tabula reflexi desuper, ac si teneret eam, & erat tabula sicut liber apertus cuilibet intranti, veluti si innueret respicere in eam, & in parte thalami in qua sedebat, erant imagines diversarum rerum infinitae, & litterae de barbaria Et erat in tabula quam habebat in gremio in una ejus medietate—divisa erat enim quadam linea per medium[2]—imago duarum avium in inferiore parte ejus pectore inclinato, quarum avium una habebat alas abscissas, & altera habens alas duas, & utraque tenebat rostro caudam alterius, ac si volans vellet volare cum altera, & illa vellet retinere volantem secum. Erant autem illae||duae aves colligatae, homogeneae, depictae in una sphaera, quasi imago [P. 219 (*sic*)v.][3]

O 5 duae||

duarum in uno, & erat juxta caput volantis ex duobus sphaera, & supra has duas aves juxta caput tabulae, proximè digitis statuae imago Lunae lucentis: Et ex altera parte

Picturae descriptio.

[1] It is obvious that the first two lines do not represent clearly the meaning of the original Arabic. The following may explain some of the erroneous words. To begin with, 'Oboël charissima' is certainly a copyist's perversion of 'Abū'l Qasim', the *Kunyat* of the friend with whom Ibn Umail first entered the Pyramid. As regards 'universos', this is almost certainly due to a misunderstanding of *Sidar*, it being taken to be a reference to the Seventh sphere of the Universe. The word 'ignitos' is possibly due to المعروف (*known as* Sidar Būṣīr) being misread as المحترق (burning). Finally 'intui' is probably only a printer's mistake for 'introii'. For an English translation of the Introduction *vide supra*, pp. 119-121.

[2] The punctuation has been slightly corrected to bring it into agreement with the original Arabic. The Latin text as printed reads 'medietate divisa. Erat enim quaedam linea per medium, imago duarum avium' etc.

[3] At the top of each page of the text, after the first, the words SENIOR DE CHEMIA are printed.

tabulæ alia sphaera, respiciens[1] ad aves inferius. Erant autem universa tempora[2] quinque, inferius videlicet aves duae [....][3], scilicet imago Lunae, & alia sphaera.

In alia autem medietate in capite tabulae declinante ad digitos statuae, erat imago Solis emittens radios, velut imago duorum in uno. Et in altera parte alia imago Solis, cum uno radio descendente. Et haec sunt tria, scilicet duo lumina & radius duorum in uno, & radius unius descendens, porrectus ad inferius tabulae, circundans sphaeram nigram divisam per circuitum ejus, & factum est duo tertia & tertium.

Tertium verò ejus habet formam Lunae crescentis, & pars interior alba sine nigredine, & sphaera nigra circumdat eam, & forma eorum quasi forma duorum in uno, [....][3] & Sol simplex. Et haec est imago unius in uno, & haec sunt similiter quinque, & fiunt omnia decem, secundum numerum illarum aquilarum & terrae nigrae.

Exposui tibi omnia ista, & composui in carmine, & hoc non habemus nisi à gratia Dei, cujus nomen sit benedictum, ut intelligas & cogites benè in eo, & super eo, & depinxi tibi imagines singulas illius tabulae, & quae in ea sunt imagines & figurae in locis suis in isto carmine, quod poteris perpendere capitulis, quae significant has figuras.

Explicationem promitit autor.

Exposui etiam & explanavi has decem figuras, & demonstravi postea finem carminis mei, quod planè non potuit fieri sine[4] carmine, & aperiam tibi manifestè quae celavit ille sapiens, qui fecit statuam illam in domo illa, in qua descripsit totam illam scientiam, quasi in figura sua, & docuit sapientiam suam in lapide suo, & manifestavit eam intelligentibus.

Scivi quod ista statua est in figura sapientis, & quod est in tabula existente super brachiis & genibus suis in gremio suo, est scientia sua occulta, quam descripsit per figuras, ut dirigatur ad illum qui cognoverit & intellexerit quod voluerit sapiens per illud. Propinquius[5] est enim illud interius subtiliter perspicientis & cognoscentis terminos sapientiae, ex sermonibus obscuris & typicis, cum contulerit illos sermones illic imaginibus & figuris, unum aperiet reliquum, nec regetur super lapide occulto.[6]||

Epistola||

[P. 217 (*sic*)r]

Epistola Solis ad Lunam crescentem | *in tenuitate nimia*[7].

Dabo tibi de pulchritudine mea lumen, quo pervenitur ad perfectionem. Exaltatur enim per hoc ad omne altum. Dixit primo luna soli. Tu mei indiges,

---

1 The Latin translator mistook نظير (similar) for ناظر (looking).

2 الجميع 'the total' has been taken by the translator to be short for جميع الاوقات 'all the time'.

3 Some words have probably dropped out accidentally from the Latin text at these points.

4 Evidently the word *manthūran* 'in prose' was missing in the Arabic MS. used by the Latin translator and *illā* was inserted before *fi'sh shi'r*. 5 The punctuation has been adjusted to bring the text in accordance with the Arabic. The Latin as printed runs 'per illud propinquius. Est enim', etc.

6 The Latin translator evidently read على الحجر 'upon the stone' for على ذي حجى 'to a possessor of wisdom'.

7 Title corrected from the Arabic. The Latin translation of the text of the *Risālat ash-Shams ila'l-Hilāli* (which starts here) begins 'In tenuitate nimia dabo tibi', etc. The first three paragraphs have been corrected as far as possible from the *Rosar.* and *Cons. Conj.* versions (Manget, *op. cit.*, pp. 115 and 247).

sicut Gallus Gallinae indiget, & ego indigeo ope tua ô Sol, sine cessatione, cum tu sis perfectis moribus, pater luminarium, tu es lumen, dominus excelsus & magnus. Ego luna crescens frigida & humida, & tu sol calidus & siccus, quando copulati fuerimus aequitate status in mansione, in qua non fit aliud, nisi leve habens secum grave, in quo vacabimus, & erimus sicut vacat mulier & vir ejus, & hoc est verum ex locutione. Et ego, ô sol, cum conjuncti fuerimus vacaturi in ventre domus clausae, recipiam à te animam adulando, etsi abstuleris pulchritudinem meam, & fiam ex propinquitate tua tenuis, exaltabimur exaltatione spirituum, quando ascendimus ordinem seniorum. Lucerna lucis tuae infundetur lucernae meae, & ex te & me, sicut commixtio vini & aquae dulcis, & prohibebo fluxum meum, postquam indutus fueris nigredine mea, colore qui fit velut atramentum post solutionem tuam, & coagulationem meam. Cum intraverimus domum amoris, coagulabitur corpus meum, & eris in vacuitate mea. *Luna solis gradum assequitur.*

Respondit sol, si feceris hoc & non intuleris mihi nocumentum ô luna, & revertetur corpus meum, postea novam dabo tibi virtutem penetrationis, per quam potens eris in praelio, praelio ignis liquefactionis & purgationis, ex quo ibis sine diminutione & tenebris [?], sicut aes & plumbum, & non impugnaberis, cum non sis rebellis.

Beatus qui cogitat in eloquio meo, nec dignitas mea ipsi negabitur, nec vilescet per canem infirmatum[1] leo. Quod autem successisti mihi, nigri apud augmentum plumbi. Igitur desinet lux mea, extinctus est decor meus, quoniam capient de aere mei mundi corporis, & à pinguedine de plumbo, verificato in syllogismo, pondus eorum absque sanguine hircorum, & discernit verum à falso. Ego ferrum durum siccum, ego fortis pistans, omne bonum per me est, & lux secretum secretorum per me generatur, nec res est agens actionem meam. [......][2].

Quod habet lucem, factum est in luminis obscuritatem, postquam verò deductum est ad perfectionem, convalescit à languoribus, & à tenuitate, & apparebit illud magnum fluxibile capitis & caudae. Et hae duae proprietates & septem ordines pon‖ derum,‖ derum, quinque eorum scilicet absque obscuritate, & quinque lucentium est pulchritudo. [P. 217 (*sic*)v.]

Expositio Horum dabitur tibi de virtute mea, & proprietate solis de computatione mea, &c.

Solis perfectio[3].

Sol est clavis cujuslibet Januae, & quod restat sine dubietate, est in firmamento directo determinante. Haec est distinctio septem[4] partium, haec divisio est directionis & spoliationis, quae has res sordium jubet revertere in decoctione, & infirmatione ad temperantiam suam reversorum pullorum, haec est coagulatio absque divisione. Posteaquam feceris illa septem[4], quae divisisti per septem stellas, pur- *☉ Finis omnis operis.* *☽ Meatum.*

[1] Latin texts of *Theatrum Chemicum* and Manget 'carnem infirmatus'; corrected from Arabic (p. 4, l. 10).

[2] The Latin translator seems to have had considerable difficulty with the Arabic text. A passage referring to 'Nine Lights' and 'the Ferocious Lion' is omitted, and the next sentence in the Latin cannot be traced in the Arabic text.

[3] This heading is a mutilated version of the Arabic (p. 5, ll. 3 and 4).

[4] Arabic: 'nine'.

gasti & hoc tritum minute, donec videantur sicut margaritae in similitudine, haec est dealbatio, detegens dubium societatis ad aquam nubium. In hoc ostendit tibi flores aureos, extremitatem omnis caloris, conversi in similitudinem pavonis, quod introitu residui numerorum stellarum remanentium in corpore decoctum est, à qualibet stella singulariter. Haec est perfectio coagulationis sine fallacia, & factus est Sol perfectus.

Tinctura [1]

Ignis Genitor.

Pater ejus ignis est, & in igne crevit, nec timet terminum ignis, sed fixus est & non fugitivus. Pingitur[2] in corpore usque ad cor, hoc est vilis filius, inter filios charior, praeparatio ejus est difficilis & occulta. Et homines in vanum ambierunt eam, & hoc est simile ei, non possederunt, cum nunquam noverint in aestimatione. Sed cum sit difficilis, delicabilis, facilis, modica, levis, propinqua, intelligit ipsam ingeniosus, subtiliter arbitrando, qui fuerint clarificati animi ex libris relictis, quos occultaverunt philosophi, propter praeparationem, quae est difficilium rerum. Hoc est quod corruscat in Elixir, & quod habet de tinctura impressionem, & incipit à potente, & perducit ad actionem.

Praeparatio difficilis.

Omnis praeparatio vana est propter hanc, illius rei quam composuerunt prohibitione ejus ab actu suo infirmata est. Facta ignota propter hoc, nec cognoscat. Omnis animus concupiscentiam suam fluit[3]: quod videntes dicant.

Errores in rebus absurdis. [P. 221r].

Praeparamus eam cum omni praeparatione, nec adepti sumus eam, & cum scientia fecimus illam, & cum praeparationibus sapienter operati sumus. Et per hoc stultis sunt stul||tiores, qui praeparaverunt illud, quod non habet tincturam

tiores||

in se, ex omni re quae tendit ad nihilum, & credunt bene facere, sed nihil acquirunt praeter laborem, & sunt per hoc inflati, quia in impossibilitate excaecati sunt à veritate, & praeparantes ab opinione sua cadunt.

Preparatio est necessaria.

Dixerunt sapientes antiqui. Hircus est nec cognoscit, convenit apud considerantem, & videntem ad arandum sive pascendum cum camelis. Superbit enim ex eo quidam sapiens & sciens, & quod omnis sciens novit, quomodo etiam erret vulgus, habens oculos clausos, dormit, cujus barba convenit pueris[?]. Si habuerint eam, non inveniunt ejus praeparationem. Et res non perficitur, nisi cum praeparatione, & hoc est quaesitum. Omnis opinio ipsorum est fallax, quod attraxerunt ignorantes in suis sermociunculis.

Non confundendae rerum species.

Ignorans serit ignoranter colocynthiden, & sperat inde mel[4] comedere, sed quando quod sperabat non invenerit, redit ad cogitationem suam, & extendit eam, & dicit hoc est ex infortunio. [........][5]. Et hirci deinde quaerunt in

---

[1] This heading is not found in the Arabic (p. 5).

[2] The Latin translator seems to have read يصبغ 'it is painted' for يغوص 'it penetrates'. The sense of the Arabic is 'It penetrates deeply [*ila'l-qarār*] into the "Body" and this is a cheap thing, son of something cheap, which is dear. Its preparation', etc.

[3] Evidently جار 'flowed' was read for خال 'is free from' (Arabic: p. 6, l. 9).

[4] *Th. Ch.* and M. texts, 'melius': corrected from the portion of the *Mā' al-Waraqi* that appears in the 1593 edition of *Artis Auriferæ quam Chemiam vocant, Volumen Primum* under the title *Rosinus ad Euthiciam* (p. 255)—and also from *Cons. Conj., loc. cit.*, p 251.

[5] One 5-lined verse (Ar.: top of p. 7) is omitted in the Latin: and the translator mistranslates the next sentence.

testis capitum, & in ovis, & in ventribus concharum, cum vita sit sine ipsis. Nonne hoc est ex paucitate distinctionum ignorantium & vituperantium ? Si diceretur, ovis [1] peperit homines, aut grana [1] tritici fructificant galbanos [2], aut palma portavit mala granata, aut volatilia parturiunt pisces, respondetur fabulam dixisti. Non generant res, nisi sib. similia, aut fructificant res, nisi fructus suos, nonne convertentur à sua ignorantia ? Oves malae, & à vituperio actus earum ipsis veniunt, sed prius à dubitatione. Dixerunt patrem argenti & auri esse in terra & mari. Quidem dixerunt esse in arboribus, alii dixerunt in lapidibus, & abbreviati sunt in his super erroribus ex credulitate rerum inventarum, & removerunt laudabilia, veram significationem scientiae, ex masculis, hircibus[?] oculis videre, res manifestas ex oculis virorum & mulierum. Per dicta si consideramus stellas non est inter nos diversitas, in hoc quod opinamur.

Ex his & per hoc praeparat sapiens, & per hoc operatio nostra surgit, per seras vel per aperientes seraturas. Per Deum si porrecta fuerit ad eum palma, non revertetur vacua, & hoc adulterat occupationem ejus in eo, nec scit, quae sit perventio, nec claves, nec seras, & coagula tinctorum, propterea non pervenit ad artem. ||

Fixatio.|| [P. 221 *v.*]

Fixatio.[3]

Et quicquid figitur de duobus, ex uno similiter potest figi, sumenda est pars alia in scientia, absque partibus, & factum est totum totius oculi. Accipiantur autem cum scientia & figuris, scilicet solis & ☽, respicias ad radices cum ramis separatim duplicatas à conjunctione & ligatura duarum avium in cauda, qualiter prohibetur una ab ascensu ejus, quae est sine plumis propter paucitatem humoris, qui est sulphur rubeum verum. Et nomina & cognomina excaecaverunt in libris suis, & videntes bene probaverunt scientias eorum, hoc est tinctum & tingens, quod super quolibet igne durat. Et cum vicinatur igni, est venenum, quia omne venenum est in eo velut in luminaribus, & factum est habens splendorem. Abscissae sunt ab eo alae, & pennae, & est manens, non recedens ad superiora, anima ejus volat propter similitudinem suam, tunc lucerna cum habente alas ascendit in statu, ascendit ab eo anima ejus, & exaltatur ad coelum, ut est sol, ut est oriens in Luna crescente , tunc ad ipsum revertetur & vilescit animari eum, & humiliatur.

Fixum figi volatile.

Sublimatio.[3]

Desponsavi ego duo luminaria in actu, & factum est illa quasi aqua in actu habens duo lumina, sicut videmus solem habentem duos radios, super cinere mortuo pluentes, & viviscit quod fuerat morti deditum, sicut mortuus post inopiam magnam. Haec est soror & hic est frater ejus, per quem induraverunt & desponsaverunt subtilitate praeparationis, figentes eos. Sed postquam facta est conceptio, volare fecerunt, & fuerunt in domibus montium, hoc significat crescenti luminari, lunam crescentem, & aves duas ex ea.

Conjunctio duorum.

---

[1] *Th. Ch.* and M. texts, 'avis homines, aut sunt gratia tritici': corrected from *A. A.* (p. 255). and *Cons. Conj.* (p. 251).

[2] Arabic: *julbān*, pease. [3] These two headings (as well as *Coagulatio* on p. 152) are not in the Arabic.

Respice igitur praeparationem ejus primam, & cogita hoc & solem & soles duos, hoc est utilia ex tribus, & tres comparationes rubeum habentes splendorem. Quatuor, si sunt ex quinque quae non impellunt, & tria ex duobus sumuntur, & sol & soles duo, non ascendunt.

Triplex est anima hujus projectionis, virtus superioris & inferioris est similis. Dixit vero Hermes Corona sapientum, facta est residuum hujus aquae, quae non permittit rem in aquam, sicut tenebrae, sed vivificat terram sicut accidens pluvia

Clavis rerum. [P. 222 r].

& terrae, sicut duo tertia, & tertium combustum, & congregata est in illa [aqua pura ?] [1], sicut vides ejus imaginem depictam,||nec est in aperto quod
nec est||
remansit. Sera & sera, infra seram, clavis ei una existit, vilis radicis, & id quod in operatione projicitur ignorando, minus est vilius. Cooperite figuras expositioni, non enim habemus imaginem praeter picturam. Videns hanc habet considerationem & discretionem, nempe solem radiantem cum justitia, & non cum injustitia. [........] [2].

Coagulatio.

[3] Hoc carmen sequitur expositionem figurarum ejus & imaginum verbis planis & manifestis, licet prolongetur ex repetitione dictorum. [Alterum est ignis quietus, & est terribilis, forma ejus gloriosa. Congelatum autem est eadem aqua, tamen est congelata, & aqua currens est mater congelati, & ex ea est & fuit fœmina, & iste masculus.] [4]

Dixit iterum Maria. Aqua quam jam memoravi est rex de coelo descendens, & terra cum humore suo suscepit eum, & retinetur aqua coeli cum aqua terrae propter servitium suum, et propter arenam suam honorat eam, & congregatur aqua in aquam, & retinebit aqua aquam, Alkia in Alkiam, & dealbatur alkia cum Astuam.[5] Sunt verba actoris qui voluit directionem animae in spiritum, donec commisceatur, id est, conveniat, & fiat res una, velut marmor. Et scito similiter quod dictum est de aqua quam memoravi, quae est rex qui de cœlo descendit in terram, cum humore suo suscepit eum, & retinetur aqua cœli ab aqua terræ. Voluit per hoc aquam divinam, quæ est anima, & nominavit eum regem, quia spiritualis, & ex terra extractus est, & ascendit ad coelum. Et quod dixit de coelo venit, voluit per hoc reductionem ad terram suam. Et hunc regem quem nominavimus, exponam tibi per illum genitum quem memoraverunt, gignitur in aëre, & fuit conceptus ejus in terra, vel inferius, & haec est virtus superior cœlestis quam acquisivit aqua, quae extrahit aërem de aqua.

Circularis operationis finis.

Dixit Hermes. Perficitur in ea virtus superior & inferior. Et de illa dixit

---

[1] Tentatively corrected from Arabic (p. 9, l. 13). *Th. Ch.* and M. texts 'in illa prima'.

[2] The remaining 37 stanzas (the last on p. 9 up to the end of p. 14) of the Arabic poem are omitted by the Latin translator.

[3] The *Mā' al-Waraqī* begins here.

[4] Most of the passage in brackets seems to be a mutilated gloss.

[5] The translation of the Arabic (top of p. 15) at this point is as follows: 'Then the Water (of the Earth) holds fast the Water (of the Sky), and the *Kiyān* (vital principle) the *Kiyān*, and the *Kiyān* is whitened by the *Kiyān*.'

Marcos [1]. Non cognovit eam neque concepit eam mater ejus. Et dixit de ea alius sapiens. Hoc est ovum generatum in aëre, ex subtilitate aëris & terrae. Et de ea dixit Calid filius Seid [2]. Accipe ovum ruffum de meliori minera quam poteris reperire, quae neque in aëre, neque in terra existit. Nominavit eam ovum ruffum, quoniam exaltatur, & fit aër, quia color aëris est ruffus, per quod vult intelligi animam quae est aqua. Et in hoc quod tibi exposui, diversitas est in dictionibus, sed intellectus est idem. Sermo eorum est idem, verus, non diversus|| tamen, [P. 222 v].
tamen,||
diversi turpiter usi sunt exemplis. Item quod dixerunt in diversis locis: Aër alienus incorporatus, significat per hoc solamen [3] extractum ex opposito [3] post solutionem & destillationem. Et hoc fere solum manifestum est, & est cinis extractus ex cinere, & hic est cinis de quo dixit Alhomianes [4].

Quis quaerit ovum? an inveniet in eo diem pulchrum? Id est non exibit eis de cinere ovorum, linis, suavem faciens illorum praeparationem & pulchram & coagulantem aquam eorum, sicut ille dixit postea. [....] [5] Et retinebitur aqua coeli cum aqua terrae, & est idem interius. Deinde dixit. Et congregatur aqua & *Inseparabilis vino.* aqua retinebit aquam, & amaritudo amaritudinem, cinis cinerem, & albriam [6] retinebit albriam [6]. Et hoc est illud idem, nec est qui inveniat aliam operationem.

Dixit sapiens [7]. Invenit proximus proximum suum. Item alius. Aqua retinet aquam, videlicet spiritus & anima quando decocti fuerint in iteratione destillationis, & tunc permiscentur permixtione universali, & unus retinebit alterum & fient unum: Unum in subtilitate & spiritualitate, & hoc totum est illud quod vidisti pictum.

Verum duo soles qui sunt in uno, & sol simplex, est terra existens sub ipsa aqua splendente. Et radix hujus aquae sunt ambae aves colligatæ, quarum utraque retinet caudam alterius, & radix harum avium est luna plena, & haec est Magnesia & Abarnahas [8] perfectum.

Quicquid autem pervenit ad te ex parabolis, similitudinibus, nominibus, gemmis, *Synonima.* floribus, sulphure, arsenico & argento vivo, de Cambar [9], & omnem nigrum, rubeum & album. Et omnia humida ex acetis, lactibus,[10] sanguinibus, urinis, spermate, fellibus & his similibus. Haec omnia significant hanc aquam divinam. Et

---

1 Arabic (p. 15, l. 13): Marqūnis. In al-'Irāqī's *Muktasab* (Holmyard's trans., p. 53) he is referred to as a King who had a conference with Theodorus [?] and Mīthāwas (Mathew) regarding alchemy: but *cf. infra*, p. 174 (n. 9.), and Index.

2 Arabic: Khālid bin Yazīd.

3 'Solamen'..'opposito' should probably be 'sal'..'composito'. The Latin translator evidently read فلج ('happiness' or 'safety') for ملح 'salt': while the Arabic corresponding with 'ex opposito' is *min al-murakkab* 'from the compound'.

4 Arabic: Armiyānūs al-Hazārbandī, or al-Hindārī. He evidently wrote a poem on alchemy: but does not appear to be mentioned in an-Nadīm's *Fihrist*. 'diem pulchrum' is a mistranslation of *yauman milḥan* 'any day salt'.

5 From the Arabic (p. 15, l. 24), it seems that 'Dixit Maria' has been here omitted from the Latin text.

6 *al-Kiyān* (the vital principle): *vide* note 5, last page.

7 Probably Hermes.

8 Arabic: *Abārnuḥās* (lit. lead-copper)—the *Molybdochalkos* of the Greek alchemists; which is explained in the Lexicon of the substances used in making Gold found in the XIth cent. MS. of St. Mark's as being *Chrysokolla* or Solder of Gold (Berthelot et Ruelle: *Collection des anciens alchemistes grecs*, I, Trans. p. 12).

9 Arabic (p. 16, l. 7): *Qinbār* (Cinnabar).

10 From the Arabic it appears that 'aquis' should be inserted here.

omnis aqua ei similis, quia assimilaverunt eam omni subtili ex humidis & aliis, & omni[1] composito ex rebus.

EXPLANATIO TABULAE[2]

Dixit filius Hamuel[3], author hujus operis. Feci inimicos[4] in carmine figurarum & imaginum, quas praedixi fuisse descriptas in marmore in gremio sapientis, existentis vel sedentis juxta ostium[5] Thalami, in domo quam sibi aedificaverat, quibus imminebat ad sapientiam suam, sicut praecessit in dictis meis in initio carminis mei. Deinde cognovi explanandam esse praedictarum figurarum significationem, & quidem modo perfectiore quo possum exponere ad denarrandam hujus rei virtutem, testimonio authoritatum sapientum antiquorum. Unde intendo||
sermonem||

[P. 223 r]. sermonem, dirigere ad omnia quibus indigent illae figurae & imagines explanandae, & radix earum & facilitas praeparationis primae & alia quaedam.

Figurae autem illae quas ordinavit sapiens, sunt sicut radix sapientiae & praeparationis, & sunt scientia sapientiae totius. Et cum ipse non explanaverit totum, & indiget explanari multis expositionibus, assignationibus & similibus coloribus, & nominibus quibus nominatur in ordinibus praeparationis, & feci hoc apud finem carminis exponens manifestè, & explicavi sermonem sicut mos est sapientum antiquorum, ut addatur intellectus interius & certitudo, & reveletur, quod in aliis est coopertum. *Et figuratur in eo Aqua foliata*[6], puri coloris, & illa est quam nominaverunt sapientes illis nominibus. Nominaverunt etiam ipsam aquam divinam, & terram stellatam.[7] Feci autem hoc propter multiplicates eorum quae memoravi, & multiplicavi ex assignationibus in ea, & eam demonstravi ex nominibus eorum cum coloribus.

Aqua per varia nomina occultatur.

Dixit Sapiens[8]. Haec explanatio, demonstratio est sine invidia, nec aliquid typici feci, sed eam plenam & manifestam indicavi.

Tabulae ad dextram Significatio generalis.[2]

Figura decem explicantur.

Scias ergò quae sunt quas descripsit sapiens decem figurae. Quinque ad dextram tabulae usque ad medium, quae sunt luna semiplena, & luna plena ex altera parte supra in margine tabulae. Et tria alia inferius, scil. duae aves & luna plena: & illa sunt quinque, & haec est medietas primi temporis, quam non praecedit alia praeparatio. Haec medietas initii operis est, destillatio[9], tenuatio[10], & extractio Animae à corpore in aqua spirituali, & hoc corpus, est lapis eorum compositus. Deindè destillatio *aquae solius. Hoc est novissimum primi operis, & est aqua munda.*

---

1 Latin 'ovo': corrected from Arabic. The Latin translator also evidently read وضع 'composed' for the next word وضيع 'ignoble'.

2 There is no heading in the Arabic.

3 Arabic: Muḥammad bin Umail.

4 Probably a misprint. Arabic simply: 'I explained.'

5 Latin 'hostium'.

6 Arabic (p. 16, l. 20): *al-Mā' al-Waraqī*.

7 Arabic: *wa'l-Arḍ an-Najmīyah*.

8 Arabic: Muḥammad bin Umail.

9 Arabic (p. 17, l. 5): *taqṭīr*.

10 Arabic: *tahdhīb*.

Tabulae ad sinistram generalis Demonstratio.[1]

In alia vero medietate tabulae usque ad extremitatem ejus declinantem ad sinistram, erant quinque sicut vidisti descriptas in carmine, quae sunt tres superiores, una simplex, & una ex duabus, & haec est duorum in uno, & haec est figura solis, habentis duos radios descendentes, & sol simplex habens unum radium, & est figura unius in una. Et subtus in inferiore parte tabulae figura, similiter duorum in uno, & hoc est quod nominavit mundum inferiorem.

Tria verò superiora, imago est divinae spiritualitatis, in qua||est anima[2] [P. 224].

5. Vol. P est aqua||

portata, quam vocavit aurum, & nominant hanc aquam divinam naturae omnis humidi, ex acetis, urinis, & lactibus, pinguedinibus, sanguinibus, & spermatibus. Et vocant istam aquam nominibus omnium tincturarum, & florum. Et intendunt per hoc animam lapidis, quam exaltaverunt in aquam istam suam, & hoc est propter generationem suam in praeparatione secunda. *Nomina aqua spiritualis varia.*

Similiter nominant hanc aquam Nubem vivificantem, mundum inferiorem, & per haec omnia intelligunt Aquam foliatam, quae est aurum Philosophorum, quod vocavit Dominus Hermes Bonum[3], habens multa nomina. Mundus inferior est corpus & cinis combustus[4], ad quem reducunt Animam honoratam. Et cinis combustus & anima sunt aurum sapientum, quod seminant in terra sua alba, stellata, foliata, benedicta, sitiente, quam nominavit terram foliorum[5] & terram argenti & terram margaritarum[6] & terram auri. Per omnia illa intendunt corpus suum calcinatum & dealbatum.

Ista aqua triplex est, sol descriptus cum duobus radiis, & est figura duorum in uno, & sol simplex habens radium unum, & haec est figura unius in uno, quae sunt tria.[7] Et haec est aqua ex duabus naturis, & vocant[8] hanc aquam triplicem, quia est unum in quo sunt tria, videlicet aqua, aer & ignis. Et terra nigra existens inferius, est mundus inferior, ex duobus permixtis & temperatis, & est figura duorum in uno, & haec est terra ex duobus corporibus, & ista similiter sunt quinque, quae sunt scilicet sphaera sicut luna plena, & in ventre ejus est figura lunae, & duo radii & tertius radius descendens de coelo inferius scilicet ab extremitate tabulae superioris ad extremitatem inferioris, circumdans terram. Haec est tertia terra.[9] Prima quae intrat in corpora eorum. Secunda quae est terra eorum ex opere Lunari quod est initium operis secundi. *Aq. quomodo simplex.*

---

1 There is no heading in the Arabic.

2 Corrected from Arabic (p. 17, l. 11). Latin text, 'aqua.'

3 Latin 'Ovum'. Corrected from the Arabic (p. 17, l. 15); 'which the Supreme Lord Hermes called the *Good* Philosopher, having many names'. The same Latin phrase occurs in the *Turba* (*A. A. ed.*, p. 138).

4 The Arabic has here an important qualifying sentence 'which they call *Ars*'. According to Richardson (Arabic-English Dict.), the meaning of *Ars* is an issue from the eyes of the mountain goat from which an antidote against poison is prepared. For another meaning of the word *cf.*, however, Index under Aras (quoting from p. 59 of the Arabic text).

5 The Latin translator has again taken *waraq* in the sense of 'leaf' instead of some form of 'Silver'.

6 In the Latin texts of the *Theatrum Chemicum* and Manget 'et terram margaritarum' has been misplaced, being found after 'in terra sua alba' of two lines previously.

7 Latin 'terra': corrected from Arabic.

8 Latin 'vocat'.

9 The Arabic here (p. 17, l. 25) has simply 'This has three parts' (*ajzā'*).

Difficultas inter opus primum & secundum.

Secundum quod sequitur est rubificatio, quam vocant opus secundum & opus solis. Et haec tertia pars aquae divisae in novem partes, & hoc tertium est dealbatio secundae, quae est initium operis secundi, praeter secundam denigrationem quae est denigratio prima secundi operis, quae denigrat terram eorum albam quando intrat super eam, deinde dealbat eam, & hanc dealbationem secundam vocant Philosophi sapientes dealbationem primam, quia est initium secundi operis, postquam fit rubificatio cum residuo novem partium aquae, quia projiciunt praeparationem primam totam, quae est dissolutio[1], destillatio & extractio spirituum de lapide suo,
[P. 225]. post di-||spositionem suam, & temperationem primam, quae non praecedit opera-
spositio-||
tionem, & nominaverunt opus secundum quod est dealbatio secunda, & initium secundi operis. Et nominaverunt opus secundum rubificationem solarem, & dealbationem Lunarem. Intellige haec sophismata in sermonibus sapientum.

Digestionis tempus.

Et hoc quod ante descendere fecisti has tres partes aquae praeparatae[2] supra terram eorum albam foliatam, solvetur totum, & fiet terra una, & aqua super eam colore picis liquidae. Unde necessaria erat praeparatio prima, sicut consuetudo est. Et haec est putrefactio [2(a)] corporis, cum igne bestiarum[3] subtili, levi 150 diebus, [& fortè apparebit in 50][4]. Et quidam dixerunt 120. diebus, & forsan apparebit albedo in 70[5] diebus. Nec approbatur hoc apud eos, quia forte albae significant calorem ignis, & bonitatem praeparationis, quae apparet prius, quia hoc significat intensionem caloris ignis.

Residuum verò aquae sunt sex partes quas nominant tincturas, & aquam rubeam, & sanguinem,[6] & alumina[7] omnis rubei, & sunt albae in manifesto, colorant in rubeum. Et opus secundum est albificatio [et rubificatio][8], & sapientes haec duo opera in unum contraxerunt. Nam quando loquuntur de uno, loquuntur etiam & de alio, unde diversificantur legentibus eorum scripta.

Colores per aquilas describuntur.

Cum ergo mundata fuerit nigredo, & reducta fuerit albedo, imbibunt terram suam illis partibus, quae sunt sex partes, divisae in sex filias,[9] & habent decem colores apparentes in composito, scilicet secundum numerum novem aquilarum & decima est fex, de qua extractae sunt, quas memoravi in prologo carminis praecedentis, quas vidi depictas in tecto[10] Elbarba scilicet domus, & quod in pedibus de potentiis quas ibi memoravi.

Autor infideliter occultavit.

Haec sunt omnia quae ibi erant depicta in tabula, quae descripsi, sicut tunc reperi, & contuli scientiis, ex his quae in epistolis suis sunt. Et novi intellectum quem indicavit ille sapiens, ex eo quod reliquit nobis opus suum velatum, quod descripsit per figuras. Hoc fecit ut esset propinquum inquisitoribus hujus scientiae.

Et radix horum decem quae sunt perfectio operis, sunt quinque[11], scilicet

---

1 Arabic (p. 18, l. 3): *taḥlīl*. 2 Corrected from *Cons. Conj., loc. cit.*, p. 242. 2(a) Arabic (p. 18. l. 8): *ta'fīn*.

3 The Latin translator has misread حيوانة (beasts) for حضانة (brooding) of the Arabic text. *Cf. infra*, p. 163, note 8.

4 The sentence put in brackets seems to be a gloss. It is not found in the Arabic text, or the Latin of *Cons. Conj.* (*loc. cit.*) 5 Arabic: 80. 6 Latin 'sanguineam'.

7 Latin: '& nomine:' corrected from Arabic *Shabūb*. 8 Added from Arabic (p. 18, l. 12).

9 Arabic *qawārīr* (*phials* or flasks). 10 Latin texts: 'toto.' Arabic: 'on the roof of the *Birbā*' (pyramid)'.

11 The Latin translator has quite wrongly corrected the '4' (اربعة) which is found in all three Arabic MSS.

masculus & foemina, & tres sorores eorum, ingredientes super eis, quae sunt salsatura[e]¹, ingredientes super masculum & foeminam. Prima autem salsatura secundum ipsos, est similiter masculus & foemina.

Secunda quam vocant hic aërem, quia jam pervenit in prae-||paratione, quam [P. 220]. praecedit salsatura, secunda quam memoravimus, & facti duo masculi super unam foeminam. Deindè ingreditur salsatura secundò in eo recens, quae est foemina secunda, & facta sunt universa quatuor, scil. duo masculi & duae foeminae, ex quibus exierunt quatuor² colores, & hi sunt numerus ejus. Intellige hoc principium numeri, primum & secundum, & dicis duo, & illa sunt tria in numero, deinde dicis tria quae sunt in numero sex, deinde dicis quatuor, & fiunt in numero decem, numeri manifesti, occulti autem ipsorum quatuor. His autem numeris perficis Magnesia, quae Abarnahas existens ex quatuor. Decem verò sunt quatuor, & ex eis extrahuntur, & quatuor ex eis sunt decem. Haec sunt quatuor naturae, scilicet terra, aqua, *aer, & ignis, ex quibus consistit omnis creatura.* Intellige autem hoc.

Denarius quomodo constituatur.

Aër autem germinare facit segetes, & ascendunt per eum ad aëra, & propter [hoc] extenduntur & crescunt. Propter quod dixerunt: Cum sit aër mediator inter ignem & aquam, per calorem & humiditatem suam, propterea suscepit ignem & aquam, est enim vicinus igni per calorem, & aquae per humiditatem.

Significant ergò *per mediatorem aerem, quia omnis spiritus subsistit subtilitate fumositatis acris, propter quod diximus, quod natus sapientum in aere nascitur, quando sublimatur ad Alembicum.* Propter quod fit aqua vivificans terram illorum, & embrionem qui est in terra, qui est anima ex corpore eorum secundo³ quando reducitur ad id circa finem operis. Et scito quod aër existens inter coelum & terram, per quem existit vita uniuscujusque rei, & currit super vestras quatuor naturas in occulto, quae sunt terra, aqua, ignis, aër, & currit, super illas in statu rectitudinis, & meliorationis, & est calidus & humidus.

Aer de igne & aqua participat. Spiritus aeri comparantur.

Similiter est anima extracta ex lapide eorum, quando existit vita ejus, post mortem ejus. Et sicut aër est vita uniuscujusque rei, similiter aqua eorum est caput operis eorum, & clavis, & vita corporis defuncti eorum, quae est terra eorum benedicta sitiens. Et *sicut aer est calidus & humidus, similiter aqua eorum* [......]⁴ *est calida & humida,* & est ignis lapidis, & est ignis circundans, & humiditas aquae eorum est aqua. *Et cum aer diutius coqueretur, factus est ignis in forma* aëris habens actionem ignis. *Nam postquam labor iste super* aërem *reiteratus est, & iteratus est calor super ipsum,* factus est *fortioris caloris, quo comburunt* res suas & denigrant, & dealbant, quia factus est operans operationis ignis, non in veritate, sed secundum *similitudinem vocabuli operationis ignis.*

Qualit. Aeris & Aq. Chimicorum.

Dixit

---

¹ Arabic (p. 18, l. 21): *tamlihatan* '[the first] two saltings [from the three internal saltings]'.
² Arabic 10 ('*Asharah*').   ³ Latin: 'Secundo' (beginning fresh paragraph): corrected from the Arabic.
⁴ The Arabic (p. 19, l. 14) qualifies this by a phrase "which is their 'Soul'." For an English translation of the Arabic of most of this page—from 'Intellege' (l. 9) to 'sitiens' (l. 31)—*vide antea*, pp. 139-141.

[P. 227]. Dixit Hermes, rex Graecorum[1], in illo aere est aer, & non aer. Item dixit Ignis eorum quem tibi monstravimus est ignis, & ignis noster est ignis & non ignis. Et sicut dixerunt sapientes. Homines attrahunt spiritum ex aere, ex quo nutu Dei consistit spiritus eorum. *Similiter aes sapientum attrahit spiritus ex humiditate eorum, & virtutem acquirit, & crescit,* illud aes, & nutritur, sicut caeterae res augmentum recipentes. Et scito quod per attractionem aeris viget spiritus, & per ipsum est vita ejus. *Significatur per hoc anima lapidis, quae facta est tenuis per extensionem spiritus in fixione. Et per illud quo induta est, facta est tenuis & subtilis ad multiplicationem caloris* in fixione ignis, scil. in virtute ignis & combustione ejus. Cum autem accepit vitam ex aëre, quae est vita uniuscujusque rei, ex animalibus, & vegetabilibus, in[2] quibus est augmentum, fiet aër et vita illius quod ingreditur & vivificat illud mortuum, post mortem suam, propter quod dixerunt sapientes. *Converte aquam in aerem, ut fiat vita quod in ipso est,* & spiritus istius qui ingreditur cum eo, ex quo fit vita uniuscujusque rei, & aër similiter vivificans unamquamque rem. Aër verò ex aqua est, nec separatur ab ea, & ex ambobus consistit vita uniuscujusque rei.

Inutilia in arte.

Scias ergò hanc praeparationem, & hunc intellectum, & dimitte alia, nec est ex animalibus, nec ex vegetabilibus, & lapidibus, inanimatis, adustibilibus, corruptibilibus, aliquid simili huic praeparationi, quibus omnibus inaniter homines occupantur.

Chimicorum Aqua & operationes ejus.

Haec est enim aqua coagulata[3], & aër quietus, & terra liquescens & ignis circumdans [..........][4]. Et hoc est quod ipsi *fecerunt aquam suam corpus, cum ad ignem figeretur,* in quo virtute caloris spoliaverunt cum sua superflua humiditate, deinde unius in aquam solverunt, postea in praeparatione ut ignis ipsum exaltaverunt in aërem.

Hunc deinde addiderunt praeparationi suæ, haec facta est calida, ignea, adurens, potens, quam vocaverunt ignem operatione sua, & erant hae quatuor naturae in ea, & ex ea, & per eam generatae sunt, & convenerunt repugnantia in hoc unico. Propter quod haec Anima quae ingreditur, *fit vitalis in spiritu, per attractionem aeris, ex reiteratione sublimationis*[5] *ejus,* id est, destillationis, ex qua *reiteratione fit ignis, sed fortioris caloris & adustionis quam ignis.*

Sublimationis effectus.

Haec est praeparatio, qua excaecati sunt homines, & erraverunt errore longo, cum
[P. 228]. ignorent hunc lapidem hac praepara-tione praeparatum. Et pervenit in hanc
P 3 tione
aquam praeparatione prima, virtus superior & inferior. Sicut dixit sapiens studiosus[6] qui est mare sapientiae[6], Hermes. Et facta est dominans superioribus & inferioribus, & faciens mirabilia in re, & ejus contraria, quia denigrat, dealbat, & rubificat, indurat molle, & mollificat durum, & frater ejus est cinis extractus à cinere, cum corpore[7] eorum albo[7] secundo quod vocant[7] terram benedictam, sitientem, & cinerem qui est

Colores subsequentes.

---

[1] Arabic: '*Hiraqlas* (Heraclius) King of Rūm' (Asia Minor). The 'aqua' of *Th. Ch.* and M. (middle of line 2) has been corrected from the Arabic to 'ignis'. [2] Latin 'In'. [3] Latin 'calida': corrected from Arabic (p. 20, l. 7) جا مد.

[4] A brief sentence in the Arabic omitted. [5] Arabic: '*taṣ'īd*.

[6] Corrected from the Arabic Ms. R. 'the Learned Philosopher, the Sea of Wisdom': Latin 'studiosis': 'sapientum'.

[7] Latin 'cum corde eorum albo. | Secundo quod vocat': corrected from the Arabic (p. 20, l. 17).

fermentum. Auri aqua est fermentum, & corpora sunt terra eorum, & fermentum hujus aquae divinae est cinis, qui est fermentum fermenti. Quod vocavit Maria sapiens in quodam loco librorum suorum, Coagulum,[1] cum sit coagulans aquam illorum, in terra eorum, quae est corpus secundum. Et haec est Corona victoriae, & vocaverunt ipsum argentum[2] propter intensionem albedinis ipsius, & hoc in aqua illorum foliata. Significaverunt per dictum suum: Commiscete aurum cum auro, id est, commiscere aquam & cinerem. Et de hoc cinere, & de hoc corpore eorum *Terra alba aurum* secundo dealbato dixit Hermes filio suo. Semina aurum in terra alba foliata. Nominavit ergo hic Hermes aquam illorum albam, aurum, ideo quod Anima tingens latet in aqua illorum alba, cum dominetur ei spiritus calore suo & albedine. Vocavit corpus eorum terram albam foliatam. Luna plena est aqua Philosphorum & radix scientiae. Est enim Luna dominatrix humorum, & Luna crescens superius, & Luna duplex superius, sunt tres partes aquae.[3]

Et innotesco tibi ô fili, quod investigavi super communicationem Lunae plenae, per figuram Lunae quam descripsit sapiens, juxta Lunam plenam, quae est vicina illi: & fecit significationem ejus, & nisi esset bona illa sphaera, quae est figura lunae plenae, ignoraretur quid esset. Et haec semper est Luna apud perfectionem, & plenitudinem sui luminis.

Et per omnia illa intendit sapiens opus inventum approximare inventis.

Et Luna plena est Magnesia, quae est Abarnahas perfectum, & est lapis perfectus *Id est Magnesia.* & rotundus, & est mare, unde intellexi, quod haec est radix scientiae hujus occultae. Intellexi etiam quod duae aves sunt ex Luna plena, quia sapiens depinxit eas juxta, sicut descripsi tibi in loco suo inter carmen meum, ut scias & intelligas illud. Cum autem depinxisset eas, & etiam depinxisset ex altera parte Lunam semiplenam, quod ipsae essent ex ea, & idem sunt rami ejus, & illa est radix earum ex qua sunt, [P. 229]
essent
& quod illa est totum, & pars totius. Et quod ex illa egrediuntur duo fumi,[4] quorum caput unius est ad caudam alterius, sicut vidisti. Et hoc est quod sapiens fecit sermonem harum, sicut fecit plenae Lunae, ut significaret per suam Lunam plenam, *Duo fumi.* quod duae aves essent colligatae ex ea, & ego cognovi rem ad quam intendit, per Lunae plenae figuram, quid sit. Quia Luna est domina humiditatis.

---

1 Arabic: الانفحة 'rennet'.

2 The Latin translator has evidently changed the *dhahab* ('gold') of the Arabic (p. 20, l. 20) into 'argentum' on account of the remark that follows about whiteness.

3 The latter part of this paragraph (from 'Luna plena') is not found in the Arabic.

4 From the Arabic it appears that 'scilicet duae aves' may have been here omitted from the Latin text.

SPECIALIS INVESTIGATIO TABULAE

ad dextram positae, quae continet operationem & materiam primam Lapidis benedicti.

Et I.

De duabus avibus invicem junctis.[1]

Ex duob. facite unum.

Et scito, quod istae aves sunt masculus & foemina, quos indicant sapientes, & ipsi sunt Lapis eorum, cum desponsati fuerint & coagulati, sicut vidisti figuram eorum, quod coagulati erant & conjuncti, & facti una res. Apparet tamen quod sint duo, & illa res una ex duabus quae coactae, factae sunt una res, id ex quo fuit, & hoc est Luna plena. Et in statu diminutionis, & plenitudinis ejus aspectus plenae Lunae.[2] Et unaquaeque illarum avium retinet alteram. Coagulatum autem retinet Kaled,[3] id est, qui masculus retinet volantem, & volans est foemina, quae habet alas integras, & volans vult volare cum alia, sed avis quae non habet alas, retinet illam. Et hoc principium primi operis [............].[4] Prohibet autem volantem à volatu, & ipsum facit stare secum, & colligatae sunt & retentae & incarceratae. Masculus autem est, qui sine alis[5] existit sub foemina, foemina verò habet alas. Propterea dixerunt: Projicite foeminam super masculum, & ascendit masculus super foeminam.

Primum opus.

II.

DE TRIBUS LUNAE IMAGINIBUS, QUAE circa has duas aves conspiciuntur.[1]

Quando autem ingredi feceris super eis tria alia[6], videlicet Lunam duplicem & crescentem, fiet totum aliquid[6], sed non ingreditur super eos unaquaeque pars trium, nisi in vase suo, & in ordine suo ex praeparatione, nec ingrediuntur similiter.|| Cum

[P. 230.]

P 4 Cum||

verò duae fuerint perfectae[7], & tres fuerint perfectae, *coagulabitur totum, & fict unum.* Duo verò prima erant Abarnahas imperfectum. [..............][8] Sed quando ingressae sunt tincturae, & pluerunt pluviae de coelo, tunc est Abarnahas perfectum,

---

[1] These headings are not found in the Arabic.

[2] Some confusion seems to have occurred here in the Latin, possibly owing to uncertain reading of the Arabic text. The Arabic (p. 21, ll. 12–14) runs as follows: "And these have been pictured as Two, apparently united and coagulated, and they have been coagulated into One, and One Picture. It was explained that they are Two so that it might be known that this One is from the Two which have adhered to each other, so that both became One. And they are One Thing from One Thing. And that One Thing from which they proceed is the Full Moon which becomes the Moon at the time of waning; while at the time of its fulness of light it is the Full Moon".

[3] The Latin translator apparently misunderstood *al-qā'id al-khālid*—'the constantly crouching' (bird), as if it was *al-'āqid al-khālid*, which might be taken to mean the 'constant coagulator.'

[4] Two and a half pages of a poem of Ibn Umail rhyming in *Rā* are here omitted by the Latin translator (Arabic: pp. 21–end of 23). On p. 21 (l. 25) of the Arabic text a reference to Marqūnis occurs.

[5] *Theat. Chem.* 'alio.' Corrected from Arabic, and Manget's *Bibliotheca Chemica Curiosa*, Vol. II, p. 222.

[6] Apparently the Latin translator had a text reading ثلاثة اخرى instead of ثلاثة اجزاء and الكل بضعة for الكل خمسة (Arabic, p. 24, line 4).

[7] Latin 'personae': corrected from the Arabic.

[8] More than 15 lines of the Arabic text on p. 24 (ll. 6–22) is here omitted. In this, quotations from Aras (addressing King Theodorus) Marqūnis (addressing King Sanqaja), Armiyānūs, and Dhu'n-Nūn al-Miṣrī are given. For these names *cf. supra*, p. 153 (notes 1 and 4) and *infra*, p. 174 (n. 9). Also Index.

& hoc est ovum ruffum,[1] quod habet in se totum, quod eis est necessarium, & est mare eorum, & pater auri, & mater colorum[2], & propter hoc nominaverunt lapidem hunc, *post secundam dealbationem ejus, aurum.* [........].[3] Et dixerunt, aurum nostrum non est aurum vulgi, & illud significaverunt in dicto suo, ante salsaturam, quae est dealbatio. *Materia dealbata secundum aurum vocatur.*

Postquam denigrati sunt masculus & foemina, dealbaverunt aurum, & haec ratio habet triplicem intentionem. Primò dixerunt dealbate aurum,[4] hoc est compositum primum, quod est masculus & foemina, quia denigratum est, postquam dealbavit id foemina, & vicit colore suo. Deinde denigrati sunt duo, quia ignis denigravit id cum praeparatione, & nominaverunt illam denigrationem primam conjunctionem, quia conjunctus masculus est foeminae. Et est signum perfectae conjunctionis, & susceptionis unius alterius. Et hoc nominaverunt opus nomine omnis nigredinis, sicut in denigratione secunda, videlicet carbonem montis, & picem, & antimonium,[5] & alkali, & aliis nominibus.[6] *Et* [....] & martak *hoc est argentum vivum extractum de Cambar,* sine typo & similitudine, & est [frater] animae extractus à cinere, & cinis qui est mundatus postea fit fex, quia ulterius non indigemus ipso. *Nigredine fit prima conjunctio.* *Nomina nigredine apparente*

Nominaverunt similiter cinerem suum calcem,[7] & vitrum, & aquam mundam, quia mundata est à tenebris animae, à materia[8] nigredinis. Separatur enim ab ea malitia ejus, quae est terrestritas mala.[8] Et haec sunt folia & flores ejus,[9] scilicet anima & spiritus ejus qui sunt in ea, & vocaverunt aquam coloratam à coloribus suis.[10]

Alius autem intellectus hujus orationis est dealbare aurum, & *est praeparatio animæ cum aqua spirituali,* donec dealbetur, & dominetur ei cum colore suo, & fient ambae albae resplendentes, habentes lucem & splendorem, deinde colorat[11] anima. Cumque pervenerit ad hunc terminum dealbationis & praeparationis, *factus est subtiliter spiritus,* cum quo praeparata est, & vocatus est tunc ipse spiritus, aqua purificata, aqua divina. *Dealbatio*

---

1 No reference to 'red' appears in the Arabic (p. 24, l. 22).

2 Latin 'coelorum': corrected from the Arabic.

3 'Because when it became white, they named it Gold' is omitted by the Latin translator, probably because of the contradictory character of the sentence. The previous sentence of the Latin 'post dealbationem ejus secundum aurum' has been corrected from the Arabic.

4 Latin 'dealbata avis': corrected from the Arabic.

5 Arabic *Kuḥl.*

6 Some confusion has here occurred in the text owing to the double mention of *al-qili.* The Latin after '& alkali' has '& martali' (*i.e., Martak*), which has been now moved to the next sentence, dealing with the things that are not black. The reading of the latter sentence is as follows: "Salt, and Salt of *Al-Qili,* and *Martak,* is the Mercury extracted from *Qinbār* without any mystery or doubt, and it (the Mercury) is the Brother of the Soul extracted from the ash, and the ash which remains after this is the residue which is not necessary." The Latin translator evidently read ينقى (is purified) for يبقى (remains).

7 Arabic: *ṭalq.* *Th. Ch.* and M. (but not A. A.) adds after 'vitrum' '& Lithargirium suum', which is a translation of the *martak* of the previous sentence.

8 The Latin translator in these two places seem to have had before him a text like MS. R. (*cf.* Arabic p. 25, notes 2, 4 and 5).

9 Arabic *al-waraq wa ukhtuhu*: the *Silver* and its *sister.* The Latin translator evidently took *waraq* in its sense of 'leaf' and paraphrased the next word. For other references to 'soror', *cf.* pp. 151, 171 (note 5), 182 (note 13) and 183.

10 The translation is here quite wrong. Arabic (p. 25, l. 7): 'they called it the Water purified from its impurities'. For explanation *vide* next note.

11 The Latin translator evidently read تصبغ 'colours' for تصفى 'purifies'.

Tertius hujus orationis intellectus est dealbare aurum, significat dealbationem corporis[1] eorum, quia est terra eorum alba, post ingressionem trium partium prim-
[P. 231]. arum super eo, ex‖novem partibus, & manifestationem nigredinis in eo. Unde
novem‖
Dealbatio auri dixerunt dealbate aurum, significaverunt hoc dicto tertium intellectum. Cùm ergo dicunt dealbate aurum, comprehendunt hos tres intellectus in hac oratione una. Et nominant haec tria, de primo masculo[2] auri, & vocant animam extractam ab eo, post complementum lapidis, cum suis permixtionibus auri, & est aurum sapientum in virtute. In quo dixit Hermes. Seminate aurum in terram albam foliatam. Terra alba foliata, est corona victoriae, quae est cinis extractus à cinere, et corpus eorum secundum. Nominant autem corpus eorum, in quo seminant aurum suum [......].[3] Cum autem dixerunt in libris suis secundum similitudinem exemplorum: Extrahe salem Alkali, scilicet per nigredinem, intelligunt corpus suum, & per salem suum cinerem, & animam, quam extrahunt ab eo. Homines verò qui legunt in libris modernorum, dicunt & extrahunt salem alkali tinctorum, & operantur cum eo, & non prosperantur in aliquo, & per hoc & similia deviarunt homines à cognitione lapidis eorum.

Denigratio. Et scito *quod haec denigratio est tinctura totius*, quae redit postquam cooperit albedinem tinctura, & hoc est in fine praeparationis, & post complementum destillationis & reductionis aquae super terram. Solvunt enim hanc tincturam cum humiditate, quae est ex ipso in principio, & in fine cum igne, sicut vides gramen Hospho seu offoto in gramine suo[4] cum aqua & igne naturaliter augmentari & nutriri, & generatur in eo tinctura, ex eo, & in eo. Unde ostendit nobis Heffor,[5] in quo est tinctura in cacumine ejus. Et propter hoc dixerunt: Vertite aurum in folia,[6] id est, facite ut habeant colorem foliorum[6] ut sint folia[6] nostra color. Voluerunt enim per hoc, dealbationem ejus primam quam nominaverunt salsaturam, & coagulationem totius in album.

Solis solutio. Projicite folia,[6] id est solvite ut fiant aqua, & cum corpus fuerit album, tunc extrahe animam ejus, quae est sulphur ipsius, & tinctura ejus, quam vocant gummam[7] & gluten auri,[8] *& extrahitur post putrefactionem & solutionem in aqua eorum spirituali, cum sublimatione & destillatione.* Et hoc nominaverunt cribrationem.[9] Unde dixerunt, Cribra illud cribro, & silo,[10] id est cucurbita, & alembico. Unde occultaverunt

---

1 As is evident from the Arabic (p. 25, l. 12), 'secundi' has probably been here omitted from the text.

2 Arabic: مركب 'compound,' which the Latin translator read as مذكر 'male'.

3 Nearly one page of a poem by Ibn Umail rhyming in *Mīm*—together with an introductory sentence in prose—is here omitted by the Latin translator. The word 'aurum' should be duplicated, as the translation of the Arabic is "they name also their 'Body' in which they sow this gold of theirs, the 'Gold' when it becomes white after its blackening."

4 Arabic 'As you bring up the seed of *Aṣfar* (Saffron in flower) in its place of growth'. 5 Arabic '*Aṣfar.*' *Cf.* p. 193, n. 7.

6 *Waraq, i.e.*, 'silver'. In the last but one reference, the Latin translator evidently read ورق لوننا for ورقى اللون.

7 Latin 'gemmam'. Arabic '*samagh*'. 8 Greek: χρυσοκολλα. 9 Arabic: *Minkhal* 'sieve'.

10 Arabic (p. 26, l. 26): 'Sieves of the Well (*Manākhil al-Ukrah*). The Arabic text does not include the remaining portion of the Latin paragraph (after 'cucurbita'), but it is curious to find in the Indian MS. (I) a marginal note which corresponds to the Latin. "*Al-Ukrah* means *Qar'* and *Anbīq*: but they concealed the name *Qar'* and said *Manākhil al-Ukrah*. They also mystically used *qar'* and *anbīq*. Some of the Sages (who are called the Envious Sages—*al-Ḥukamā' al-Ḥasadah*) have said 'Vase in a Vase'". The Latin text also omits two couplets from some poem by the author rhyming in *Lām* that conclude the paragraph.

hoc nomen cucurbitae, & alembici, & dixerunt cribro & silo. Nam quidam sapientes (quos vocant avos mundi) dixerunt vas supra vas.

Cùm autem extraxerunt illam Animam, & ipsa perfecta||est, in aqua ipsorum [P. 232].
P 5 est,||
spirituali, quae est spiritus humidus, praeparans illam solam cum aqua sua in sublimatione, donec attenuetur in destillatione per rectificationem, & clarificetur & convertatur in spiritum, cum spiritu humido, quo madefecerunt eam & dissolverunt. Et postquam *erat corpus fixum & siccum, accommodaverunt ei animam per putrifactionem & solutionem,* deinde cum ingenio *extraxerunt* eam à corpore suo, illam *retinente*. Distractione autem & dissolutione corporis sic facta, mansit ipsa *in aqua sibi simili*, quae est pater[1] ejus in praeparatione, donec convertat ipsum in spiritum, tunc penetrat & extenditur in corporibus cum spiritu humido, quem nominant sapientes avem Hermetis[2], quia praeparator est sive rector corporis ejus & extractor. Et ipse est reductor ad corpus suum, quod vivificabit post mortem suam, per eum vita est, postea nulla erit mors. *Propterea quod vita infunditur, sicut spiritus corpori.* [...........].[3]

Animae extractio, seu potius actuatio.

Deinde fecerunt hoc corpus, quod nominaverunt ignem cum dissolutione animarum, & mutaverunt ipsum ab anima cum humiditate, & factum est calidum humidum, & tunc nominaverunt animam, & sanguinem, & aërem,[4] & aurum,[5] & tincturam, & nomine uniuscujusque rei sibi simili [....].[6]

Nomina corporis animati.

Nominaverunt similiter ipsam Embrionem, & genitum. Coepit autem esse Embrio per multiplicationem adscendens ad aëra, & descendens coepit esse in hac aqua praeparata prolongatione praeparationis, res non existens in ea. Propter quod dixerunt sapientes: Facite[7] res esse rem, & propterea factus est lapis eorum agens res. Et quicquid est in manibus hominum, est vacuum & vanum. Quia virtus, quam vocant Embrionem & genitum, non generatur nisi in lapide eorum tingente, aliter quàm universi lapides, sive sicci, sive humidi per putrefactionem, & calorem[8] alarum, sicut formatur pullus. Et sicut formatur homo ex spermate, & alia animalia. Et sic formatur *res per putrefactionem & calorem alarum.*

Digestio cuncta producit.

Deinde fecerunt hanc animam per *attenuationem & subtiliationem*[9], in conversione spirituum, ut tingat & imprimatur corporibus. Propterea dicunt sapientes: Aes nostrum est sicut homo habens spiritum, animam & corpus. Propterea dicunt sapientes: Tria: & tria sunt unum. Deinde dixerunt, in uno sunt tria, & spiritus, anima & corpus sunt unum, & omnia sunt ex uno. Et haec praeparatio est, quam vocant conversionem & divisionem, & hoc propter conversionem suam[10] in praeparatione de statu in statum, de infirmitate ad potentiam, de grossitie ad tenuitatem||
& sub-||

Operatione fit multa & unum.

---

1 The Latin translator evidently read وأبوها 'its Father,' for وبهذبها 'and purified it'.

2 This is a mistranslation. The Arabic (p. 27, l. 7) runs: 'which they name *al-Ḥakīm* (the Sage); and Hermes' etc.

3 A sentence here follows in the Arabic "By coagulation and remaining on fire it becomes a 'Body' after being a 'Flying Spirit'". 4 Latin: '& sanguinem aëris': corrected from Arabic. 5 The Latin translator read ذهبا for دهنا (oil).

6 A sentence has been omitted: 'and created in that a power which did not previously exist'.

7 *Non* has probably been here omitted by mistake: Arabic (p. 27, l. 13) 'Make nothing into something'.

8 *Th. Ch.* 'colorem'. The phrase 'calorem alarum' (warmth of the wings) is a paraphrase of the Arabic *ḥiḍān* (brooding). *Cf.* p. 156, *supra*, note 3. 9 Arabic: *Tahdhīb* and *Talṭīf.* 10 Corrected from Ar., and *Cons. Conj.*, p. 249.

[P. 233]. & subtilitatem, sicut convertitur semen solum in matrice praeparatione naturali, de re ad rem, donec formetur inde homo perfectus ex quo fuit radix ejus & principium, nec mutatur ab[1] hoc, nec exit à radice sua de re ad rem, sine ingressione alterius rei super ipsum, nisi sanguis menstruosus, ex quo fuit semen, id est, ex sanguine ei simili, & ex ipso fuit nutrimentum ejus. Et similiter ovum sine ingressione alterius rei, quae ingreditur super eo, convertitur de statu in statum, & dividitur de re ad rem, & fit pullus volans, sicut illud à quo habet radicem & principium ejus.

Putrefactio in omni generationeest necessaria.

Et similiter semina omnia nascentium[1(a)] terrae putrefiunt, & mutantur,[1(a)] & ingreditur super eis putrefactio vel corruptio, deinde germinant & augmentantur, sicut ea ex quibus habuerunt radicem[1(a)]. Et propter hoc mineralia non mutantur, ut exeant à sua radice, sed redeunt ad illud, ex quo sunt, nec convertuntur ex hoc ad aliud, & qui dicit aliud, falsum dicit.

Multa erronea.

Haec est ergo conversio[2] & divisio,[3] quam audis in libris sapientum. Ne intendas ad multas aquas, habentes colores, faciunt multi in capillis, in fellibus,[4] & ovis, cùm non intelligant verba sapientum.[5] Illi autem numeralibus[6] nominaverunt Kibrick[7] siccum & combustum [animam],[8] & vocaverunt Abmitam,[9] animam & dixerunt in manifesto sermonis eorum sulphura & animam.[10] Volunt tamen sapientes illam animam, quam tibi assignavi ex lapide eorum, qui convertitur de statu in statum in praeparatione, quam animam vocaverunt sulphura & corpora. Similiter vocaverunt eorum corpora sulphures & sulphur rubeum, & est anima. Et occupaverunt se homines sulphuribus quae novit vulgus, & denominaverunt à cognitione animae, quam vocaverunt sulphur album[11] portare in aqua eorum. Non tamen est sulphur, sed facit operationes sulphuris. Unde satisfecerunt sapientes hominibus, qui dixerunt sulphur nostrum non est sulphur vulgi, quia sulphur vulgi comburitur, sicut sulphur sapientum album combustione albedinis & meliorationis.[12] Et combustio sapientum, est dealbatio tota. Et de hoc locutus sum diffusè in libro meo, qui dicitur Clavis Sapientiae majoris.[13]

Sulphur Philosophorum.

Nominant autem haec tria, argentum vivum ingrediens super masculum & foeminam, quo dealbant compositum & tingunt, & tinguntur ab eo.[14] ||

ALTERA ||

---

1 Latin 'ad': corrected from Arabic. 1(a) Corrected from *Cons. Conj.*, p. 249. 2 Arabic: *taqlib*.

3 Arabic: *tafṣil*. 4 *Th. Ch.* 'follibus': corrected from the Arabic (p. 28, l. 1) *mirār*: and Manget.

5 Latin: 'veram sapientiam': corrected from the Arabic.

6 This is probably a printer's error for 'mineralium': Arabic: *Aṣḥāb al-Ma'daniyāt*—the 'people of the minerals'.

7 Arabic: *Kibrīt*, 'Sulphur'.

8 In the Latin text, instead of 'animam,' 'et comburens' occurs: corrected from the Arabic.

9 Arabic: *Zarnīkh* (Arsenic sulphide).

10 The Latin follows MSS. P and I: but the true reading is probably that of MS. R: 'the sulphurs are the Soul'.

11 The Arabic here contains another reference to the Red sulphur. This is carried in the 'Water of the Philosophers', which is called by the latter 'White Sulphur'. For 'quam' both Latin versions read 'quum'.

12 The sense of this confused sentence may be gathered from the following translation of the Arabic text (p. 28, ll. 8 and 9): 'because the sulphur of the common people causes combustion similar to that of black and corrupted things, and it burns and consumes. The White Sulphur of the Philosophers burns for improvement and whitening'.

13 *Miftāḥ al-Ḥikmat al-'Uẓmā*—'Key of the Greatest Wisdom', another of Muḥammad bin Umail's books.

14 The real sense has been obscured in the Latin by the omission of the names of the three 'Mercuries' that enter into the Male and Female, *viz.*: *Shabb* (alum): *Naṭrūn* (soda) and *Qalqant* (crude iron sulphate)

ALTERA TABULA À SINISTRIS POSITA,

continens operationem lapidis Philosophici, | multis in specie illumina- | tur.[1] [P. 234]

Et propter hoc dixerunt sapientes, quod lapis eorum consistit in quinque, & verum dixerunt, quia intendunt per hoc masculum & foeminam, & haec tria argenta viva. *Lapis unum & multa.* Et quando dixerunt de uno, verum dixerunt, quia omnia illa sunt ex uno. Et similiter dixerunt ex septem, & quod addunt super his est ex eo, quod ingreditur super eo, ex additionibus quae sunt ex eo & in eo, & in ordinibus praeparationis, in putrefactione, conversione, & dissolutione, & in pluribus ex his, & verum dicunt. Et quod in eo est ex coloribus & virtutibus & naturis & saporibus est. [.....][2] Et propterea dixerunt decem, sicut ex uno, & in uno decem sunt, & illa sunt partes superiores, caelestes scilicet, sol duplex habens duos radios, & sol simplex, & sunt flores quos nominaverunt secundum similitudinem[3] flores lignorum, videlicet flores lapidis, qui sunt anima, & animae tinctura, & tincturae sulphuris, & sulphura quae despoliabantur in hac permixtione, quae est Magnesia[4] post putrefactionem, & post destillationem, aliquid post aliquid, paulatim & paulatim. *Nec egreditur haec anima à lapide una vice, sed egreditur multis vicibus, paulatim & paulatim, aliquid post aliquid.*

DIGRESSIO AUTHORIS AD ALIA QUAE
tamen huic operationi convenientia apparent[1]

Postea nuncupatum est hoc, anima & animae, & flos & flores, & tinctura & tincturae, sanguis & sanguines, pinguedo & pinguedines propter egressionem ejus cum spiritu paulatim aliquid post aliquid ascendens ad aëra, propter quod dixerunt animas, & dixerunt & nominaverunt eum spiritum, & spiritus, *quoniam ejus natura subtiliata est*, & facta *est tenuis & subtilis post quam facta est Anima.* Ideoque dixerunt Spiritum cum quo extraxerunt à corpore suo, & cum ipso praeparaverunt eam, & redegerunt in spiritus,|| & est spiritus unus, & anima una per egressionem [P. 235] & est|| spiritus à corpore, & est Abarnahas perfectum [.....][5]

Magnesia Nominaverunt etiam *Magnesiam aliquid post aliquid, propter ingressionem ejus in ipsum super animas*, aliquid post aliquid in ordinibus praeparationum, & tunc nominatur spiritus, & est spiritus unus. Similiter vocaverunt corpus, & corpora eodem modo, quia corpora sunt masculus & foemina, colligatae & coagulatae, & tres imbibitiones, quas vocaverunt nutrimentum, & salsaturas, & nitrum,[6] & alumen,

---

1 There is no heading in the Arabic.

2 Two verses of poetry, quoted from K̲h̲ālid bin Yazīd, is here omitted by the Latin translator just as it is also omitted from MS. R. 3 Latin 'multitudinem': corrected from the Arabic (p. 28, l. 20), which has "like the flowers of grasses (*al-a'sh̲āb*), I mean the 'Flowers' of the 'Stone'". 4 *Abārnuḥās* is here omitted.

5 "Which they called 'Sea,'" has been here omitted by the Latin translator, as well as a six-couplet quotation from a poem, rhyming in *Rā*, of Ibn Umail.

6 Latin 'vitrum': corrected from the Arabic (p. 29, l. 10) *naṭrūn*.

calcinatum,[1] & cinerem & lignum [2] album, & arenam, & nomine cujuslibet rei siccae & similium.

Anima coagulata unam & multa dicitur.

Quando *verò coagulata est anima,* cum masculo aut foemina, quae sunt ex eis, & de radice eorum, & una illarum trium imbibitionum est masculus, quem vocaverunt aërem, addenda erit, quia effectus est masculus, & effecti sunt duo masculi, & inter eos est una foemina. Et facti sunt omnes quatuor, duo masculi, & duae foeminae. Et [........] [3] perfecta est domus quatuor par[ie]tibus suis, & tecto. Et hic est lapis perfectus ex quinque, & facta sunt quinque corpora, & sunt unum, quia sunt eadem. Propterea dixit sapiens.

Tres combinationes [4] sunt, quaelibet combinatio [5] est coagulatio, unde sunt tres coagulationes. Significavit per hoc haec tria alia [5(a)], quae coagulata fuerunt cum masculo primo & foemina, & haec est tinctura quaesita, & res perfecta.

Variatio nominum.

Quidam verò ea nominaverunt,[6] ut hoc. Et tribus terris. Quarum [7] prima est margaritarum, secunda terra foliorum, tertia terra, est terra auri. Ideò nominaverunt similiter Animam & spiritum, ex hac permixtione egredientes, Arsenicum citrinum, & arsenicum rubeum, Per rubeum volunt animam tingentem. Similiter vocant hanc *animam tingentem sulphur rubeum*, spiritum, arsenicum citrinum: quia spiritus dealbat animas, & dominatur colore suo. Et nominant Animam aes, & ipsa est fumus gravis, & ideo nominaverunt spiritum lermick,[8] & argentum,[8] quia dealbat aes eorum [. . . .].[9] Et *quia dominatur spiritus colore suo huic Animae, & dealbat eam,* sicut argentum dealbat aes eorum.[10] Ideoque possibile fuit sapientibus dicere, corpus & corpora, anima & animas, spiritum & spiritus. Et si exiret haec Anima à spiritu suo una,[11] dicerent animam & animas, spiritum & spiritus, corpus & corpora, nec dicerent hoc, nisi propter hoc, quod tibi demonstravi *de egres-||sione ejus paulatim.*

[P. 236].

sione

Nec mentiuntur quia egredientur ex partibus, *& unaquaeque pars habet spiritum, & animam & corpus* [.......] [12] Haec autem res est una, & alia quae partitus est in plura, per ingressionem ejus, super illa in gradibus suis, ex ordinibus praeparationis, & dicitur Spiritus & spiritus, anima & animae, corpus & corpora, sicut ordinavi & demonstravi per dictum eorum ex pluribus, & uno, & diversis rebus. Et hoc est quando congregatur radix, & istud quod ingreditur super eo, ex partibus quas partitus est ex eo, in una praeparatione, quae convertit ipsum de re in rem, de colore in

A proprietate multiplicata sunt nomina.

---

1 This is a misreading of the Arabic word *qalqant.* The reading should be '& qalqant'.

2 Latin 'ligamentum': corrected from the Arabic (p. 29, l. 10).

3 A passage has here been omitted. 'Then the house was complete with four walls; and the third salting entered upon all. Consequently [the house etc.]. Both *Th. Ch.* and M. read 'partibus' for 'parietibus'.

4 Latin 'compassiones': corrected from the Arabic *tarākib.* 5 Ditto: *tarkīb* 5(a) Read here 'tres partes'.

6 Latin: 'eorum nomina variant'. Arabic: "they named them (*i.e.*, the three parts) the 'Three Earths'".

7 The 'Quam in' of *Th. Ch.* is corrected from Manget. 8 Arabic (p. 29, l. 20) has only *Zarnīkh* (Arsenic sulphide).

9 The equivalent of 'which is their Body' is here omitted.

10 The translation at this point is erroneous. Arabic: 'as the *Zarnīkh* of the common people whitens their copper'.

11 The translation of the Arabic (p. 29, ll. 22 and 23) is somewhat defective here: "And if this Soul should once have gone out *from their 'Stone'* with the Spirit, they would have said 'Spirit and Soul', and they would have adhered to this: nor would it have been possible for them to say 'Soul and Souls'", &c.

12 A short tautological passage is here omitted.

colorem, & de sapore in saporem & de natura in naturam. Et propter hoc multiplicaverunt ejus nomina, & assignationes. Unde possibile eis dicere ex pluribus, ex uno, *& diversis rebus. Sed ista plura sunt unum,* nec sunt ex alio, & dictum illorum est, quod tibi exposui ex pluribus, & uno, & ex rebus diversis, *est idem & unum,* non habens secundum. Et si dixerunt plura, verum dixerunt, propter quod ingreditur super eo, & ex his quae diviserunt ex eo, & ipsum est ex eis, & propter quod habet in se, & illa habent in se externa, in coloribus, saporibus, & statibus,[1] quae commutantur in praeparatione, & sunt diversae res & numeri noctium & dierum, in praeparatione longinqua. Quia non perficitur medicina haec, quae est Elixir eorum, nisi ex diversis rebus, *& hunc laborem non nisi in multis diebus absolvunt.* Et hoc voluerunt quod typicè protulerunt, memorando Planetas septem, & signa 12. & naturas eorum & colores & quicquid in eis est. Cujus exemplum est granum frumenti, quod non fit in germine suo granum, nisi ex diversis rebus, cum fit res una, & diversae res sint praeparationes ejus, in multis diebus & noctibus, per humorem terrae & calorem solis. Quia prius terra aratur & seritur, postea metitur, deinde trituratur & ventilatur, & alia multa quae operantur homines, donec extrahantur grana, deinde purgantur & moliuntur & tartarisantur[2], & massantur,[3] fermentantur, & coquuntur, & fit panis, [........][4] & hoc non fit, nisi ex diversis rebus, in multis diebus & noctibus & horis, & ex hoc consequitur hoc quod consignavimus prius. Et multitudo praeparationis tam varia est, ut compraehendi vix possit. Deinde & Sophismata sapientum accedunt, veluti cum dicunt, quod res nostra est ex una re, non opinetur aliquis, quod fit ex una re, sed||ex diversis, quae praeparatae, *facta sunt unum.* Et [P. 237]
ex di-||
hoc dictum tibi monstravi[5] intellectum ipso non in illo.

Rei unius.

Exemplum ab agricultura sumptum.

Sophistica

Quando enim congregatae fuerint hae res *ex similibus lapidibus,* & nomina eorum, & naturae, & sapores, & odores, & operationes, & numeri plures & diversi sunt. Licet cum reducti fuerint ad illud ex quo sunt, *unum in veritate est.* Unde verum dixerunt per omnia. Homines verò non intelligunt verba eorum, nec percipiunt quid intenditur, unde falsificant veridicos, & verificant falsidicos opinionibus suis, & sibi debent imponere culpam, non sapientibus. Error enim eorum est ex ignorantia intentionis eorum, quando audiunt diversa verba, sed ignota intellectui eorum, cum sint in intellectu occulto. Ipsi verò saltem prout est litera & assignatio intelligunt, & sic falluntur cum sit sepultum *in occulto, quod manifestandum esset.* Nam qui dicit ex sapientibus Animam, intendit tincturam totaliter ab ipso lapide extractam. Et qui dixerunt tincturas, flores & animas, & pinguedines, & his similia, ut in pluribus de sanguine, &[6] sanguinibus, de aceto, & acetis, volunt per hanc tincturam de anima

Error laboranti non script. ascribenaus.

Anima Sapientib. est tinctura.

[1] The Latin texts have a superfluous 'in' before 'quae'.

[2] Arabic (p. 30, l. 13): *Nakhl*: 'sifting'.

[3] Arabic: *ṣārat 'ajīn*, 'is kneaded into a mass of dough'. The Latin word *massa*, which is often found in alchemical literature, comes from the Greek *μάζα*, a 'lump' or 'mass': *cf. infra*, p. 195, note 3.

[4] A very short passage has been omitted. The following sentence begins: "Similarly, their 'Stone' does not become Elixir except" &c.

[5] Corrected from Arabic. Latin: 'monstravit'.

[6] Ditto. Latin has 'de' for '&'.

quam diximus esse animas. Et secundum hunc modum & præparationem dicitur in spiritibus.[1]

[P. 238]. Nam qui dicit spiritus intendit totum spiritum & ani-||mas similiter ingre- mas si-|| dientes super corpus in gradibus praeparationis, paulatim & paulatim, partem post partem. *Et tinctura est tota aqua tingens.* Et tincturae sunt sex[2] partes reservatae in sex violis, quibus tinguntur, cum ingrediuntur super corpus eorum album, quod vocant terram suam. Et illae sunt quas assimilant floribus[3] arborum, & nominant eas alumina, *& aquam rubeam, quæ tamen non sunt rubeae, sed nominaverunt sic ab operatione sua.*

Extr. animae. Similiter *est extractio animae à corpore suo cum spiritu ipsum exigente,* quando alteratum fuerit corpus, & *dissolutum paulatim & paulatim aliquid post aliquid, non enim ingreditur vice una.* Et hae partes sunt *de spiritu uno praeter quem non est alius.* *Conversio ab igne.* Spiritus autem est ex eo, sed diversificatur anima ab isto spiritu, qui est radix ejus, ex eo quod acquisivit *sibi à calore ignis, & facta* calida & humida in natura sanguinis & aëris, qui prius erat corpus siccum, calidum & igneum, & hoc similiter, postquam extitit calida & ignea.[4] Intellige hunc modum, *cum convertisti ipsum à frigido humido ad calidum humidum.*

Similiter cum dicunt aquam & aquas, intendunt per hoc dictum aquam unam, quae est spiritus, ex qua partiuntur[5] aquae. Intellige & cogita bene, quia invenies esse verum.

Modus alius animis & spiritibus,[6] quod masculus & foemina, & quodlibet per se ingrediens super eis, habet spiritum, corpus & animam. Propter quod dixerunt: *Ab alterorum diversificatione varia sortitur nomina.* Spiritus, animas, & corpora: Et hoc planè, non obscurè & verè dicunt. Et propter multiplicationem conversionum & statuum ex alterationibus, morte & vita, generatione, balneis, lactatione, [....][7] & nutritione, nominata est sapientia. Quia lapis iste est diversus ab omnibus lapidibus in naturis suis, & in perfectione sua, & susceptione

---

[1] The MS. used by the Latin translator appears to have been defective at this point. The passage that follows in our Arabic text is the one found at the bottom of p. 237 and top of p. 238 of the *Theatrum Chemicum* text. The following passages have been accordingly omitted from the text: "Et si quis studeret invenire aliam rem, quæ faceret hasce operationes, non inveniret. Et haec est hujus sapientis intentio. Similiter & in lapide eorum intellige, quia non inveniunt rem quæ faciat operationes, super intentionem inquisitionis & studii.

Inquisitio materiae circa aliena. Per hoc etiam quod dixit. Studuerunt inquirere aliud quod faciat operationes suas, & non potuerunt invenire. Et ipsi quaerunt tincturas, quae faciant eis argentum & aurum ex alio lapide, & sapientes non possunt extrahere tincturam ex alia re, nec potuerunt invenire, nisi ex hoc lapide impari. Et ipsi dicunt quod scientia sit in omni re creata, ex lapidibus terrenis, & aliis, & ipsi semper praeparant, & non prosperantur, & ab ignorantia non exterminantur.

Dixit iterum Marchos. Medius lapis sapientum sine dubio est lapis citrinus, & funditur in igne fusione plumbi, & rubet tali rubore, quod nunquam de caetero erit citrinus, & habet oleum lucens, & rubens, sicut rubinus. Et oleum ejus velocioris egressionis in aquam, quia est de genere aquæ, licet sit lapis."

As might have been guessed from the fact that the last of the above three paragraphs is found duplicated on p. 243 of the *Theatrum Chemicum* Latin text, the first two paragraphs should be inserted at that place in continuation of the paragraph immediately preceding the heading TINCTURAE OPERATIO (*vide* p. 173).

[2] *Th. Ch.* 'lex'; corrected from the Arabic (p. 30, l. 27), and Manget.

[3] Latin 'fructibus': corrected from the Arabic (p. 31, l. 1) *azhār al-a'shāb*, which, however, means 'flowers of *grasses*'. [4] The Arabic text is doubtful at this point. [5] Latin 'patiuutur': corrected from the Arabic.

[6] Latin 'animalibus & speciebus': corrected from the Arabic (p. 31, l. 9).

[7] The equivalent of 'accepting colour' (انصباغ) has been omitted by the translator, who also read حمّام (bath) instead of حميم (relationship).

nutrimenti, & augmenti in praeparationibus suis, quibus nihil nostrarum praeparationum assimilatur. Quia est de semine mundo, habens multam benedictionem. Et si esset ut opinantur, de lapidibus suis terrenis, aut vegetabilibus, aut terrenis, non nominaretur sapientia, cum nec mors, aut vita in ipsis sit, nec desponsatio, nec conceptio, nec generatio prolis, nec nutritio, cum nostrae praeparationes quas *nominavimus, ex animalibus nostris & lapidibus,* quos vidimus & fecimus super eis, non ex vanitatibus & præparationibus illorum sint. *Vegetabilia excluduntur.*

|| Age ||

Age ergo semper gratias DEO glorioso, & sublimi, & abhorre conventum [P. 239] hominum, & apprehende solitariam vitam, & diutius cogita in omnibus quae habes, & quae percepisti per expositionem meam, quam tibi exposui in his tribus libris,[1] quibus potens eris super liberatione[2] verborum sapientum, & expositione[3] omnium quae typicè protulerunt, in figuris etiam, imaginibus, & parabolis, & cognosces lapidem eorum, & præparationem, non sicut ille, qui obscuravit librum suum, & modum adeundi. Quidam enim dixerunt. Accipe taliter & taliter &c. sed injustè & avarè, & non aspicias libros ipsorum, nec dubites de his quae pervenerunt ad te à nobis. Et si contradixerint tibi ignorantes, aut humiliati fuerint pro posse suo, non proferas eis aliquid ex his quae habes, nec improbes vanitatem illorum similitudinibus veritatis, quae facta est tibi & esto cum vero ubicunque fuerit, & dimitte eos, quia non invenio aliquem quaerentem illud, quod inveniunt sapientes, sed sunt omnes involuti vanitate, incidentes ad illud quod non est dignum respici, propter magnam ignorantiam suam, & defectum intellectus.[4] *Adhortatio.* *Aberrantes.*

Sed ego feci tibi per hoc quod exposui hoc sapientiae intellectus.[5] *Sapientiae cor est in constantia.*[6] Unde videri tibi poterunt omnes inquisitores hujus artis ipsam ignorantes bestiis similes, ex eo quod ignorant, quod tu nosti. Cum autem intelligis hos tres libros[6] meos, librum *clavis* sapientiae majoris & *hunc* librum cum his quae pervenerunt ad te ex *carminibus* meis in arte, & verabaha[7] id est, figuris suis & similitudinibus, & imaginibus & significationibus illarum imaginum, factus es sapientior omnibus istis.[8] *Libri authoris.*

Exterior homo vero habens rationem benè dispositam, subtilis ingenii, percepit ex paucis significationem multorum. Itaque ex doctrina illa multa tibi aperientur, & ex verbis eorum verba manifesta. Longinquum est, ut concludat ipse aliud, qui prodit ex uno libro sapientum, vel ex multis libris, sicut ego

[1] *I.e.,* those mentioned in note 6, *infra.*

[2] Arabic: *talkhīṣ*, 'explanation.' *Th. Ch.* 'libatione'.

[3] The *Th. Ch.* Latin text has here a redundant '&'.

[4] Arabic: *qillat fahmihi* 'defect of understanding'. Manget (II, p. 225, col. I) rightly corrected the 'interitus' of the *Th. Ch.* text.

[5] These sentences seem to be a misinterpretation of the Arabic (p. 31, l. 23): "Verily I have made you, by expounding to you these meanings, an expert (*lit.* 'a jurist of the jurists') in this wisdom".

[6] *I.e.,* (1) *Miftāḥ al-Ḥikmat al-'Uẓmā,* (2) *Kitāb al-Maghnisiyā* (omitted in the Latin text) and (3) 'this book of mine', *i.e., Al-Mā' al-Waraqī wa'l Arḍ an-Najmīyah.*

[7] Arabic: *Birābihā, i.e.,* 'the Pyramids of it' (*i.e.,* the Art).

[8] The translation of the Arabic (p. 31, l. 27) is here abbreviated: "You will be the wisest of (all) your contemporaries in Pyramid knowledge".

prodidi. Et quomodo est hoc, cum ipsi non intelligant à me, quod ego *legi & studui die ac nocte, & laboravi multis annis.*

Deinde exposui eis, & cogitavi in eo per inspirationem & suspensionem, & propter hoc propiciatus sum huic scientiae, & seniores eorum apud quos est, judicium, non intellexerunt à me litteram unam, ex his quae explanavi eis,||

5. *Vol.* Q & ap-||

[P. 240]. & approximavi intellectui eorum, sed ipsi postea nitebantur super praeparatione ovorum [1] gallinarum earum, & capillorum, & lapidum eorum carentium humore, siccorum, combustorum, corruptibilium, frigidorum, malorum,[2] ex quibus quaerunt quam non habent tincturam, quo tingunt aurum & argentum. Sic ergo erraverunt, & damnificati sunt damno apparente.

In falsa materia laborantes.

REVERTITUR AUTHOR AD OPERATIO-nis continuationem.[3]

REVERTAMUR ergo ad illud de quo digressi sumus in extractione Animae paulatim & paulatim à corpore suo.

TYPUS OPERATIONIS.[3]

Dixit rex Marchos,[4] & est typicum in eo & parabola, in venatione Leonis, secundum quod ipse ordinavit, quia retinet in similitudinibus modos typicos, & in parabolis, ut annunciet posteris per hoc, quanta sciebant philosophi, & quanta malitia erat, & est in hominibus, & contumacia, ut deveniant homines insipientes ab ista scientia, & tamen est propinqua habentibus intellectum. Dixit ergo Marchos matri suae. Quomodo venaris Leonem? & admirata est mater ejus, & dixit [. . . . . .] [5] Ego respicio in eum, cum vult arripere iter suum, & exiens praecedo eum, & sedeo in via, & fodio ipsi foveam in medio viae, per quod intendit cucurbitam, & aedifico super foveam tectum[6] vitreum, quod cum ingressus fuerit, video quo modo moritur, & alteratur color ejus post mortem à colore in colorem. Et cum appropinquatus fuerit Thalamo,[7] accendo ignem sine fumo in ista fovea, habentem flammam egredientem super stakonos i.e. super nigros carbones, sicut graditur mater pia super ventrem filii sui. Et assimilavit subtilitatem caloris ignis, gressui piae matris super ventrem filii sui. Dixit enim ei mater sua. O Marchos, oportet ne hunc ignem esse leviorem calore febris? Dixit ei Marchos, ô mater fiat in statu febris. Deinde: ô materrevertor & accendo illum ignem,

Captura Leonis.

Ignis gradus.

[1] Latin: 'ciborum &': corrected from the Arabic.

[2] According to the Arabic (p. 32, l. 9) it is probable that 'frigidorum, malorum,' should read 'odorum malorum'.

[3] These headings are not found in the Arabic. [4] Arabic (p. 32, l. 11): 'Marqûnis the King'.

[5] The Arabic text at this point is faulty: but a short sentence has been certainly omitted: 'I do not kill the lion by that (hunting).' [6] Arabic: *Qubbah*: a dome. Possibly therefore for 'thalamo' ('room' or 'house') of two lines later, 'tholo' should be read.

[7] The translation of the Arabic of this and the next sentence (p. 32, ll. 17–19) is as follows: "When it comes close to the dome, I light in the bottom of that trench a fire having neither smoke nor flame and moving over the black *khanâfis* like the walking of a kind mother on the stomach of a child. He meant by his phrase 'black *khanâfis*' (beetles), the charcoal."

sicut tibi assignavi, & pono ad illum lapidem, quem qui cognoscit ponit illum super oculos suos, & qui non cognoscit projicit illum.

Cum autem apportavero illum super ignem, facit odorem quem diligit Leo. Cum verò Leo odorat lapidem illum, veniet velox ut intret thalamum illum [P. 241].

niet

vitreum, & cadit in foveam quem transglutit lapis ille, ita quod non potero videre aliquid de eo, & hic lapis quem diligit Leo, est foemina, quia ipsa cooperit ipsum colore suo, propter quod dixit, non videbo ex eo aliquid. Cum verò vigoratus fuerit per dies aliquot (vult per hoc stationem suam in praeparatione) & quot ingreditur in ipsum de nutrimento, emittit manum ejus dextram, quam cum emiserit, abscindo eam. *Fixatio per digestionem.* Deinde stat rursus per aliquot dies & emittit manum ejus sinistram, quam cum emiserit, abscindo eam. Deinde stat & emittit pedem ejus dextrum, quem cum emiserit, abscindo illum. Deinde emittit pedem ejus sinistrum, & eundem etiam abscindo,[1] [.....] tunc interfectus est. Deinde caput, manus, & pedes alligo, & calefacio eis aquam extractam à cordibus statuarum ex lapidibus albis & citrinis, quae cadit de coelo tempore pluviae, & colligimus eam, & reservamus ad decoctionem capitis, manuum & pedum Leonis hujus. Quod postquam decoxerimus, recipimus jus eorum, & nutrimus in vase[2] vitreo, deinde reducimus ad corpus Leonis istius & decoquimus cum illo jure. Innuit per illam decoctionem, permixtionem & reductionem, donec liberetur Anima paulatim & paulatim, videlicet reducatur totum super Leonem, & coquatur cum eo & destilletur quousque non remaneat humiditas in illo corpore, quae non egrediatur cum aqua, scil. anima. *Directio paulativa & hujus effectus.*

EXPLICAT AUTHOR PARABOLAM praecedentem.[3]

Et quod dicit: Quando decoctus fuerit ille Leo, colamus jus, & projiciamus carnes ejus, intendit per hoc quod dicit carnes, feces Lapidis. Et quod dicit: Calefaciamus eis aquam extractam à cordibus[4] statuarum ex lapidibus, vult per corda Animas lapidis in Magnesia collectas, quae sunt masculus & foemina & fratres[5] eorum, qui sunt albi & citrini, verum masculus primus, cujus color est obscurus[6], & masculus secundus, quem diximus fieri masculum, & est in natura aëris, color est apud eos rubeus. Per hoc etiam quod dicit. Cadit de coelo tempore pluviae. Pluvia est destillatio aquae eorum. *Explic. Typi.*

Deinde recipimus illud jus, & decoquimus in vase vitreo, & tenui & integro, donec rubescit & coagulatur & fiat lapis sive rubinus,[7] & ponimus in barba in *Directio ad rubedinem.*

---

1 A passage referring to the Lion putting out his head and having it cut off is here omitted.
2 Arabic: *Inā.*'
3 There is no heading in the Arabic.
4 Latin: 'corporibus': corrected from the Arabic (p. 33, l. 8).
5 Latin text, 'patres': correction made after considering the Arabic. Even 'frates', however, was a mistake of the Latin translator, who read *akhwānhimā*, 'their brothers', for *akhwāthimā* 'their sisters'.
6 Arabic (*idem*, l. 10): *aṣhab* 'sandy coloured'. Perhaps the Latin translator read اصعب 'difficult', for اصهب. He does not keep very closely to the Arabic text in this and the following paragraphs.
7 Dog-Latin for 'carbunculus,' ruby. Arabic: *Yāqūt*

[P. 242] qua,[1] ubi quam diu||fuerit lapis ille, lucet. Intendit per haec verba decoctionem
Q 2 fuerit||

Coagulatio. aquae cum Anima, post extractionem à fecibus suis, donec coquitur, & permisceantur permixtione universali, quam *commixtionem nominant coagulationem.*[2]

Et quod dixit Rubinus, per hoc vult Animam tingentem, *propter quod acquisivit virtutem ex igne,* quia ipsa licet sit alba, ex eo quod spiritus dominatur ei colore suo, *Sub albed. rubedo* novit ipse, quod ipsa sit sicut rubinus rubeus quodvis lateat in aqua non apparens, & quod ipse deduxit ipsam ad istam praeparationem decoctionis, & sic ex certitudine pervenisse ad illum terminum, per quem est tingens & penetrans, unde dixit sicut rubinus in colore. Notificavi prius, quod nominaverunt aquam suam istam Animam lapidis,[3] & ideo dixit in eo lapis,[4] nec est lapis, est tamen aqua eorum divisa. Et ubi dicit ponimus in barba, id est, in domo, signat per hoc locum in quem ponitur corpus eorum, scilicet quod est terra eorum alba, in quem colunt[5] aurum eorum [....][6] in quo coagulant aquam suam. Et quod dixit lucet: vult per hanc manifestationem lucis tincturae in eo, [....][7] sicut barba in alio loco est cucurbita congregans totum opus suum.

Concordia autorum. Sapientes vero usi sunt diversis tropis in assimilatione, & sunt diversi in hoc in nominibus, sed intellectus in quem innuunt est idem. Et ex dicto suo[8] similiter est in extractione animae à lapide hoc. *Scilicet ablutio cum aqua, & igne:* hoc autem non est currens per se.[9] Propterea quicunque voluerit abluere rem, cum ipso abluit, sicut ego assignabo tibi quid sit, ut scias illud.

Brevis descriptio operа. Est *itaque lapis aqua eorum congelata,* & talis est *forma ejus quae cum ingressa fuerit aliquid,* imprimitur, *& coagulabitur in eo, cumque volunt illa extrahere, calefaciunt cum igne suo, quem mensurati sunt illi, & occultaverunt, & cum invenit illam calor illius ignis, solvitur, & fit aqua currens. Cum autem praeparata*[10] *fuerit, revertitur ad formam suam priorem, & congelatur, & extenditur albedo ejus.*

Solutio fit paulatim. Similiter cum solvitur, non solvitur totum, sed solvitur ex eo parum,[11] & continuant in eo patientiam, & reductionem[12] in praeparatione, & hoc quod extrahitur

---

1 Latin 'Tquam': corrected from the Arabic. 2 *In'iqād.* M. corrects the erroneous 'coagulationum' of *Th. Ch.*

3 Arabic simply, 'they have called this water *Ḥijārah*' ('Stones').

4 Latin text erroneously has 'lapide'. Arabic: 'a stone and not a stone'.

5 Latin—erroneously—'ponunt'.

6 Two or three sentences have been here omitted 'and their Gold is the Soul. And that Body is the place of knowledge, and its receptacle, and the place of tincturing. They compared their knowledge, which comprehends (all) the Philosophic sciences, with the *birbā* (pyramid). Consequently this is their Body [in which they coagulate that water] (Arabic text, p. 33, ll. 20 and 21).

7 Three couplets by the author rhyming in *Nūn* are here omitted by the Latin translator, as is also the case in both the Paris and Indian MSS.

8 Arabic (p. 34, l. 1) 'And from the statement of Marqūnis'.

9 The Arabic has here: 'but this is not the *moist heat* which issues from (the stone) itself'. جار, 'runs', was evidently read for حار 'heat'. M. corrects the 'currente' of *Th. Ch.*

10 The Latin translator apparently read دبر 'prepared' for برد 'became cold' of all three MSS.

11 Between these two sentences, the Arabic text has another sentence 'and every day a little will come out of it'. The literal character of the Latin translation is shown by the next sentence 'and they continue to have patience with it.' 12 Arabic: *tardīd,* 'repetition'.

qualibet die parum, est illud quod dixit Marchos[1] matri suae in venatione Leonis, & extractione manus ejus dextrae, quam abscidit, deinde extraxit sinistram etiam, donec perveniat ad id quod audisti.

Deinde ad secundum modum quem assignavit; & pervenit||huc usque ad hanc huc|| aliam assignationem. Et hoc est quod dixit congelatur & solvitur, abluit omnem rem, aufert omnem nigredinem, & tingit omne nigrum, & facit album, & tingit omne album & facit rubeum. Et ideo res magnificatur & exaltatur, & facta est domina omnium rerum, quia non invenit res agens operationes suas.[2] [P. 243] *Vires lapidis reducti in albedinem*

Et si quis studeret invenire aliam rem, quae faceret hasce operationes, non inveniret. Et haec est hujus sapientis intentio. Similiter & in lapide eorum intellige, quia non inveniunt rem quae faciat operationes, super intentionem inquisitionis & studii.

Per hoc etiam quod dixit. Studuerunt inquirere aliud quod faciat operationes suas, & non potuerunt invenire. Et ipsi quaerunt tincturas, quae faciant eis argentum & aurum ex alio lapide, & sapientes non possunt extrahere tincturam ex alia re, nec potuerunt invenire, nisi ex hoc lapide impari. Et ipsi dicunt quod scientia sit in omni re creata, ex lapidibus terrenis, & aliis, & ipsi semper praeparant, & non prosperantur, & ab ignorantia non exterminantur. *Inquisitio materiae circa aliena.*

TINCTURAE OPERATIO.

DIXIT iterum Marchos.[3] Medius lapis sapientum sine dubio est citrinus lapis, & funditur in igne fusione plumbi, & rubet tali rubore, ut de caetero nunquam citrinus erit. Et habet oleum rubens & lucens sicut rubinus, & oleum ejus [......][4] velociore egressione aquae, quia est de genere aquae, licet non sit lapis. Vult per oleum Animam, de qua praecessit sermo, quae non ingreditur per ignem, sed aqua extrahit eam per praeparationem, sicut ostendimus tibi. Et ideo dixit Marchos [......][5] regi Theodoro. Notum faciet tibi DEUS, quod hoc quod egreditur ab opposito tenui,[6] est caput mundi. Nonne vides aquam quae est vilius illa, & ex ipsa

---

1 The three Arabic texts have here only, *qawluhu li ummihi* 'his statement to his mother'.

2 As already noted as being necessary on p. 168, note 1, *antea*, two paragraphs that were misplaced on p. 237 of the *Theatrum Chemicum* text, have to be inserted here. They represent—somewhat inadequately—a very confused passage in the Arabic text in which another saying of the same Philosopher (Marqūnis) is quoted and commented on. The sentences towards the end of the second paragraph about the tinctures the alchemists sought for, run as follows in the Arabic (p. 34, ll. 14–16): "They searched for this tincturing substance—which will change silver into gold for them—from (some substance) other than this Stone, while the philosophers were not able to extract the Tincture from anything else. They were not able to effect this save from this single Stone. And they say: 'Knowledge is in every created stone whether it be clay (*barrānī*) or earth (*turābī*) or other things': and they always manipulate them but do not succeed. On account of their ignorance they do not desist, and they are denied the knowledge on account of their ignorance. We seek refuge in Allāh from wrong judgment."

3 Arabic: "Again Marqūnis said, describing the Stone of the Philosophers, 'O Sanqajā'" (or 'Safanjā' as in MS. I).

4 The Latin translation omits a sentence '[its oil] is slow in extraction in fire'.

5 An important passage is here omitted by the Latin translator "[And so said Marqūnis], in regard to that Oil. 'It is swift of extraction in water, because it is of the species of water.' He means that it is of the species of Spirit which is the 'Water'. Similarly said *Aras* (Ares) [to King *Tiyūdhuras* (Theodorus)]." (Arabic, p. 34, ll. 20–22).

6 Arabic: *al-waḍi' ar-rafi'* (low, which is high). The Latin translator evidently read *raqīq* (thin) for *rafi'*, but as he had

formatur margarita subtilis. Aut non consideras creatorem nostrum, qui formavit nos de limo[1] terrae, & hoc potestate DEI gloriosi & sublimis, & per omnia ista, significant, lapidem eorum de quo est, & de quo fecerunt ipsum. *Et ipse est de aqua viva, quae vivificat res, & ipse est vivus & immortalis, quem [non][2] potest ignis comburere,* & propter hoc extrahitur tinctura viva, Kalid, id est, fixa, incombustibilis, cum granum ejus prius fuerat combustibile.[3]

Materia Lapidis.

Ex incorruptibilibus multa Chimica.

Et quicquid est ex aliquo super quod ingreditur corruptio, combustio & annullatio[4], non habet in se tincturam. Quod si esset in aliquo combustibili & corruptili tinctura, esset tinctura non fixa, sed combustibilis & corruptibilis, sicut radix ejus ex qua est.

Ab Aqua omnia.

Et propter hoc dixerunt sapientes, *quod fixum facit res fixas.* Et dixit Hermes, quod secretum & vita cujuslibet rei est aqua, & aqua suscipit nutrimentum hominum & aliorum, & *in aqua est maximum secretum.* Hoc modo autem [aqua] fit, ut in frumento fermentum, & in oliva oleum,[5] & in quibusdam arboribus gummi, & in persicis oleum. Et omne genitum habet *principium ab aqua.* Et dixit Dominus, cujus nomina sanctificentur, *fecimus* [vivam][6] *ex aqua omnem rem.* Ille autem qui fecit in eis fermentum, oleum & gummi & pinguedines, fecit voluntatem[7] suam. Ergo non quaeratur vita & tinctura ex||mortuis, combustibilibus, quae non habent [P. 244]

Q 3 mor-||

tincturam & vitam. Aqua vero recipit tincturam.

Confusio multorum ex scriptis.

Intellige excaecata sunt corda & oculi, & surdae factae sunt aures ab his similitudinibus, & indiciis in omnibus hominibus. Legunt & non intelligunt, student, & non percipiunt, ignoraverunt veritatem & projecerunt eam. Qui enim erraverit à veritate, praecipitabitur in vanitate.

Marchos[8] etiam assignavit aquam eorum, cum dixit ei Seneca[9]: Nominasti mihi, ó Rex mirabile mirabilium, cum dixisti: Vivificabit eam post mortem suam, & tingit eam colore post colorem, id est, terram suam tinctam cum aqua illorum

---

again in the next sentence the same adjective qualifying 'Pearl,' it is not clear whether 'opposito' is a printer's error or a mistranslation.

1 This reading of the Latin corrects the mistake of all 3 Arabic texts (p. 34, l. 23): نبات (vegetable) for تراب (dust).

2 The Arabic shows that 'non' has been omitted from the Latin.

3 The sense of the Arabic of this sentence (p. 34, ll. 25 and 26) is as follows: 'and consequently there will come out from it a living tincture, everlasting (*khālid*), incombustible and not able to be worn out, seeing that, in origin, it was living, incombustible, and not able to perish'. The 'vera' of the Latin texts has been corrected to 'viva'.

4 Arabic *fanā* (annihilation).

5 The Latin of *Th. Ch.*, 'Hoc modo autem fit, ut in fermento fermentum, & oliva, olivae', has been corrected from the Arabic (p. 35, ll. 2 and 3): 'And this *water* becomes in wheat a ferment, in the vine wine, in olives olive oil (*zait*), in pine trees resin, and in sesame oil' (*duhan*). *Cf. infra*, p. 181, for another version of the same quotation from Hermes.

6 From the Arabic it appears that 'vivam' has been omitted in the printed Latin text. *Cf. Qur'ān*, XXI, 31.

7 This should probably read 'vitalitatem'. The true sense of this and the succeeding passages may be seen from the following translation of the Arabic (p. 35, ll. 4–6): 'The thing which imparts colour in these things exists in them as ferment, olive oil, resin, and oil, and it is the life of everything. It is neglected and not sought for. Life and Tincture are sought from dead and combustible things which have no tincture and no life. Water (alone) is capable of bringing a thing to perfection. Understand this thoroughly, because the hearts and eyes are blind' etc. etc., (as in Latin). The 'intelligo' of the Latin has been corrected to 'intellige', following the Arabic. 8 Arabic: Marqūnis.

9 MS. R. *Sanqajā*: MS. I. *Safanjā*. From the identity of a quotation from the *Mā' al-Waraqī* (*vide* next page) given by Berthelot and Houdas (*La Chimie au moyen âge*, III, p. ٨٩) from Paris Arabic MS. No. 1074, it appears that

viva. Dixit Marchos. Talis est natura illius aquae, & propterea nominaverunt eam, dominam barbae, id est domorum, super omnibus nominibus[1], & fecerunt eam caput mundi. Mundus autem est Magnesia, quo nomine nominat eam Hermes, & dixit: Est mundus minor. Item: est vivum[2] quod non moritur quàm diu fuerit mundus, & vivificat quodlibet mortuum, & manifestat colores occultos, & celat manifestos. Dixit Sohalta[3]. Quomodo potest hoc esse ô Rex? Marchos ait, in hoc est mirabile, quia si miseris ista super illa tria commixta, & dimiseris, & in illis juvat[4] album super citrinum & rubeum, & albificabit ea, ita quod facit ea in albedine argenti albi.[5] Deinde juvat citrinum super album & rubeum, ita quod facit citrina citrinitate auri. Deinde juvat[6] rubeum super citrinum & album, ita quod rectificat, & facit in rubedine Chermerina[7]. Cumque videris hoc, tunc gaude[8], si verò remanserit in illa nigredine post rubificationem ejus, peccasti in praeparatione ejus, & corrupisti quidquid antea operatus fueras, & morieris prae dolore peccati & inopiae. Et hae sunt divitiae incomparabiles, ut hujus explanationem memoravi tibi in libro meo, qui dicitur clavis sapientiae[9] in inventione aquae, quae egreditur à muliere, ante egressionem prolis, quam vocant mulieres alhedi[10], propter egressionem ejus ante infantem, & est ibi perfectè. Iterum interrogavit scilicet [Sanqajā][11] regem Marchos, de cognitione lapidis. Omnis homo cognoscit illum[12], & apud unumquemque est de cognitione ejus utilitas, quae non est apud alium. Utilitas verò quàm quaeris non est nisi apud dominos barbi[13], id est doctiores. Et dixit scilicet[14] domine mi Rex, invenitur quando quaeritur? Respondit etiam Marchos, non est res in mundo quae cognoscitur[15] quam illa. Unusquisque & omnis homo indiget ea, & est apud illum. Nec potest etiam esse sine illo.|| Intendit Philosophus omnia Inten-|| quae dicit, Aquam. Invenitur enim aqua in omni loco, in vallibus, in montibus, & apud divitem, & pauperem, robustum & debilem. Et talibus similitudinibus utuntur omnes sapientes in lapide suo, qui est [aqua][16] spiritus humidus. Dixit Hermes, scito quod non conveniunt calor & frigus[17], humiditas & siccitas, nisi post

Colorum mutatio.

Erroris signum.

Lapis cur omnibus notus.

[P. 245].

the discussion in question was between Marqūsh, King of Egypt, son of Thabat, King of Abyssinia, and Safanja, King of Sa'id.

1 The Latin text of this passage is evidently corrupt. The Arabic (p. 35, ll. 10-11) runs: "Marqūnis said to Sanqaja, 'O Sanqajā: Such is the nature of that water; and consequently the *Lords* of the Pyramids (*aṣḥāb al-Birābi*) gave it superiority over all *things*,' etc."

2 Latin, 'unum': corrected from the Arabic. 3 Sanqajā (MS. I, Safanjā). 4 Latin, vivet: corrected from Arabic.

5 Latin only 'albedine nigra': corrected from the Arabic. 6 Latin adds a superfluous 'citrinum' after 'juvat'.

7 This is evidently a mutilated attempt to render the Arabic *aqzal al-baḥri* 'Red of the Sea'. For *aqzal*, *cf. Qizl bāsh*, 'red heads', *i.e.*, Turkish soldiers.

8 The Latin translator has evidently misread فاهرق 'throw away' (that water) as فافرح 'rejoice in' (that water).

9 *Kitāb Miftāḥ al-Ḥikmat al-'Uẓmā* (Book of the Key of the Greatest Wisdom). *Cf. antea*, pp. 164 and 169 (notes).

10 Arabic: *al-Hādī*, 'the guide'. 11 Inserted from the Arabic.

12 Sanqajā's question ends here. In the Arabic (p. 35, l. 21) there follows the sentence: 'Marqūnis replied 'Yes, everyone knows it, etc.'

13 Arabic: 'Lords of the Pyramids': *vide* note 1 *supra*. 14 Sanqajā in the Arabic.

15 Probably a printer's error for 'negotiatur': Arabic ما..بضاعة تباع اكثر منه 'no articles are traded in' more than it. This passage is also found in Berthelot (*loc cit.*). 16 From the Arabic it appears that 'aqua' has been omitted here.

17 Latin text 'sanguis': corrected from the Arabic, *barūdat*.

extensionem [1], nec conveniunt habentia frigiditatem cum calore quia vita hominum per animas est continua aquae, quae si perhibetur, ab eis non invenitur. Ideo non convenit nec erit sive genitum sive semen. Oportet ergo te scire quod Hermes [2] significavit per has similitudines, & sic alii sapientes lapidem suum comparaverunt [3]. Commixtiones autem ejus, & rami, & partes, & commixtio, & nutrimentum, & id quod componit ipsum, & non repugnat, est ex eo & per eum & ad eum, & non ex alio, & ipse operatur cum humiditate aquae maris [4].

Lapides verò nostri generantur ex terra & comparantur terrae mineralia terrae. Convenit ergo vobis [5] intelligere dicta hujus sapientis & aliorum sapientum. Et sciant omnes habentes rationem, & intelligentes quod lapides vestri [5] terrei aridi, non conveniunt lapidi sapientum, nec exiret ex illis semen unquam. Sunt enim terrei & mortui. Et intendit per hoc quod dicit semen gummam.[6] Imò dixerunt omnes sapientes ne facias ingredi super eo aliquid alienum, corrumpit enim ipsum. Quod si intraverit destruet, & hoc non concludetur cum lapidibus vestris [5] & corporibus vestris [5] unquam. Dixit Hermes, non convenit rei, nisi quod propinquius est ei ex natura sua, & generabitur inter ea proles similis illi, humiditas autem est de dominio Lunae, & pinguedo de dominio solis. Ideo fecerunt pinguedinem super aquam, & omnis calidi elementum ejus est pinguedo, & omnis frigidi elementum ejus est scilicet humiditas. Res autem consistit ex subtilitate elementi sui. Deinde ingrossatur & induratur secundum temperantiam naturae suae.[7] Et postquam [7] fecit Deus & ei attribuit & est [7] quietiva. Et quaedam sunt motum habentia, & quaedam limpidificantur, [7] & quaedam sunt fluentia, & hoc simile ejus est, quod dixit Aros regi, quod aquae non conglutinatur, nisi cum simili sui sulphuris, nec invenit in re aliqua, aliquid simile sulphuris sui nisi in hoc quod ex eo est. Quod autem dixit Hermes, convenit rei id quod propinquius ei est. Deinde adjunxit, ex natura sua, & non dixit de alia natura, & hoc est planum & manifestum ex verbis Hermetis, lapis igitur||

Q 4 sapientum ||

'. 246] *sapientum in ipso, & ex ipso perficitur radix & rami & folia & flores & fructus.* Est enim sicut arbor, cujus rami & folia & flores & fructus sunt ex ea, & per eam & ad eam, & ipse est totum & ex ipso est totum. Et similiter dico vobis, Quod unumquodque animal [8] non generat res ex se, nisi cum eò, quod est ex specie sua, quod hic dici potest homogeneum ipsi. Similiter ex Adam & Eva omne hominum genus,[9] ergò omnis res conveniet cum suo simili & propinquo, & secundum speciem suam. Simili-

imile pro- ucrat um si- ile.

---

1 Arabic *inbisāṭ* literally means 'spreading', but, technically, 'removal of dryness'. The Latin translator similarly has not understood the next two sentences which refer to the impossibility of cross-breeding occurring between animals of the land and those of the sea.

2 Latin 'humores': corrected from the Arabic.

3 Arabic (p. 36, l. 1): "have indicated their 'Stone' which is connected with moisture." The sense is also obscured in the Latin text by a comma (instead of a full stop) being placed here.

4 The Arabic version at this point runs as follows: "and it (the 'Stone') is connected with moisture, and moisture is connected with water, and water is connected with the sea."

5 Latin 'nobis': nostris: corrected from the Arabic.

6 The Latin translator has misread صمغ 'gum', for صبغ 'tincture'.

7 This passage is corrupt. Read (following Arabic): suae quam .... Et quaedam sunt .... lapidificantur.

8 *Th. Ch.* and M. 'alias'.

9 The Arabic text (p. 36, l. 18) is as follows: 'Similarly our Father Adam—on whom be peace!—was of the clay of Eve and Eve of the clay of our Father Adam'. The *Th. Ch.* and M. texts of this paragraph 'unumquodque'—l. 4, p. 177) has been corrected from a quotation of the same passage in *Cons. Conj.*, p. 241.

ter dicunt, carnes ex carnibus generantur.[1] Et incipe in nomine domini & cognosce materiam ejus. Est enim à radice materiae suae totum quod est in eodem, & de eodem, nec ingreditur aliud super eo, nisi id quod ex eo est, & etiam ab eo, & est radix ejus. Similiter fecerunt caseos[2] ab eo, & hoc est ex quo extrahitur, & est in eo, & ex eo, & per omnia significavit lapidem suum, qui est unus lapis, & permixtiones ejus sunt ex eo, non ex alio, & quapropter appropinquaverunt illum intellectum pro posse suo per similitudines & assignationes. *Exempla similitudinis.* Veruntamen non est intellectus[3] potens nec aurem[3] capiens, nec ratio quae perducat eos ad quaesitum suum. Et dixit Averrois sapiens:[4] Respice Carpentarium an conjungat lignum cum ligno nisi sibi simili, &[5] sartorem an suat pannum nisi cum panno sibi simili, lineum cum lineo, & laneum cum laneo. Item sapientes dederunt doctrinam plenam, & appropinquaverunt intellectum pro posse suo, & tunc non intelliguntur ab vobis.[6] [. . . .] Dixit Hermes recipe conjunctiones[7] in principio operis recentes, permisceantur aequaliter & terantur. Deinde desponsentur, deinde triturentur, aliae in aliis, ut fiat conceptio, deinde extrahantur & nutriantur ut fiat genitum. Scias quod haec *conceptio & desponsatio fit in putrefactione in fundo vasis.*[8] *Conceptio fit in suo vase.* Et genitum eorum fit in aëre videlicet in capite eorum vasis, & caput vasis est superior pars thalami,[9] & thalamus[9] est alembicus, in quo est illud genitum. Dixit Marchos[10] genitum earum est in barba, id est in domo, inter terram ejus & coelum ejus,[11] secundum quod oritur super eo Luna terrae & Sol ejus, & Stellae ejus, & Ventus ejus, & diversi colores terrae ejus. Item dixit Marchos[10] & est tempus in isto genito quod nascitur, de quo facit talem similitudinem. Tunc aedificabimus sibi talem domum, quae *dicitur monumentum Sihoka.* Dixit,[12] terra est apud nos quae dicitur tormos[13] in qua sunt reptilia comedentia jecora[14] ex lapidibus aburentibus, & bibunt super eis sanguinem hircorum nigrorum, manentia in umbra,

---

[1] The Latin translator has misread اللحم (flesh) for الحمار (ass). The full Arabic of this sentence (p. 36, ll. 19–23) runs as follows: 'Similarly Abū'l Faiḍ Dhu'n-Nūn al-Miṣrī—May Allāh have mercy on him!—says (couplet). 'The Ass is created from the Ass, and the superiority of the horse is manifested from its speed in racing.' And his statement, etc. (couplet).

[2] Perhaps 'capulos' should be read as Ibn Umail is stating that the *hilt* of a sword is made from the same material as the blade.

[3] Latin texts 'interius'..'auram'. Corrected from the Arabic.

[4] Arabic simply: 'Some of the Philosophers'. The erroneous mention of Averroïs is some indication of the date of this Latin translation, as Ibn Rushd of Cordova died in Morocco in 1198 A.D.

[5] The Latin text has a gloss here [sutorem vel].

[6] Latin 'eis': corrected from the Arabic (p. 37, ll. 3-4). The following sentence has been omitted: 'And you reproached the philosophers: whereas they gave their advice and explained the matter as was incumbent on them for your benefit. The reproach returns to you, as you did not understand them'.

[7] Arabic: *akhlāṭ*, 'mixtures'.

[8] The Arabic shows that the punctuation and order of the *Theatrum Chemicum* text at this place requires to be corrected ('in fundo vasis geniti eorum. Et fit', etc.).

[9] Probably 'tholi'..'tholus'. Arabic: *qubbah*, 'dome'.

[10] Marqūnis.

[11] Latin text 'id est in domo ejus terrea, & coelum ejus': corrected from the Arabic.

[12] Arabic (p. 37, l. 11): 'It is a house which is called the grave (*qabr*) of Saḥafā. She said (*qālat*).' Possibly the name Māriyah has been omitted, or it may be a copyist's error for *qāla Sanqajā* (*vide* pp. 174 and 175).

[13] Arabic *Tūmti*.

[14] Latin text 'opera': corrected from the Arabic. The Arabic word سعالى properly means 'witches' (who consume the *livers* of children and drink the milk of black goats), and not 'reptiles', as the Latin translator has rendered the word here and twice later.

[P. 247] concipiunt in balneis, & pariunt in aëre,|| & gradiuntur supra mare, & manent in & gra-|| monumentis.[1] Et in sepulchris pugnat reptile contra masculum suum, & in sepulchro manet masculus ejus 40. noctibus, erit vacans[2] [.........] sicut columbae albae, & prosperabitur gressus, & projiciet semen suum supra marmorem in simulachrum, & venient corvi volantes & cadunt supra illud & colligunt, deinde volabunt ad cacumina montium, ad quae nemo potest ascendere, & dealbantur & ibi pullulant,[3] & haec est parabola dicti sui. Similiter non novit hoc nisi *quae concepit intra se in capite suo.* Quod autem dicit: Reptilia comedentia jecora[4] lapidum adurentium, & bibentia super eis sanguinem hircorum nigrorum, intendit per reptilia imbibitiones. Et quod dicit comedere jecora,[5] quod transglutient unum[6] tingens. Ad hoc congregati sunt socii sui, qui latent in illis imbibitionibus, & non apparent & recipiunt subtilitatem ejus. Per sanguinem hircorum nigrorum &c. vult animam fluentem lapidis ab eo. Et hirci nigri, per hoc vult lapidem quando ingreditur cum[7] foemina in praeparatione, *& denigratur post dealbationem ejus praeparatione ignis.*

Digestio circularis

Et per hoc quod dicit concipit in balneis[8] & parit in aere, intendit cucurbitas,[9] & etiam sepulchra, quia in eis fit mors, assimulavit calorem ignis calori balneorum, in quibus lapis sudat in principio dissolutionis suae paulatim & paulatim. Et per hoc quod dicit pariunt in aere, significat superiorem thalamum alembici, quia aer est inter coelum & terram. Et similiter est generatio hujus tincturae à superiori coelo, id est barba,[10] quod est superius alembici, & fundo cucurbitae.

Digestio lenta.

Et hoc est quod dixit Hermes. *Leviter & prudenter sublimatur à terra usque ad coelum, & acquirit vim*[11] *à superioribus, & descendit in terram, & habet in se virtutem superioris & inferioris, dominans inferiori & superiori, & habet lumen luminum, & propter hoc fugiunt ab eo tenebrae.* Et illud est quod nominant[12] Regem de terra prodeuntem, & de coelo descendentem. Et simile est huic quod dicit quidam[13] in ista aqua. Accipite res à mineris suis,[14] sublimate eas ad altiora loca, & metite[14] à

---

[1] The *Th. Ch.* text here duplicates 'manent' and reads '& manent in monumentis & etiam manent in sepulcris & pugnat'. Manget (*op. cit.*, p. 228) has '& manent in sepulcris & pugnat'. Both versions also read 'pereunt' for 'pariunt'. Corrected from the Arabic.

[2] Arabic: 'he will be *excited*, and for 40 nights he will act the part of a male [like white pigeons]', etc.

[3] Arabic: 'lay eggs and have young ones there': The Latin translator has taken *tabyaḍḍu* in the sense of 'whitening' instead of 'laying eggs'.

[4] Latin: 'opaca', followed by a superfluous 'Intendit per hoc': also 'lapidem'..bibentium.

[5] Latin again 'opaca'.

[6] The Latin translator has evidently read الأحد (one) for الحجر (the stone). This and the following sentence runs as follows in the Arabic (p. 37, ll. 18 and 19): "And by his statement 'they eat the livers of the stones whose livers have been burnt' (he means) 'they swallow the tincturing 'Stone' which has collected its companions with it and which lies hidden in the midst of these processes of giving to drink'," etc. The punctuation of the Latin has been slightly corrected in the following sentence.

[7] Latin 'non': corrected from Arabic. [8] Arabic: *ḥammāmāt.* [9] Arabic: *qarā'.*

[10] The equivalent of 'and its earth' has here been omitted by the Latin translator. The Arabic reads 'is between the highest heaven of the *birbā*' and its earth, and these are the top of the alembic and the bottom of the *qar'ah*'.

[11] It is probable that for 'vim' 'lucem' should be read. Arabic (p. 37, l. 25): *anwār*, 'lights'.

[12] Arabic (p. 37, l. 26): 'which the Jewish (*Ibrāniyah*) Sage Māriyah called Angel.' *Ch. supra*, pp. 134, 152: also p. 195.

[13] The Arabic text (p. 38, l. 1 and note 1) here mentions the Philosopher by name: MS. I. Asfīdūs: MS. R. Asfīdhīyūs: MS. P. Asfīdrūs. [14] Latin 'minera sua'...'mittite': corrected from Arabic. *Cf.* also pp. 192 and 194.

cacumine montium eorum, in quibus invenitur, & reducite ad radices. Et in hoc dixit quidam alius sapiens, hoc ovum vagit in terra tota, per quod vult aerem, qui descendit de coelo & terra & lato[1]. Et hoc dixit alius, & ego dico *ovum generatum in aere à spiritualitate terrae*[2]. Et|| dixit in hoc Calid filius Isid[3] significans, [P. 248]

Q 5 dixit||

genitum hoc pronominaverunt tincturam, & sanguinem, & ovum. Accipe ovum ruffum à meliori minera quam invenire poteris, nec in coelo nec in terra. Dixit etiam Avicenna[4], non est in coelo nec in terra nutrimentum ejus sed in umbra aeris. Considera *Nutrimentum aer est.* diversitatem eorum in dictis, parabolis, & assignationibus, & similitudinibus, & convenientia eorum in intellectu, quod sapientes non sunt diversi in intellectu, sed in nominibus & similitudinibus, & per omnia ista solum intelligunt lapidem suum praedictum, scilicet animam[5]. Calid[6] autem significat per ovum ruffum genitum, quod generatur *Concordia Autorum* ex eis in aere. Et hoc est nec in coelo nec in terra. Et hoc totum dictum est à sapientibus per similitudinem, & omnia dicta sunt idem de eodem, licet sint diversi in nominibus & similitudinibus, opinatur quod sint diversi, & quod res sint diversae & stupet[7] propter hoc. Et recipit res quibus nominaverunt lapidem suum sophisticè, & hoc credit esse calidum eorum & lapidem eorum, quem non novit insipiens, & nihil invenit[8], sed cum percipit verba eorum, & interius invenit veritatem manifestam, & quicquid praecessit de dictis eorum, scilicet quod tibi ostendi. Conserva igitur hoc & apprehende, & eris cum veritate. Omnis enim typica & tropica elocutio eorum, est super hac tinctura quam extraxerunt in sua aqua, quam nominaverunt animam, [genitum][9] & regem.

Et hoc genitum est pinguedo, quam vocant animam & ovum, quia haec anima rubea latet in ipsa aqua alba spirituali, quam extraxerunt de lapide, quam dixerunt in permixtione sua magnesiam: Ideo vocaverunt hanc aquam ovum maris, quia radix ejus est aqua, & vocaverunt aërem, & etiam multis aliis nominibus. Et hoc est quod ipsam rubeam assimilaverunt eam vitello[10], & aquam albam in qua portatur album ovi. Cumque apparuerint colores, vel tincturae, erit sicut cum apparet ex ovo pullus. Nominaverunt etiam lapidem suum, qui est magnesia, mare, quia ex eo ascendit nubes eorum & pluvia. Dixit Plato[11] natura coquit naturas & natura congaudet naturae, & non est nisi unica natura, & genus unum, & substantia una, & *Res Una.*

---

1 Manget: *Th. Ch.* laeto. It should be '& latus est,' 'and it is wide-spread'. Arabic: 'the air which is between the heaven and the earth, and it is in every place'.

2 Arabic (p. 38, l. 4) 'from the spirituality of the particles (*hayūl*) of the earth'. Possibly this is a mistake for *hayūlā* (ὕλη), 'the first principle'.

3 Arabic: 'Khālid bin Yazīd said: I mean' etc.

4 Arabic: Dhu'n-Nūn al-Miṣrī. An extract from his poem follows, the first portion of which has not been clearly understood by the Latin translator. The Arabic (p. 38, l. 6) runs: 'It is not born either on the earth or in the sky. Its food is shadow and air. Consider' etc.

5 The last two words appear to be a gloss of the Latin translator. The Arabic runs: "by all these they really indicate their 'Stone'."

6 Arabic: Khālid bin Yazīd.

7 Latin, 'stupent': corrected from the Arabic.

8 'Et recipit res' .... 'invenit' is a mutilated paraphrase of the Arabic.

9 Added from the Arabic (p. 38, l. 15).

10 The Latin translator seems to have corrected the Arabic (which is here unintelligible, as, instead of comparing the red colour with the Yolk of an egg, it only says 'And its redness is compared with *salt*').

11 Arabic (p. 38, l. 21): Aflāṭūn said: 'Nature clings to nature, Nature overcomes Nature, and Nature rejoices in Nature'. Probably, for 'coquit', 'conquaerit' should be read.

una essentia [1]. Hoc est ovum in quo est calidum & frigidum, humidum & siccum. Propter quod vocat Hermes hunc lapidem mundum minorem [2]. Et haec res eorum est una, quam nominaverunt nomine omnis rei, & omnis corporis, & omnis speciei, quam

[P. 249] habent ||homines in manibus, & omnium istorum exponenda, audistis autem, homines||

& adduxi [3] super his testimonia sapientum. Et dixit alius panem asperum, & alius panem de simila, & alius tortum panis [4]. Non possunt rectè dici diversa, quae non diversificaverunt à farina, nec declinaverunt à tritico ad aliud, scilicet omnes convenerunt, quia omnia illa sint una res, & de eadem re, cujus nomina sunt diversa, & assignationes ejus, & quod sit ex eo reducitur ad farinam & triticum, & est radix illorum & ex qua sunt. Diversi tamen sunt in nominibus, & quod diversa sint nomina harum rerum propter diversas species praeparationum earum & omnes illae res sunt ex tritico, & materia ejus est eadem, similiter verba sapientum licet sint diversa, idem tamen significant, nec differunt nisi in nominibus & assignationibus, propter mutationes ejus in gradibus praeparationis ex re in rem & de statu in statum. Ideoque multiplicaverunt nomina ejus & assignationes. Item dabo tibi exemplum ejus in panno. Pannus sive tela est una & eadem res quando scinditur ut inde fiat aliquod indumentum, & dividitur in multas partes, & assuitur, & fit una res uno nomine nominata, scilicet tunica vel camisia [5], & omnes illae divisae partes sunt à tela, & sunt in divisione & nominibus plures, sed sunt secundum materiam & intention emunum & idem. Dixit Salomon rex [6]. Recipe lapidem qui dicitur Thitarios, [7] & est lapis rubeus, albus, citrinus, niger, habens multa nomina & diversos colores.

Verbis difficultates reconveniunt.

Dixit etiam naturam unam & spiritualem sepultam in arena, & assignavit lapidem coloribus propriis, qui apparent in praeparatione. Dixit Sapiens [8] assigna mihi illum. Dixit, & est corpus magnesiae nobile, quod commendarunt omnes Philosophi. Dixit, quid est magnesia? Respondit magnesia est aqua composita, congelata, quae repugnat igni. Hoc mare latum, magnum bonum, cujus bonitatem commendavit Hermes. Fecit enim magnesiam hîc spiritum & animam, & corpus cinerem, qui est intus in cinere. Et dixit Plato, [9] unumquodque est unum, quia omnis homo est animatus, sed non omne animatum est homo, sed quoddam animatum est homo, & in natura hominis est illud, quod est in natura animati. Nec potest rectè dici quod omne animatum est homo, cum enim dicis, animatum, comprehendis in eo bestias terrae, & volucres coeli, & homines, & arbores, & vegetabilia, sed cum dicis homines, non comprehendis aliquid ex illis. ||

Intellige||

[P. 250] Intellige hoc dictum Platonis, [9] & quid intendit. Item dixit Plato: Omne aurum

---

1 Arabic *Kiyān*: *vide antea*, p. 152, note 5. 2 *I.e.*, the Microcosm.

3 Latin: 'adduxistis': corrected from Arabic (p. 38, l. 24).

4 Oatmeal (*ḥurūq*) bread, white bread, and mixed (*ma'rūk*) bread. The Arabic (p. 38, l. 26) proceeds: 'Others called it biscuit (*ka'k*), vermicelli (*iṭriyah*) and starch (*nashā'*)' &c.

5 The Arabic (p. 39, ll. 5-6) gives a long list of tailoring terms. 6 MS. R gives the name as Fālīmūs: I. Qālimūs.

7 R. Ṭīṭiyānūs: I. Ṭīṭānūs. *Cf. Coll. des anc. alchim. grecs*, I (Trans.), p. 14, for a Greek definition of this as the 'lime of the Egg'.

8 The actual name of the Sage appears in the Arabic (p. 39, l. 12, and note 6): R. Zūnūs: I. Rūnūs.

9 Arabic: 'Aflāṭūn.'

est aes, & non è reverso. Nonne vides quod in natura auri nihil est quod assimilatur aeri in tanto[1] motu & colore, nec aliquid in natura aeris est, quod sit in natura auri ex continuatione[2] in terra, & patientia in igne, & mansione in mari. *Dixit etiam*: *Omne argentum vivum est sulphur*, sed non omne sulphur est argentum vivum, *fecit ex sulphure hic magnesiam.* Hae duae orationes sunt planae, propter quod non est in lapidibus aliud quod sit in lapide eorum, & propter hoc, haec omnia significant lapidem suum, qui est unus, non habens similem sibi, quem si nominaverunt lapidem, tamen est spiritus, & habet nomen spiritus.[3] Et si dicatur aqua, non est sicut caeterae aquae, nec habet intellectum distinctum. Et si congregata fuerint, impositum est ei nomen impar, nec perficitur in se, nec ex se, nec per se. Et secretum quod est in eo, non est in alio. Intellege haec quae praecesserunt, in quibus facta est mentio ejus, & adhuc augebo tibi intellectum, & cogita semper hoc quod dixit Hermes in praeparatione lapidis occulti.

LAPIDIS PHILOSOPHICI CONFECTIOnis demonstratio, à natura humana desumpta.[4]

DIXIT Hermes, quod *secretum uniuscujusque rei, in una est aqua*, & haec aqua est susceptibilis nutrimenti in hominibus, & in aliis, & in hac aqua est maximum secretum. Aqua enim est, quae fit in tritico fermentum,[5] [....] & in oliva oleum, & in quibusdam arboribus gummi, & in persicis[6] pinguedo, & in omnibus arboribus fructus diversi. Et *principium generationis hominis est aqua.* Semen enim viri projectum in matricem mulieris, adhaeret septem diebus, & fit humor subtilis, & manet septem diebus, donec coaguletur in omnibus membris, in ventre mulieris, per tenuitatem ejus, & subtilitatem, & pervenit ad carnem, & fit caro, & super ossa, & fit os, & super pilos, nervos, & simile fit in eis.

Ex aqua omnia.

Formatio foetus.

Deinde coagulatur in 10.[7] die, & fit tanquam caseus. Deinde rubificatur in 16. die, velut color carnis. Deinde incipit in die 24. discerni, & habere membra similia filis, & in 32. formatur in forma hominis, sicut dicit liber,[8] & in die 40. apparet in ea anima, & à 40. die incipit nutriri sanguine menstruali, per sursum ejus, per umbilicum, & induratur etiam infans, & crescit paulatim & paulatim, & vigoratur. Et scito quod||aqua famulatur ei in ventre tribus mensibus primis. Deinde aër tribus [P. 251] aqua|| mensibus secundis. Deinde famulatur ei ignis tribus mensibus tertiis, & decoquit eum, & perficit, & cum completi sunt 9 menses, abscinditur sanguis quo nutriebatur, & ascendit ad pectus mulieris, & fit ibi sicut corona,[9] & fit aliud

1 This should probably be 'pulsu'. Arabic (p. 39, l. 19): *majissah*—'pulse, motion, and colour'.

2 Latin: 'corruptione': corrected from Arabic *baqā'*.

3 The latter part of the sentence seems to be a gloss.

4 The heading in the Arabic (p. 39, 3 lines from bottom) is 'Meditate on this Chapter'.

5 *Th. Ch.* and M.: 'frumentum': corrected from Arabic (p. 40, l. 1) and *Cons. Conj.*, p. 237. The sentence that follows, 'in the vine, wine', has been omitted in the Latin text, just as it was in the previous quotation of the same passage of Hermes (p. 174).

6 Sesame (*Simsim*), as in the previous passage on p. 174.

7 Arabic (p. 40, l. 5): 'Eighth'.

8 *I.e.*, the Qur'ān. The short quotation from that book, 'Then we created it in another creation', is omitted.

9 From this it is evident that the translator incorrectly read تاج (crown) for ثلج (ice), which is found in all three MSS. The meaning is that the child acquires firmness of frame.

nutrimentum ejus post egressionem ejus ab utero, ad hunc mundum.[1] Et haec tota est assignatio praeparationis lapidis eorum, & secundum hoc praeparaverunt. Intellige ergo hanc praeparationem & modum. Per matricem intelligit fundum cucurbi-

Applicatio ad artem.

tae, & quod intus est, & obturationem oris ejus, & firmationem conjunctionis, ut quod intus est, *non recipiat inspirationem ab aëre, & coagulabit se*, sicut dicit Calid.[2] Cum vidi aquam coagulare seipsam, tunc certificatus sum, quod res vera est, sicut assignatur [........].[3] Et dixit Rosinus[4] simile huic, & memorabilis est coagulatio corporis sui 9[5] diebus, & vocaverunt *corpus igneum*, & Alkambar, *& vivum argentum*, & sulphur rubeum.[6] Et his nominibus vocaverunt & nominaverunt animam ab ipso egredientem. Et dixit Rosen,[4] quod assalia[7] est virtus foeminae, quam fecimus in 9. diebus, & nominavimus eam assalia,[7] propter solutionem ejus ad aëra, & saporem ejus ab eo, in quo erat de corporibus suis, & propter fugam ejus,[8] & propter intensionem caloris ignis super eo, & propter debilitatem ejus ex eo, quod invenit inimicis suis. Ergo coquite eam cum corpore suo, donec siccetur humiditas ejus ab igne, & sic siccatur, donec videris eam relegisse spiritus ejus ab ea, & fastidivisse mansionem[9] in radice elementi sui, & hoc est cum mortificaveris[10] corpus album, & decoxeris, & triveris, & fuerit aqua spiritualis, potens convertere naturas ad alias naturas, tunc aurificabit[10] corpora. Quod autem dixit Assalia[7], vult intelligere duo humida ascendentia ad aëra, & haec sunt spiritus & anima, & quod dicit, haec est virtus foeminae, quam[11] fecimus in 9 diebus, significat animam quae est virtus foeminae, quam fecerunt masculum, cum coagulatur & figitur in igne, & fit masculus calidus & siccus, per idem quod acquisivit à parte[12] ignis, & nominatur tunc masculus, & nominant hanc aquam coagulatam nomine cujuslibet masculi. Deinde desponsaverunt cum foemina, & ipse est ex ea, & ipsa est radix ejus [........][13] & coagulatio ejus, sicut dixit Hermes, secundum proportionem spermatis in matrice.

Et ex his judiciis manifestis & occultis, planis & obscuris, ad quae potest vix
[P. 252] dirigi aliquis, intellexi & novi veri-||tatem dicti eorum, cum dicerent scilicet, quod

tatem||

lapis noster res est quam habent, & non participat cum eis alia. Quoniam in eo, quod

---

1 Latin 'modum': corrected from the Arabic *al-'ālam al-awsaṭ*, 'the middle world'.

2 Arabic 'Khālid bin Yazid.'

3 The second couplet of Khālid is omitted.

4 Arabic: 'Zūsam', *i.e.*, Zosimos.

5 Latin 47: but see the next few lines.

6 Arabic (p. 40, ll. 17-18): 'Fiery Body, Red Sulphur and *al-Qinbār*'. The 'vivum argentum' may be an explanatory gloss on *Qinbār* (cinnabar).

7 Arabic: *Athāliyah*: presumably from Greek αἰθάλη, 'sublimed vapour'.

8 The Arabic of this passage (p. 40, l. 19), after the second *athāliyah*, is as follows: 'on account of its rising up into the air, and its separation from its Bodies, and the beauties that it possessed'. For 'solutionem' read 'sublationem' and for 'saporem', 'separationem'.

9 *I.e.*, 'dislikes stopping'.

10 Latin 'mortificaverunt'.... 'vivificabit': corrected from the Arabic.

11 The Latin here has a superfluous 'foeminam': and 'fecerat'. Arabic: "And as for his statement: 'It is the virtue of the woman which we prepared in 9 days', its meaning is the Soul," etc.

12 Arabic (p. 40, l. 25): حرّ 'heat', which the Latin translator evidently read as جزء 'part'.

13 From the Arabic it is evident that 'soror ejus' has been omitted here. A colon should follow directly after this 'ejus' and there should be *no* paragraph after 'coagulatio ejus' (as found in the Latin texts). The Arabic runs: 'and its coagulation will be as Hermes described according to the proportion of sperm in the womb'. The next paragraph should begin, as indicated, with 'Et ex his', &c.

est sulphur, arsenicum, aut ferrum, aut aes, aut ovum, aut capilli, aut aliud ab animalibus &[1] vegetabilibus, aut lapidibus mortuis, non dixisset lapis noster, & non appropriasset sibi, cum omnes homines participarent secum in illis [........][2]

De omnibus istis modis sicut nos praeparavimus ante intellectum & cognitionem operis, & praeparationem quam cognovimus ex omnibus praemissis, & vidimus quod omnia erant vana, unde projecimus vana & laudamus Deum, qui notificavit nobis vanitatem omnium talium, & egimus ei gratias, & scivi cum dixerunt lapis noster, quod est res appropriata eis praeter homines. Igitur necesse erit nobis investigare illum. Et quod dixerunt verba nostra in manifesto sunt corporalia, & in occulto spiritualia, quae cum audivimus, quaesivimus cognitionem hujus occulti. Spirituale quidem occultaverunt, & manifestaverunt per aliud, ad res corporales. Hoc non potest intelligi nisi per sensus interiores, & veram rationem & intellectum, [....][3] & non apprehendimus ab eis, quae percepimus in manifesto auditu. Veruntamen inquirimus occultum, quod occultum occultaverunt sensui nostro, quod si non esset, non extraheretur quod cogitaverunt in cordibus suis. Ego autem declaravi vobis quod occultaverunt, & non abscondi ab eo aliquid, [& hoc etiam est ex dictis eorum. Aurum nostrum non est aurum vulgi. Aurum verò nostrum est, quod est ex opere nostro.][4] De quo dixit Rosinus[5]: Cum desponsatus est cum sorore sua, & facta est conceptio, & prodiit genitum, quod est anima, Assalia est, inquit, virtus foeminae, quam perfecimus 9 diebus. Significavit nobis, quod cum viderimus virtutem hujus aquae, & magnum effectum ejus, & flores ejus in terra eorum, & quod erit postea in projectione super folia[6] vulgi. Et haec est minima res, sed [lux super rubeum][7] tingit illud in melius aurum, quam sit aurum vulgi [........][8], oportuit significare vobis, quod hoc magnum periculum est, virtus seu potentia illius rei, quam tinxerunt[9] prius, & hoc est secretum, super quo juraverunt, quod non indicarent in aliquo libro. Nec aliquis eorum declarabit hoc, & attribuerunt illud Deo glorioso, ut inspiraret illud cui vellet, & prohibeatur à quo vellet. Est enim radix sine qua nullum juvabit ars,[10] & quod occultaverunt est praeparatio illius rei, donec figeretur in igne, & tunc fit res magna, [........][11] & homines ignorant hoc, nec habent illam assaliam, nec illam virtutem, quae habeat talem effectum. Et dicit filius Hamuel[12]:

Occultandi modus.

---

1 Latin 'ab aliquibus vegetabilibus': corrected from Arabic *min al-ḥaiwān wa'n-nabāt.*

2 This passage is corrupt, and the next paragraph should not have been separated. Arabic (p. 41, l. 2): 'All men carry on manipulation in all countries, just like our manipulations,' etc

3 A short passage regarding not taking for granted what is written in books is here omitted.

4 The passage within brackets is only found in MS. I, and should be moved down to the gap six lines later.

5 Arabic: Zūsam.

6 The translator has again mistranslated *waraq*, which, in alchemy, means 'silver', and not 'leaves'.

7 The text used by the Latin translator seems to have been defective at this place (as is the Indian MS.). There is nothing corresponding in the Arabic text to the three words placed in square brackets.

8 *Vide* note 4 *supra*. Arabic: "than the gold of the common people from the mines. And their statement 'Our Gold is not the gold of the common people, which is from our knowledge' has taught us", etc. There seems to have been some confusion in the order of the Arabic text used by the Latin translator.

9 The translator apparently read صبغوه 'they tinctured' in place of صنعوه 'they prepared'.

10 Latin 'aes': corrected from Arabic *san'ah*.

11 An explanatory sentence has been omitted here.

12 Arabic: 'Muḥammad bin Umail'.

[P. 253] Laudate Dominum,||cujus nomina sanctificentur, super hoc quod dignatur ei tribuere, cujus||
& inspiravit ei conjunctionem hujus rei occultae, & sic post multas investigationes, & vigilias continuas hujus rei occultae, & revelationis occultorum dictorum, adeptus sum lapidem.

QUID PHILOSOPHIS PLUMBUM SIT,
& quid Azoch.[1]

Intravi die quadam domum senioris Abielhasam,[2] causa visitandi[3] ipsum, & sedi ad dextram ejus,[4] & erant ibi duo viri, quorum unum cognoscebam, alium verò non, & collocuti fuerant ante praesentiam meam de Arte, & percepi per illud quod quaesivit à me, quod indurata[5] fuerat super eis res, & obscuratum verbum, nescientes id quod considerabant in dictis sapientum, & erant in stupore, & convertit ad me Senior faciem suam securus amicitia, quam complectebamur, & dixit mihi[6]: Qualis est intellectus sermonis sapientum. Recipe plumbum, & quod assimilatur plumbo, & recipe Azoch[7] & quod assimilatur Azoch, & hic est ordo scientiae quam cognoverunt AEgyptii, [& AEnigma ejus][8] & ratio, & virtus, & largitas: haec sunt quatuor, quorum duo manifesta sunt [..........][9] nominant enim plumbum, & [non][10] nominant quod assimilatur ei, & obscurant istud, & nominant Azoch, & celant nomen illius quod assimilatur ei. Quae sunt ergo ista quatuor? Et dixi ei: Haec verba sapientum habent in se obscuritatem, & sunt ex sophismatibus eorum. Dixit, quomodo est hoc? Dixi: voluit per hoc sapiens duo tantùm, quae sunt masculus, eorum occultorum occultum, & foemina, & adjunxit verba significantia quatuor, & non intendit nisi duo. Dixit & quomodo est hoc? & ipse nominavit quatuor: etiam repetivit verba sapientum secunda vice. Et dixi, non intendit per hoc dictum nisi duo tantùm. Et ille ait: Sapiens dixit quatuor, & tu dicis duo. Et dixi ei: In his verbis sicut praedixi, est obscuritas, & sophisma sapientum in hoc loco, & si voluisset quatuor partes, ex quibus componuntur masculus & foemina, dixisset: Recipe ignem

Explicatio dicti.

---

1 This heading is not found in the Arabic. In MS. I, the heading runs 'Account of (the meeting of) the author with ash-Shaikh Abū'l Ḥusain bin Waṣif'.

Most of the paragraphs that follow down to the top of p. 193 also occur (under the incorrect title of ROSINUS AD EUTHICIAM) on pp. 246-256 of the collection of alchemical treatises published in 1593, entitled ARTIS AURIFERAE QUAM CHEMIAM VOCANT, VOLUMEN PRIMUM. It has thus been possible to make a recension of the Latin translation of this portion of the *Mā' al-Waraqī* in addition to checking it from the Arabic.

2 *A.A.* Habielsam. Arabic "ash-Shaikh Abūl Ḥusain bin Waṣīf, 'Ḥalla'—May Allāh perpetuate his honour!"

3 Arabic (p. 41, 3 lines from bottom): *'ala sabīl al-iftiqār* 'for the sake of asking (for something)'.

4 Arabic 'by his side.'

5 *A.A.* 'inducta': possibly the original Latin was *indocta* 'unlearned': Arabic *ishtibāh* 'doubtful'.

6 Arabic: 'Oh Abū 'Abdallāh' (*i.e.*, Ibn Umail).

7 Arabic: *Zā'ūq*, 'quicksilver'. *Th. Ch.* (and Manget) invariably have 'azoth' instead of the 'azoch' of *A.A.*

8 There is nothing in the Arabic corresponding to the words in square brackets. The passage '& hic'.... 'largitas' is only found in *A.A.*, and appears to refer to the Shaikh Abū'l Ḥusain. It runs in the Arabic 'And his position in learning and his sagacity, his wisdom, and his superiority, the Egyptians know well.'

9 The equivalent of the Arabic 'and two are hidden' has been omitted from the Latin.

10 Added from the Arabic

& aquam, & commisce, [........][1] & consistet unumquodque ex duobus. Deinde fac quatuor unum. Veruntamen sapiens dixit: Recipe plumbum, & quod assimilatur ei. Deinde repetivit, dicens: Recipe Azoch, & quod assimilatur Azoch, unde ex illis & in similibus celant scientiam ab omnibus. Intellige, & confide in Domino meo, ut intelligas hoc dictum sapientis[2]. Et dixit: exempla. Dixi[3]: Hujus exemplum [est]: Accipe plumbum, plumbum verò apud eos est||nomen ex [P. 254]
nomen||
nominibus masculi, nominavit enim masculum, & tacuit[4] nomen foeminae, & dixit, & quod assimilatur plumbo, et foemina assimilatur plumbo quia ipsa est ex eo, & ipsum est ex ea. Deinde dixit secundò: Recipe Azoch & quod assimilatur Azoch. Azoch autem est foemina, & nominavit hic foeminam, & tacuit[4] nomen masculi. Et dixit, & quod assimilatur Azoch, & non nominavit hic masculum, quia nominat illum in principio sermonis. [Exponam][5] plane, ut desit dubitatio, & tamen valent haec verba ac si diceres: Recipe Adam & quod assimilatur *Simili ex-*
Adam. Nominasti hîc Adam & tacuisti nomen Evae, quae est foemina, & non *plicatur.*
nominas eam, quia scis quod homines qui sunt tui similes in mundo,[6] sciunt, quod illud quod assimilatur Adam, est Eva. Deinde repetis secundò, ut res obscuretur minus intelligentibus[7], ac opinantur multi quod intendis, in hoc loco cum dicis quatuor. Dixisti [secundò].[5] Recipe Evam & quod assimilatur Evae. Nominasti hîc foeminam quae est Eva, & tacuisti nomen masculi qui est Adam. Quia nominasti eum semel & ab ipso incepisti. Et hoc non potest esse cavil- *Aliud dictum.*
lanti[8] dubium. At illi coeperunt respicere unus in alterum, & stupor reprehendit eos super hoc, quod eis explanavi[9].

Et simile huic est, quod dixerunt, commisce calidum cum frigido, & fiet temperatum, nec calidum, nec frigidum. Et commisce humidum cum sicco, & fiet temperatum, nec humidum nec siccum. Manifestum hujus dicti est super quatuor, & generaverunt ex his duo tantum, videlicet masculus & foemina: masculus est calidus & siccus, foemina autem est frigida & humida: quae cum commixta fuerint, jam commixtum est calidum cum frigido, & humidum cum sicco, & hoc non est dubium intelligenti. Et sustinet hic intellectus verba sapientis, quod habet alium modum quàm tibi demonstravi de aqua & igne, aëre & terra: & est alius modus ex praepara-

---

[1] From the Arabic (p. 42, l. 10) it is evident that a sentence '& recipe aerem et terram, & commisce' has been omitted from the Latin text.

[2] Arabic (p. 42, l. 12): 'Understand (this) from me and meditate on my statement so that you may understand the meaning of the statement of this philosopher.'

[3] All three Latin texts have 'dixit': corrected from Arabic, with some rearrangement of words.

[4] From the Arabic it is evident that the meaning of 'tacuit' is 'referred metaphorically to'.

[5] Added from Arabic.

[6] The Latin translator has misread '*ālam* (world) for '*ilm* (knowledge).

[7] *A.A.* text: 'ut eos minus obscuretur sapienti et intelligenti': *Th. Ch.* and M. texts: 'dicis ut res obscuretur, & minus intelligent'. Corrected from Arabic.

[8] The Latin translator misread ذی جعی (fool, or jester) for ذی حجی (man of intelligence).

[9] The story of Ibn Umail's visit to his friend ends here, but the Latin translator, by omitting one or two words, has failed to make this clear. The Arabic (p. 42, ll. 21-2) runs 'Then the group understood this: and they began to look at one another: and I departed from them while they were silent and speechless owing to what I had explained'.

tionibus. Et est hoc dictum, sicut dixit Joseph[1]: Commisce aquam & ignem, & erunt duo. Commisce aërem cum terra, & erunt quatuor. *Deinde fac quatuor unum, & pervenisti ad illud quod* vis[2]. Et tunc fit corpus non corpus, & debile super ignem non debile, & apprehendisti sapientiam. Fac ergo secundùm quod dixit Joseph[3] super eo. Et praeparator harum rerum à principio usque ad finem est aqua calida,[4] id est fixa, honorata, & est illa quae manifestat tincturam in projectione, & nisi illa esset, non esset intentio aliquorum sapientum in aliqua radice sapientiae,[5] & ipsa est mediatrix inter contraria, & ipsa eadem primum, medium & ultimum. ||

Intel-||

[P. 255] Intellige hoc quod tibi demonstravi, & scito modum verbi mei, & ipsa manifestat tincturam. Talis enim solet esse improbitas sapientum, & eorum sophismata. Et ipsi fortè adduxerunt in uno sensu, & sub eo est alius, & ego spero quod apparebunt vobis per paulum[6] quae innui vobis multa de secretis illorum & sophismatibus, & Dominus tribuet vobis prosperitatem. Si verò apertus fuerit die aliqua ex scriptis sapientum modus alicui hominum, non aperietur nisi legenti [hunc meum][7] librum & carmina mea. Explicavi enim tibi & omnibus fratribus meis[8] quicquid obscuraverunt philosophi pro posse suo, & quod celaverunt à patribus & filiis, & comprehendi in paucis paginis, quod ipsi expanderunt in millibus paginarum, sepultum in tropicis & typicis locutionibus, & magnis obscuritatibus involutum, quod intellectus intelligentium apprehendere [nunquam][9] valet.

Autor apertus est in suis carminib.

Ego autem ut portaretur memoria mea à posteris in arte illa, sedi solitarius, considerans libros antiquorum, & quaerens[10] à quibuslibet nobiscum consedentibus scientiam hanc inquirentibus, quos cum alloquerer, non intelligebant me, [.........][11]. Habebant enim prae manibus libros, qui describunt eis Alkakir[12], id est, species vel res vanas quas noscunt, quibus occupantur, & hae sunt res quae deteriorant ipsos occupatos, & ipsi intendunt suis commixtionibus ac deviant à veritate, ignorantia excaecati[13]. Cum autem vidi te, & vultum tuum illustratum per id quod innui & exposui, ex secunda apprehensione tui intellectus, converti faciem meam ad te, & explicavi tibi ex eo, quod concluserat scientia mea in pectore meo, ut cognoscas

---

1 Arabic: 'Yūsuf the Prophet—on whom be peace!' (*i.e.*, Joseph, the son of Jacob).

2 *Th. Ch.* and M. '*ad id quod audisti* aut quod vis'. Corrected from *A.A.* and Arabic.

3 *Th. Ch.* and M. 'sapiens.. & praeparatio': These texts also add after 'super eo', 'parum post parum', which is not found either in *A.A.* or Arabic. Corrected from Arabic (p. 43, l. 1) and A.A. 'Ioseph'..'praeparatur'.

4 The Latin translator left the word '*khālid*' 'everlasting' in the text as *calid* (with the necessary explanation), and a later copyist or printer, not realising this, has made nonsense of the word by adding an 'a'.

5 The Arabic of this passage (p. 43, l. 2) runs as follows: 'and if it did not, then there would have been nothing in the hand of any philosopher: and it is the principle of Wisdom'.

6 *Th. Ch.* and M. 'verba': corrected from Arabic.

7 Added from Arabic.

8 Arabic (p. 43, l. 9): 'my pious Muslim brothers'.

9 Judging from the Arabic this word should be replaced by 'solum' (read after 'quod').

10 The Latin translator evidently misread طالب (seeking) for ساكت ('silent', *i.e.*, 'refusing to answer').

11 A short passage, referring to their blindness and evil intentions, is omitted here by the Latin translator.

12 Arabic '*aqāqir* (drugs). *A.A.* has 'Alkabric Alkakir' as if an Arabic-knowing commentator had tried to explain '*aqāqir* by adding *al-kibrīt*, 'the Sulphur'.

13 Arabic (p. 43, l. 14) (simply): راسبون 'firm'. For 'excaecati', *vide* the reference in note 11 *supra*.

intentum¹ scientiae, & locum secreti, & dividas inter me & homines, erroribus & vanitatibus incidentes eò quòd legisti in libris aliorum, & quod locuti sunt, & adduxerunt ex verbis sapientum antiquorum & modernorum², & quorum libri appetuntur, quorum etiam nullus ausus est exponere unicam literam ex dictis Philosophorum, sed tantum posuerunt in libris suis secundum quod procuraverunt sapientes³ nec aperierunt ex eis aliquem sensum. Est autem opus mihi ut sapiens sim, ut aperta mihi incerta sint, & noverim occulta, ut exponam verba⁴ sapientum, & perveniam per illam expositionem ad veritatem ac manifestationem eorum, ut post manifestationem manifestetur studentibus in illis, & [non]⁵ aperiatur fastidientibus & impatientibus & sufficientiam habentibus in his, quae prae manibus habent ex ignorantia. Sed quando non expono ex eis aliquid, erit liber meus idem quasi liber illius sapientis, & verba mea verba sua, & ego velut accepi verba eorum, & mihi||attribui, & hoc est inconveniens, & [P. 256]

Autor obscuros illustrat non de- scribit..

5. Vol. R attri-||

dedecus illi qui sic facit. Quae enim utilitas est legenti librum meum, quando res est ut assignavi⁶? talis qui sic facit appetit jactantiam⁷. Composuit enim librum suum, opinans, quod intellexerit illud occultum mysticum, & ipse nescit, nec intelligit literam unam ex his, quae composuit in libro suo, & si quaeratur ab eo aliquid ex ipsis, respondet per falsitatem. Et si comprobetur⁸ ei, defendit per cavillationem & similitudines vanas. Veruntamen si sim⁹ magnae rationis in scientia, & aperti fuerint tropi mihi eorum occulti, & manifestum est mihi quod occultaverunt, & hoc apprehendi per scientiam quod occultaverunt, [......]¹⁰ debeo rectè hoc appropinquare intellectui successorum meorum, sermonibus in aperto velatis, significantibus intellectum occultum & velatum, ut hoc sit apertum & velatum. Est autem apertum studiosis, & sapientibus, & intelligentibus, & investigantibus, velatum autem minus intelligentibus, quod nisi fecero, non manifestabo industriam meam prae caeteris, & erunt dicta mea tanquam proposita sine demonstratione & utilitate sicut proponunt ignorantes; propter quod feci sic, & Deus aperiat tibi quod restat ex meis carminibus, & versibus, & libris meis, scilicet libro Clavis Sapientiae majoris, & libro Magnesia¹¹, sua gratia & largitate.

Revertar igitur ad complementum intentionis nostrae in verbis super his figu-

---

¹ The Latin translator apparently read *ma'nā* 'meaning', for *ma'dan* 'mine', of both MSS. R. and I. (Text p. 43, l. 16).

² Arabic (p. 43, l. 18): 'Moslems who were their followers'.

³ Arabic 'Sage': 'but they only quoted in their books what the Sage said, and not the meaning'.

⁴ *Th. Ch.* and M. 'veram sapientiam': corrected from *Cons. Conj., loc. cit.*, p. 236. The Latin translator evidently read *alfāz* 'words' for the *alghāz* 'riddles' of both MSS. R. and I.

⁵ This 'non' seems to have dropped out of the text. Arabic (p. 43, l. 22): *mastūran* 'concealed'.

⁶ *Th. Ch.* and M. add here 'scientiam'. The passage is omitted in *A.A.*

⁷ Arabic: *arāda al-mukharriqah*: 'he intends boasting'.

⁸ The Arabic suggests that, instead of 'comprobetur' (approve), 'confutetur' (refute) should be read. The sentence is not found in *A.A.*

⁹ *Th. Ch.* 'sit'. Emended from Manget and the Arabic: 'But seeing that I am a man of high rank in learning'.

¹⁰ The equivalent of 'what they had concealed in their worn-out hearts' (Arabic: p. 44, l. 1) is here omitted by *Th. Ch.* and M. and only partially given in *Cons. Conj., loc. cit.* This, and the succeeding passage, do not seem to have been clearly understood by the Latin translator: *e.g.,* the next sentence runs 'I adapted this to the understanding of my successors by words both manifest and veiled, which point out the hidden and veiled meaning' &c.

¹¹ *Th. Ch.* and M. simply, 'hoc magna'. Corrected from the Arabic. This passage (with half of the following page) is omitted in *A.A.* The next sentence runs on in the Latin text, instead of commencing a fresh paragraph. For a previous mention of these two books *vide* p. 169, note 6, and text.

ris, & non praetermittam exponere imagines, quas descripsi in carmine meo [1], licet illud modicum comprehendit modos, quos intendit sapiens, & imagines illas & figuras. Iterum conversus, quia scio quod sufficit tibi id quod aperui in isto, & appropriavi hanc partem istius libri mei in expositione aquae divinae foliatae, mundae, & terrae stellatae, & abbreviavi expositionem [........] [2] paucis verbis, & sufficientibus [........] [2]. Et hoc sicut praecessit mentio ejus in expositione figurarum carminis mei, quod sic incipit: Epistola solis ad Lunam crescentem [3]. Et sunt multi [4] versus. Feci tamen illud carmen determinatum habens minores inventiones imaginum, & mirabilium quae continet, & illud est per se non indigens expositione alia, quod sic incipit: Et in domo Hamuelis mansio &c. [5]. Et sunt centum versus & unus, & praeter haec carmina quae legisti, & locutus sum tibi, quod sufficit in omnibus istis, est unus modus. Veruntamen alia indigent aliis. Redit sermo ad locum suum. Similiter dictum est sicut praedixi in corpore & corporibus, secundum quod tibi explanavi in spiritu & spiritibus [6], in anima & in animabus, & est unum corpus & partitur, & tunc dicitur corpora secundùm partes, sed
[P. 257] prius est unum ex ||uno. Qui autem dixerit aliud ignorat scientiam, quia scit nec [7]
uno.||
corpus nec corpora, nec spiritum nec spiritus, nec animam nec animas, nec cognoscit lapidem, nec ex quo est, nec percipit odorem [7] operis aliquo modo. Et causa
Erronea. est, quia ex parte illarum qualibet salsaturarum incorporatum est corpus unum. Propter quod similiter dixerunt corpus unum & corpora, & propter hoc habent esse ex illis spiritus & animas. Scias praeterea [. . . . . . .] [8] unde occupantur in praeparatione sulphurum eorum, & in sublimatione arsenicorum suorum combustibilium & corruptibilium, secundùm manifestum est quod audiunt, & nudum quod legunt. Cognoscunt non illa, veritatem ignorantes. Sulphur verò & sulphura, & auripigmentum

---

[1] The Latin translator omits to give a rendering of the couplet in which the author summarises what the Philosopher meant: "(Fortunate is) he who loves a beautiful woman, and the quaffing of wine, and the wail of the violin". He also omits the information that this poem contained 777 couplets. As may be seen from the quotation on p. 44, l. 9 of the Arabic text it was a *qaṣīdah* rhyming in *Dāl*, and therefore, different from Ibn Umail's other poems which rhymed in *Lām* (the *Risālat ash-Shams ila'l-Hilāli*), *Nūn* and *Mīm* (*vide*, for the latter two, notes 2 and 5 *infra*).

[2] The equivalent of *aṣ-ṣuwar al-birbāwiyah* (Pyramid images) has dropped out of the Latin text: as well as a reference immediately afterwards to Ibn Umail's poem of 199 couplets rhyming in *Nūn*, in which a full explanation of these images is given. The text of most of this *Qaṣīdat an-Nūniyah* will be found on pp. 105–113 of the Arabic.

[3] *Risālat ash-shams ila'l-Hilāli* } 'Epistle of the Sun to the Crescent Moon
Lammā badā fi diqqati'l Khilāli. } when the latter was as thin as a toothpick.'

[4] Arabic (p. 44, l. 18): '448'.

[5] The Latin translator evidently found the Arabic text very difficult to understand. Even in MS. R. it is corrupt. Ibn Umail is here referring to another of his poems, rhyming in *Mīm*, of 101 couplets, in which the wonderful effect of Talismans is explained. There is no mention in the couplet of a house, but only of Ibn Umail's amulet and its relation to the stars. These poems were apparently all addressed to the friend for whom he composed the *Mā' al-Waraqī*, *viz.*: Abū'l Ḥusain 'Alī bin Aḥmad bin 'Umar al-'Adawī, and Ibn Umail goes on to say 'The meaning of all of them is one, but each stands in need of the others' (to be properly understood).

[6] *Th. Ch.* and M. 'sed quod..spiritibus, & spiritu'. Corrected from Arabic (p. 44, l. 25), and *A.A.*, p. 252.

[7] Latin texts 'quia nescit corpus..ordinem'. Corrected from the Arabic (p. 45, l. 1), and *A.A.*, p. 253.

[8] Some words seem to have dropped out here. The Arabic runs 'You should understand this last method as it explains their meaning in respect to it: but (far from doing this) they occupy themselves', etc. The *Th. Ch.* and Manget texts simply have (before occupantur), 'sc[ilicet] unde'. *A.A.*: 'Scias praeterea, quod multi occupantur', etc.

& auripigmenta [1], omnia illa sunt nomina aquae divinae foliatae mundae [2], cujus dealbatio est praeparatio ejus per sublimationem, quae est distillatio, donec fiat alba lucida, in qua non sunt sordes. Haec est dealbatio sulphuris, & sublimatio Zandarich, *Aqua foliata.* & ablutio corporis est inductio aquae super illud tam diu, donec non remaneat in eo aliquid ex anima, quae est tinctura, quod non ascendit cum ipso spiritu. Cumque acceperis animas, & anima fuerit in ista aqua, & nihil remanserit in corpore ex ea, tunc abluisti corpus à sordibus. Innuit per hoc totam extractionem animae totius ab eo, ut liberetur cinis à cinere mundus, in quo non sit pinguedo [3], quae prohibeat ipsam ab operatione [3]. Et scito quod quicunque percipit scientiam uno [4] modo, non latebit unum [4] dictum expositionis meae, & maximè ad quem pervenerunt libri mei, & intellexerit eos. Et Deus sit testis super vos [5], ut non prohibeatis eos ab his, qui sunt digni ex fratribus vestris [6], & non expandatis eos indignis. Iniquè enim agetis contra scientiam, & merebimini poenam ab Deo [7] cujus nomen glorificetur in infinitum. Commissa est enim vobis haec scientia, ut subveniatis fratribus vestris pauperibus, & Deus retribuet vobis quod benè agitis.

[8] Memoratus sum in hoc libro, quod Luna plena quae est ex his figuris, est radix *Aqua ex Luna extracta.* omnium, ex ipsa extractae sunt res, per hoc significatur aqua, quia Luna dominatur omnibus humoribus, & est domina aquae, & duae aves [9] extractae sunt de ea, & sunt duo fumi, de quibus facit mentionem Hermes, & dicit: Descendit fumus superior ad inferiorem, & concipit fumus à fumo, & ex aliis non subsistunt creaturae. Intellige hunc modum & ex his [10] cum tribus sororibus quarum [9] mentio praecessit, extractae sunt omnes res. Et res sunt quae nominantur sulphur [& sulphura] [11] & flores spinarum, & flos omnis spinae, & tincturae & fermenta.|| Et hoc totum post [P 258]

R 2 Et||

imbibitionem, & ingressum trium imbibitionum priorum, quas nominant salsaturas, & post fixionem eorum in lapide qui est desponsatus & coagulatus cum eis, videlicet [foemina] [11] cum masculo, & postquam totum dealbatum. Et [12] cum his tribus desponsatis dixit Annamos [13]: solummodo non addens quartum. Item dixit Viemon [14]: Cum perfeceris tria non timeas ab operatione sua fixionem. Et idem dixit Aros regi: Si diminuta fuerit palma digito uno, diminuetur potentia.

---

1 The Latin translator evidently added, after 'auripigmenta', the original word (*Zarnikh*). Th. Ch. and Manget have '& Zainoick': *A.A.* 'ac zandarich'.

2 Th. Ch. and M. omit 'mundae': *A.A.* 'humidae': corrected from Arabic *naqi* (p. 45, l. 5).

3 Arabic: 'there is no impurity (*danas*) in it, which prevents it from being pure'. The Latin translator read دهن for دنس and طهور (operation)—as in MS. P.—for طهور (purification).

4 Th. Ch. and M. 'suo' . . . 'ipsum': *Cons. Conj.* 'uno'..'ipsum': corrected from the Arabic. The *A.A* version is missing for more than two pages from this point.

5 and 6 Th. Ch. and M. 'nos': 'nostris'. The full translation of the Arabic is 'you should not withhold those things from your sincere Muslim brothers'. A superfluous sentence that follows is also omitted.

7 Th. Ch. and M. 'poenas ab eo'. Corrected from the Arabic (p. 45, l. 12) as well as a long quotation from the 'De Chemia' in the Introduction to the 'Consilium Conjugii' that follows in both the printed Latin texts.

8 MS. R. has here a heading *Faṣl* '(Fresh) Chapter'.

9 Th. Ch. and M. wrongly, 'aquae' 'aquarum'. For previous mention of 'sorores' *vide antea* p. 157 (top).

10 Th. Ch. and M. here insert 'tibi'. 11 Omitted in Th. Ch. and M. Added from Arabic (p 45, ll. 19 and 21).

12 Th. Ch. and M. 'est' and no new sentence, as is required by the Arabic.

13 Arabic: 'Armiyānūs al-Hazārbandī' 'Salt thrice.' '*Solummodo*' is thus probably a misprint for 'salite ter modo'.

14 Arabic: 'Dhu'n-Nūn al-Miṣrī'.

Intendit per hoc, ut non diminuatur in coagulatione[1] aliquid ex his, videlicet quinque quae sunt duo, masculus & foemina, & tres imbibitiones.[2] De quibus iterum dixit Aros. Si diminuta fuerit palma digito uno, erit sanguis tantum[3] diminutus. Cum autem coagulatum fuerit totum, tunc nominatur mare sapientum. Et haec terra est mater mirabilium, & mater colorum[4], & mater duorum fumorum, & est totum, & ex ipsa trahitur totum, quo indigent in opere suo. Et ipsa est cinis animatus[5], de quo dixit Viemon[6]. Projicitur in sterquiliniis, hoc est vile in oculis omnis ignorantis, quia si diceretur ei, haec est scientia & opus, apparet ei esse falsum, & iste sensus eorum, evenit alba[7] magnesia & cinis[7] extracta à cinere. Scito ergo modum qui ap[p]rehendit duo in unum, & haec tria quae dealbant masculum & foeminam, sunt quae nominaverunt tres terras. Nec sufficit una ex eis sine alia, habet enim quaeque illarum opus suum. Terra prima est terra margaritarum, secunda foliorum,[8] tertia est terra auri, & ipsa tingit Elixir, & elixir tingit eam. Et haec quinque cum congregata fuerint, & colligata, sunt unum, quod lapis est sapientum naturalis perfectus, & est sicut domus cum suis quatuor par[ie]tibus[9] & tecto. Et haec est magnesia alba vera, non falsa, & est Abarnahas perfectum, occultum, typicum, haec est lapis[10] in quo congregatae sunt potentiae, albedo & rubedo, quam assimilaverunt ovo, propter albedinem ejus manifestam & siccitatem, in cujus occulto est rubedo. Et haec albedo quam assimilant ovo,[11] circumdat quicquid est in eo, quo indiget praeparator, sicut cortex ovi circundat album & vitellum totum, quo indiget pullus. Et hunc lapidem nominaverunt omnem rem, & dixerunt: Scientia nostra illa est in omni re, & hoc est ex sophismatibus eorum propter homines. Unde homines consumpserunt pecunias suas & sensum, & laboraverunt totaliter in praeparatione uniuscujusque rei, quam opinati sunt praesumptione, & ignorantes aestimaverunt lapidem[12] esse in omni re, quam praeparant. Unde & unusquisque praeparat illud, quod opinatur, & cadit aestimatio ejus fallax super eo.||

Terrarum unio.

Abarnahas verum.

Certum||

[P. 259] Certum est autem, quod scientia est in omni re praeparationem habente, sicut demonstravi in pluribus locis librorum meorum: Et intentio eorum in hoc est, ut lapis eorum quem nominaverunt omnem rem, habet enim in se totum quo indiget, ex corpore, ex sale,[13] ex aquis, ex spiritibus, & animabus & tinc-

Materiae perfectio.

1 The Latin translator evidently read العقد, 'coagulation' for العدد, 'number'.

2 Th. Ch. and M.: 'imbibitiones, de quibus iterum dixit Aros': and then a new paragraph.

3 Possibly for 'tantum' 'damae' should be read. Arabic (p. 46, l. 2): 'the blood of the *deer* will be defective'.

4 Th. Ch. and M. 'coelorum'. Corrected from the Arabic.

5 From the Arabic (p. 46, l. 4—*mutanāfis*) it seems that, instead of 'animatus', 'appetitus' should be read.

6 Arabic: Dhu'n-Nūn al-Miṣrī.

7 Th. Ch. and M.: 'verbi magnesiæ & cineri': corrected from the Arabic.

8 Arabic: *Waraq*, *i.e.*, silver.

9 Th. Ch. and M.: partibus (*cf.* p. 166, l. 7).

10 Th. Ch. and M. 'aqua' (by confusion of the copyist with the following 'in quo' —or 'qua'). Corrected from the Arabic (p. 46, ll. 13 and 14). The Latin translator seems to have had a defective text. The Arabic runs: "This is the 'Stone' in which is collected all the powers, and whiteness which they compare with the Egg on account of its manifest whiteness, and redness in its interior." There is no word, e.g. يبوسة 'dryness', equivalent to 'siccitatem'.

11 Arabic *qishr al-bīḍah* ('shell of the egg): possibly 'cortici ovi' should be read (*vide* next line).

12 MS. R: *Kīmiyā'*. Wanting in MS. I: and a confused text in MS. P. In the last named, however, *Kīmiyā'* is mentioned a line or two later, in a passage omitted by the Latin translator (Arabic: p. 46, l. 17).

13 Th. Ch. and M. 'sole': corrected from the Arabic (*idem*, l. 22).

turis. Et hic lapis est aurum, & est mater auri, quia generat aurum, & ex ipso est draco, qui comedit caudam suam. Et ex ipso trahuntur [mures, & ascendunt nubes, & pluunt pluviae super terram, & ex ipso prodeunt] [1] flores & tincturae. *Praestantia.* Haec aqua facit omnia opera, & ejus mirabilia sunt majora, quàm dicuntur, in ascensione ejus ad aëra, vel superiora thalami [2], & fiunt ibi flores, & ideo assimilaverunt ipsum floribus, quia flores arboris & spinarum generantur & apparent in cacumine & extremitate eorum superiori.

Draco autem est aqua divina, & cauda ejus est sal ejus, & est cinis qui est in cinere. Et de illo cinere ascendit pluvia viva, & vivificans, quae descendit *Draco.* de coelo post exaltationem ad illud, & pervenit ad illum virtus superior & inferior per attractionem aëris. Cumque descenderit super terram, vivificabit eam post mortem ejus, & vivet per eam, quicquid est in ea. Et per omnia illa significant hunc lapidem [3], & ex eo prodeunt omnia illa.

Et hic Lapis est albus, de quo dixit Rosinus [4]: Scitote, quod si [liquidum] [5] feceritis corpus album, recipite per id modum operis sui, & relinquite illud in quo estis. Et de hoc lapide dixit Philosophus [6]: Est lapis & non lapis, hic est lapis quem assimilavit Aros sapiens, lapidi Aquilae [7]. Est enim lapis Aquilae lapis cognitus, & est lapis in cujus ventre est lapis qui movetur, per quem significavit aquam ascendentem, & cinerem extractum à cinere. Similiter est lapis, in cujus ventre est lapis qui movetur, quem cum solverunt, prodit ex eo aqua sua, quae erat congelata in eo, & movetur ascendendo & exaltando ad aëra. Significant per hoc spiritum & animam, qui est in ventre ejus, & remanet fex ex qua exivit illud ascendens immobile. Deinde apparet ex ea praeter animas, frater ejus, qui est Cinis cineris, quem nominavit Maria coagulum, [8] coagulans aquam eorum in terra eorum. Et de illo dixit Calid filius Isid [9]: Nisi esset fermentum, non coaguletur aqua massae [10]. Magnifica hunc cinerem, cum hic est fermentum, [non] auri vulgi & foliorum eorum. Et hoc est fermentum aquae eorum, & aqua eorum est aurum, & est fermentum corporum, ad quae reducuntur ea. Et cinis est fermentum aquae, quae est aurum illorum. Ideoque

---

1 MS. R. omits the passage within brackets and MS. P. reads, simply (and that, too, in the margin), 'rain and rains'.

2 Arabic (p. 46, l. 24) *qubbah* 'dome'.

3 MS. P. adds here 'which is water and fire' as well as half a page of text not found in MS. R. This includes (*a*) seven couplets in *al-Mutaqārib* metre, rhyming in *Lām*, in which reference is made to the Dragon—the Soul (Fire) and Spirit (Water)—eating its own tail; and (*b*) a comparison in prose between the 'Silvery Water' and the 'Water of the Snail.' The text of MS. R. is evidently similar to that used by the mediæval Latin translator.

4 Arabic (p. 47, l. 20): 'Zūsam' (Zosimos).

5 Omitted in *Th. Ch.* and M: added from the Arabic.

6 Arabic *Dhūmuqrāṭ* (*i.e.*, Democritus).

7 The *A.A.* text (p. 253) commences again from here and enables us to correct the 'lapidi vel Aquilae' of *Th. Ch.* and M.; etc.

8 Corrected by comparison of the incorrect Latin texts with the Arabic. *Th. Ch.*: 'quem nominant mare coagulatum': *A.A.* quem nominavit Marian congelatum. The Arabic of the last word is *al-infaḥah*, 'rennet' (Latin 'coagulum').

9 Arabic: Khālid bin Yazīd.

10 The Arabic (*idem*, l. 27) runs 'Unless there be a ferment, your everlasting [*khālidkum*] (water) will not be coagulated, as long as pilgrims make pilgrimage and say *'Allāhu akbar'* [*i.e.*, until at least the Day of Judgment]. The Latin translator has not understood the last word of this verse *kabbarū*, and, having translated it by 'Magnifica,' has made it govern the next two words *hādha ar-rimād* 'this ash'. The next sentence runs: 'This Ash is the only ferment, *viz*: the Ferment of the Water. It is not the gold of the common people, nor their silver.' A 'non' seems to have dropped out of the Latin text.

[P. 260] nominaverunt hunc||cinerem fermentum fermenti, & per illud vigorant aquam
R 3 cine-||

Fusio Philosophica. suam magna potentia. Et dixit Rosinus[1]: Si funderitis corpus album &c. Non intendit hîc per fusionem, ignis fusionem, sed significat solutionem ejus, ut fiat argentum vivum, & extrahentur flores ejus ab eo. Et hic est lapis, de quo dixit Aros[2] regi. O si cognoscerent aurifabri, quid haberent operis[3], lucrarentur per ipsum multum. Item, Maria dixit in eo: Recipe corpus magnesiae quod dealbatum est, & factum est simile foliis, quia ipsum est quod fugat paupertatem, quia non habet post Deum aliam medicinam. Et aurum extractum ex hoc lapide *Sol Philosophorum.* est aurum Philosophorum, & est tinctura quae est anima[4], quia ascendit spiritus ad custodiam[5] altiorem, & hoc corpus album nominant, cum fuerit dealbatum, aurum, post denigrationem ejus [....][6] de quo Calid filius Isid[7]: Praeteriti, nec praesentes, non possunt tingere aurum, nisi cum auro, & hoc quod non est aurum, sed lapis eorum tingens, quem memorati sumus. Ex illo enim corpore generatum prodit aurum, & de isto auro crescunt flores, qui sunt aër subtiliatus. Dixit Sapiens Alkides[8]: Accipite res à mineris suis, & exaltate eas ad altiora loca, et metite eas à cacumine suorum montium, & reducite eas ad radices suas. Et haec sunt verba sua *Montes Philosophici.* manifesta, in quibus non est invidia nec obscuritas. Veruntamen non nominavit res quae sunt. Per montes autem significavit cucurbitas et per cacumina montium alembica. Metere autem est secundùm similitudinem, recipere aquam illorum per alembicum in recipiente[9]. Reducere verò super radices, est super hoc à quo prodeunt. Et nominavit cucurbitas montes, quia in montibus solent minerae auri & argenti esse, & in his montibus, qui sunt cucurbitae, generantur aurum eorum & argentum, & in ipsis fit, & illae sunt minerae foliorum & auri eorum, & in ipsis manifest- *Erronea.* ant eam praeparationibus, & hoc totum est secundùm similitudinem, & est mirabilis & pulchra similitudo [....][10]. Nec vult per montes homines, nec intendit per altiora loca capita hominum, nec quod de ipsis metitur, sunt capilli, sicut dixerunt quidam glossatores qui recesserunt à veritate[11], & laboraverunt in capillis, & consumpserunt pecuniam suam, & dies suos in inquisitione vanitatis. Sed scientia est dignior, altior & nobilior, quam id quod opinati sunt, & pervenerunt homines quos vides per falsas opiniones ad vanitatem[....][12]. Et similiter quicumque dixerunt, quod haec ars est ex ovis, capillis virginis[13], urina, sanguine, felle, spermate, & similibus aliis talibus,

---

1 Arabic (p. 48, l. 1): Zūsam (*i.e.*, Zosimos). 2 *A.A.* (p. 254) and Arabic: Th. Ch. and M. 'Argos'.

3 The Latin translator evidently read عمل 'work' for فضل (superiority). The next few sentences are omitted in *A.A.* 4 Th. Ch. and M. 'animata'. Arabic: *nafs* 'soul'.

5 Th. Ch. and M. 'custodem': corrected from Arabic of MS. R., *bahwā*' 'guard tent'. MS. P., however, reads simply *hawā*' 'atmosphere' which was probably the word used by the author.

6 Seven lines of the Arabic text are here omitted. 7 Arabic: 'Khālid bin Yazīd'.

8 Arabic (p. 48, l. 16), Asfīdūs. The passage is quoted from the end of the *Risālah* of Sāfīdas (*vide* MS. in the Royal Cairo Library). For English translation *vide supra*, pp. 141-2. 9 As in *A.A.* and Arabic: Th. Ch. and M. 'inventam'.

10 The translation of two verses, quoted from the *Qaṣīdat an-Nūniyah* (*vide supra*, p. 108), is here omitted.

11 Arabic (p. 49, l. 2): "as certain commentators said: 'They are people, and their loftiest place is their head, and that which is reaped from it is hair'; [so they manipulated hair]", etc. 12 A long passage, attacking Jesus Christ and the Christians, has been omitted at this place by the Latin translator.

13 For 'capillis virginis' of *A.A.*, Th. Ch. and M. has 'ungulis animalium'. 'Virginis' seems however to be a mistake for 'stercore' (*vide* eight lines later), العذرة 'virgin' having been read instead of القذرة 'filth'. (Arabic: p. 49, l. 12.)

aliis etiam ex mineralibus diminutis, combustibilibus, corruptibilibus & ad nihilum venientibus, falsi sunt. Postquam sciverunt, quod sit scientia perfecta magni pretii, & quod est secretum|| Dei|| DEI gloriosi, sublimis, & magni, & multitudo multitudinis [P. 261] & quae inspirata est à Deo philosophis suis, & electis, & in eum credentibus, & est dignius quàm est in mundo, & nihil comparatur ei, & est soror Philosophiae[1], & habuit esse à Deo per inspirationem. Postquam sciverunt hoc dixerunt falsum quod esset ex capillis & ovis, arsenicis, & sulphuribus & rebus immundis & sordidis, ita quod quidam ex infirmitate suae rationis fecerunt eam & ex stercore[2] & urina, & hoc absit à sapientia DEI gloriosi & sublimis. Ego autem depictam vobis eam ostendam, sicut depinxit sapiens, & haec figura depicta quasi figura duorum in uno. Et hoc est opus secundum & est rubificatio. Et illa similiter[3] quinque: sunt tria caelestia aërea, ignea, possibile est ut dicatur ex eis hoc. Tres verò superiores partes, est aqua duarum naturarum, & depinxerunt hanc aquam tertium, quia est tertium aquae divisae[4], & est tertium ejus ex ix[4], & ista tria denigrant folia eorum secunda[5] quod est corpus secundum, & dealbat ipsum, & sex partes aliae reservantur ad rubificandum, & demonstraverunt, quod tertium aquae sunt tres partes, per illud quod depinxerunt, sicut vidisti, quod habet tres naturas, i.e. aquam, aërem & ignem, & per hoc ostenderunt quod est unum, in quo sunt tria. Et mundus inferior terreus est terra ex duobus corporibus[....][6] & aqua ex duabus naturis, per hoc intendit sapiens animam, & spiritum animam ferentem. Dicunt enim quod spiritus est locus animae, & est aqua quae extrahit hanc naturam à corporibus suis, & anima est tinctura soluta, & portata in ea sicut portatur tinctura tinctorum nostrorum in aqua sua, quâ tingunt. In aqua sunt tincturae eorum, quibus aqua tingitur, & extenditur in panno, & ex ipsa currit tinctura in panno. Deinde recedit aqua per siccationem, & remanet tinctura in panno. Similiter est aqua sapientum, in qua portatur tinctura eorum, quam videlicet aquam in qua est tinctura reducunt super terram suam albam, benedictam, sitientem, quam assimilaverunt panno, & currit aqua illorum in terra eorum, & extenditur totaliter in illa, cum qua currit tinctura illorum quam vocaverunt animam, quam etiam vocavit Hermes aurum, cum dixit: Seminate aurum in terram albam foliatam, significavit hanc tincturam, & assimilaverunt floribus spinarum, & nominaverunt eam crocum & Esfer[7]. Et haec terra[8] tingit [....][8] & remanet anima, quae est tinctura in corpore, *Descriptio materiae.* in quo manifestavit tincturam suam, & pulchritudinem. Est enim fumus subtilis & non apparet in sensibus[9] nisi effectus ejus in corpore, & actus ejus manifestatione coloris,

1 Arabic (p. 49, l. 15): 'Sister of Prophethood and Protector of Humanity'—a phrase ascribed to 'Alī and quoted from Mahrâris (*vide supra* p. 142).

2 *A.A.* 'virgine' (*cf.* note 13 of previous page).

3 Th. Ch. and M. (the only available texts from here onwards) insert an 'ex' here. Corrected from the Arabic: 'And this similarly is five(-fold)'. The Latin translator (or printer) has omitted two out of the five adjectives that follow (corresponding to 'heavenly' and 'higher'). For 'dicatur' in the same sentence, Th. Ch. and M. have 'dicantur'.

4 Latin texts: 'diversae'..'iis': corrected from the Arabic.

5 Latin 'eorum. Secundo': corrected from Arabic (p. 49, l. 24).

6 The Latin translator here omits a passage which is also omitted in MS. R.

7 Latin text 'Effer'. Arabic (p. 50, l. 6): *Za'frān* (Saffron) and *'Aṣfar*, 'yellow'. *Cf.* p. 162, notes 4 and 5.

8 *Th. Ch.* and M. 'tria': corrected from the Arabic. The following sentence, 'and the spiritual water of the Philosophers flows away' has been omitted in the Latin text.

9 Slightly rearranged, following the Arabic.

& est ignis, & ex igne est, hoc etiam generatur ex igne & nutritur, & est filia ignis, [P. 262] propter quod opor || tet reduci ad ignem, nec timet ignem, sicut reducitur puer ad
R 4 tet re-||
ubera matris suae, & haec omnia ostendi tibi depicta, sicut ordinavit ea sapiens. Hoc autem quod memoravi tibi, est intellectus dicti eorum, *terra ex duobus corporibus, & aqua ex duabus naturis, & opus albi & rubei, est opus unum,* licet nominaverunt ea duo opera. Nonne vides hoc opus primum, constat ex quinque, quorum duo [1] sunt superius, & tria [1] inferius [............].[1] Ita quod albi opus est medietas operis, *Albedo.* & est primum opus. Opus vero rubei, est medietas secunda, & totum est unum opus, licet nominaverunt duo opera, sicut praedixi, secundum quod ordinavit sapiens, & ego exposui id tibi. Et primum opus quod omne praecedit opus, est extractio tincturarum pro istis duobus operibus, quae sunt opus unum, & [duo] [2] pro uno, super quod *Mutatio Aquae in corpus.* non ingreditur aliquid alienum ab eo, & est ignis [3]. Operatur enim operatione ignis. Dixit autem Hermes. Omne subtile ingreditur in omne grossum. Intendit per hoc dictum suum, ingressionem aquae eorum in corpus [4] eorum, & resurgit [5], & corpus illud vivificabitur post mortem suam in vitam sempiternam. Recommenda igitur memoriae verba à me prolata, quorum intellectum aperui per ea quae tibi demonstravi, & magnifica scientiam, qui enim spernit scientiam, spernit illum Dominus gloriosus, & sublimis, & decora conscientiam tuam, & multiplica preces magistro tuo. Respexisti enim ad haec secreta magna, nobilia, quae latent omnes homines, in marium [6] tenebris sunt, & fuerunt eorum intelligentiae, donec manifestavit ea Philosophus filius Hamuel: Zadith [7], & extraxit à fundo [marium] [6] eorum margaritas praeciosas, & ostendit tibi manifestè & apertè hoc secretum celatum, quod appropriavit Dominus gloriosus huic lapidi vili & impreciabili, & est praeciosius quod est in mundo & vilius. Et similiter quod praeciosius est, quod est in mundo ex vestibus, est sericum ex vermibus, & mel in quo est sanitas [8] hominum est ex apibus, & margaritae ex conchis [8] extrahuntur [.....].[8] Et homo qui est dignius quod est in mundo, est ex spermate. Et verba Hermetis quae audistis in hoc dicto, assimilantur dicto sapientis [.....] [9] in assignatione lapidis eorum, & verba eorum omnia sunt eadem, & pars parti est propinqua. Et hoc jam praecessit cum dixit. Accipite res à [10] mineris suis, & exaltate eas ad altiora loca sua, & metite eas à cacumine montium suorum, &

---

1 The Latin texts interchange 'tria' and 'duo': Corrected from the Arabic. The next passage has dropped out of the text: 'and the second work is for reddening, and it is from fire, of which three are higher and two are lower'.

2 Not found in the Arabic.

3 Arabic (p. 50, l. 17): 'fiery water, which works like the work of fire'.

4 Following the Arabic, 'terram' should probably be read instead of 'corpus' which may have been substituted by the copyist from the next sentence.

5 Latin: '& reservat corpus illud, &'. Corrected from Arabic.

6 Latin 'quorum....fundo eorum': corrected from the Arabic (p. 50, l. 21): 'Their intelligences were *drowned* in the darkness of their seas' (*i.e.*, of words), etc. Possibly the first sentence should read '& in marium tenebris *summersae* fuerunt eorum intelligentiae'.

7 Arabic simply, 'Muḥammad bin Umail'.

8 Th. Ch. 'sanitas. Sanitas enim....cunctis': corrected from M., *Cons. Conj.*, p. 241 and the Arabic (p. 50, l. 25). The translator omits the next sentence 'and linen, which is superior to all other cloth, is made from a grass'.

9 The name of the Sage, *Asfidūs*, occurs in the Arabic: but there is nothing to correspond with the next four words.

10 Th. Ch. and M. 'cum': corrected from the Arabic in this place, as well as from the same passage quoted on p. 192. Similarly, in the next line, 'eorum' appears for 'suorum'.

reducite easdem ad radices suas, & ex his quae jam praecesserunt ex ipso. Et est idem intellectus cum dicto Mariae. Est rex qui de terra prodiit, & de coelo descen-||
dit||
dit. Itaque intellectus verborum suorum est, & innuit ad idem, licet diversae sunt [P. 263] voces eorum, in nominibus, & assignationibus, & similitudinibus, & judiciis, & parabolis. Et per omnia illa significant lapidem suum: & ad ipsum innuunt, & ego ostendi tibi modum, quo poterit tibi veritas aperiri [.....][1]. Et scito quod non potest esse quin verba explicentur in his libris. Et hoc est propter multiplicitatem authoritatum sapientum, ut intelligas hoc arcanum. Habeas sensum seu intellectum, & ingenium, & insipiens exercetur. Tu autem cum perceperis intellectus verborum sapientum, liberaberis à tenebris, & ingressione in errorem. Quod si non poteris ex libris eorum intentionem tuam adipisci, ex eo quod intellectus tuus non percipit hoc, non cognoscis lapidem. Jam demonstraverunt tibi modum manifestè, & per prohibitionem à rebus vanis, unde lucratus es multum, & redemisti pecuniam tuam, ne expendatur in vanum. Et haec est magna utilitas. Et si intellexeris, ambulasti in lumine lucente, & in luce corruscante. Et ego replicabo tibi verba eorum, in aqua spirituali, quae est alba. Et hoc est quod docet interrogare, ne deviet interrogantem, & ne dubites, cum audis eos *Ex albedine rubedo.* dicentes flores vel tincturas, aquam albam vel aquam rubeam, quae aqua alba est ad dealbandum, & aqua rubra ad rubificandum. Ne igitur aestimes quod rubea in manifesto sit. Sed est rubea in effectu, quia color ejus qui est rubedo, latet in occulto ejus, & hoc demonstrabo tibi ex verbis sapientum, ut addatur tibi rectitudo super hoc quod praedixi tibi. Quod autem dicunt aqua alba ad dealbandum, significant per hoc tres partes, & nominaverunt duo opera, scilicet Lunare & solare, primum est lunare, & hoc est abluere, & dealbare in putrefactione, septuaginta[2] diebus. Et haec est dealbatio totius, & fuga tenebrarum ab eo. Secundum est rubificare, & tingere solum, & coagulare tincturas eorum in terra eorum benedicta, sitienti. Terra autem prima quam non praecessit aliquod opus liquefacta & soluta est, & extractae sunt ab ea tincturae suae, quae sunt sulphura ejus, & facta est fermentum, & ingressa est super aliud corpus, cum quo massatur[3] illud corpus cum alio fermento, quod est fermentum fermenti, & hoc corpus est cinis [..........],[4] cujus operatio superius sufficienter expressa est, unde multi non intelligentes hunc *Errores.* lapidem, nec dicta Philosophorum, combustibilibus, & corruptibilibus, & aridis adhaeserunt mineris, quae siccae tincturam non habent, laborantes, inutili-||ter consump- [P. 264].
R 5 ter com-||
serunt pecuniam & damnati sunt damno apparente. Tu autem qui in timore DEI studiosus fueris, & lapidis hujus secretum, & apparentem virtutem ejus videbis, & invenies spiritu altissimi instructus. Ut cognoscas, quoniam omnis sapientia à

[1] In the Indian text a long passage of 1½ pages is here interposed, giving quotations from Hermes, Khālid bin Yazīd, and Marqūnis, as well as 18 couplets rhyming in *Rā* by the author himself (*vide* pp. 51 and 52 of printed text).

[2] The Arabic MSS. all read *mi'at wa khamsin yauman, i.e.,* '150 days' (*vide* p. 53, l. 6 of printed text, and *supra,* p. 156).

[3] Arabic (p. 53, l. 8): 'Is made into a lump' (or dough). *Cf. supra,* p. 167, n. 3.

[4] Arabic: *ar-ramād al-muḥraq* 'Burnt Ashes'. This concludes the earlier section of the *Mā al-Waraqī* which the Latin translator dealt with, *i.e.,* just over one-half of the whole treatise. What follows, to the end of the paragraph, seems chiefly to summarise passages found earlier in the text, *e.g.,* p. 170.

DEO est, & cum ipso fuit semper, cujus nomen Domini in seculum seculi benedictum, qui abscondit haec à sapientibus & prudentibus, & ea parvulis revelavit. Et sic finiunt dicta sermonis.

EXPOSITIO AQUILARUM.[1]

Decem Aquilae, Sol, & Luna, tres sphaerae, & domus, & intus in domo Cathedra, & in illa Cathedra imago sapientis, quae est locus artis, & tabula marmorea super genibus illius sapientis, divisa in duo media in tabula illa cum quadam differentia, & super genibus illa, & digiti reflexi. Et duae aves in una sphaera, & multi hominum intuentes in illam imaginem, induti diversis coloribus. Arcus in pedibus aquilarum potentiam & fortitudinem illarum indicant, & ipsius originis à principio usque ad finem. Per Aquilas substantiam volatilem intelligas. Cathedra signat locum operationis, & formam vasorum, quod est intus. Sol cum uno radio consequenter cum duobus radiis, tertio luna semiplena, semper cum duabus avibus redit in idem. Luna semiplena, quia quarto ex ea plena diminuitur, tamen additur soli cum duabus radiis, & hoc usque ad terminum fermentaneum, & tunc ex duabus mediis fit totum. Sed modò veniamus ad illam tabulam divisam per duo media. Et dico, quod non est dubium, quod quadrant, & reducant ad formam circularem, oportet dividi per medium cum digitis suis, quod sunt tam rotundi, & tale erit vas operis, quia digiti illi sunt dilatatiores, rotundi, ad quantitatem duorum digitorum, super asthanor & althanor. Habet scabellum ut vides in figura, propter hoc, ut facilius conservatio argenti vivi fiat. Sed quomodo illae duae aves possunt esse in una sphaera? Debes intelligere quod sphaera dicitur rotundum, & rotundum est figura caelestis, & caelum est diaphanum, & quantitas distantiae fit operativa, sed propinquitas clarum facit, & est illius caussa. Sed quomodo illae duae aves habent esse, ut unius rostrum tendatur ad alterius caudam? Dicendum quod homogeneae sunt, & unius naturae, nec una valet sine alia, sed una est ex alia, & una per magisterium perficit aliam, & artem ex ea, & sic per omnia, donec utraque sit in sua origine, & tunc incipit fieri res magna. Sed quid de diversis imaginibus intuentium intus thalamum & stantium? nisi diversos operantes in arte: & ni-||hil scientes, & mirantur de dictis philoso-
hil||
phorum, & de arte, cum apud eos non sit apprehensibilis, & ideo stupefacti sunt, ut dementes, & inflati, credentes esse impossibile, & hi sunt à dextris & à sinistris intrantis, & dicuntur dextrè & sinistrè intrare, quia aliqui sunt qui sciunt circa quid debent operari, sed ut sciunt operationem. Sinistri sunt illi, qui nihil habent in re, sed operantur ex contrariis veritati.

Quaestionibus respondetur.

[P. 265].

Sed quid de illis Philosophis & magistro circa tectum? Dico quod illi fuerunt hujus artis inventores, & ille magister compositor illius figurae literae Hebr[aeae]. Per primum inventorem Sem filium Noë intelligite, nec fuit primus Hermes sed successor illius. Alio modo exponitur illa tabula marmorea extensa super genibus

1 This final section appears to be a summary of, and commentary on, what was seen by Ibn Umail in the Pyramid. It may have been supplied by the *munshi* of the Latin translator to the latter, before he started the serious translation, and then, on his deciding to give up the work, added as an appendix to the main translation.

sapientis. Et quae divisa quadam linea per medium. Et dico quod illa tabula ostendit totum opus, & modum operationis scienti. Et in prima medietate à dextris ostenditur medietas operis, hoc est operationis Alkysderam, & illa est operatio à principio usque ad adventum conjunctionis avis & avis. Et ista operatio dividitur in duas operationes, sc. solis cum uno radio, quae operatio ostendit jam agens aliquid imprimere de sua virtute, & potentia in suum subjectum, sive passum, & in aquatione describitur sol cum uno radio. Sed quando agentia aliquid imprimunt, sc. formam appellatur sol cum duobus radiis quasi duplicata potentia, vel duplicatus effectus, respectu primi.

Sed quid de alia medietate à sinistris, ubi est Luna semiplena cum sphaera nigra, & alia sphaera cum duabus avibus? Dicendum est quod hoc ostendit quid sit de operatione post mortem Leonis, & quomodo resuscitatur, & quid sit de ratione animae, & quid dicitur ratione corporis. Et in Luna semiplena ostenditur accidens inseparabile ipsius animae, tanquam propria passio: Et semiplena, dicit imperfectionem, sed sicut corpus vivens dependet ab anima, sic & semiplena Luna cum sphaera, dependet à sole cum duobus radiis. Et quia dictum est, quod est à potentia ad fermentandum, incidunt in sphaeram cum duabus avibus, quarum una apparet mortua, & in veritate mortua, & alia viva. Et viva attribuitur Lunae semiplenae, & mortua soli cum duobus radiis, vel fermentaneo. Illa duae aves sic sunt colligatae in una sphaera, quod rostrum unius caudae alterius est appensum, sic cauda colligata rostro in eadem sphaera, quod tam cauda quam rostrum propter indivisionem naturae, & homogeneitatem utriusque posse & virtus est eadem, nec una praeter alteram, nec altera praeter alteram, per se & in se. Et hoc||

ideo||

ideo, quia quod est superius, est sicut quod est inferius. Et nonne vides quod aqua [P. 266] aquae est homogenea. Et ego dico quod fermentum panis, panis est, & sic fermentum auri aurum est. Sed aurum nostrum, ut intelligas, non est aurum vulgi, quod est propterea, quia aurum vulgi non habet tingere, nisi quantum in se est. Sed aurum nostrum, quod est verificatum omni solutivo, super omne passivum, & est regula & regulans, & tingens, & tinctum, & hoc avis & avis,[1] nec avis & avis est hoc, sed ex ave & ave consurgit, illa forma fermentanea fermentata. Et est ibi duplex fermentum scilicet fermentans, & illa est avis mortua, & fermentatum, & est avis viva. Et ex his duobus sequitur fermentum fermenti per excellentiam. Et illud est ex operibus magisterii, & super hoc gaudent Philosophi. Et sic in sinistra parte habemus Lunam semiplenam, & sphaeram, & duas aves & sphaeram. Et sic habemus totum numerum de tenente tabulam. Dicitur quod est Alchanor, & est locus praeparationis, & digestionis, & actionis. Et talis est dispositio & forma illius, & haec statua ut supra depicta apparet.

SENIORIS TABULAE CHIMICAE
FINIS.

SACRAE

[1] The first 'avis' should possibly be omitted, and the comma moved to after the third 'avis' ('both a bird and not a bird'). *Cf.* p. 172 (l. 11), 'lapis, nec est lapis'.

Glossary to the principal words and phrases of Alchemical interest that occur in the Mediæval Latin rendering of *Al-Mā' al-Waraqī*.

A

Abarnahas perfectum … 153, 157, 159, 160, 165, 190.

Ablutio corporis est inductio aquae super illud tam diu, donec non remaneat in eo aliquid ex anima, quae est tinctura, quod non ascendit cum ipso spiritu … 189.

——cum aqua & igne in extractione animae à lapide hoc … 172.

Abmitam(=*Zarnīkh*) … 164.

Acetum et aceta(=Tinctura) … 167.

Adam & Eva … 185.

Ex Adam & Eva omne hominum genus … 176.

Aër alienus incorporatus … 153.

——est ex aqua … 158.

——(=aqua alba spiritualis) … 179.

——(=ignis lapidis) … 157.

Aër & non aër … 158.

——mediator inter ignem et aquam … 157.

——segetes germinare facit … 157.

——est vita uniuscujusque rei … 157, 158.

——vivificans … 158.

Aes … 149, 181.

——sapientum—vel nostrum (sicut homo habens spiritum, animam & corpus): attrahit spiritus ex humiditate … 158, 163.

——nominant animam … 166.

Alae duarum avium: alae abscissae … 147, 151.

Albedo … 156, 164, 190.

Albificatio … 156.

Albriam (=*al-Kiyān*, *q.v.*) … 153.

Alembicum … 157, 162, 192.

Alhedi (=*al-Hādī*) … 175.

Alkakir (=*al-'Aqāqīr*, the substances) … 186.

Alkali … 161, 162.

Alkambar … 182.

Alkia, Alkiam, Astuam (=*al-Kiyān*) … 152.

Alkysderam … 197.

Alumina—alba in manifesto, colorant in rubeum … 156, 164 (n. 14), 168.

Anima (ovum ruffum: aër) quae est aqua … 153.

——tinctura in corpore … 193.

——& animae, flos & flores, tinctura & tincturae, sanguis & sanguines, pinguedo & pinguedines, spiritus & spiritus, nuncupatum est anima proper egressionem ejus cum spiritu … 165, 167.

——, sulphur & tinctura ejus … 162.

——fit vitalis in spiritu per attractionem aëris, ex reiteratione sublimationis ejus, id est, destillationis … 158.

——tinctura totaliter ab ipso lapide extracta. 167.

——triplex … 152.

Animae, extractio à corpore in aqua spirituali, … 154, 163.

——, praeparatio cum aqua spirituali … 161.

Animam nominant aes et ipsa fumus gravis … 166.

Animal unumquodque non generat res ex se, nisi cum eo quod est ex specie sua … 176.

Annullatio … 174.

Antimonium (=*Kuḥl*, lead sulphide) … 161.

Aqua aquae est homogenea … 197.

——alba spiritualis de lapide,' quam dixerunt in permixtione sua Magnesiam: ideo vocaverunt hanc aquam ovum maris … 179.

——calida [!] praeparator à principio usque ad finem: id est fixa, honorata, & est illa quae manifestat tincturam in projectione … 186.

——coagulata, & aër quietus, & terra liquescens & ignis circumdans (Mahrāris) … 158.

——currens est mater congelati … 152.

——divina(=anima) … 152, 153, 154, 155, 161.

—— ——(=Draco) … 191.

——eorum est aurum & est fermentum corporum, ad quae reducuntur ea … 191.

——foliata (*al-Mā' al-Waraqī*, Silvery Water) vel Aurum … 154, 155, 188, 189.

——maris … 176.

——massae … 191.

——munda (=cinis) … 154, 161.

——spiritualis … 154, 162, 163, 179.

——triplex, in quo sunt aqua, aër, & ignisl. … 155.

——una, quae est spiritus, ex qua partiuntur aquae … 168.

——viva, vivificans … 157, 174.

——fit in frumento fermentum, in oliva oleum, in quibusdam arboribus gummi & in persicis oleum … 174, 181.

——(vel lapis) invenitur in omni loco, in vallibus, in montibus, & apud divitem, & pauperem, robustum & debilem....175.

Aquilae decem—per has substantiam volatilem intellegas....196.

——novem....147, 156.

——lapis....191.

Arcanum....195.

Arcus in pedibus aquilarum (sc. substantiae volatiles) potentiam & fortitudinem illarum indicant, & ipsius originis à principio usque ad finem....196, 147, 156.

Arena....152, 166.

——Natura una & spiritualis sepultaest in——: est corpus magnesiae nobile; aqua composita congelata quae repugnat igni—mare latum—magnum bonum....180.

Argenta viva tria (*<u>Sh</u>abb, Naṭrūn & Qalqant*)........164 (n. 14), 165.

Argentum vivum extractum de Cambar....& est animae extractio à Cinere....161.

Argentum vivum omne est sulphur, sed non omne sulphur est argentum vivum, fecit ex sulphure hic magnesiam....181.

Arsenicum citrinum & arsenicum rubeum....166.

Assalia: duo humida ascendentia ad aëra, & haec sunt spiritus & anima....182, 183.

Asthanor, Althanor, Alchanor (=*At-Tannūr*, the furnace) locus praeparationis & digestionis & actionis....196, 197.

Aurifabri lucrarentur....192.

Aurificabit corpora....182.

Aurum. Nominaverunt lapidem hunc, post secundam dealbationem ejus,——....161.

——est anima portata, vel aqua divina....155.

——nostrum non aurum vulgi....183, 197.

——omne est aes, & non è reverso....180-1.

——philosophorum....155, 192.

——sapientum. Cinis combustus & anima honorata sunt—— ——....155.

——vulgi....183, 191, 197.

Aves, duae, colligatae in una sphaera: masculus sine alis, foemina cum alis....147, 151, 159, 160.

Avi mundi (sc. sapientes)....163.

Avis Hermetis: spiritus humidus: praeparator sive rector corporis ejus & extractor....163.

Azoch (Azoth)....184, 185.

B

Balnea....168 (incorrect translation), 178.

Barba (El-Barba): locus in quem ponitur corpus eorum, sc. terra eorum alba in quem colunt aurum eorum: *i.e.*, alembicus........147, 156, 171, 172, 177, 178.

Barbae domina; Barbi domini....175.

Bonum, habens multa nomina (=Aqua foliata =Aurum)—a saying of Hermes....155.

C

Calidum cum frigido—humidum cum sicco—commisce....185.

Calor & frigus, humiditas & siccitas, non conveniunt, nisi post extensionem........175; and 176 (n. 1.).

——alarum....163.

——febris....170.

Caloris ignis subtilitatem assimilavit gressui piae matris super ventrem filii sui....170.

Cambar (=*Qinbār*: cinnabar)....153, 161.

Camelis....150.

Canis infirmatus....149.

Caput mundi. (Mundus autem est Magnesia)........173, 175.

Carbo montis[1]....161.

Carmen: carmina........148, 154, 155, 156, 169, 186, 187, 188.

Carnes leonis (=Feces Lapidis)....171.

Carpentarius....177.

Cathedra sapientis signat locum operationis & formam vasorum....(147), 196.

Cavillatio & similitudines vanae....187.

Chermerina....175.

Cinis combustus (=anima =aurum sapientum),....155, 166.

——est fermentum aquae quae est aurum illorum; fermentum fermenti........158, 159, 191.

——animatus (vel appetitus)—cinis extractus à cinere....158, 162, 190, 191.

——in cinere (=The Dragon that eats its own Tail)....191.

---

[1] The Latin translator followed a text similar to MS. R. which agrees with the phrase as given in <u>Kh</u>ālid bin Yazīd's poems (quoted in the *Muktasab*, *ed. cit.*, Text, p. 44, l. 9). The other two MSS. read فحم الحطب 'Wood Charcoal'.

Cinerem suam calcem [*ṭalq*] nominaverunt & vitrum & aquam mundam, quia mundatur est à tenebris animae, à materia nigredinis..161.
Citrinum super album & rubeum ita quod facit citrina citrinitate auri..................175.
Citrinus lapis est medius lapis sapientum....173.
Clavis.................................157.
Coagulatio......152, 166, 172, 182, 189, 191, 195.
Coagulum. Cinis cineris coagulans aquam eorum in terra eorum quae est corpus secundum...... ....159, 191.
Colocynthiden ignorans serit, & sperat inde mel comedere..............................150.
Combinatio est coagulatio.................166.
Combustio sapientum est dealbatio tota......164.
Conceptio......................151, 169, 178.
Conceptio & desponsatio fit in putrefactione in fundo vasis...........................177.
Conjunctio prima(=denigratio)..............161.
Conversio ....164.
Consilium Conjugii, seu De Massa Solis & Lunae. Libri tres ex Arabico Sermone Latina facta, cum diversis manuscriptis collata.........145.
Corda, animae lapidis in Magnesia collectae..171.
Corona Victoriae: coagulum: argentum: cinis extractus à cinere: corpus eorum secundum ....159, 162.
——Sapientum (Hermes)..................152.
——(error)..............................181.
Corpus calcinatum et dealbatum (=Aurum sapientum)..................................155.
——igneum..............................182.
——fit non corpus.......................186.
——unum................................188.
Corvi volantes.........................178.
Cribratio: cribrum (=cucurbita)........162, 163.
Crocus (=*Za'frān*, saffron).................193.
Cucurbita......................162, 163, 192.
————s intendit, per hoc quod dicit 'concepit in balneis & parit in aëre': & etiam sepulchra, quia in eis fit mors.............178.

D

Dealbatio.......150, 156, 161, 162, 164, 178, 193.
——est praeparatio aquae divinae per sublimationem, quae est destillatio...........189.
Decem ex uno, & in uno decem..............165.
———verò sunt quatuor....................157.
Denigratio..........156, 157, 161, 162, 178, 193.
Desponsatio (*e.g.*, duo luminaria: soror & frater ejus).........151, 160, 169, 177, 182, 183, 189.
Destillatio..153, 154, 156, 158, 163, 165, 171, 189.
Divisio..................................164.
Domus amoris (=cucurbita)................149.
———cum suis quatuor parietibus. Lapis sapientum est sicut——..........166, 190.
Draco qui comedit caudam suam (Draco est aqua divina, & cauda ejus est sal ejus, & est cinis qui est in cinere)...................191.
Duo in uno.......................147, 148, 155.

E

Elementum omnis calidi est pinguedo & omnis frigidi humiditas.........................176.
Elixir.....................150, 167 (n. 4), 190.
Embrio et genitum....................157, 163.
Epistola Solis ad Lunam crescentem....148, 188.
Esfer(=*Aṣfar*, Saffron).....................193.
Excaecaverunt: excaecati ignorantia.151,174,186.
Extractio animae..........................168.

F

Fabula...................................151.
Falsi sunt qui dixerunt quod haec ars est ex ovis, capillis virginis (vel stercore), urina, sanguine, felle, spermate..arsenicis & sulphuribus..192-3.
Falsificant veridicos & verificant falsidicos..167.
Fermentum.........................174, 191.
——(=Aqua auri)........................159.
——fermenti (=Cinis =Aurum)............... ....159, 191, 192, 195, 197.
——in frumento, aqua fit.............174, 181.
——fermentans duplex, et illa est avis mortua, & fermentatum, & est avis viva........197.
Ferrum durum siccum, fortis pistans..........149.
Figurae decem...................148, 154, 156.
Filiae sex................................156.
Filius vilis (mistranslation)................150.
Fixatio...................................151.
Fixum facit res fixas......................174.
Flores aurei..............................150.
——lapidis vel lignorum, qui sunt anima, & animae tinctura................165, 191.
——(=aqua divina)...................153, 155.
——spinarum (=Tinctura).............189, 193.
——qui sunt aër subtiliatus.................192.
——vel tincturae, aqua alba vel aqua rubea, quae aqua alba est ad dealbandum & aqua rubra ad rubificandum.................195.

Folia & flores (=anima & spiritus ejus qui sunt in ea)............................161.
——vulgi (=argentum)........162, 183, 191, 192.
Formatio foetus.............................181.
Fumi duo (sc. duae aves extractae de aqua)...... ....159, 189, 190.
Fumorum duorum mater...................190.
Fumositas aeris..........................157.
Fumus (ignis, & ex igne, & filia ignis).......193-4.
——gravis (=anima).....................166.
——superior ad inferiorem descendit, & concipit fumus à fumo, & ex aliis non subsistunt creaturae (Hermes)...........189.
Fusio corporis albi—lapis philosophorum—non fusio ignis sed solutio ejus, ut fiat argentum vivum, & extrahentur flores ejus ab eo....192.

G

Galbani (=*julbān*, pease)..................151.
Gallus Gallinae indiget, sicut Luna indiget Solis. ....149.
Generatio. (Principium generationis hominis est aqua).................................181.
Genitum est pinguedo quam vocant animam & ovum, quia haec anima rubea latet in ipsa aqua alba spirituali................179.
——gignitur in aëre, & fuit conceptus ejus in terra.............................152.
——omne habet principium ab aqua........174.
Glossatores, quidam qui laboraverunt in capillis ....192.
Granum frumenti..........................167.
Gumma & gluten auri (Chrysokolla): anima corporis, quae est sulphur ipsius & tinctura ejus...................................162.
——(=semen) : gummi................174, 176.

H

Hircus (=stultus)..........................151.
——niger, *i.e.*, lapis quando ingreditur cum foemina in praeparatione, & denigratur post dealbationem ejus praeparatione ignis..178.
Homo omnis estanimatus, sed non omne animatum est homo (Plato)........................180.
Hospho (Offoto : Heffor : Esfer=*Aṣfar*, Saffron) : gramen in quo est tinctura in cacumine ejus. ....162, 193.
Humiditas de dominio Lunae & pinguedo de dominio solis...........................176.

I

Ignis fusione plumbi.......................173.
——lapidis (=aër)........................157.
——nostra est ignis & non ignis............158.
——quietus..............................152.
Imagines....................147, 148, 169, 196.
——quae descripsi in carmine meo (*i.e.*, *Risālah* in *Dāl*)............................188.
Imbibitiones tres, vel salsaturae.165, 166, 189, 190.
Invidia..............................154, 192.

J

Jecora ex lapidibus aburentibus........177, 178.

K

Kaled or Kalid (=*Khālid* : constant, everlasting). ....160, 174.
Kibrick (=*Kibrīt*, sulphur).................164.
Kiyān (Vital Principle)......152 (n. 3), 153 (n. 6).

L

Lactatio.................................168.
Lapis.......................161, 179, 190, 192.
——albus de quo dixit Philosophus (Democritus) : Est lapis & non lapis...........191, 172.
——Aquilae..............................191.
——aufert omnem nigredinem, & tingit omnem nigrum, & facit album, & tingit omne album & facit rubeum....................173.
——eorum ex uno, ex quinque, ex septem, ex decem ....165.
—— ——quem nominaverunt omnem rem....190.
——est aurum, & est mater aurum, quia generat aurum..................161, 191.
——est de semine mundo..................169.
——in cujus ventre est lapis qui movetur, per quem significavit aquam ascendentem (sc. spiritum & animam) & cinerem extractum à cinere....................191.
——in quo congregatae sunt potentiae, albedo & rubedo, quam assimilaverunt ovo...190.
——noster..........................182, 183.
——sapientum in ipso, & ex ipso perficitur radix & rami & folia & flores & fructus. Est enim sicut arbor....................176.
——vilis & impreciabilis, & est praeciosius quod est in mundo & vilius............194.
Lapides eorum carentes humore............170.

Lapidis cognitio. Non est res in mundo quae cognoscitur (? negotiatur) quam illa. Unusquisque & omnis homo indiget ea, & est apud illum. Nec potest etiam esse sine illo (Marchos)........175.
Leo vilescit per canem infirmatum..........149.
Leonis mors............................197.
——venatio.....................170, 171, 173.
Lermick (=*Zarnīkh*, Arsenic sulphide): nominaverunt spiritum—quia dealbat aes eorum...166.
Ligatura duarum avium in cauda.........................151, 160, 196, 197.
Lignum album..........................166.
Limus terrae...........................174.
Lithargirium (=cinis)....................161.
Lumen, luminaria.....................151, 178.
Luna crescens................148, 149, 151, 159.
——domina aquae : dominatrix humorum.159, 189.
——duplex........................159, 160.
——plena (=Magnesia, quae est Abarnahas perfectum)..............154, 159, 160, 189.
——semiplena................154, 159, 196, 197.
——. Respondit Sol, si...revertetur corpus meum, ô —, postea novam dabo tibi virtutem penetrationis, per quam potens eris in praelio, praelio ignis liquefactionis & purgationis...........................149.

M

Magnesia (=Abarnahas)......................... 153, 157, 159, 165, 171, 175, 179, 180, 181.
————alba vera.........................190.
———ae Liber..........................187.
———— corpus.....................180, 192.
Mala granata...........................151.
Mare : Luna plena : Magnesia : Abarnahas perfectum........................159, 161, 179.
Mare sapientiae (=Hermes)..............158.
Mare sapientum : cum coagulatum fuerit totum tunc nominatur —— ——. Et haec terra est mater mirabilium, & mater colorum, & mater duorum fumorum......................190.
Marium tenebris, in......................194.
Margaritae (*vide* Terra foliorum)....150, 174, 194.
Marmor.......................152, 154, 178.
Masculi duo super unam foeminam..........157.
Masculus & foemina..........157, 159, 160, 161, 164, 165, 166, 168, 170, 171, 184, 185, 189, 190.
Massantur.....................167, 191, 195.
Mater colorum (=ovum =lapis).......161, 190.
Mater auri..............................191.
Matrix (fundus cucurbitae)............163, 182.
Maximum secretum est in aqua..et omne genitum habet principium ab aqua................174.
Mel..............................150, 194.
Mineris suis. Accipite res à — — (Alkides, *i.e.*, Asfīdūs).....................178, 192, 194.
Monumentum Sihoka [Saḥafā]...........177.
Mundus minor est Magnesia (Hermes)..175, 180.
——inferior est corpus & cinis combustus, ad quem reducunt Animam honoratam (*vide* Terra nigra)...........155.
—— ——— terreus est terra ex duobus corporibus & aqua ex duabus naturis, per hoc intendit sapiens animam, & spiritum animam ferentem..................193.

N

Natura coquit (?conquaerit) naturas & natura congaudet naturae (Plato): & non est nisi unica natura, & genus unum, & substantia una, & una essentia (*Kiyān*)................179-80.
Naturae quatuor....................157, 158.
Nigredo....................148, 156, 161, 173.
——post rubificationem..................175.
Nomina................................167.
Nubes............................150, 179.
——vivificans (=Aqua Philosophorum)....155.

O

Oleum in oliva,—in persicis............174, 181.
Oleum rubens (=Anima)..................173.
Omne subtile ingreditur in omne grossum (Hermes) Intendit per hoc ingressionem aquae eorum in terram eorum..et corpus illud vivificabitur post mortem suam in vitam sempiternam......194.
Opus albi .. & opus rubei est..opus unum, licet nominaverunt ea duo opera..........194.
——primum ex quinque, quorum duo sunt superius & tria inferius................154, 194.
——primum, sc. Lunare, & hoc est abluere, & dealbare in putrefactione, 70 (vel 150) diebus. Et haec est dealbatio totius, & fuga tenebrarum ab eo.............195.
——secundum, *i.e.*, solis, vel rubificatio..........................155, 156, 193, 194 (n. 1).
—— ——, sc. solare,..coagulare tincturas eorum in terra eorum benedicta sitienti..195.
Ovi cortex.............................190.

Ovis....................................151.
Ovo: Lapis quam assimilaverunt —..........90.
Ovum........................153, 164, 190, 192.
——hoc vagit in terra tota, per quod vult aërem ....170.
——gallinae..............................170.
——generatum in aëre à spiritualitate (vel ex subtilitate aëris &) terrae........153, 179.
——ruffum (exaltatur & fit aër, per quod vult, intelligi animam quae est aqua) 153, 161, 179.
——maris (=aqua alba spiritualis)..........179.

P

Palma portavit mala granata..............151.
——, si diminuta fuerit digito uno, diminuetur potentia (vel sanguis) (Aras)......189, 190.
Panis, varietates..........................180.
Pannus...............................180, 193.
Parabola (synonima)..........153, 169, 170, 195.
Pariunt in aëre significat superiorem thalamum alembici...............................178.
Pater auri (=ovum =lapis eorum)......151, 161.
Pavo....................................150.
Persicis.............................174, 181.
Pinguedo (*vide* Genitum) 167, 176, 179, 189 (error).
Pix liquida..........................156, 161.
Planetae septem..........................167.
Pluviae. (Pluvia est destillatio aquae eorum) ....160, 171, 179, 191.
Ponderum, septem ordines................149.
Praeparatio animae cum aqua spirituali......161.
—— prima...............................152.
Projectio............................152, 186.
Propinquius: convenit rei id quod —— ei est (Hermes)...............................176.
Pullus...........................149, 164, 190.
Putrefactio (cum igne levi 150 diebus aut 120 diebus: forsan apparebit albedo in 70 (vel 80) diebus................156, 162, 163, 165, 195.

Q

Qalqant ('calcinatum')....164 (n. 14), 166 (n. 1).
Quatuor, si sunt ex quinque quae non impellunt, & tria ex duobus sumuntur, & sol & soles duo, non ascendunt.......................152.
——(aquam, ignem, aërem & terram) facs unum ....Et tunc fit corpus non corpus, & debile super ignem non debile.................186.
——· *vide* Sex.

Quinque: lapis (perfectus) eorum consistit in——, Masculus & Foemina, & tria argenta viva, *q.v.* ....165, 166.

R

Radii duo...............................151.
Radix horum decem quae sunt perfectio operis sunt quinque, scilicet masculus & foemina, & tres sorores eorum quae sunt salsaturae ....154, 157, 164, 166, 168.
Reptilia (witches) comedentia jecora........177.
———intendit per —— imbibitiones.........178.
Res est una... & dicitur Spiritus & spiritus, anima & animae, corpus & corpora........166.
Rex [sc. Angelus] de caelo descendens (Maria) ....152, 178, 195.
Rubedo.........................175, 190, 195.
Rubificatio—opus secundum & opus solis. 156, 175.
Rubinus (anima tingens)...........171, 172, 173.

S

Sal alkali..............................162.
Salsatura................157, 162, 165, 188, 189.
Sanguis hircorum..........................149.
——menstruosus ex quo fuit semen..........164.
——menstrualis...........................181.
——& sanguines (syn. animae, *q.v.*)....156, 165.
Sapor................................165, 167.
Sartor [non] suat pannum nisi cum panno sibi simili, lineum cum lineo & laneum cum laneo ....177.
Secretum................149, 183, 193, 194, 195.
——& vita cujuslibet rei est aqua, & in aqua est maximum secretum..........174, 181.
Segetes.................................157.
Semen solum praeparatur in matrice..163-4, 181.
Semina putrefiunt: mineralia non mutantur. 164.
—— aurum (sc. tincturam) in terra alba foliata (Hermes)............155, 159, 162, 193.
Septem ordines ponderum—partes—stellae—planetae......................149, 165, 167.
Sepulchra (=cucurbitae)..................178.
Sepultum in occulto quod manifestandum esset ....167.
Serae seraturae......................151, 152.
Sericum ex vermibus......................194.
Sex, deinde dices quatuor, & fiunt in numero decem, numeri manifesti, occulti autem ipsorum quatuor.................................157.

Signa..............................156, 167.
Silus (=alembicus)........................162.
Similia. Non generant res, nisi sibi——, aut fructificant res, nisi fructus suos........151.
Sol, clavis cujuslibet januae................149.
—cum uno radio descendente...............148.
—emittens radios velut imago duorum in uno ....148, 165.
Soles duo..................................153.
Solitarius : solitaria vita...............169, 186.
Sophismata.............156, 167, 184, 186, 190.
Soror.....................................151.
——Philosophiae..........................193.
Sorores tres [imbibitiones vel salsaturae] 157, 189.
Sphaera....................147, 155, 196, 197.
Spiritus est locus animae, & est aqua quae extrahit hanc naturam à corporibus suis, & anima est tinctura soluta, & portata in ea sicut portatur tinctura tinctorum nostrorum in aqua sua, quâ tingunt..........................193.
——(=anima lapidis)......................158.
——animae, & corpora.................163, 168.
——factus est ad terminum dealbationis & praeparationis.........................161.
——humidus : *vide* Avis Hermetis..........163.
——, animae, & corpora......163, 166, 168, 188.
Stakoni (=*Khanāfis*, scarabaei)............170.
Statua....................147, 148, 171, 197.
Stellae septem.........................149, 150.
Sublimatio................................151.
Sulphur verò & sulphura, & auripigmentum & auripigmenta, omnia illa sunt nomina aquae divinae foliatae mundae..............188-9.
——album (=anima in aqua eorum)........164.
——rubeum (humor : anima)......151, 164, 166.
——nostrum non est sulphur vulgi..........164.
Sulphures & sulphur rubeum. Vocaverunt eorum corpora — — — ; & est anima............164.
Sulphuris. Aquae non conglutinatur, nisi cum simili sui——(*vide* Similia)...............176.

T

Tabula marmorea............................ ....147, 148, 154, 156, 160, 196, 197.
Tartarisantur.............................167.
Tenebrae................152, 161, 178, 194, 195.
Tenuatio..................................154.
Terra foliorum, & terra argenti, & terra margaritarum, & terra auri......155, 166, 190.
——nigra existens inferius est mundus inferior. ....155.
——prima : secunda......................155.
——stellata (*al-Arḍ an-Najmīyah*). ...154, 188.
——sua alba, stellata, foliata, benedicta, sitiens, in qua seminant aurum sapientum (=cinis combustus & anima : corpus eorum album secundum)................................ 155, 156, 158, 159, 162, 166, 172, 188, 193, 195.
Thalamus—? tholus, 'dome' (*i.e.*, alembicus in quo est genitum eorum)..............170, 177, 191.
Tinctura. (Pater ejus ignis est, & in igne crevit, nec timet terminum ignis, sed fixus est & non fugitivus)..........................150.
———est tota aqua tingens.............168.
———in panno..........................193.
———quam extraxerunt in sua aqua quam nominaverunt animam, genitum, & regem..........................179.
——— & vita non quaeruntur ex mortuis, combustibilibus, quae non habent tincturam & vitam...............................174.
Tincturas assimilant floribus arborum & nominant eas alumina........................168.
Tormos (Arabic *Tūmtī* : the name of an Earth, used metaphorically in an alchemical parable) ....177.
Tria sunt unum...In uno sunt tria : & spiritus, anima, & corpus sunt unum, & omnia sunt ex uno..................................163.
Tropi occulti........................172, 187.
In tropicis & typicis locutionibus sepultum...186.

U

Umbra. Reptilia manentia in ——..........177.
———aeris. (Ovum ruffum) in..............179.

V

Vacaturi[1] in ventre domus clausae (Sol & Luna copulati)—Vacans.............149, 178.
Vas : Vas supra Vas......160, 163, 171, 177, 196.
Venatio Leonis.......................170, 171.
Venenum. Sulphur rubeum est tinctum & tingens, quod super quolibet igne durat. Et cum vicinatur igni, est——, quia omne——est in

[1] The verb 'Vaco' was apparently used by the mediæval translator in the sense of 'retiring to a solitary place for sexual intercourse'.

eo velut in luminaribus, & factum est habens splendorem.............................151.
Verabaha (=*Birābīhā* : Pyramides Artis).....169.
Verba nostra in manifesto sunt corporalia, & in occulto spiritualia.......................183.
Violae (or filiae) sex, in quibus sex partes tincturae reservatae sunt.....................156, 168.
Virtus foeminae, anima quam fecerunt masculum, cum coagulatur & figitur in igne..........182.
——superior & inferior....................152.
Vita animae extractae ex lapide eorum existit post mortem ejus.......................157.
Vita non ex mortuis combustibilibus (*vide* Tinctura).
——solitaria.........................169, 186.
Vitalitatem........................174, (n. 7).
Vitrum (=cinis)..........................161.
Vivam fecimus ex aqua omnem rem..........174.
Vivificabit terram post mortem suam, et tinget eam colore post colorem, tinctam cum aqua illorum viva........................174, 191.
Volatilia (non) parturiunt pisces............151.

Z

Zandarich (=*Zarnīkh*)....................189.

DESCRIPTIVE INDEX OF NAMES OF PEOPLE, COUNTRIES, PLACES, AND BOOKS MENTIONED IN THE *Mā' al-Waraqī* (WITH ITS LATIN RENDERING—THE *Tabula Chemica*), AND IN THE *Qaṣīdat an-Nūniyah*.[1]

A

'Abd ar-Raḥmān (Abū'l Qāsim)—brother of Abū'l Faḍl Ja'far an-Naḥwī, I. (l. 1)....119, 124, 125.

Abielhasam (or Habielsam): Latin corruptions of Abū'l Ḥusain bin Waṣīf, *q.v.*............184.

Abū 'Abdallāh (*i.e.*, Ibn Umail *q.v.*).....42 (l. 2).

Abū'l Faḍl. (See Ja'far.)

Abū'l Ḥusain 'Alī bin Aḥmad bin 'Umar (or 'Abd al-Wāḥid), known as al-'Adawī—the friend of Ibn Umail with whom he entered the Pyramid and for whom he wrote many *qaṣīdahs*. ....1 (l. 3), 3 (l. 6), 13 (l. 9), [43 (l. 15), 44 (l. 11), 58 (ll. 7, 15), 59 (ll. 5, 19, 20), 61 (l. 26), 82 (l. 15)], 111 (l. 1), 120, 124.

Abū'l Ḥusain ('Alī bin 'Abdallāh) bin Waṣīf, 'Ḥallā' (an-Nāshī al-Aṣghar, or aṣ-Ṣaghīr)... ....41 (ll. 23 and 24), 42 (l. 1), 123, 124.

Abū'l Qāsim 'Abd al-Maḥmūd. (See under Ibn Ḥayyān.)

Ādam (as synonym of the Masculine).......... ....36 (ll. 18, 19), 42 (ll. 17, 18, 20), 87 (ll. 16 and 19).

Ādam compared with the 'Stone' of the Alchemists........................87 (l. 16), 143.

Ādam created from Dust: his life bound up with Water...............87 (ll. 11, 19), 142 (n. 2).

Ādam, one of the Prophets to whom God revealed the Art of Alchemy, but warned them not to reveal it to the common people.....103 (l. 6).

AEgyptii (*vide* also p. 42, l. 3).............184.

Aflāṭūn (Plato)—mentioned on p. 353 (l. 23) of the *Fihrist* as an alchemist.................... .. 38 (l. 21), 39 (ll. 15 and 18), 79 (l. 10), 135.

Afrūdītī (Aphrodite). Her marriage to Zā'ūsh (Zeus) used metaphorically: she is the *Zuhrah* (Copper) dissolved in 'Stones' that separate the 'Souls' from the 'Bodies': the 'Spirit' which is 'Mercury', which is 'Hurmus'............ ....88 (l. 23), 89 (ll. 10, 22).

Aksimīdūs Al-Jur'ānī [*i.e.*, Anaximandros, one of the pupils of Pythagoras].....101 (ll. 6, 8), 128.

Alhomianes (Latin corruption of Armiyānūs al-Hazārbandī *q.v.*).......................153.

'Alī bin Abī Ṭālib (a saying of).............. ....100 (l. 29), 142 (n. 1).

Alkides (Latin corruption of Asfīdūs, or Sāfīdas). ....192.

Amnūthāsiyah (*vide* under Hurmus Būdashīr and Hurmus bin Aras).

Andrīs (*var. lect.*, Andrarīs). This may be either (1) Andriyā, the inhabitant of Ephesus, who wrote a book on Alchemy for Nicephorus—possibly the Byzantine Emperor who ruled from 802–811 A.D. (*Fihrist*, Flügel's ed., p. 354). A quotation from one of his treatises is given in Ar-Rāzī's *Shawāhid*: or (2) Idrīs, whom ad-Dimishqī says (*Memoirs*, *A.S.B.*, Vol. VIII, p. 398) was believed by the Ṣābians to be identical with Hurmus al-Hurāmisah (*i.e.*, Hermes Trismegistos)................54 (l. 2).

Annamos (another Latin corruption of Armiyānūs al-Hazārbandī)..........................189.

Aqrūnas (husband of Hamādā).........89 (l. 10).

Aras, a Sage who had a discussion on alchemy with King Tūdaras, or Tiyūdaras (Theodorus) who is also referred to on pp. 71, 72, 84, and 85 as Qaiṣar, King of Rūm................ 17 (l. 16), 24 (ll. 14, 17), 34 (l. 22), 36 (l. 13), 46 (ll. 1, 2), 47 (l. 21), 48 (l. 2), 53 (ll. 12, 16), 66 (ll. 1, 14, 16, 19, 20, 23), 69 (l. 5), 70 (ll. 11, 12), 71 (ll. 14, 19), 72 (ll. 1, 4, 6, 7, 20, 21), 73 (l. 27), 79 (ll. 26 and 27 'to the King'), 80 (ll. 1, 3, 5, 6, 9, 11, 25), 82 (l. 4), 83 (l. 19), 84 (ll. 24, 25), 85 (ll. 4, 11), 86 (l. 15), 87 (l. 8), 88 (ll. 5, 20, 21), 89 (ll. 2, 3, 20), 132, 133.

Aras (Ares) married Biyā..............89 (l. 10).

Aras (or, less probably, Zā'ūsh), regarding which Ibn Umail says: "It is *Mirrīkh* (Mars) among

---

[1] This Index is largely the work of Prof. Maqbūl Aḥmad, M.A., of the Presidency College, Calcutta. We are indebted to him not only for this but also for much other assistance in connection with our discussion of the *Mā' al-Waraqī*.

H. E. S.
M. H. H.

the Planets, and it is the Burnt Calx from the First Body" ..." I have called it Hurmus, the Father of Tinctures, and this is before its death and before the 'Soul' and 'Spirit' goes out of it. This is the Calx which the Sages named 'Ashes of Oils' because they named their 'Water' 'Oil'"..............59 (ll. 10–13).

Aras (or Arības, or Arīnas), Father of Abū Dashīr Hurmus.......................79 (ll. 1-2).

Aros (Latin rendering of Aras, the contemporary of Theodorus)..............176, 189, 190, 192.

Armiyānūs al-Hazārbandī (*var. lect.*, al-Handarī), a poetical writer on alchemy of unknown date. In l. 21 of p. 15, a verse by him rhyming in *Ḥā* is quoted in which he enquires whether anyone has found 'Salt' in the 'Egg', by which he is said to be referring to the 'Ashes'......... 15 (l. 20), 24 (l. 18), 45 (l. 22), 122, 136 (n. 2).

Asfīdūs (Sāfīdas of Cairo MS.): an alchemist mentioned in the *Fihrist*, p. 353, l. 26: *vide* also probably, for two of his books, *idem*, p. 354, ll. 18 and 20,—the last of the two being written for King Adriyānūs (? Hadrian—A.D. 117–138). ....38 (l. 1), 48 (l. 16), 50 (l. 27), 73 (l. 3), 78 (l. 19), 99 (l. 16 and note 6), 141.

Asṭānas (or Usṭānas), *i.e.*, Ostanes...........134.

Averroïs (Ibn Rushd of Cordova, d. 1198 A.D.)... ....126, 177 (n. 4).

Awtāsiyah (Zūsam to), the Egyptian Queen for whom Zosimos of Panopolis—the ancient Egyptian city of Chemmis: later Ikhmīm—wrote at the end of the 3rd century A.D. many treatises on Alchemy, *e.g.*, that on *Maghnīsiyā* mentioned on pp. 82.................................. 53 (note 4), 80 (l. 23), 82 (l. 15), 87 (l. 26).

Aṭīsiyūs: the Stone of Etesia (*cf.* Lexicon of St. Mark's, Berthelot et Ruelle, *Collection des anciens alchemistes grecs*, I, Trans., p. 7, where it is said to be Chrysolite. In the first reference in the Arabic text this is said to be the distillate of 'Soul' and 'Spirit', and is described as the 'Peacock of the Alchemists'—because of its various colours).............. ....22 (l. 18), 60 (l. 16).

Avicenna, a mistake in the Latin version for Dhu'n-Nūn al-Miṣrī.....................179.

B

Bālis (*var. lect.*, of Thālghas).. ......67 (note 8).

Birba' (Pyramid), pl. *Birābī*.........1 (ll. 8, 9), 3 (l. 1), 15 (l. 9), 18 (l. 17), 31 (ll. 26, 27), 33 (ll. 12 and 19), 37 (ll. 9, 24), 90 (ll. 13, 14).

Aṣḥāb al-Birābī (people of the Pyramids, *i.e.*, Alchemists), mentioned by King Marqūnis... ....35 (ll. 11, 22), 175.

Birbāwī or *Birbāwiyah* (adj. of *Birbā'*)......... ....2 (l. 1), 43 (l. 8), 44 (l. 12), 53 (l. 23).

Biyā (wife of Ares)...................89 (l. 10).

Būsīṭas (*var. lect.*, Būṭamas: or Barūṭas). Possibly this alchemist is Petasios for whom Olympiodorus—early 5th century A.D.—wrote a commentary on Zosimos' 'Book of Action', and on the sayings of Hermes and other Philosophers (Berthelot et Ruelle, *op. cit.*, I, *Trans.*, p. 75). *Vide* also under Warāṭas—a possible synonym. In the quotation given reference is made to the 'White Water' of the alchemists.....67 (l. 3).

C

Calid filius Seid (or Isid)—Latin corruption of Khālid bin Yazīd, *q.v.*......153, 179, 182, 191.

D

Democritus.........................135 (n. 3).

Dhūmuqrāṭ (Democritus).............47 (l. 21), 56 (l. 21), 61 (l. 15), 85 (l. 24), 191 (n. 6).

Dhu'n-Nūn (Abū'l Faiḍ Dhu'n-Nūn al-Miṣrī—also al-Ikhmīmī al-Azdī—p. 58, l. 21), a poetical writer on Alchemy who died in 245 A.H. (859 A.D.): 24 (l. 19), followed in the next line by a verse regarding Salt. This is repeated at the bottom of p. 45, and is also quoted in Al-'Irāqī's *Muktasab*—Holmyard's ed., text, p. 40: trans., p. 46): 36 (ll. 20, 21) followed in ll. 21 and 22 by two verses, the first rhyming in *Rā*, and the second in *Hā*. The former states that an ass can only be produced by an ass and that the superiority of the horse is shown by its speed in racing: 38 (l. 6): 45 (l. 23: repetition of p. 24): 46 (l. 5), followed in the next line by a verse rhyming in *Lām* on the value of the 'Ashes'): 58 (ll. 21, 24): 62 (l. 20), followed in the next line by a verse regarding the value of the 'Stone': 79 (l. 22), followed in the next line by a verse regarding the 'Stone'.

E

Elhasam (Latin corruption of Abū'l Ḥusain *q.v.*), ...147.

Epistola Solis ad Lunam Crescentem, ... 148, 188 (and n. 3).
Eva (as synonym of the Feminine)............185.

F

Fārs (Persia—a synonym of Heat—because the Persians used to worship Fire)............... ....90 (l. 19), 108 (ll. 2, 10).
Fīthāghūras al-Anṭāli, *i.e.*, al-Iṭālī (Pythagoras of the Italian School—6th century B.C.)...... ....101 (ll. 6, 7, 22), 128.

G

Gharghūras (Gregorius) who is shown addressing a 'Gathering of Seekers after this Knowledge,' (معشر طلبة هذا العلم) just as he is doing in another quotation from Gregorius in al-'Irāqī's *Muktasab* *ed. cit.*, p. 32 Text; p. 38 Trans............. ....67(ll. 21, 24).

H

Hamādā (wife of Aqrūnas).............89 (l. 10).
Hamuel, filius (Latin for Muḥammad bin Umail). .... 154, 183, 194.
al-Ḥasadah (once, on p. 113 of the *Q. an-Nūniyah*, *Mutaḥāsidīn*), the Jealous Alchemists......... .... 66 (ll. 19, 21), 68, (ll. 2, 6), 69 (l. 7), 70 (ll. 12, 13, 15, 18), 83 (l. 20), 85 (l. 25), 86 (l. 7), 101 (l. 8), 113 (l. 9), 128, 133.
Hawwa (Eve—as synonym of the Feminine).... ....42 (l. 18).
Hermes.................121, 135, 152, 155, 174, 175, 176, 177, 178, 180, 181, 182, 189, 193, 194.
Hermes, the Controller of the Tinctures, with their Ferment..........................136.
Hermes, the Learned Philosopher, the Sea of Wisdom...............................158.
Hermes suo filio dixit: 'Semina aurum in terra alba foliata'..........................159.
Hermes, Corona sapientum.................152.
Hermes, Rex Graecorum (Latin corruption of Hiraqlas, King of Rūm).................158.
Hind (India) where, by the action of Miṣr and Fārs (the cold of Egypt and the heat of Persia), the soil in which the 'Bodies' (*jusūm*) of the inhabitants exist, becomes healthy. 108 (ll. 3-5).
Hiraqlas (Heraclius), King of Rūm, said regarding the Air (*i.e.*, the 'Water' of the Sages): 'This is Air and not Air',........................ ....19 (l. 19). *Cf.* also 132 (v) and 138 (note).
Hurmus[1] (Hermes)..................9 (l. 10), 15 (l. 11), 17 (l. 15), 20 (ll. 15, 21), 25 (l. 16), 27 (l. 7), 35 (ll. 1, 12, 27), 36 (ll. 1, 9, 14), 37 (l. 4), 38 (l. 23), 39 (ll. 27, 28), 40 (l. 26), 45 (l. 17), 47 (l. 9), 50 (ll. 5, 17, 26); 51 (l. 5), 53 (ll. 15, 23), 54 (ll. 3, 7), 59 (l. 11), 60 (l. 17), 64 (l. 8), 65 (l. 17), 69 (l. 14), 71 (l. 14), 72 (l. 1), 82 (l. 1), 83 (l. 18), 84 (ll. 19, 26, 27), 85 (ll. 10, 26), 86 (l. 1), 89 (ll. 12, 14), 94 (l. 2), 95 (l. 21), 99 (l. 22), 102 (ll. 15, 19), 121.
——(quotation from his *Risālah* known as *Ḥarb al-Kawākib al-Birbāwiyah* (or *at-Turābiyah*)—'War of the Pyramid (or Earthly) Stars,—also quoted in the *Muktasab* (*ed. cit.*, pp. 45-6 Text, p. 50 Trans.)................53 (l. 23).
Hurmus bin Aras (or Arības as in MS. R.) Abū Dashīr (in his 'Epistle of the Secret' to Amnūthāsiyah on the Marriage of the Male and the Female....... 74 (ll. 1-2: also note 1 for a corruption of this woman alchemist's name).
Hurmus Būdashīr bin Arīnas[2] to Amnūthāsiyah. .... 53 (l. 15).

I

Ibn Umail (Abū 'Abdallāh Muḥammad bin Umail *al-Ḥakīm aṣ-Ṣādiq* at-Tamīmī).............. ....1 (l. 3), 13 (ll. 11 and 13—Muḥammad), 16 (ll. 11, 24), 23 (l. 26), 41 (l. 20), 44 (l. 21), 50 (l. 21), 66 (l. 6), 78 (l. 17), 102 (l. 8), 112 (last line), 117 (onwards), *passim*.
A. *Qaṣīdahs* by Ibn Umail quoted in the *Mā' al-Waraqī*.
(1) Poem of 777 couplets rhyming in *Dāl*, of which the initial verse in *as-Sarī'* metre is quoted on p. 44 (l. 9).
(2) Poems rhyming in *Rā*. Their individual lengths are not stated, but, as will be seen below, 66 verses of one, and 24 verses of another are quoted by Ibn Umail.
(*a*) 66 verses, in *al-Mutaqārib* metre ....21 (l. 17) to 23 (bottom).

[1] This name is found three times as هُرمُس in the vowelled first 22 folios of the Russian MS. The other vowelled names in these folios include Ibn Umail, Khālid bin Yazīd, Māriyah, Marqūnis, and Armiyānūs.

[2] Arīs in *Muktasab*—*ed. cit.*, p. 45—where the same passage is quoted.

(b) (i) 6 verses in *al-Basīṭ* metre. (In these the 'Perfect *Abār Nuḥās*' is apparently compared with the Sea, and mention made of the *Nūshādar*—Sal Ammoniac—to search for which Moses went to India)..................29 (ll. 1–6).

(ii) 18 verses in the same metre discussing the result of the union of Female and Male. This produces the 'Essence of the Soul' which resembles Flowers and Fruits, and is the 'Tincturing Fire of the Sages'....52 (ll. 2–19).

(c) 9 verses in *as-Sarī'* metre, on Reddening and Whitening, in the course of which a saying of Mariyānus to Khālid bin Yazīd is quoted (l. 13)............................54 (ll. 9–17).

(3) The *Qaṣīdah, Risālat ash-Shams ila'l Hilāl*, in *Mukhammasah* verse of 448 *baits*, rhyming in *Lām*................................3–14.

(4) (a) Two verses from a different *Qaṣīdah* by Ibn Umail, in *al-Mutaqārib* metre, rhyming in *Lām*,..............................27 (top).

(b) Seven verses from yet another *qaṣīdah* in *al-mutaqārib* metre and rhyming in *Lām*. ....47 (ll. 1–7).

(5) (a) Ibn Umail's *Qaṣīdah* in *Mīm*, comprising 101 verses (p. 44, l. 22) of which 1 verse is quoted in l. 21 of this page.

(b) Ibn Umail must however have written another *qaṣīdah* rhyming in *Mīm*, as the 23 verses quoted on 25 (l. 19) to 26 (l. 14) are in *al-Basīṭ* metre.

(6) *Al-Qaṣīdat an-Nūniyah*: or *Manẓūmah*, in *al-Wāfir* metre, pp. 105–113. This is said on p. 44, l. 15 to consist of 199 verses, but only 175 have been found in the three available MSS. of the poem. The 16 verses rhyming in *Nūn*, dealing with the 'Ashes extracted from the Ashes' that are found on p. 63 (ll. 3–18) and in which a reference to Māriyah occurs (l. 8), must be drawn from some other poem of Ibn Umail rhyming in *Nūn*, as it is in a different metre to the *Q. an-Nūniyah*, *viz.*, *al-Basīṭ*. Verses quoted from the *Q. an-Nūniyah* are also found on p. 33 (bottom), p. 44 (l. 14) and p. 48 (bottom).

B. Books on Alchemy by Ibn Umail, referred to in the *Mā' al-Waraqī*.

(1) *Al-Mā' al-Waraqī wa'l Arḍ an-Najmīyah*, *passim*:

(2) *Kitāb Miftāḥ al-Ḥikmat al-'Uẓmā*.......... ....35 (l. 19), 44 (l. 5), 84 (ll. 1-2, and 12), 91 (l. 10), 92 (l. 14), 95 (l. 20).

(3) *Kitāb al-Maghnīsiyā*........44 (l. 6), 92 (l. 13).

(4) *Kitāb*, known as *Sharḥ Ashkāl Qaṣīdat ash-Shams ila'l Hilāl* (though this may be a *qaṣīdah*)..........................92 (l. 13).

C. Other works reported as being by Ibn Umail (*vide* Excursus, pp. 126 and 127).

(1) *Imtizāj al-Arwaḥ*.

(2) *Khawāṣṣ al-Barr wa'l-Baḥr*.

(3) *Kashf as-Sirr al-Maṣūn wa'l-'Ilm al-Maknūn*.

(4) *Kitāb al-Miṣbāḥ*.

(5) *Ḥall ar-Rumūz*.

(6) *Ad-Durrat an-Naqīyah* for Abū'l Ḥasan (said by the author to be his best book on *Kīmiyā'*).

(7) *Risālat al-Jadwal*.

(8) *Kutub al-Fūṣūl*.

(9) and (10) Two other short Treatises in the Hyderābād Library.

Ibn Ḥayyān (Abū'l Qāsim 'Abd al-Maḥmūd)—an unsuccessful alchemist and contemporary of Ibn Umail, who worked for 23 years without letting his furnace go out....56 (l. 27), 57 (l. 4).

Iskandar (Alexander). His name is mentioned in an alchemical parable of Aras to King Theodorus regarding Alexander's capture of Thebes.........................89 (ll. 3, 11).

J

Ja'far (Abū'l Faḍl Ja'far an-Naḥwi)—died 289 A.H.—900 A.D.: brother of Abū'l Qāsim 'Abd ar-Raḥmān who entered the Pyramid with Ibn Umail..............................1 (l. 4).

Jābir bin Ḥayyān aṣ-Ṣūfī.................... ....58 (l. 16), 71 (l. 25), 91 (l. 16), 93 (ll. 7, 9, 10, 22, 24), 94 (ll. 2, 5, 7, 19, 28), 95 (ll. 3, 8, 19), 96 (ll. 5, 6, 8, 10), 97 (l. 20), 102 (ll. 23, 24, 27), 103 (ll. 5, 6, 7, 10, 12).

Jābir's *Kitāb al-Khāliṣ al-Mubārak*........... ....58 (ll. 16, 19).

Jābir's *Kitāb al-Mujarradāt* (*vide* under Monk).

Joseph (*vide* Yūsuf).

K

Khālid bin Yazīd........................... 15 (l. 15), 28 (l. 15), 38 (ll. 4, 9), 40 (l. 14), 47 (l. 26), 48 (l. 13), 51 (l. 19), 54 (l. 19), 58 (l. 25), 61 (l. 17), 84 (l. 11), 95 (l. 26), 106 (l. 8).

Khālid bin Yazīd. Quotations from poems by :
(i) Verse on the 'Heavenly Water'..15 (l. 15).
(ii) Two verses from his poem rhyming in *Nūn* regarding the extraction of the 'Soul' from the 'Stone'........................28 (ll. 17–18).
(iii) Two verses from his poem rhyming in *Fā* on the auto-coagulation of the 'Water'. These verses are repeated on p. 51 (ll. 20, 21). ....40 (ll. 14 and 15).
(iv) A verse on the 'Permanent Water'. This is repeated on p. 54 (l. 20)...........47 (l. 26).
(v) A verse in which it is stated that the 'White Body'—their 'Gold'—is required for making Gold.............................48 (l. 14).
(vi) Two verses from his poem rhyming in *Rā* on Tincturing......................61 (ll. 17, 18).
(vii) Part of a verse on the amalgamation of 'Body', 'Soul', and 'Spirit'.........95 (l. 26).
Kitāb al-Khālis al-Mubārak, *vide* under Jābir.
Kitāb al-Mujarradāt, Do. Monk.
Al-Kitāb al-'Azīz (*i.e.*, the *Qu'rān*). Repetition of paraphrase of *Sūrah* XXIII, l.—v. 14—found on 40, ll. 3–12)........................51 (l. 11).
Kitāb al-Mā' al-Waraqī, *vide* under Ibn Umail.
Kitāb al-Miftāḥ al-Ḥikmat al-'Uẓmā, Do. do.
Kitāb al-Maghnīsiyā, Do. do.
Kiṭūnas the Sage ('God created Ādam from dust, and his dust (*i.e.*, Eve) was made pregnant with water : hence his life is (bound up) with water'). ....87 (l. 19).

L

Liber Clavis Sapientiae Majoris..164, 169, 175, 187.
Liber Magnesia..........................187.
Lūqas the Sage : an alchemist who refers to the 'Sulphurous Water' and is stated by Ibn Umail to corroborate certain statements of Aras to King Theodorus....................70 (l. 17).

M

Mahrārīs the Sage (an alchemist mentioned in the *Fihrist*, *ed. cit.*, pp. 353, l. 26 and 188, note 18) : *vide* also Excursus, p. 125, and translation of passage on pp. 142-3. From the way he refers to 'Alī bin Abī Ṭālib on f. 6*v* on his Treatise found in the Royal Cairo Library it is evident he was a Shī'ah.....................87 (l. 10).
Mālas (*var. lect.* for Thālghas *q.v.*). 101 (note 11).
Maqdūniyah (Macedonia)...........88 (ll. 7, 8).
Marchos...............................177.
———rex matri suae....................170.
———regi Theodoro....................173.
———and Seneca, or Sohalta (Sanqajā, or Safanjā)..................174, 175.
Marcos..................................153.
Maria........136 (note), 152, 159, 191, 192, 195.
Māriyah (al-'Ibrāniyah : *i.e.*, Mary the Jewess), whose date is prior to the end of the 3rd cent. A.D., as she is quoted by Zosimos.......... ....15 (ll. 3, 17), 20 (l. 19), 37 (l. 26), 47 (l. 26), 48 (l. 3), 51 (l. 2), 54 (l. 18), 55 (l. 6), 56 (l. 21), 57 (ll. 13, 14, 16, 26), 61 (ll. 7, 9), 63 (l. 8), 69 (l. 27), 72 (l. 3), 84 (l. 15), 85 (l. 8), 100 (ll. 1, 3, 23), 130, 134, 138 (note).
Mariyānas (Marianos)........54 (l. 13), 84 (l. 11).
Marqūnis : an Egyptian King whose opinions on alchemy are often given in the form of a dialogue with Safanjā (*vide Fihrist*, p. 303, l. 20 : and also p. 174, note 9, of the *Tabula Chemica*)........ ....15 (l. 13), 21 (l. 25), 24 (l. 14), 32 (ll. 11, 14, 21), 34 (ll. 1, 17, 20), 35 (ll. 9, 10, 14, 21, 22), 37 (ll. 10, 11), 51 (l. 22), 53 (l. 17), 61 (ll. 1, 2, 5, 23), 63 (ll. 19, 22, 33), 65 (l. 26), 66 (l. 15), 78 (ll. 8, 11, 12), 86 (ll. 8, 16, 17), 99 (ll. 3, 5, 6, 7, 11, 15, 20, 21).
———*Risālat al-Jamal* (Epistle of the Camel). ....99 (l. 7).
———*other Risālah*................99 (l. 11).
Miṣr (Egypt—a synonym of Cold and Moisture : also styled 'The Nile' and 'The West').... ....90 (l. 18), 108 (ll. 2, 10).
Mithāwas (Mathew)—'Chief of the Distillers'—an alchemist contemporary with Marqūnis....... ....53 (ll. 17 and 20 : his *Risālat al-'Uẓmā*), 61 (ll. 23, 24).
The Monk (*ar-Rāhib*) whose sayings Jābir bin Ḥayyān aṣ-Ṣūfī recorded in his book known as *Al-Mujarradāt*.............58 (ll. 18 and 19).
Muḥammad (*i.e.*, Ibn Umail)...........13 (l. 13).
Munf (Memphis)............................... ....87 (l. 28), 88 (ll. 2, 5, 17), 89 (l. 19).
Mūsā (Moses). Mentioned both by Pliny (*Hist. Nat.*, XXX, I) as the first Magician : and in the *Fihrist* (*ed. cit.*, p. 351) as alleged by some to be the person to whom God first revealed the secrets of Alchemy. A treatise ascribed to him is given by Berthelot and Ruelle (*Collection*, III, Text, pp. 300–315 : Trans., pp. 287–302).

........29 (l. 6—mention in Ibn Umail's verses, rhyming in *Rā*, of Moses travelling to India to obtain Sal-Ammoniac), 87 (Mūsā bin 'Imrān, l. 4).

N

'Nile of Egypt', a synonym for the 'Water' of the alchemists...22 (l. 18), 90 (l. 18), 97 (l. 27).

O

Oboël charissima (Latin corruption of Abū'l Qāsim *q.v.*)..........................147 (and n. 1).

P

Plato (Latin translations of passages ascribed to Aflāṭūn on pp. 38 (l. 21) and 39 (ll. 15 and 18) of Arabic text..................179, 180, 181.

——(English translation)................135-6.

Pyramids: An-Nadīm's account (988 A.D.) of what was reported to have been found on top of one of the———: their employment as alchemical laboratories.................121-2.

Pythagoras (*vide* also Fīthaghūras)............ ....132 (note), 140.

Q

Qaiṣar, King of Rūm (addressed by Aras). This is another name for King Theodorus—(*vide* under Aras)..................................71 (ll. 14 and 19), 72 (l. 6), 84 (l. 25), 85 (l. 4), 132.

Qālimūs (regarding the stone Ṭīṭiyānūs *vide* Rūnūs)..........................39 (l. 10).

Qur'ān (quotations from, or references to the)—

(i) *Sūrah* XXI (v. 31): 'By means of water we gave life to every thing.'............ ....40 (l. 2), 87 (l. 20).

(ii) Paraphrase of *Sūrah* XXIII (v. 14)....... ....40 (ll. 3-12), 51 (ll. 7-16).

(iii) Reference to *Sūrah* XXII (v. 5)....40 (l. 23).

(iv) *Sūrah* XXIV (v. 39).............92 (l. 18).

——*Vide* under *al-Kitāb al-'Azīz*.

R

Risālah..........................*Vide* under Hurmus—53 (l. 23): Hurmus bin Aras to Amnūthāsiyah—74 (ll. 1 and 2): Ibn Umail (Excursus—pp. 117-8—and *Index supra*): Marqūnis, 99 (ll. 7 and 11): Mīthāwas, 53 (l. 20): and Zūsam, 82 (ll. 15 and 16: and top of 83).

Rosinus ad Euthiciam (fragment of the *Tabula Chemica*)............................117.

Rosinus (Rosen)=Zosimos.........182, 183, 191.

Rūnūs (questioning Qālimūs regarding the 'Stone' Ṭīṭiyānūs. Qālimūs replied that it is the 'Body of the Noble *Maghnīsiyā*' and that the latter is the solidified 'Compound Water' that remains steadfast on destructive fire).........39 (l. 12).

S

Safanjā or Sanqajā, a contemporary of Marqūnis (mentioned in *Fihrist*, p. 303, l. 20 as Sanqahā), ...24 (l. 15), 35 (ll. 9, 13, 21), 63 (l. 22), 86 (ll. 16, 21), 99 (ll. 4, 6).

Safīdūs Saqandas (*var. lect.* for Asfīdūs, *q.v.*)..... ....99 (note 6).

Saḥafā, Grave of.....................37, l. 11.

Salomon Rex. A Latin perversion of the name of the alchemist Qālimūs (or Fālimūs)........180.

Sem filius Noë (nec fuit primus Hermes sed successor illius). Apparently this is a mistake for Shīth (Seth, son of Adam) *q.v.*, who was supposed to have received from God the first knowledge of Alchemy (*vide Memoirs, A.S.B.*, VIII—1927—No. 6, p. 398 and note 1......196.

Seneca (Latin misrendering of Safanjā)......174.

Senior Zadith, filius Hamuel (Latin for *Ash-Shaikh aṣ-Ṣādiq* Muḥammad bin Umail)....... ....145, 147.

Shīth, one of the Prophets to whom God revealed the Art of Alchemy, but warned them not to reveal it to the common people......103 (l. 7).

Shīyūn (pupil of Hurmus=Ūshīras, *q.v.*, *i.e.*, Osiris—*vide* Third *Risālah* of Zosimos to Queen Awtāsiyah—copy of Cairo MS., f. 21 *v*, l. 11— شيون←اوشيرس.......................84 (l. 26).

Sidar (or Sadar) Būṣīr. I (l. 5), and 147 (note 1).

Sihoka, monumentum (misrendering of Saḥafā, grave of: *q.v.*).........................177.

Sohalta (Latin perversion of Safanjā)........175.

Suqrāṭ (Socrates).........55 (ll. 9, 13), 130, 131.

T

Aṭ-Ṭabarī, Muḥammad bin Jarīr—the historian, 838-923 A.D.: quoted by Mahrārīs........125.

Tabula Chemica (Ex Arabica Sermone Latina facta, cum diversis manuscriptis collata)—Latin rendering of the *Mā' al-Waraqī*...............145.

Ṭamṭam al-Hindī (An Indian alchemist who discussed Distillation and refers to the 'Sulphur' formed in this operation, as 'Spirit joined to Spirit'..........................96 (l. 17).

Thālghas (? Telauges, son of Pythagoras). ....67 (l. 17), 101 (ll. 22, 24), 129.

Ṭīṭiyānus (perverted in the Latin—p. 180—to Thitarios).........................39 (l. 10).

Tiyūdaras or Tūdaras (King Theodorus—*vide* also under Qaiṣar : his name does not apparently occur in the *Fihrist*)..24 (l. 14), 34 (l. 22), 53 (ll. 12, 26), 66 (l. 1), 70 (l. 11), 73 (l. 27), 83 (l. 20), 88 (l. 21), 132, 133, 137 (note).

Theodorus Rex...........................173.

U

Ūshīras (Osiris) the Sage, mentioned in a parable of Aras to King Marqūnis regarding the conquest of Egypt by Aphrodite................. ....88 (l. 27), 89 (l. 1).

——(*Vide* also under Shīyūn).

Usṭānas al-Fārsī (Ostanes, the Persian—a synonym of Heat, as the Persians used to worship Fire) ....90 (l. 19).

V

Viemon (misrendering of Dhu'n-Nūn al-Miṣrī.) ....189, 190.

W

Warāṭas (?=Būsīṭas, *q.v.* for *var. lect.*, Barūṭas). 69 (l. 7). ("Warāṭas said : O Assembly of Seekers after this Knowledge! Verily the Jealous Ones (*al-Ḥasadah*) spoke in an ambiguous way, so do not pay any heed to their saying 'Take the Mercury and associate it with the Sulphurs'." He then explains this to the Assembly, and answers their questions. At the end *Firfīr* is mentioned as being contained in the dust to which the 'Prepared Compound Mercury' and the 'Purified Body' are finally reduced).

Y

Yūsuf, son of Yā'qūb (*i.e.*, the Patriarch Joseph). ....42 (l. 27), 43 (l. 1).

Yūsuf (Prisons of ; known as Sidar Būṣīr)..1 (l. 5).

Z

Zadith (*vide* Senior).

Zā'ūsh (Zeus)................59 (l. 10), 89 (l. 10).

———(Iron) mentioned with *Zuḥal* (Lead) and *Zuhrah* (Copper)...............111 (ll. 14, 17).

Zūsam (Zosimos) : an alchemist who probably lived in Egypt (Panopolis) at the end of the 3rd cent. A.D. :—mentioned (with one of his books) in *Fihrist* (pp. 353 and 354)........40 (ll. 17, 18), 41 (l. 12), 47 (l. 20), 48 (l. 1), 66 (ll. 8, 9), 80 (l. 23 to Awṭāsiyah), 82 (l. 15, *ditto*), 87 (l. 23), 88 (l. 20), 89 (ll. 18, 26), 137 (note), 138.

Zūsam's 'Epistle on *Maghnīsiyā*' to Awṭāsiyah. —(which apparently included—83, ll. 1 and 2—a section on the preparation of *Būrīṭīsh*). ....82 (ll. 15, 16).

CPSIA information can be obtained
at www.ICGtesting.com
Printed in the USA
LVHW101053020919
629637LV00013B/871/P

9 781497 989245